BATAILLONS DE FEMMES

HEINZ G. KONSALIK

BATAILLONS DE FEMMES

ROMAN

traduit de l'allemand par
RAYMOND ALBECK

Albin Michel

Édition originale allemande :

FRAUEN BATAILLON

Traduction française :

22, rue Huyghens, 75014 Paris.

ISBN 2-226-01806-9

Mon aimé, viens à mon côté !
Que dure à jamais notre amour,
Que compte pour nous, dans cette lutte sacrée,
Une seule chose : victoire ou naufrage.

Toute tendresse serait défaillance,
Car combattre exige tout notre être
Pour ne pas craindre l'ennemi mortel
Et pour que notre courroux ne parte pas en fumée.

Andrej UPITS
Extrait du poème « La Communarde »

PERSONNAGES PRINCIPAUX

Stella Antonovna Salnikova, *tisseuse*
Marianka Stepanovna Dudovskaia, *boulangère*
Janna Ivanovna Babaieva, *bergère*
Lida Ilianovna Selenko, *étudiante en art dentaire*
Daria Allanovna Klouieva, *étudiante en architecture*
Soia Valentinovna Baïda, *capitaine commandant l'unité*

Galina Rouslanovna Opalinskaia, *médecin de l'unité*
Victor Ivanovitch Ougarov, *sous-lieutenant*
Foma Igorévitch Miranski, *commissaire politique*
Bairam Vadimovitch Sibirtzev, *sergent, tireur d'élite*
Ivan Rasoulovitch Kitaiev, *général de l'Armée rouge*
Olga Petrovna Raboutina, *colonel, commandant l'École spéciale*

Dr Viliam Matvéiévitch Semachko, *médecin à Novo Kalga*
Peter Hesslich (Piotr Hermannovitch Salnikov), *adjudant-chef*
Uwe Dallmann, *sous-officier*
Lorenz von Stattstetten, *aspirant*
Richard Molle, *commandant d'une unité spéciale*

Franz Bauer III, *sous-lieutenant 4e compagnie*
Fritz Plotzerenke, *caporal*
Helge Ursbach, etc.

Ce roman se déroule à Novo Kalga, Kharkov, et de novembre 1942 à août 1943, sur le front Sud, entre Orel, Kharkov et Rostov.

PREMIÈRE PARTIE

Il ne l'avait pas vue venir, ni même entendue. Silencieuse, sournoise, avançant furtivement sur ses pattes comme si elles étaient fourrées de duvet d'oie, la maudite bête s'était glissée tout près de lui. Ce fut seulement lorsqu'elle se redressa en poussant un grondement sourd et qu'il sentit alors ce souffle chaud sur sa nuque qu'il comprit, mais trop tard, qu'il avait perdu la lutte que tous deux se livraient depuis des heures.

Personne n'aurait pu soutenir que Piotr Hermannovitch Salnikov avait eu peur une seule fois dans son existence. En 1946, quand il était apparu à Novo Kalga avec Stella Antonovna, sa jeune femme, on l'avait vu plein d'entrain cracher dans ses mains en disant : « C'est maintenant que commence vraiment la vie ! » Puis il avait commencé à se bâtir une maison et à défricher un morceau de taïga pour subvenir lui-même à ses besoins, et les habitants de cette petite colonie avaient su aussitôt que ce garçon-là tiendrait le coup pendant leurs hivers, comme ces arbres que le gel n'arrive pas à tuer dans un grand craquement.

Et ils ne s'étaient pas trompés. Piotr Hermannovitch, un gaillard de vingt-huit ans, avec des yeux bleu vif, des muscles puissants, toujours de belle humeur, s'était bâti une jolie ferme à la lisière de Novo Kalga. On l'avait engagé comme chasseur. Il parcourait la taïga, tirait les lièvres blancs et les visons, les zibelines et les renards, les loups et les ours, et il avait créé un élevage de castors. On l'avait même élu membre du soviet local. Là, sa force de persuasion lui permettait d'obtenir sans cesse pour Novo Kalga des attributions spéciales de textiles, de chaussures et d'équipement électrique ; les jours de fêtes nationales, par exemple l'anniversaire de la naissance de Lénine ou de la Révolution d'octobre, ses dessins servaient à l'organisation des cortèges et des défilés des ouvriers et des paysans ainsi qu'à la décoration de la maison du Parti.

C'était un beau couple que celui de Piotr et de Stella Antonovna, et qui travaillait dur. La petite jeune femme, loin de se contenter de s'occuper du potager, de tanner les peaux des bêtes abattues et de mettre au monde deux enfants, garçon et fille, avait aménagé en atelier de tissage une pièce de la maison. Elle avait d'abord travaillé seulement pour ses voisins de Novo Kalga, puis avait commencé à vendre ses ouvrages jusqu'à Siouddioukar, le gros bourg le plus proche situé sur le fleuve Vilioui, là où les indigènes yakoutes s'étonnaient devant ses motifs inspirés de la vieille Russie et totalement étrangers à leur point de vue. Ses affaires prospérèrent à tel point que Stella Antonovna dut engager cinq femmes pour l'aider, fit venir de Yakoutsk trois métiers supplémentaires et créa une sorte d'entreprise, d'ailleurs fort risquée. Rien que le transport des métiers à tisser jusqu'à Novo Kalga fut déjà une aventure. C'est qu'on ne peut guère faire en camion le trajet de Yakoutsk à Novo Kalga et y livrer une commande comme à Moscou ou à Léningrad. Novo Kalga est située au nord du Vilioui dans le bassin souvent marécageux, mais fertile et extrêmement boisé, du fleuve indompté qu'est la Yaïetta. A l'ouest, à l'est et au nord, c'est le début de la grande solitude, la forêt immense que bordent les plaines de la toundra et les contreforts rocheux des monts Vilioutski. Quand on demande aux gens de Novo Kalga pourquoi des êtres humains s'obstinent à y vivre, on reçoit des réponses étonnantes. Les premiers colons sont arrivés déjà en 1825, après l'écrasement à Saint-Pétersbourg du soulèvement des décembristes : le tsar Nicolas Ier fit pendre ou déporter en Sibérie non seulement les chefs de la révolte, mais aussi de nombreuses personnes issues principalement de la bourgeoisie moyenne et qui avaient marqué quelque sympathie pour ce mouvement. La police secrète tsariste exécuta à fond son travail, et c'est ainsi qu'arriva dans le bassin de la Yaïetta un certain Pantalei Maximovitch Roubalki qui y établit une colonie qu'il nomma Novo Kalga d'après Kalga, sur le lac Peïpous, sa ville natale. Six autres familles s'installèrent aux côtés de Roubalki dans l'immensité du Vilioui, entretinrent avec les Yakoutes des relations amicales et vécurent dès lors dans une liberté absolue comme s'ils étaient les seuls êtres humains sur cette terre.

Aujourd'hui, Novo Kalga compte exactement mille quatorze habitants, on y trouve une scierie, l'atelier de tissage de Stella Antonovna, un magasin d'État, un kolkhoze dont le nom est « Progrès », une petite église en bois, une maison du Parti, un bureau de recherches géologiques, deux écoles, une maison de la Culture avec une salle de théâtre et un petit hôpital que dirige le Dr Viliam Matvéïévitch Semachko.

C'était un délice que de voir ce couple Salnikov, d'admirer leur énergie, la façon dont Piotr cultivait son champ, le résultat de ses chasses. Leur potager prospérait, leur maison s'agrandissait sans cesse. Il semblait que, d'année en année, Piotr devenait plus fort, fort comme un pin de la taïga dont chaque hiver ne fait qu'endurcir le bois si bien qu'enfin la hache rebondit sur lui sans l'entamer.

Et maintenant il se trouvait là, immobile, pétrifié, les bras pendants et les mains vides, sachant parfaitement que rien ne pouvait le sauver, ni courage ni prière.

A six mètres de lui fumait son feu de camp naissant. A un bâti d'osier étaient suspendues sa bouilloire à thé et une petite marmite de soupe aux choux. A côté, sur un journal, un morceau de viande de renne attendait d'être embroché sur un brin d'osier pour rôtir au feu. Et tout près de là, sur l'herbe moussue, il voyait son bon fusil à canon court, un Moisin-Nagant 54, avec sa lunette qui grossissait quatre fois l'objectif, son cher compagnon de toujours, qui ne lui avait jamais fait défaut. Il pouvait le démonter et le remonter les yeux fermés. Et il avait si bien réglé son tir avec cette arme qu'il lui suffisait le plus souvent de viser à l'œil nu. L'homme et le fusil ne faisaient plus qu'un.

Mais il y avait maintenant six mètres entre lui et le Moisin-Nagant, une distance plus grande que celle de la Terre aux étoiles. Il ne s'agissait pas seulement de trois grands bonds, il lui fallait aussi se baisser pour prendre l'arme, la lever, l'armer et viser juste l'œil de la bête. Et il fallait que la première balle fût mortelle. Cela, il pouvait le faire. Mais il n'arriverait jamais jusqu'au fusil. Ces six mètres s'étaient transformés en six éternités.

Que de choses peuvent traverser le cerveau d'un homme en deux secondes !

Piotr Hermannovitch se jeta brusquement de côté, jeta ses deux poings en avant et se baissa.

Un ours, et quel ours !

Le plus gros, le plus large, le plus fort et le plus bel ours de sa vie, avec la toison la plus épaisse. Un ours à vous couper le souffle, comme venu d'un autre monde, un monstre, une sorte de survivant de la préhistoire. Son pelage était brun foncé, presque noir, parsemé d'une multitude de poils blancs. Son torse avait les dimensions d'une grosse caisse, la rondeur de sa tête puissante n'était interrompue que par l'avancée d'un museau pointu au-dessus duquel des yeux fixes et froids, enchâssés dans la fourrure, luisaient comme des boutons de verre noir poli. Ses pattes de devant grandes ouvertes et la masse de son corps dressé empêchaient Piotr Hermannovitch Salnikov de voir le ciel. Il était d'une beauté saisissante, et sa puissance était si écrasante, il faisait preuve en ce moment précis d'une telle invincibilité que Piotr aspira l'air bruyamment puis retint son souffle.

Il s'était déjà rendu compte qu'il devait s'agir d'un exemplaire d'une beauté particulière. Il l'avait levé aux premières heures du matin au bord d'un torrent rocheux... L'ours mangeait dans l'eau, à l'affût des poissons qui remontaient le rapide en sautant. Mon Dieu, avait-il pensé, caché derrière un arbre, quelle superbe bête ! On avait jusqu'alors ignoré qu'un ours de cette taille vivait dans ces forêts et lui non plus ne l'avait jamais aperçu au cours de toutes ces années. Et il doit être vieux, se dit-il, un solitaire invétéré. A moins que ce ne soit un tyran ? Un de ces souverains gigantesques qui ne se soucient guère de créer une famille ou d'appartenir à une bande et qui, lorsqu'ils ressentent le désir de s'apparier, mettent en fuite le premier mâle venu et se servent de la femelle comme les seigneurs d'autrefois jouissaient de leur droit de cuissage. Oui, c'était cela ! Et quand l'ours s'était éloigné en trottinant, Piotr n'avait pas tiré : il l'avait regardé faire, émerveillé, heureux que tant de beauté existât.

Il avait commis là une faute irréparable, et maintenant elle allait lui coûter la vie. A peine l'ours avait-il quitté le torrent qu'il avait pris le vent, senti l'homme, aperçu Piotr et, se jetant de côté, avait disparu dans le bois. Le duel de l'homme et du fauve avait commencé.

Piotr l'avait suivi, s'approchant de lui contre le vent, tournant autour de lui, se frayant un chemin dans les forêts de mélèzes et les fourrés de pins. Il s'était mis à l'affût derrière des buissons couverts de baies, rampant comme à la guerre, le fusil dans les coudes, pour traverser marais et ravins pierreux. Mais chaque fois qu'il avait cru pouvoir le mettre en joue, au moment même où il levait son arme et apercevait une masse brun foncé derrière la croix de sa lunette, l'ours, plus rapide que lui, s'était jeté de côté, disparaissant entre les rochers, plongeant dans les broussailles de la forêt vierge.

Ainsi, rien n'avait changé depuis trente ans. Déjà, il s'était agi pour lui de demeurer invisible, de saisir l'adversaire dans le point de mire de sa lunette et d'appuyer sur la détente en retenant son souffle. Et avant même d'encaisser le recul de son arme, il savait qu'il avait touché l'homme, et c'était un trait de plus dans son carnet de comptes. Chaque fois, il avait dû lutter contre lui-même pour tracer ce trait bien qu'il se fût dit : « C'est la guerre ! Celui d'en face fait de même ; aujourd'hui tu as simplement été plus malin et plus rapide que lui. Demain, il sera peut-être le meilleur, et c'est toi qui te retrouveras gisant sur le sol labouré par les grenades avec au front un trou rond bien propre. » Mais le goût amer qui remplissait sa bouche en traçant son trait, ne s'en allait pas : c'était un homme.

Maintenant, c'était un ours. Et cet ours était vraiment malin. Le duel avait duré neuf heures. Pendant neuf heures, ils avaient tourné l'un autour de l'autre, s'épiant, jouant à cache-cache, jusqu'à ce que Piotr renonce et abandonne la lutte : « Tu es ici chez toi, avait-il pensé. Tu connais cet endroit par cœur. Mais moi aussi, je te connais maintenant, mon petit ours ! A la longue, tu ne m'échapperas pas. Tu me retrouveras ici demain, et après-demain, et la semaine prochaine, et si c'est nécessaire le mois prochain. Je ne m'en irai pas d'ici avant de t'avoir vaincu. Ce n'est pas à cause de ta peau, mon bel ours, non, c'est une question d'honneur, comprends-tu ? Jusqu'à présent aucun de ceux que Piotr Hermannovitch a tenus dans sa ligne de mire ne lui a échappé. »

Et pourtant ! il l'avait bien tenu un instant dans sa ligne de mire. Il avait parfaitement vu son adversaire, le front de la bête occupait exactement le point central dessiné par la croix de sa lunette, et il aurait alors dû replier un peu l'index pour tracer un trait de plus sur son carnet de comptes. Et il ne l'avait pas fait. Il avait ressenti comme si une pierre lui tombait sur le cœur, et il avait abaissé son arme.

C'est ainsi qu'avait commencé trente ans plus tôt l'aventure qui allait se terminer aujourd'hui. C'était le 1er juillet 1943, au sud de Belgorod sur le cours nord du Donez. Là aussi, il avait hésité, et avec ce moment d'hésitation, il avait rejeté sa vie antérieure et commencé une existence nouvelle.

Plongé dans ces souvenirs, Piotr avait allumé du feu, soufflé sur la flamme, suspendu la bouilloire et la petite marmite de soupe, aiguisé la baguette d'osier qui allait lui servir de broche, fait tous les préparatifs d'un solide repas. C'était un bel après-midi du début de l'été, et la taïga avait des reflets bleus sous le soleil. Les aiguilles des mélèzes luisaient, et leur couleur bleu-vert foncé rappelait celle du ciel ; la terre avait une couleur ocre, des bandes d'oiseaux voletaient et menaient grand bruit dans les cimes des arbres, et au fond du ravin l'eau du torrent murmurait sur les pierres polies.

La nature chante, avait dit un jour Stella. Couchés dans la forêt, ils s'étaient aimés entre les fougères, les arbustes couverts de baies et les pousses des pins. Il y avait vingt ans de cela. Leur premier enfant était né depuis longtemps, ils possédaient une belle maison, un énorme poêle en maçonnerie et un large lit en bois, mais quand ils chassaient ensemble dans la taïga, ils étaient souvent emportés par une sorte d'ivresse et faisaient l'amour sous le vaste ciel ou à l'ombre des arbres hauts comme des tours, heureux comme ils ne l'avaient jamais été auparavant. C'est ainsi qu'ils avaient engendré Nani, leur second enfant, une fille, près d'un torrent comme celui-ci, à onze verstes plus au sud. La matinée était si chaude que la forêt semblait fumer et une brume vaporeuse avait passé sur eux un moment où Stella, mordant son épaule nue, le recevait en elle.

Piotr se souvenait encore de tout cela. Il s'éloigna du petit feu, déposa son fusil sur l'herbe et fit quelques pas vers les baies rouges qui recouvraient les buissons tout proches. Il n'était pas de ceux qui refusent les dons de la nature. Il se pencha pour cueillir une poignée de baies, les goûta, les trouva encore acides et dures, et continuant à penser à Stella, il oublia l'ours.

Mais l'ours ne l'avait pas oublié. L'un des stratagèmes habituels des ours est de s'enfuir devant l'ennemi, de se dissimuler, puis de revenir en arrière en décrivant un grand cercle pour attaquer finalement l'adversaire en jaillissant derrière lui. Et Piotr s'en souvint au moment où éclata dans sa nuque un rugissement sourd. Laissant tomber ses baies, il se retourna.

Maintenant, ils se regardaient. L'ours dépassait Piotr de deux têtes, ses épaules étaient deux fois plus larges, ses pattes de derrière ressemblaient à deux souches d'arbres épaisses et recouvertes d'herbes. Au bout des deux pattes de devant haut dressées, les griffes recourbées étaient aussi longues que les crampons qu'emploient les ouvriers pour monter au sommet des poteaux électriques. L'ours rugit encore une fois. Son haleine était putride, sentait la viande décomposée, et le vent la lui projeta en plein visage. Les petits yeux froids de l'animal le mesuraient fixement, impitoyablement.

Ne pas bouger, pensa Piotr. Surtout ne pas s'enfuir. Quoi que tu fasses, dans un tel cas il est plus rapide que toi. Parle-lui, adresse-lui la parole, bavarde avec lui comme avec un vieil ami... il n'a encore jamais entendu une voix humaine, peut-être en restera-t-il ébahi ? Avec ma voix, j'ai réussi déjà bien des choses... Avec elle, j'ai calmé des chiens en fureur, j'ai attiré un sanglier évadé, j'ai même fait entendre raison à un loup qui en est resté si étonné que j'ai pu, le temps d'un éclair, lever mon arme et l'abattre. Et aujourd'hui ? Six mètres seulement me séparent de mon fusil, et il ne me reste que trois secondes jusqu'à la fin.

Piotr, discute avec lui...

— C'était très malin de ta part, mon petit ours...

Sa voix était rauque, étranglée. Oui, j'ai peur. Vraiment, c'est la peur qui étrangle ma voix, la peur de l'impuissance. Ressaisis-toi, Piotr Hermannovitch. Ta peur n'échappe pas à cet adversaire.

— Très malin, répéta-t-il. Tu t'es glissé derrière moi et maintenant te voilà. Je sais exactement ce que tu vas faire si seulement je bouge. Je vois tes griffes. Elles me déchireront de haut en bas comme si j'étais une poupée en papier de soie. Ces cinq crampons d'acier me mettront en pièces. Je te l'avoue loyalement, mon bel ours : tu as gagné ! Mais maintenant, il s'agit de conclure un pacte, qu'en penses-tu ? Tu me laisses reculer pas à pas, et en échange, je te promets de ne pas te tuer aujourd'hui. D'accord, petit ours ?

Piotr ne quittait pas des yeux les yeux froids de la bête ; ils le fixaient, immobiles, comme deux boutons de verre bien cousus. Puis l'ours respira, son torse s'élargit encore d'un bon tiers ; avec surprise, Piotr entendit l'animal géant pousser un soupir presque humain, puis le corps gigantesque se pencha en avant et les deux pattes du colosse s'appuyèrent sur ses épaules.

Les genoux de Salnikov s'amollirent, ses jambes tremblèrent, prêtes à s'affaisser sous ce poids énorme, de ses deux épaules un flot de sang inonda sa poitrine et son dos, et ce fut alors seulement qu'il ressentit la douleur ; il entendit le raclement épouvantable des griffes sur ses omoplates et poussa alors un cri effroyable, tel qu'il n'en était jamais sorti de semblable, à sa connaissance, de la gorge d'un homme.

L'ours sursauta de surprise. Ses pattes se détachèrent de sa victime; il eut un mouvement de recul, pencha la tête pour considérer Piotr d'un air pensif et renifla fortement, le museau levé. Salnikov était à genoux. Tout son corps tremblait et il n'était plus maître de ses nerfs. Il ne voulait pas pleurer, mais un flot de larmes s'échappa de ses yeux et se répandit sur son visage crispé. En face de lui, la silhouette brun foncé et velue, imprécise, lui sembla grandir jusqu'au ciel, prendre possession des bois, perdit enfin toute forme pour se confondre avec les rayons du soleil... Piotr bascula en avant dans l'herbe et mordit la terre tiède et molle en sanglotant.

L'ours se laissa retomber sur ses pattes antérieures, trotta jusqu'à lui, le repoussa quatre fois du museau et, après un coup de langue sur sa nuque, s'éloigna en grondant et en grognant.

Piotr leva la tête, recracha une touffe d'herbe et retomba en arrière. Dans un râle, il trouva la force de dire :

— Tu es vraiment un salaud, espèce d'ours... Tu ne m'as pas achevé... Tu me laisses crever sur place...

Il se détendit complètement et attendit la fin. Il pensa que mourir en perdant son sang était une mort douce : la vie s'écoule, s'en va de vous sans arrêt, on devient très las, et la grande obscurité, l'obscurité éternelle, s'empare de vous comme un sommeil qu'on espère. Tu verras, Piotr Hermannovitch, ce ne sera pas trop long.

Puis il pensa à Stella Antonovna, sa femme, et lui demanda pardon : ils avaient mené ensemble, pendant trente ans, une vie dure où les beaux moments avaient été aussi rares que les raisins secs dans les kouglofs qu'elle confectionnait.

Comme ses paupières s'alourdissaient, Piotr sourit tristement. Il ne souffrait plus; à présent, il ressentait une légère brûlure dans le dos.

Et avec surprise, il constata qu'en fin de compte, c'était très bon de mourir.

Ils le retrouvèrent au cours de la nuit, et il vivait encore.

Le soir venu, Stella Antonovna l'avait attendu, puis l'inquiétude l'avait prise. Elle avait couru à la fenêtre, plongeant son regard dans la taïga. Par deux fois, elle était allée à la porte, puis au grillage de la clôture, comme si elle pouvait attirer Piotr et le faire sortir de la forêt. Et plus les ténèbres noyaient la terre, plus sa peur se confirmait : quelque part dans ces solitudes, il devait s'être passé quelque chose d'effroyable.

C'était une nuit noire de nouvelle lune où la taïga paraissait encore plus impénétrable. Stella Antonovna noua son fichu autour de la tête et courut chez Fédia Alexandrovitch Stoupka, maire de Novo Kalga et président du parti local.

Stoupka était gros et cordial. Sa vie se déroulait en accord avec sa philosophie, une philosophie indiscutable et sensée, fondée sur un simple fait, Novo Kalga est ici et Moscou est très loin. Certes, nous entendons Moscou, mais Moscou ne nous voit pas ! Novo Kalga était ainsi devenu une localité paisible qui réglait ses impôts et où les contrôleurs du chef-lieu d'arrondissement pouvaient se soûler à leur gré d'eau-de-vie de baies. Situé à la lisière du monde civilisé, Novo Kalga était resté à l'écart de toutes les secousses de la grande politique.

Assis devant sa radio, il écoutait un opéra transmis de Yakoutsk, le *Vaisseau fantôme* de Wagner. Le chœur chantait « Pilote, abandonne ta garde... » quand Stella frappa à sa porte. L'ouvrant sans attendre, elle se précipita dans la pièce en criant :

— Piotr est resté dans la forêt ! Fédia... il n'est pas revenu, et il fait maintenant nuit noire... Fédia, il est arrivé quelque chose, je le sens. Je le sens au plus profond de mon cœur... Il ne lui est encore jamais arrivé de rester seul dans la forêt, jamais... Il faut le rechercher... il faut que tout le monde le recherche.

S'appuyant au mur et les mains jointes, elle avait cherché du regard le coin sacré où une lumière éternelle brille devant la figure d'un saint. Mais il avait disparu de chez Stoupka : en tant que président du parti local, il ne pouvait pas se le permettre. Dans le même coin, Lénine avait remplacé le Christ, et son regard ne pouvait guère consoler Stella.

Au même moment commença le chœur des matelots qui dansent en frappant du talon, l'air préféré de Stoupka. Il n'en ferma pas moins la radio, frotta un instant son nez rouge et camus et regarda Stella d'un air interdit :

— Mais pourquoi Piotr n'est-il pas là ?

— Parce qu'il est dans la forêt, tête de bois ! Il a disparu dans la forêt.

— Cela, c'est une chose qu'on ne peut pas dire tant qu'il n'est pas absolument certain qu'il soit parti sans laisser de traces. Et pourquoi disparaîtrait-il ? Et où ?

— On peut l'avoir tué, bégaya Stella en se tordant les mains.

— Qui cela ? Il n'avait que des amis !

— Des nomades yakoutes, qui ne le connaissent pas.

— Impossible ! Tous les Yakoutes connaissent Piotr Hermannovitch. Et celui qui arrive dans la région entend immédiatement célébrer les prouesses de Piotr. Et si on l'a vraiment tué, alors il n'a pas disparu, mais il se trouve quelque part dans la forêt.

Stella ferma les yeux et appuya sa tête contre le mur. Elle tremblait des pieds au sommet de son fichu. Le désespoir l'envahissait devant la façon négligente dont Stoupka prenait les choses. Doucement, elle s'adressa à lui :

— Recherchons-le... Je t'en supplie, recherchons-le. Je sais à peu près où il se trouve. Il m'a indiqué la région où il allait chasser. Nous ne pouvons pas le manquer... Nous... nous le trouverons.

Sa voix s'était brisée. Elle abaissa son fichu devant son visage et se mit à sangloter. Stoupka la regarda un instant en silence, mordant sa grosse lèvre inférieure, l'air d'un énorme poisson avec ses yeux à fleur de tête. Puis il enfila sa veste et se gratta le nez une fois de plus :

— Allons, allons, dit-il pour la calmer. Il n'est pas encore allongé dans son cercueil. Il doit se trouver assis devant un feu, costaud comme un taureau. Il a dû lui arriver quelque chose de particulier.

— Il n'est jamais resté absent pendant une nuit sans m'avoir prévenue. Pourquoi la passerait-il près d'un feu ?

— Que sais-je ? Peut-être a-t-il découvert une bête rare ?

— Pendant la nuit ? Qui donc chasse en pleine nuit ?

Stoupka renifla très fort :

— Il y a du vrai dans ce que tu dis. Calme-toi, Stellanka. Nous allons le chercher. Et quand nous le retrouverons en vie frais comme un gardon, ce sera la fête au village. Et elle lui coûtera cher, je te le jure !

Une heure plus tard, seuls les enfants et les grands vieillards étaient demeurés chez eux. Comme d'habitude, Stoupka s'était mis méthodiquement au travail : il avait non seulement déclenché les sirènes de l'alerte au feu, mais fait sonner les cloches de l'église. Le véhicule équipé contre l'incendie se joignit à sept camions qui partirent pour la taïga avec des torches, des lampes à acétylène, des projecteurs fonctionnant sur batteries, des lampes de poche et des lanternes garnies de pétrole.

Ce fut un vrai feu d'artifice qui s'engagea dans la forêt et les haut-parleurs répercutèrent dans la nuit toujours le même appel : « Piotr ! Piotr Hermannovitch ! » A moins d'être devenu subitement aveugle et sourd, il devait entendre ce vacarme de loin et y répondre.

Mais Piotr Hermannovitch Salnikov demeura muet. Stella avait pris la tête de la colonne avec Stoupka et le Dr Semachko. A chaque silence absolu qui suivait une série d'appels, elle levait les bras au ciel, désespérée. Devant ce serpent de feu, les bêtes apeurées s'enfuyaient pour se réfugier dans les sous-bois.

Enfin, ils le découvrirent. Il avait encore réussi à se traîner près de son petit feu, avait tiré sa veste de toile sur ses épaules déchirées et gisait là sur le ventre, le visage tourné vers la gauche. Inconscient, il respirait à peine. Ses lèvres tremblaient ; à la lueur des projecteurs et des torches, elles étaient décolorées, presque grises.

Hagarde, Stella s'accroupit près de lui, lui serrant la tête entre ses mains. Le Dr Semachko souleva la veste de toile, et un murmure d'horreur se fit entendre. Une voix dit doucement : « Frères, prions pour lui », et Stoupka s'agenouilla près de Stella. Le Dr Semachko pouvait à peine parler :

— Il vit encore. C'est un miracle. Et c'en sera vraiment un second s'il reste vivant.

Sur la voiture équipée contre l'incendie, on fit déjà à Salnikov une première injection de sérum. Stella lui tenait la tête entre ses bras. Le Dr Semachko lutta pour que l'aiguille ne sorte pas de la veine à cause des cahots et des secousses de la voiture, et Stoupka traita d'idiots le conducteur et son aide tout en sachant qu'il était impossible de conduire autrement sur cette piste forestière.

— Vivra-t-il ? demanda Stella quand ils eurent atteint la route qui conduisait à Novo Kalga. Dites-moi la vérité, Viliam Matvéiévitch. Toute la vérité. Peut-on survivre à de telles blessures ?

— Les blessures ne sont pas ce qu'il y a de grave.

Le Dr Semachko changea de flacon de sérum. Il contrôla le rythme cardiaque de Piotr et son pouls, puis se pencha pour le regarder longuement. Il faut un miracle de plus, mon ami, pensait-il. Oui, un second miracle. Vis ! Tu as un cœur puissant et tu as toujours été robuste comme un arbre. Absorbe ce sérum, fais que cette pompe vide de sang continue à fonctionner. Je ne peux rien faire d'autre que l'alimenter en liquide.

— Il a perdu beaucoup de sang, dit Stella Antonovna en serrant les lèvres.

— Oui.

— Mais il vit encore, n'est-ce pas ?

— Oui, et c'est incompréhensible. Il n'a plus de sang dans les veines et il respire encore. C'est inexplicable au point de vue médical. Mais c'est à cela que j'accroche mon espoir.

— Mais vivra-t-il ?

— Seul Dieu peut en décider.

— Je ne crois pas en Dieu, Viliam Matvéiévitch...

Elle le regardait fixement de ses yeux grands ouverts, où il lisait la surprise, une véritable stupeur, l'incompréhension.

— Un médecin voit souvent Dieu à ses côtés. Mais c'est là quelque chose que je ne peux t'expliquer. Tu ne comprendras jamais.

— Pourquoi pas ?

Elle caressa la tête de Piotr, lui baisa doucement les yeux.

— Je comprendrais maintenant mieux qu'avant. J'aimerais te parler plus souvent de tout cela, Viliam Matvéiévitch.

Elle le regarda en souriant faiblement. Oui, c'est un vieil homme. Ses cheveux blancs se dressent comme les poils d'une brosse. Il doit avoir plus de soixante-dix ans... A la Révolution d'octobre, il était déjà étudiant. Plus tard, il a servi comme sous-lieutenant chez les Blancs, sous Denikine, dans un régiment de cosaques. Les Rouges l'ont fait prisonnier et l'ont condamné à mort. Mais avant, il a dû opérer le général Khamkasky d'une hernie inguinale. On avait en effet trouvé parmi ses papiers un certificat affirmant qu'il était le meilleur chirurgien des étudiants de cette année-là. L'opération réussit brillamment. Khamkasky gracia Semachko qui, au lieu d'être pendu, fut exilé en Sibérie, à Yakoutsk. D'une façon ou d'une autre, il était arrivé à Novo Kalga et il y avait découvert que l'homme pouvait encore vivre libre sous le vaste ciel. Dès lors, il avait fait partie de la communauté comme la terre sur laquelle elle s'était édifiée. Il vieillissait certes, mais à Novo Kalga on le considérait comme immortel. Il était inconcevable qu'un jour on ne vît plus ses cheveux blancs et qu'on ne l'entendît plus ordonner à ses patients : « Allez, baisse ton pantalon, même si tu ne t'es pas lavé les fesses. La piqûre ne te fera pas de mal, tu es immunisé contre la crasse ! »

Il croit donc en Dieu, se dit pensivement Stella en continuant à caresser le visage décoloré, vide de sang, de Piotr. Il a donc conservé en lui cette croyance des temps passés. Qui l'aurait cru ? On ne l'a jamais vu à l'église, autrement on en aurait parlé. Il doit se représenter Dieu autrement que le pope. Il faudra que j'en parle avec lui... quand Piotr sera rétabli...

Dans le petit hôpital de Novo Kalga, le Dr Semachko continua de faire ce qu'il pouvait : des injections intra-cardiaques, un apport continu de sang frais dans les veines, et il lui massa longuement la cage thoracique sans oser regarder Stella Antonovna qui, debout de l'autre côté de la table d'opération, les mains maintenant la tête de Piotr, attendait de voir sa poitrine se soulever et respirer vraiment.

Une fois achevée la transfusion de sang frais, Stella dit en hésitant :

— Mais tout le sang s'écoule dans le dos...

— Je vois...

Le Dr Semachko serrait depuis longtemps les lèvres. Sous le blessé, l'épaisse couche de draps était pleine de sang. C'est comme dans cette vieille et sotte plaisanterie, pensa-t-il. Un paysan pompe pour remplir son seau et s'étonne qu'il n'arrive pas à le remplir, jusqu'à ce que quelqu'un survienne et lui dise : « Mais ton seau n'a pas de fond. »

Ils retournèrent Piotr sur le ventre. Les terribles blessures apparurent crûment sous la lumière puissante du projecteur. La chair déchirée ne faisait qu'un avec la peau et les nerfs. Comment remettre tout cela en place et recoudre ? Et dans les croûtes de sang, il y avait des fragments de terre et des brins d'herbe, des aiguilles desséchées de mélèze et quelques baies rouges écrasées.

— La bête l'a atteint jusqu'à l'os, dit Viliam Matvéiévitch, bouleversé. C'était un ours. Au haut de l'épaule, on voit la marque des griffes. C'est étrange, vraiment étrange. Comment Piotr a-t-il pu se laisser surprendre par un ours ?

Il débarrassa la blessure du plus gros des saletés et tenta d'arrêter les saignements les plus violents en posant çà et là des agrafes. Brusquement, un léger frémissement parcourut le corps de Salnikov, ses muscles se détendirent complètement, et il s'arrêta de respirer.

Le Dr Semachko posa sa pincette, ferma le petit robinet qui réglait la transfusion de sang et s'appuya lourdement sur la table d'opération. En face de lui, Stella Antonovna avait levé la tête et le regardait en silence, les yeux vides. Il dit alors doucement :

— Oui... Oui, deux miracles de suite, cela n'a jamais lieu. C'est comme cela, Stella Antonovna... Et nous devons accepter. Nous ne pouvons rien d'autre.

Elle hocha la tête, se pencha sur Piotr, lui tourna la tête de son côté et l'embrassa sur la joue. Ses mains étaient couvertes de sang. Elle les éleva vers la lumière pour mieux les voir.

— Je voudrais prendre avec moi un peu de son sang, dit-elle soudain.

Le Dr Semachko sursauta comme si on l'avait frappé. Sa bouche s'ouvrit.

— Qu'est-ce que tu veux ? bégaya-t-il sans comprendre.

— Prendre un peu de son sang avec moi... tu m'as bien entendue.

— De son sang ? Mais pourquoi ?

— Je veux en avoir.

— Mais quelle quantité ?

Elle abaissa ses mains ensanglantées pour caresser le dos déchiré de Piotr.

— Un petit flacon.

— Il va immédiatement coaguler. Tu n'auras que des grumeaux.

— Mais tu as un médicament qui empêche le sang de coaguler.

— Stellanka...

— Je t'en prie, Viliam Matvéiévitch...

— Mais ce n'est plus du tout son sang.

Le Dr Semachko recouvrit le corps déchiré d'un drap.

— C'est le sang de la transfusion, Stella...

— Mais il vient de son corps. Il a parcouru son corps tout entier. Son cœur l'a encore envoyé dans ses veines. C'est donc son sang. Un tout petit flacon me suffira, Viliam Matvéiévitch.

Une fois de plus, elle caressa le drap qui recouvrait le corps, et elle le fit avec une telle tendresse que le Dr Semachko serra les dents. Il la vit ensuite quitter la salle d'opération non pas comme une veuve abattue mais la tête haute, à pas décidés. On eût dit que Piotr lui avait confié une tâche importante et qu'elle n'avait plus qu'à la remplir.

Les funérailles ressemblèrent à une fête.

Tous purent alors se rendre compte combien l'on aimait Salnikov et à quel point sa réputation s'étendait bien au-delà de Novo Kalga.

Stella n'entendit que des éloges et des déclarations empreintes d'une tristesse véritable. Les yeux secs, elle accueillit les condoléances. On l'embrassa, on la serra contre soi, on lui baisa les joues et le front ; les femmes la plaignaient à haute voix, les hommes, le visage fermé, lui exprimaient leur sympathie. Derrière la maison, on avait dressé une tente. Dix voisines s'étaient mises à cuisiner et à cuire le pain, les tables de bois étaient couvertes de mets savoureux. Il y avait six rôtis différents, des pommes de terre à l'étuvée, des légumes, de la salade de champignons et des beignets cuits dans la graisse et farcis de viande de poulet. Comme desserts, des gâteaux aux fruits confits, des tartes à la crème fouettée et des puddings multicolores. Et l'on pouvait boire du kvas, du vin de fraises et du vin de bouleau, de la vodka, et une eau-de-vie infernale distillée par Stoupka lui-même à partir d'un mélange de mûres et d'autres baies et additionnés d'eau-de-vie de pommes de terre.

L'importance qu'avait acquise Piotr au sein du Parti était confirmée par la présence du camarade secrétaire venu dans un hélicoptère rouge de la ville de Mirny, siège de la préfecture du Haut-Vilioui, pour prendre part à la cérémonie. Ce fut lui qui prononça l'oraison funèbre :

« Il est mort comme peut seulement le souhaiter un homme de Sibérie : en pleine taïga, en affrontant ce désert de solitude. La plupart meurent dans leur lit, n'importe qui peut le faire, c'est normal... mais succomber honorablement en affrontant un ours, quitter de cette façon notre monde, voilà qui était digne de Piotr Hermannovitch ! »

Puis tous se rendirent en procession jusqu'à la tombe que le village avait décorée et où flottait le drapeau rouge. Stoupka, le secrétaire du Parti et quatre autres hommes portaient le cercueil encore ouvert, la fanfare de Novo Kalga jouait une marche funèbre. Jamais on n'avait vu une telle affluence à un enterrement, les écoliers avaient eu congé, et comme le cortège s'approchait du cimetière, les jeunes pionniers entonnèrent un chant.

Derrière le cercueil ouvert marchait Stella Antonovna dont le Dr Semachko tenait le bras. Elle n'avait nul besoin de soutien, mais Viliam Matvéiévitch avait jugé que la présence d'un homme s'imposait aux côtés de la veuve.

Stella Antonovna s'approcha du cercueil sans couvercle, regarda fixement le visage grave et ridé de Piotr et inclina la tête dans un signe d'assentiment, tout comme elle l'avait fait pendant trente ans chaque fois qu'il lui avait demandé quelque chose et qu'elle était prête à le faire.

— Je t'aime... dit-elle d'une voix calme. Que nous avons été heureux tout le long de notre vie ! Toi et moi... Un amour comme le nôtre, il n'y en aura jamais plus sur cette terre...

Elle fit un pas en arrière, regarda Stoupka qui, étonné, ne comprenait pas ces mots d'adieu, puis leva la main :

— Fermez le cercueil, dit-elle à haute voix. Laissez-le reposer en paix.

Quand ils eurent abaissé le cercueil dans la fosse et l'eurent couvert de terre, tous reprirent le chemin du village pour participer au grand repas funéraire. Seuls Stella et le Dr Semachko demeurèrent devant la tombe, ce que les autres prirent pour le désir de prendre une dernière fois, dans le calme, congé du mort. Semachko aurait dû se douter de ce qui allait suivre, mais il ne soupçonnait rien. Finalement, il murmura :

— Pourquoi restons-nous ici ? Le dernier invité a quitté le cimetière.

— J'attends encore quelque chose.

Le Dr Semachko se croisa les doigts et fit craquer ses articulations comme chaque fois qu'il était ému et ne savait que dire. Il prit un ton ronchon :

— Une chose est sûre : il ne soulèvera pas le couvercle et ne sortira pas de là. Alors, qu'attends-tu ?

— Lui...

Elle avait fait un signe de tête vers la gauche. De l'autre bout du cimetière, le pope de Novo Kalga, en habits sacerdotaux noirs, s'approchait d'eux, précédé d'un jeune garçon qui tenait haut une croix. Cachés derrière des buissons, ils avaient attendu que la cérémonie organisée par le Parti fût terminée et que tous eussent disparu. Le Dr Semachko passa ses deux mains sur la brosse de ses cheveux blancs. Extraordinaire, pensa-t-il. Vraiment extraordinaire.

— Tu lui as demandé de venir ?

— Oui.

Les mains crispées sur sa poitrine, elle regardait la croix qui, en s'approchant, se balançait lentement d'un côté et de l'autre.

— Mais tu ne crois pas en Dieu...

D'une voix profonde, le pope se mit à chanter et le Dr Semachko tressaillit d'émotion.

— Et Piotr Hermannovitch était athée, lui aussi...

— En es-tu bien sûr ?

— C'est ce qu'il disait partout.

— On dit tant de choses.

— Il n'allait jamais à l'église.

— Soit, il n'y allait pas. Mais toi non plus. Et tu crois qu'il y a un Dieu.

Elle regardait le pope qui, debout devant la tombe, étendait les mains pour bénir ce cercueil déjà recouvert de terre.

— Est-ce que nous savons si Piotr n'aurait pas désiré un prêtre ? Je ne veux pas commettre de faute. Nous avons toujours su ce que pensait chacun de nous. Il n'y a qu'à la mort que nous ne pensions pas. Étrange, n'est-ce pas ? Je ne me suis jamais demandée si Piotr croyait peut-être en Dieu et s'il n'était opposé à l'église qu'à cause de moi. Nous n'avons jamais discuté de cela. Et brusquement je me suis interrogée : qu'a-t-il fait quand il s'est rendu compte qu'il allait mourir ? Qu'a-t-il pensé ? A-t-il dit quelque chose ? A-t-il appelé, mais quoi ? A-t-il prié ou maudit ? Personne ne pourra me le dire. Et si seulement il s'était écrié : mon Dieu, mon Dieu, viens à mon secours, fais que je vive ! C'est possible, n'est-ce pas ? Pourquoi un homme fort comme Piotr n'appellerait-il pas au secours en sentant la vie s'écouler de son dos ? Et pourquoi ne serait-ce pas Dieu qu'il ait appelé au secours ? Ce ne serait certainement pas de la lâcheté, Viliam Matvéiévitch ! Et s'il a appelé Dieu, ne serais-je pas une mauvaise épouse si je laissais sans Dieu maintenant qu'il est sous terre... bien que moi-même je ne croie pas à ce Dieu.

Elle prit le bras du Dr Semachko quand le pope, de sa voix profonde et chantante, récita la prière des morts en balançant la croix au-dessus de la tombe.

— C'est comme du théâtre, chuchota-t-elle.

— En inclinant le drapeau rouge, Stoupka a-t-il fait autre chose ?

Elle le regarda avec de grands yeux. Quand le pope les bénit, elle dressa la tête au lieu de la baisser et attendit d'être de nouveau seule avec le médecin. Alors, elle se mit à pleurer amèrement :

— Que vais-je faire sans toi, Piotr ?

Viliam Matvéiévitch la retint fortement par-derrière, craignant qu'elle se précipite dans la tombe.

— Pour moi, il n'y aura plus rien... Plus rien.

Le soir, alors que tous s'empiffraient et s'enivraient, dansaient et menaient grand bruit, et que la tente derrière la maison chancelait et menaçait de s'abattre, Stella Antonovna, assise à l'extrémité du banc du poêle, regardait droit devant elle, les yeux vides.

Viliam Matvéiévitch, tout en se tenant à proximité, évitait de l'accabler de sa présence. A quoi pense-t-elle ? se demandait-il. Mon Dieu, quelle vie a été la sienne ! Ils sont arrivés ici à Novo Kalga en 1946 sans rien d'autre que leur force. Ils ont bâti cette maison, ils se sont créé un petit royaume, ils ont élevé deux enfants, Gamsat, le garçon, et Nani, la fille. Gamsat est mort à dix ans à la suite d'une idiotie d'empoisonnement du sang pour s'être enfoncé dans le pied un clou rouillé. Et Nani a été encornée par un renne, un mâle furieux, qu'elle voulait atteler à son traîneau. Elle avait dix-neuf ans et allait suivre les cours de l'académie de Yakoutsk pour devenir peintre. Et maintenant, un ours a tué Piotr Hermannovitch. Quelle vie, Stella Antonovna !

Pendant la nuit, à un moment où les ivrognes grondaient et grognaient sous la tente, elle lui dit :

— Tu n'as pas oublié le flacon de sang de Piotr, n'est-ce pas ?

— Je l'ai laissé chez moi. Crois-tu que je vais me promener avec cela comme avec une bouteille de vodka ?

— Le sang a-t-il coagulé ?

Le Dr Semachko fit une fois de plus craquer ses doigts :

— J'ai ajouté un produit. Le sang est liquide. Exactement comme tu le désires.

— Merci, Viliam Matvéiévitch. Je viendrai le chercher demain matin.

A 4 heures du matin, elle dansa une valse lente avec le secrétaire du Parti qui, débordant de vin et de vodka, avait déclaré à haute voix qu'une veuve dans un âge encore respectable devait faire preuve de bonne humeur et ne pas limiter sa vie à fleurir le tombeau de son mari.

Tous applaudirent en chantant pour accompagner sa danse. Seul, Viliam Matvéiévitch la regardait pensivement, s'efforçant de deviner à son regard ce qu'elle pensait et s'étonnant que personne en dehors de lui ne remarquât à quel point elle semblait absente : seules ses jambes remuaient en cadence et seule sa bouche souriait...

Le matin suivant, Stella Antonovna enfila un pantalon et une veste de cuir souple de renne et de hautes bottes cousues à la main et montant jusqu'au genou. Puis elle serra ses cheveux blonds grisonnants sous une casquette de cuir ronde à grande visière. Sur un tabouret près de la porte, un sac à dos plein à craquer était tout prêt. Calmement, elle se dirigea vers une armoire, l'ouvrit et choisit un fusil suspendu au ratelier. C'était une arme bien huilée et visiblement entretenue avec soin, un modèle que presque personne ne connaît de nos jours, si ce n'est ceux qui visitent un musée consacré à la Grande Guerre Patriotique. Ce type de fusil y est toujours présenté dans une vitrine, et un ancien combattant ne manque pas d'expliquer aux jeunes qu'avec cette arme les héros soviétiques ont combattu l'ennemi et l'ont vaincu.

Stella leva le fusil pour l'examiner en l'éclairant aux rayons du soleil qui pénétraient à travers la vitre, puis elle fit fonctionner la culasse, regarda par la lunette de visée. Dans un coffret plein de chargeurs de cinq balles, elle en prit un pour son fusil et dix autres qu'elle rangea dans la sacoche en cuir qu'elle portait en bandoulière. Après avoir refermé l'armoire, elle suspendit son fusil à l'épaule par la bretelle.

Devant la maison, l'une des tisseuses l'attendait avec un cheval déjà sellé, une robuste jument de dix ans à la robe luisante couleur cuivre, aux yeux vifs et aux larges narines. Stella en fit le tour, vérifia la sangle de la selle, caressa le cou de l'animal et passa la main sur son museau doux et gonflé :

— Nous allons réussir, Alma, dit-elle d'une voix décidée. Nous n'aurons plus à compter les heures et les jours.

A l'hôpital, le Dr Semachko fut bientôt au courant avant même que Stella vînt frapper à sa porte : « La veuve Salnikova remonte le village à cheval, fusil en bandoulière. Un vrai petit démon que cette femme. Elle monte comme un cosaque et porte un équipement tout en cuir. Elle veut certainement décharger son chagrin dans la taïga. »

— Qu'est-ce que c'est que cet accoutrement ? demanda le Dr Semachko en montrant de la main le vieux fusil et en secouant la tête.

— Ne t'occupe pas de cela, dit-elle durement. Où est le flacon avec le sang de Piotr ?

— Où vas-tu ?

— Des demandes ! Encore et toujours des demandes ! N'a-t-on plus le droit de faire quelque chose sans que l'on vous interroge ? Que t'importe où je vais ? Donne-moi le flacon.

— Tu vas chercher l'ours, dit Viliam Matvéiévitch d'une voix sourde et angoissée. Tu veux te venger de lui, n'est-ce pas ?

Elle ne répondit pas, tendit la main droite et claqua des doigts. Semachko ouvrit le réfrigérateur, prit le flacon et le déposa dans la main de Stella qui referma les doigts sur le verre glacé. Un frisson lui parcourut le corps. Mais reprenant aussitôt son sang-froid, elle plaça le flacon dans sa sacoche à côté des munitions. Quand elle parla, sa voix était oppressée :

— Tu es un vrai ami, Viliam Matvéiévitch...

Elle avait de la difficulté à prononcer les mots.

— Il faut que j'informe Stoupka, dit Semachko. Tu ne peux pas chasser l'ours seule.

— Oublie ce que tu sais, Viliam...

Dans ses yeux, il vit une flamme étrange, une expression qu'elle n'avait jamais eue jusqu'alors.

— Ou bien tu devras oublier que nous nous sommes connus.

— Seule contre l'ours ! Toi ! Jamais je ne le permettrai. Ça ne te suffit pas qu'il ait tué Piotr ? Te crois-tu plus maligne que lui ? Il s'est montré plus rusé que ton mari. Il l'a surpris par-derrière sans que Piotr l'entende. C'est un démon que cet ours ! Mais tu te crois plus forte que tout le monde !

— Je pourrais te raconter bien des choses...

Elle le regarda ensuite longtemps, lut dans ses yeux le souci qui le dévorait et sourit tristement. Nous nous connaissons depuis vingt-six ans, pensa-t-elle. Nous t'avons d'abord appelé « petit père » parce que nous étions si jeunes et que tu avais déjà des cheveux blancs. Tu nous a dit alors : « Petit père, c'est bien. Mais laissez-moi être votre ami. Ici, dans la taïga, cela signifie beaucoup plus. » Mais en fait, tu es toujours resté notre petit père, Viliam Matvéiévitch. Le souci que tu ressens maintenant est bien celui d'un père, mais je ne peux pas te l'ôter. Il faut que j'aille dans la forêt. Je l'ai promis à Piotr pendant que je tenais sa tête entre mes mains... alors qu'il mourait.

— Plus tard, dit-elle en redressant son fusil.

— Qu'appelles-tu plus tard ?

— C'est une très longue histoire, Viliam Matvéiévitch.

— Tu ne me la raconteras pas quand l'ours t'aura tuée, s'écria Semachko.

— Il ne me surprendra pas.

Elle avait secoué la tête. L'assurance de sa voix le rendit presque fou. Comment peut-elle être aussi sûre d'elle ? pensa-t-il. Elle porte un fusil et croit que cela suffit. A-t-elle jamais tiré un coup de feu ? Quelqu'un l'a-t-il vu manœuvrer une arme ? Piotr a chassé presque toujours seul, et quand elle l'accompagnait, c'était pour s'occuper de la nourriture. Sait-elle seulement ce qu'est un fusil à lunette ? Comment on le monte ? Si elle voit l'ours dans la lunette et que l'ours la regarde, elle s'évanouira comme si la bête était juste devant elle.

— Es-tu seulement capable de tirer ? cria-t-il. Sais-tu tenir un fusil ?

Elle avait l'air presque effrayé en le regardant tant cette question la surprenait. Puis, inclinant la tête plusieurs fois de suite, elle mit la main sur la crosse de son fusil.

— Je désire être seule, dit-elle gravement. Seule dans la forêt, comprends-tu, Viliam Matvéiévitch. Ne demande à personne de me suivre. Je te préviens : celui qui tuera mon ours sera désormais mon ennemi...

— Tu es folle, Stellanka, complètement folle. La mort de Piotr t'a ôté la raison. C'est au lit que tu devrais être et attachée avec des lanières de cuir !

Impuissant, le Dr Semachko la vit se diriger vers la porte. Il y avait quelque chose de très belliqueux dans son pas décidé, ses vêtements de cuir, ses hautes bottes et le vieux fusil à long canon accroché à son épaule. Désespéré, Viliam Matvéiévitch tenta un dernier effort :

— Et est-ce que ça peut encore tirer, cet ancêtre de fusil ? Ou bien veux-tu fracasser la tête de l'ours à coups de crosse ? La boîte crânienne d'un ours est dure comme du fer...

— Cet ancêtre... ?

Elle s'était retournée, le pouce engagé dans la bretelle du fusil, l'air très grave, presque solennel.

— Je te parlerai de lui à mon retour, petit père, oui, à mon retour.

Elle ouvrit brusquement la porte et sortit de l'hôpital.

De sa fenêtre, Semachko la vit se mettre en selle d'un seul bond, comme un jeune homme, et soudain, dans une sorte d'éblouissement, il se rendit compte qu'il avait vécu vingt-six ans aux côtés des Salnikov, avec eux, comme ami et comme père supplétif, et que cette femme était pour lui une énigme indéchiffrable, encore plus maintenant que Piotr était mort.

Elle est devenue différente, se dit-il. Naturellement, elle sait tirer ; naturellement, elle sait tenir un fusil ; naturellement, elle sait comment viser à travers une lunette. Et naturellement, elle touchera l'ours. Il ne sera pas plus malin qu'elle. Elle restera de sang-froid jusqu'au fond de l'âme, elle restera de glace comme une gelée de janvier, elle le laissera venir et repliera doucement le doigt. Et quand il s'écroulera et se débattra dans son agonie, elle dira : « Piotr, mon amour, maintenant tu peux tranquillement partir pour l'éternité... »

— Mon Dieu, dit le Dr Semachko à voix basse et en croisant les mains. Mon Dieu, que nous pouvons être aveugles. Et que je suis bête, vraiment bête...

Pendant quatre jours et quatre nuits, Stella Antonovna demeura seule dans la forêt, s'éloignant à peine de l'endroit où Piotr avait allumé son feu pour rôtir sa viande. Là où l'ours l'avait abattu, le sol était encore imprégné du sang qu'il avait perdu. Il n'avait plu qu'une fois pendant cette période, pas assez pour dissoudre ce sang et l'entraîner dans les profondeurs de l'humus sylvestre. Elle s'était assise devant cette grande tache rouge foncé et avait posé ses deux mains à plat sur l'herbe poisseuse. Silencieusement, elle conversait avec Piotr. Il l'entendait, elle en était sûre. Il était là, près d'elle, autour d'elle, assis à ses côtés. Elle sentait distinctement sa présence, heureuse, joyeuse même, convaincue soudain qu'il n'y avait pas de mort définitive, mais seulement une transformation de la matière d'un état matériel concret à un état spirituel, perceptible. L'éternité... Elle eut l'impression de comprendre ce concept alors que ses mains touchaient le sang de Piotr et qu'il était là, près d'elle.

L'ours reviendrait, elle en était certaine. Chaque animal a son territoire qu'il circonscrit en marquant certains points. Celui de l'ours est vaste, il s'étend sur de très nombreuses verstes, mais il n'en est pas moins limité. Un jour, il reviendrait à l'endroit où il avait déchiré un être humain. S'en souviendra-t-il encore ? Un ours a-t-il de la mémoire ? De toute façon, il reviendra et apercevra Stella Antonovna. Il la regardera longtemps, assise devant le feu, le vieux fusil à canon long et à lunette sur les genoux, elle, la veuve Salnikova qui l'attend.

En aura-t-il l'intuition ? Sortira-t-il des fourrés et sera-t-il visible ? Ou fera-t-il le siège de cet autre créature humaine, tournera-t-il autour d'elle en s'approchant sans bruit ? La surprendra-t-il ?

Stella attend calmement. Elle ne se donne pas la peine de courir la taïga pour y rechercher les traces de l'ours et les suivre. Elle s'est installée à l'endroit même où Piotr est mort, a amassé beaucoup de bois pour faire du feu pendant la nuit. Avec des souches de mélèze et des branches de pin, elle s'est aménagé un abri. Elle vit des provisions qu'elle a apportées dans le sac à dos. Elle résiste à la tentation de tuer un petit lapin qui traverse intrépidement la clairière pour gagner le torrent et s'assied au soleil sur les pierres polies.

Du calme, rien qu'un calme absolu, pense-t-elle. Un bruit un peu fort peut effrayer l'ours, l'avertir et l'éloigner. Elle-même ne quitte guère son camp sauf pour aller de temps à autre se laver dans l'eau froide et délicieuse du torrent au bruit assourdissant. A midi, quand la chaleur de l'été s'accumule sous les arbres, elle s'étend nue dans le courant frémissant, mais toujours à portée de main du fusil déposé sur la berge, si bien qu'il lui suffit d'un seul bond pour saisir l'arme déjà armée, toujours prête à faire feu. Non, il est impossible de surprendre Stella Antonovna.

Sa jument Alma va et vient en liberté. Elle fait office d'avant-poste d'alerte. Si l'ours s'approchait sans que la femme le voie, la jument rejoindrait aussitôt sa maîtresse en hennissant, les flancs tremblants.

Le cinquième jour, le Dr Semachko apparut. Il arriva sur une vieille motocyclette soufflant et pétaradant que Stella entendit de loin et qui lui arracha une série de jurons qui n'avaient rien de féminin. Semachko fit irruption comme une tornade dans ce calme absolu. Il portait un vieux complet de chasse avec des chaussures à lacets, le tout à la mode d'il y a cinquante ans. Il avait recouvert ses cheveux blancs d'un bonnet bleu tricoté. En descendant de la selle du monstre grondant, il leva haut dans l'air une carabine militaire d'un modèle nouveau. Stella explosa :

— Quatre jours de gâchés ! Viliam Matvéiévitch, tu as tout abîmé ! S'il était dans le voisinage, tu peux croire qu'il a pris la fuite !

— C'était le seul moyen d'empêcher Stoupka de venir en secret ici avec dix hommes et de former autour de toi un cercle. Vraiment, c'est ce qu'ils allaient faire. Alors, nous avons discuté, et Stoupka m'a demandé : « Y a-t-il beaucoup de travail à l'hôpital ? ». « Non, ai-je répondu, je n'ai que deux lits d'occupés. » « Par qui ? » a-t-il demandé. J'ai expliqué : « Une jambe dans le plâtre et une fausse couche. » Alors, il s'est mis à hurler : « Alors, c'est cela ! Une jambe dans le plâtre et une fausse couche immobilisent tout un hôpital. Mais cela ne devrait pas être possible ! Quelle époque ! Quelle décadence ! Fous-les dehors, Viliam Matvéiévitch ! Ferme la porte et prends quelques jours de congé dans la forêt ! » J'ai voulu protester : « Comment cela, Fédia Alexandrovitch ? On ne peut pas fermer comme ça un hôpital. Nous avons des devoirs médicaux, humains, nous devons nous conformer aux usages... Et s'il y a une urgence ? » Ce à quoi Stoupka a répondu : « Il n'y aura pas de cas d'urgence à

Novo Kalga tant que tu seras en congé dans la forêt, Viliam Matvéiévitch. Tu peux compter sur moi ! »

Le Dr Semachko soupira, s'assit sous l'abri et ôta son bonnet tricoté :

— C'est comme cela que j'ai pu venir seul sans Stoupka et ses dix hommes. Il n'y a qu'un problème, Stellanka. On ne peut pas tenir indéfiniment un hôpital fermé. On ne peut empêcher les maladies à coups d'interdictions.

— Et maintenant, tu veux rester ici ?

Elle était furieuse, et ses joues étaient rouges de colère. Elle fit le tour du foyer, donna un grand coup de pied à la motocyclette couchée à même le sol et parvint non sans mal à contenir un flot de jurons semblables à ceux qu'elle avait déjà lancés en entendant le crépitement de la moto.

— Où t'es-tu procuré cette carabine ?

— C'est Stoupka qui me l'a donnée. C'est l'arme militaire la plus récente, une SKS Simonov. On peut viser jusqu'à mille mètres.

Le Dr Semachko la lui tendit :

— Avec cela, on tire quand même mieux qu'avec ta vieille arquebuse.

— Ma vieille arquebuse, comme tu l'appelles, a une portée de visée de deux mille mètres. Avec une cartouche M 30, type B-30, je perce n'importe quel blindage. La vélocité du projectile est au début de huit cent cinquante mètres seconde. Il n'existe pas d'autre cartouche aussi puissante.

Muet, le Dr Semachko écarquillait les yeux et passait la main dans ses cheveux blancs balayés par le vent. Et après avoir fait craquer ses doigts, il s'appuya comme sur une canne sur sa carabine militaire ultra-moderne pour dire finalement :

— Je ne sais plus que dire. Nous aurais-tu joué la comédie pendant vingt-six ans ?

— Tu n'as pas besoin de veiller sur moi comme un chien de garde parce que me voici veuve ! dit-elle rudement. Occupe-toi de tes malades. Jamais je ne me suis sentie en aussi bonne santé ! Et ne te fais pas d'idées sur ce qui peut m'arriver : la pauvre petite veuve... si seule... il faut l'encourager... on ne peut pas permettre qu'elle se sente solitaire... Elle pourrait trébucher, la pauvre petite âme... Elle pourrait se faire du mal en soulevant son seau... Elle n'est plus toute jeune, cette brave fille... Chers voisins, formez un comité, mettez-vous d'accord et consultez le calendrier. Voyons, qui sera là-bas demain, et qui après-demain, et qui le 17 août... ? Pauvre Stella Antonovna, nous devons nous occuper d'elle...

De rage, elle donna un nouveau coup de pied dans la moto et se pencha sur le Dr Semachko, les poings sur les hanches comme une marchande de quatre saisons dont on aurait abîmé les tomates, pour lui crier au visage, les yeux étincelants :

— Lorsque j'aurai besoin de toi, je te le ferai savoir !

Plus de soixante-dix années avaient donné au Dr Semachko une certaine expérience des femmes. Il ne s'était jamais marié, mais avait eu plusieurs maîtresses dont il s'était séparé chaque fois sans grand scandale, ce qui prouvait qu'il ne manquait pas de savoir-faire. De plus, un médecin est toujours un confesseur pour ses patients, et il avait ainsi accumulé une véritable montagne de faits psychologiques sur la vie quotidienne des êtres, si bien qu'après un demi-siècle de pratique, il pouvait affirmer sans exagérer : « Oui, mes chers amis, les hommes, je les connais... »

Il regarda Stella toujours écumante de colère en clignant un peu des yeux, se dirigea vers le feu appuyé sur la belle carabine Simonov, s'assit à même le sol et étendit les jambes :

— J'aurais bien envie d'un petit gobelet de thé, déclara-t-il aimablement.

— Va au diable, il te le préparera !

— Ce pourrait aussi être une petite diablesse.

Il s'était mis à rire d'un air radieux.

— ... Ne t'excite pas, Stellanka. Pourquoi te fâches-tu de la sorte ? Si Piotr pouvait nous voir, il me prendrait dans ses bras et me dirait : « Tu as raison, ami ! Ne laisse pas ma petite femme toute seule. » La sournoiserie de cette argumentation laissa Stella sans réponse. Oui, si Piotr nous voyait... N'avait-elle pas senti sa présence ? Ne s'était-elle pas entretenue avec lui tout au long de quatre jours et quatre nuits ?

A l'aube du septième jour, l'ours apparut.

Dans les bas-fonds flottaient des voiles de vapeur suspendus aux cimes des arbres comme des chiffons ou rampant à travers la clairière. Tout était imprégné d'une odeur aigre-douce de pourri, de bois moisi et de mousse humide. Alma, la jument à la robe de cuivre étincelant, décela la première sa présence. Elle se cabra, jetant très haut ses deux jambes de devant, et demeura les flancs frémissants, soufflant des narines près de l'abri, fixant avec ses grands yeux ronds la lisière du bois, là où le cours du ruisseau se transformait en torrent.

Agenouillé derrière sa motocyclette comme derrière un blindage, le Dr Semachko tenait son fusil posé sur la selle. L'angoisse étranglait sa voix. Il avait dormi enroulé dans une couverture à l'intérieur d'un sac en plastique dans lequel il était enfoncé jusqu'au cou pour se protéger de l'humidité quand le hennissement d'Alma l'avait réveillé et, avant même de voir l'ours, il avait su que le grand jour était arrivé. S'extrayant de sa couverture et de son sac, il avait pris son fusil et s'était aperçu que Stella n'était pas sous l'abri.

Mon Dieu, pensa-t-il, mon Dieu, est-ce que ce drame va se répéter ?

Bouleversé, il regarda autour de lui et découvrit Stella Antonovna près du ruisseau. Elle s'était lavée et remettait juste sa blouse de coton après avoir tordu ses cheveux pour en exprimer la dernière goutte d'eau. Son fusil était posé à ses pieds, elle n'avait qu'à se pencher pour le saisir. Quelque peu tranquillisé, Semachko pensa qu'elle courait néanmoins un certain danger.

Dois-je crier ? pensa-t-il. Dans ce cas, l'ours se sauve et Stella me chassera d'ici comme un chien. Si je ne crie pas, l'ours aura le temps de préparer son embuscade, de décrire un cercle et de tenter de rejouer le même jeu mortel qu'avec Piotr Hermannovitch. Grand Dieu, mais que dois-je faire ?

Mettant en position son beau Simonov flambant neuf, il voulut regarder à travers la lunette. Mais cette fripouille d'ours était un adversaire raffiné : il s'était tapi derrière des troncs d'arbres sans s'aventurer dans l'espace libre, et il se confondait avec le vert des feuilles et le brun des branchages parmi les nappes vaporeuses de brouillard. De temps en temps, il apparaissait comme une ombre en trottant sans bruit d'un tronc à l'autre.

Stella, qui semblait ne se douter de rien, remontait lentement la petite pente, toute fraîche après son bain, tenant négligemment son fusil dans sa main droite. Elle salua d'un geste le Dr Semachko, caressa de quelques claques la croupe frémissante d'Alma venue à sa rencontre, les jambes tremblantes, et se courba devant le feu pour attiser la flamme. Puis elle suspendit la bouilloire au support et y versa de l'eau fraîche du seau en plastique. Le Dr Semachko continuait à ressentir une étrange faiblesse au creux des jarrets.

— L'ours est là... cria-t-il à mi-voix.

— Tais-toi, lui répondit-elle calmement. Je le sais.

— Le voici qui sort d'un fourré... Il nous regarde.

— Toi, ne le regarde pas, Viliam Matvéiévitch.

— Mon Dieu, quel colosse ! Je n'ai jamais vu un ours comme lui. Même pas en dessin !

— Crois-tu qu'un autre que lui aurait pu vaincre Piotr ?

Elle se retourna et, debout devant le feu, vit l'ours.

C'est donc toi, se dit-elle. Te voici donc tel que tu es, espèce d'assassin ! Tu as tué Piotr, mais seulement parce que tu l'as attaqué par-derrière. Mais je ne te reproche pas d'être rusé... il faut vaincre l'ennemi par tous les moyens dont on dispose. C'est ainsi que nous faisions, et il y a eu un temps où une fraction de seconde décidait de notre mort ou de notre survie. Je n'aurais jamais cru que j'allais me retrouver une fois de plus dans cette situation... Avec ce froid qui me saisit jusqu'au cœur, la nécessité absolue que tous les muscles de mon corps réagissent en moins d'une seconde comme ils le doivent, et cette clarté dans mon cerveau... toutes mes pensées se concentrent sur une seule ligne, celle qui passe par la lunette vissée sur le canon de mon arme et par le guidon pour aboutir à la tête de l'adversaire, à son front, à la racine de son nez, entre ses yeux, à sa mort.

Qu'il y a longtemps... mais c'est une chose que l'on ne désapprend jamais. Et pourtant, je ne voulais jamais plus m'en servir. Jamais plus ! Je voulais l'enterrer sous les années qui passaient, que ce ne fût plus qu'un souvenir. Mais toi, l'ours, toi, le meurtrier de Piotr, tu m'as fait oublier ces dizaines d'années. Je me retrouve aussi froide qu'autrefois, aussi calme, aussi concentrée... et je cesse maintenant de penser... il n'y a plus que cette ligne qui compte, qui ira de mon œil jusqu'à toi en passant par le centre de la croix...

L'ours flairait le danger. Blotti dans les nappes de brume, il ne quittait pas la lisière de la forêt. Protégé par des troncs d'arbres et des buissons, il se sentait en sécurité. Sans bruit, il se glissait sur ses pattes feutrées, dures comme de la corne, en direction du fleuve. Il était attiré par l'eau, il avait soif et pensait aux poissons si savoureux.

Très lentement, évitant tout mouvement hâtif, Stella leva son arme. Derrière sa motocyclette, le Dr Semachko, nerveux, sentit sa main se crisper dans ses cheveux blancs et chuchota :

— Mais tu ne vois rien.

— Assez bien pour tirer.

Elle avait calé son arme dans le creux de l'épaule, et elle semblait y reposer parfaitement.

— Mais il est beaucoup trop loin, chuchota Semachko. Comment veux-tu le tirer d'ici ?

Sa tête est trois fois plus grosse qu'un casque d'acier sous lequel se dessine un visage blafard, pensa-t-elle... Viliam Matvéiévitch, vas-tu enfin la fermer ? Tu n'y connais rien. Pour moi, l'ours est si proche que je pourrais l'effleurer de la main.

L'index posé sur la détente se recourba un peu jusqu'au point d'action de la gâchette. Au centre de la croix, elle voyait la tête de l'ours, une touffe épaisse de poils brun foncé avec des oreilles qui virevoltaient de tous les côtés. Tourne-toi, l'ours. Cela ne va pas de profil. Il faut que je te voie les deux yeux... Alors, la balle pénétrera dans ton crâne, te fera éclater le cerveau. C'est une cartouche B-30 à la pointe noire, un de ces projectiles qu'on appelle « lourds » et qui percent n'importe quel blindage. Il s'enfoncera dans ta tête comme dans une éponge... mais tu n'as pas encore pris la bonne pose ! Je n'ai jamais, jamais tiré avant de voir les deux yeux... ce dernier regard, totalement inconscient, dans la lunette de mon arme...

L'ours dressa la tête, renifla du côté du Dr Semachko pour qui il n'était qu'une tache indistincte dans la brume matinale.

Le coup partit, sec, pas très retentissant. Il n'y eut aucun écho dans la forêt humide, le bruit ne se répercuta pas entre les arbres, mais fut comme absorbé dans de l'ouate. Semachko avait sursauté. Levant les yeux vers Stella, il la vit rabaisser son arme. Regardant à son tour à travers sa lunette de visée, il examina sans succès la lisière du bois.

— Et voilà ! Maintenant, il est parti ! dit-il sur un ton de reproche.

— Oui, et pour toujours.

— C'est impossible de tirer à une telle distance ! Mais comment convaincre une femme entêtée ? Notre chasse est terminée.

— Oui, terminée.

— Retournons à Novo Kalga. A quoi bon rester ici ? L'ours ne reviendra pas.

— Non. Il ne reviendra jamais.

Quelque chose dans le ton de Stella irritait le Dr Semachko. Il demeura un instant debout, regardant la lisière de la forêt et passa une fois de plus les deux mains dans ses cheveux blancs. Il l'entendit dire :

— Viens avec moi.

Elle prit sa gibecière, laissa son fusil près du foyer et commença à gravir lentement la pente. Viliam Matvéiévitch saisit son fusil et se mit à courir derrière elle. Ce n'est pas possible, se dit-il soudain. C'est absolument impossible ! Ça touche à de la sorcellerie. A cette distance, dans cette brume, on voyait à peine une ombre... Si je raconte cette histoire, qui me croira ? Moi-même, je ne pourrais y croire et celui qui prétendrait avoir réussi ce coup-là serait pour moi un drôle de fanfaron. Mais je l'ai vu, de mes yeux vu ! Et il y a cinq minutes, dans la taïga de Novo Kalga...

L'ours était couché sur le flanc, comme s'il dormait. La mort l'avait surpris comme un éclair, si rapidement qu'il n'avait ressenti aucune douleur quand le projectile B-30 avait fait éclater son cerveau. Semachko, saisi, se pencha sur lui, frappé surtout par l'énormité et la force de l'animal, et le regarda dans les yeux. Mais il n'avait plus maintenant qu'un œil unique... à la place de celui de gauche s'ouvrait un trou circulaire d'où suintait un mince filet de sang rouge.

Stella Antonovna ne voyait pas Semachko frappé de stupeur par la précision du coup de feu et la puissance de la bête. Elle s'était assise dans l'herbe près de la tête de l'ours, avait ouvert sa gibecière et pris le flacon plein du sang de Piotr. Saisissant le museau de l'animal, elle lui desserra les dents avec une force qui stupéfia une fois de plus le médecin, fracassa le verre contre les crocs reluisants et laissa le sang s'écouler dans la gueule puante. Le Dr Semachko hocha la tête en se tordant une fois de plus les mains :

— Mon Dieu, bégaya-t-il, ô mon Dieu, ce que tu peux haïr, Stellanka...

Le soir, ils firent leur entrée dans Novo Kalga. Ce fut un événement sensationnel. En tête venait le Dr Semachko sur sa moto pétaradante, puis suivait Stella sur sa jument Alma. Très grave, elle ne répondait pas aux salutations amicales des habitants. La jument traînait également l'ours au bout d'une grosse corde. Il avait traversé ainsi la taïga, maintenant sa carcasse menait grand bruit dans la rue, ses pattes puissantes tendues vers le haut, la gueule souillée de sang, la corde serrée autour de son cou colossal. Jadis Hector avait ainsi traîné Patrocle derrière son char autour des murs de Troie, transformant l'horreur en lauriers de victoire...

— Il faut le préparer, dit Stella une fois chez elle, le préparer et l'empailler. Je veux l'avoir constamment devant moi. Je veux pouvoir cracher dessus, le battre, le maudire ! Mais sans lui remplacer cet œil-là... Je veux voir le trou.

— Oui, l'œil...

Le Dr Semachko s'était assis près de Stella sur le banc du poêle. Il fit une fois de plus craquer ses doigts, car il n'aurait pu exprimer en mots ce qu'il ressentait au fond de lui-même. Il avala deux gorgées de vin de bouleau et regarda Stella qui s'était levée pour aller à une commode, ouvrir un tiroir et y prendre un carton qui contenait une épaisse liasse de papiers. Elle le déposa sur la table et revint s'asseoir sur le banc.

— Tu veux me dire quelque chose ? demanda le médecin.

Elle fit oui de la tête, but un peu de vin puis se rejeta en arrière pour s'appuyer contre le poêle qui n'était pas allumé dans sa gaine de maçonnerie. Un cadre autour duquel était noué un voile noir était suspendu au mur : c'était une photo de Piotr Hermannovitch, prise il y avait presque vingt ans par Chémelnik, le photographe mort depuis longtemps. A l'époque, Gamsat, leur fils, était encore vivant. Il serait devenu un bel homme, le jeune Salnikov, tout comme sa mère avait été une beauté étant jeune. Et elle était belle encore, dans la maturité dorée de son automne. Brusquement, elle demanda :

— Quel est mon nom ?

Le Dr Semachko la regarda en clignant les yeux, interdit.

— Stella Antonovna Salnikova. Pourquoi cette question ?

— Salnikov ? Oui... nous avons trouvé ce nom-là. A vrai dire, nous l'avons volé.

— Volé ?

En craquant, les doigts du médecin rendirent un son désolé.

— ... Je t'en prie, pas de mauvaises plaisanteries, Stellanka.

— C'était en 1943, à Kharkov. Piotr, qui ne s'appelait même pas comme cela, avait besoin de papiers. Il n'avait pas de nom, il n'était rien, il n'avait à proprement parler rien, et moi non plus je n'avais plus rien bien que toute la Russie me connût alors...

Elle regarda Semachko avec un sourire très calme.

— Tu vas bientôt comprendre, Viliam Matvéiévitch. Nous vivions à Kharkov, c'était la guerre, nous vivions dans un trou pire que des rats, pourchassés aussi comme des rats. En déchargeant un convoi de blessés — c'était le travail de Piotr —, il a transporté un camarade qui est mort dans ses bras. Cet homme s'appelait Piotr Hermannovitch Salnikov. Mon Piotr a pris ses papiers et le mort a été enterré sans nom. Nous avons pleuré de joie, nous avions un nom, nous pouvions sortir de notre trou, vivre en plein soleil...

Elle but encore une gorgée de vin de bouleau, regarda la photo de Piotr et fit un signe de tête d'assentiment, comme s'il lui avait dit : « C'est bien, Stellanka, parle. Viliam Matvéiévitch est un bon ami... »

— Connais-tu Korolenkaïa ? demanda-t-elle brusquement.

— Est-ce un endroit ?

— N'as-tu pas honte, Viliam Matvéiévitch ! Et ça se dit patriote ! Korolenkaïa est le nom d'une femme.

— Et on doit le connaître ?

— Il est gravé dans la pierre d'un monument aux morts de Moscou. Et il figure dans les livres des écoliers. Des centaines de milliers d'enfants, garçons et filles, connaissent son histoire, l'histoire de la Korolenkaïa, « héroïne de l'Union soviétique ».

— Il me semble que cela me dit quelque chose, dit lentement le Dr Semachko. Mais grand Dieu, il y a si longtemps. Et l'on nageait alors dans une multitude de noms.

— Pendant la Grande Guerre Patriotique, il n'y a eu que quatre-vingt-onze femmes qui ont été promues « héroïnes de l'Union soviétique ». Ces jeunes femmes ont combattu en première ligne. La moitié d'entre elles étaient « tireuses d'élite »... comme la Korolenkaïa. Elle a été prise par les Allemands, fusillée et enterrée. C'est ce qu'on lit dans tous les livres de classe : « A Kazatchia-Lopan, sur la ligne de chemin de fer de Kharkov à Koursk, la Korolenkaïa a donné sa vie pour la Russie. »

— L'as-tu connue ?

Le Dr Semachko, le verre à la main, ne savait plus ce qu'il devait penser, croire et dire. Il y avait d'abord ce coup de feu juste dans l'œil de l'ours, ce coup de maître malgré la distance et la brume... Et maintenant cette histoire... Où cela allait-il le mener ?

— Lis ces papiers. C'est Piotr qui les a écrits.

Elle montrait la liasse de papiers liés dans le carton qu'elle avait posé sur la table.

Elle se pencha de nouveau en arrière, regarda une fois de plus le portrait de Piotr et lui sourit.

— Sais-tu quels étaient le prénom de la Korolenkaïa et celui de son père ?

— Je n'en sais vraiment rien, dit le Dr Semachko d'une voix étouffée.

Il avait l'impression de tomber dans un abîme à la fois profond, sombre et moelleux.

— Stella Antonovna !

Puis aucun d'eux ne dit un mot. Dans le village, un chien lança un hurlement plaintif.

Viliam Matvéiévitch se leva du banc du poêle. Les jambes lourdes, il se traîna jusqu'à la table, prit la liasse de papiers et s'assit de nouveau près de la fenêtre dans la lumière écarlate du soleil couchant.

Qu'en serait-il de la Russie sans la Sibérie ? pensa-t-il presque respectueusement. Cette terre-ci absorbe les destins des hommes comme une éponge absorbe l'eau.

DEUXIÈME PARTIE

Tiré du rapport du chef de bataillon capitaine Giovanni Langhesi à l'état-major de la VIIIe Armée italienne opérant dans le secteur Millerovo-Kantemirovka, groupe d'armées allemandes du Don :

« ... *à signaler encore que par quatre fois il s'est produit des désertions mystérieuses dans les postes avancés du secteur ennemi de la Ire Armée de la Garde soviétique. Tous ces cas ont eu lieu dans le secteur de Tchiertkovo.*

Ces postes avancés, chacun de deux hommes, étaient vides lors de la relève. Ces hommes n'avaient rien laissé derrière eux. Ils avaient pris avec eux armes et munitions. Dans ce secteur, il n'y avait aucun événement marquant, la situation était calme : depuis la mi-décembre 1942, on a observé un regain d'activité et d'actions individuelles chez les Soviétiques, comme l'apparition de tireurs d'élite, de nombreuses patrouilles, et de la propagande par haut-parleur, incitant à la désertion.

D'après les commandants de compagnie, les soldats disparus étaient au-dessus de tout soupçon et décorés parfois de la Croix de Fer. Parmi les manquants figure également un sous-officier.

A partir de nos positions, on n'a rien remarqué qui puisse faire croire à une action de l'ennemi contre nos avant-postes. Nous devons en conclure que ces huit hommes ont déserté et sont passés aux Soviétiques.

Veuillez me donner des instructions concernant les contre-mesures à prendre. Le moral de la troupe est excellent. Ces cas sont d'autant plus étonnants... »

Il fallut six jours pour que ce rapport, passant par les bureaux du régiment et de la division et pourvu chaque fois d'une signature supplémentaire et du cachet « URGENT », parvînt à l'état-major de la VIIIe Armée italienne. Entre-temps, trois nouveaux postes avaient été désertés, ce qu'un rapport « TRÈS URGENT » du capitaine Langhesi déplorait dans des termes qui n'avaient rien de militaire : « Je suis confronté à une énigme·», avouait-il à la fin.

— De toute façon, il y a quelque chose qui ne va pas chez Langhesi, déclara le colonel d'état-major Bartollini, en ouvrant un dossier rouge pour les deux rapports. Comment peut-il dire que le moral de la troupe est excellent quand ses soldats désertent l'un après l'autre ! Cette propagande soviétique par haut-parleur est si ridicule que personne ne s'y laisse prendre. Franchement, Messieurs, pouvez-vous imaginer que quelqu'un ajoute foi à ces sottises ? Et cela dans le secteur de Tchiertkovo et nulle part ailleurs ? Chacun de nous sait très bien ce qui attend un prisonnier de guerre de l'autre côté du front. Les Russes ne font aucune différence entre un prisonnier et un déserteur... Tout cela n'est que de la propagande.

— Ils ont dû maintenant imaginer autre chose, mon colonel, dit un jeune commandant arrivé neuf jours plus tôt de Milan pour créer un service de contre-propagande et qui, au cours des deux derniers jours, avait visité les positions les plus avancées.

— Et alors ? Un mensonge est toujours un mensonge.

— Il y a une phrase particulièrement frappante : « Jetez vos armes ! Venez à nous ! La guerre sera finie pour vous. Vous continuerez à vivre. Des milliers de lèvres rouges de jeunes Moscovites vous attendent... »

— Mais c'est complètement idiot !

De ses deux mains, le colonel balaya les revers de sa veste d'uniforme comme si la propagande ennemie les avait salis.

— C'est démentiel !

— Je sais que les hommes en discutent en cachette... Pensez donc, des lèvres rouges de jeunes filles... pour un Italien soumis à la portion congrue !

— Vinzenzo, j'espère que c'est une plaisanterie idiote.

Le colonel Bartollini regardait le jeune commandant. Au fond de lui, il était quelque peu troublé et ne savait que faire.

— Voyons, les hommes doivent se tordre de rire en entendant ce radotage soviétique : des jeunes filles aux lèvres rouges vous attendent à Moscou ! Pas un seul ne désertera pour cela, même si le mot « jeunes filles » fait éclater sa culotte ! Vraiment, Vinzenzo, voyez-vous un rapport entre ces abandons de postes et la propagande ennemie ?

— Ce n'est qu'une hypothèse parmi beaucoup d'autres, mon colonel.

— Devons-nous organiser des bordels en première ligne ? Chaque compagnie disposant d'un abri-baisodrome ? On créera un nouveau sigle pour ces femmes : PSPCPL, « Putains Spécialisées Pour Combattants de Première Ligne ». Non ! Il y a tout simplement un ver dans le fruit chez le capitaine Langhesi. Si je pouvais seulement faire revenir le bataillon à l'arrière pendant une semaine et leur botter le cul à tous jusqu'à ce que je découvre ce qui cloche... Mais c'est impossible. Il n'y a qu'une solution : bien expliquer à ces hommes qu'après la victoire, il fera meilleur vivre en Toscane qu'en Sibérie ! Il faut se battre, vaincre, ou bien déserter et moisir en Sibérie ! Voilà la seule alternative !

Et c'est ainsi que les Italiens ne firent rien, jusqu'au jour où une délégation de neuf officiers de la VIIIe Armée italienne rendit visite au quartier général du maréchal von Manstein pour discuter de la situation en se fondant sur les cartes qu'ils apportaient, les déclarations des prisonniers soviétiques et les faits recueillis au cours des reconnaissances.

Pendant ces premiers jours de janvier 1943, le calme régnait sur l'ensemble du front. Mais le vent glacial qui balayait les steppes du Don, la pétrification absolue de la nature sous le gel et un froid meurtrier n'empêchaient pas les Russes de préparer sur une longueur de cinq cent cinquante kilomètres un front offensif que rien ne laissait encore soupçonner. On savait seulement que dix armées russes parfaitement équipées, composées de troupes bien reposées, s'étaient massées contre six armées allemandes déjà exténuées. Et pis encore : parmi les six armées dites allemandes se trouvaient trois unités alliées : la IIe Armée hongroise, la VIIIe Armée italienne et la IIIe Armée roumaine. L'état-major général allemand considérait l'affaiblissement de ce front avec inquiétude. A Stalingrad, la VIe Armée allemande encerclée luttait désespérément pour chaque mètre de terrain, pour chaque arpent de ruine, pour chaque monticule de steppe. On ne pouvait plus la ravitailler que par les terrains de Pitomnik et de Goumrak, mais on espérait encore pouvoir briser l'étreinte soviétique d'une façon ou d'une autre malgré la concentration à l'ouest du Don de nouveaux groupes d'armées soviétiques. Les nouvelles armées russes se rassemblaient devant des positions allemandes édifiées fiévreusement, tandis que la VIe Armée se sacrifiait à Stalingrad en clouant sur place six armées d'élite soviétiques. La totalité du flanc droit du groupe d'armées du Don offrait un aspect peu réjouissant : deux armées alliées contre cinq armées russes, et dans le sud, près de Rostov, il n'y avait qu'une seule armée blindée allemande, la IVe, pour s'opposer à tout le front Sud du maréchal Iérémenko.

Comme toujours, les Allemands étaient un contre sept. On ne se faisait plus d'illusion dans les états-majors. Stalingrad était perdue, malgré l'héroïsme insensé dépensé pour la garder.

Vers la mi-janvier au plus tard, l'offensive d'hiver soviétique se déclencherait à partir des steppes contre Orel, Koursk, Kharkov, Stalino et Rostov, dans le but de mettre en pièces l'aile droite allemande et, plus au sud, de reconquérir la région transcaucasienne.

Dans une telle situation, les rapports concernant la disparition de quelques soldats des postes avancés dans le secteur de Tchiertkovo perdaient tout intérêt. Pour commencer, le colonel Bartollini n'en fit même pas état devant ses camarades allemands. Son voisinage avec la IIIe Armée roumaine le préoccupait bien davantage. Des bruits invraisemblables couraient dans ses unités : les soldats roumains échangeaient leurs mitraillettes et leurs autres armes contre des cigarettes Makhorka et de la vodka au cours de rendez-vous secrets organisés dans le no man's land avec l'ennemi. La IVe Armée roumaine n'avait pas agi autrement devant Stalingrad avant de se débander quand les troupes du général Troufanov l'avaient attaquée, ce qui avait condamné la VIe Armée allemande à son sort désespéré.

Ce fut le commandant Vinzenzo qui, après un excellent dîner et une tournée de cognac, attira l'attention de ses hôtes allemands sur les déserteurs du capitaine Langhesi.

— Je sais ce que vous pensez, Messieurs, dit-il en souriant ironiquement. Ces Macaronis, il suffit qu'on leur parle de femmes ! Le Russe n'a qu'à agiter devant eux un slip quelconque, et ils désertent aussitôt. Je connais les plaisanteries des Allemands à notre sujet ! « Communiqué de l'état-major italien : une compagnie de troupes d'assaut italiennes a obligé un cycliste ennemi à descendre de vélo. Après avoir conquis la roue arrière, nos troupes luttent opiniâtrement pour s'emparer du guidon... »

Comme les Allemands protestaient mal, Vinzenzo leva la main pour continuer :

— Contrairement au colonel Bartollini, ces disparitions à nos postes avancés me laissent une impression étrange. Pourquoi toujours et seulement nos postes d'observation ?

Très objectivement, un officier allemand fit observer que de ces postes à une liberté supposée, la distance était la plus courte possible :

— C'est évident... et de plus ils sont seuls en pleine nuit. Personne ne les voit ramper jusqu'aux lignes avancées de l'ennemi. Cela se passe toujour la nuit, n'est-ce pas ?

— Oui.

— Alors, il n'y a pas de problème.

— Il y en a un pour moi.

Le commandant Vinzenzo attendit que l'ordonnance eût rempli une fois de plus les verres de cognac. Ils étaient assis dans la salle d'une grande maison près de Starobelsk. Quatre poêles cylindriques en fonte ronronnaient pour chauffer la pièce remplie d'une odeur de bois mouillé et de fourrures en train de sécher.

— Demain, je me rends en première ligne pour examiner ce secteur à fond.

— Et qu'espérez-vous voir ?

L'officier allemand souriait d'un air moqueur. Pourquoi tous ces

Italiens doivent-ils transformer en opéra la chose la plus simple du monde ? lisait-on dans son regard. Quelques soldats peu courageux et fatigués de la guerre passent à l'ennemi, et alors ? Au moment où les Russes leur arracheront leur montre du poignet et les fouilleront de bas en haut, ils se rendront compte qu'ils sont des idiots. Pourquoi gaspiller sa salive sur de tels sujets ?

— Il y a quelque chose d'anormal là-bas.

— Vous voulez dire que les désertions continuent chez ce capitaine Langhesi ?

— Hier, l'adjudant Pietro Lucca a disparu. Lucca a été décoré de la Croix de Fer de 1re classe.

— Il arrive que des porteurs de la Croix de chevalier fassent dans leur culotte tout comme les autres.

Le lieutenant-colonel von Rahden, l'un des Allemands, écrasa sa cigarette dans le cendrier de verre qui se trouvait devant lui sur la table.

— J'avoue que c'est étrange que cela ait lieu juste dans ce secteur. Dans les autres, il n'y a rien, dites-vous ?

— Rien. Pas un seul cas de désertion. Seulement dans le secteur de Tchiertkovo.

— Alors, il y a vraiment quelque chose qui ne va pas.

Von Rahden regarda à tour de rôle ses deux camarades. Il avait l'air préoccupé. Les autres Allemands étaient deux commandants d'état-major, Heinrich Schlimbach et Peter Halbermann, deux officiers expérimentés, décorés de la Croix de Fer, porteurs de la barrette du combat rapproché et de l'insigne des blessés et de la « Deutschen Kreuz » en or.

— Que faisons-nous ? Pourquoi ne pas accompagner demain notre camarade italien ?

Les Allemands hésitèrent. Ils avaient reçu l'ordre d'établir un plan commun avec les officiers de la VIIIe Armée italienne pour résister à l'offensive russe, mais non de surveiller ces Italiens fatigués de la guerre en les suivant, par pure curiosité, jusque dans leurs lignes avancées. C'était contre tout règlement. En temps de guerre, un soldat ne va pas au front quand il le veut. Il n'y a pas d'action militaire sans ordre préalable, et chacune de ces actions met en branle un certain nombre de services compétents. D'un geste de la main, le lieutenant-colonel von Rahden balaya ces objections :

— Ces désertions chroniques constituent un événement extraordinaire qui intéresse également le groupe d'armées. Pensons à notre flanc droit : sans que nous le sachions, il est peut-être mou comme du beurre. Si ce désir d'aller en Sibérie se généralise, le cas est des plus graves, et on nous sera reconnaissant d'avoir réagi de façon un peu impulsive. Quand partez-vous, commandant ?

— Demain matin pour le régiment, puis pour les premières lignes quand le soir tombera. Cette position est en vue des Soviets. La steppe y est plate et dénudée.

— Avec de toutes petites ondulations ?

— C'est cela même.

— Sale position.

— Il n'y en a pas d'autre. Le terrain est partout pareil. Nous nous consolons en nous disant que nous aussi nous pouvons voir les Russes. Tout le trafic se fait de nuit. Et les Soviets ne se gênent pas. Ils se servent de traîneaux à moteur pour apporter leur ravitaillement, leurs munitions, leurs renforts...

— Et vous n'intervenez pas avec quelques batteries d'artillerie ?

— Ordre n° un : économiser les munitions. Nous aurons bientôt besoin de toutes celles que nous avons. Et vous venez de nous donner la joyeuse nouvelle : la grande offensive d'hiver est proche.

Von Rahden avait vraiment envie d'agir :

— Nous vous accompagnons, commandant. Serons-nous de retour après-demain ?

— La nuit suivante ? Oui. Nous vous ramènerons. Moi, je resterai sur place et m'installerai dans le trou de guet.

— Et alors, le fantôme inconnu surgira et vous bouffera tout cru...

— Peut-être...

Le lieutenant-colonel von Rahden éclata de rire et étendit ses jambes chaussées de bottes blanches :

— Mon cher Vinzenzo, je comprends maintenant de plus en plus pourquoi l'Italie est le pays du grand art dramatique ! Buvons encore un cognac !

Le lendemain matin de bonne heure, ils partirent de Starobelsk pour le front dans une voiture-baquet, enveloppés dans d'épaisses couvertures en peau de mouton. Le froid, comme une lame de couteau, pénétrait tous les vêtements, la peau, les muscles, les os. Les peaux de mouton les protégeaient à peine, leur respiration laissait derrière elle une pellicule de glace qui collait aux boucles des poils de bête, bouchait les narines, s'accumulait dans les sourcils.

Le conducteur, un petit caporal-chef sicilien de Trapani, était accroupi derrière son volant comme un bloc de pierre verglacé. Von Rahden dit enfin d'un air satisfait :

— Par ce froid, les Russes n'attaqueront certainement pas. Leurs doigts géleraient tout comme les nôtres sur la culasse de leurs fusils...

Vinzenzo avait prévenu le régiment : les camarades allemands furent accueillis à grand renfort d'eau-de-vie, la cuisine avait préparé du bœuf aux spaghetti ainsi qu'un gigantesque « panettone », une sorte de kouglof qui contenait même des raisins secs.

Une surprise les attendait aussi : le capitaine Langhesi était là, assez triste et accablé, sachant parfaitement ce que ces Allemands pensaient de lui et de sa troupe : pas de nerfs, un moral déliquescent de macaroni... avec seulement un adjudant allemand dans chaque compagnie, les choses changeraient vite.

— Nous avons doublé les hommes aux avant-postes : quatre ne courront pas aussi vite que deux vers les lignes ennemies. Quelle saloperie !

— Que disent les hommes ? demanda nerveusement Vinzenzo en lui tendant une cigarette. Langhesi lui avait signalé que les Soviets modifiaient l'ordre de leurs troupes dans le secteur de Tchiertkovo. On voyait la nuit des traîneaux plats glisser rapidement sur la steppe gelée et disparaître derrière les ondulations du terrain. Les Russes ne se gênaient même plus quand les fusées éclairantes, suspendues à un parachute, projetaient une lueur blafarde sur ce paysage désolé. Ils manifestaient ainsi leur supériorité. Par deux fois, on avait bombardé leurs positions au mortier, sans rien atteindre de valable, comme pour dire : « Nous sommes toujours là, nous voyons tout. Venez-y donc ! Hitler n'a-t-il pas dit qu'un Allemand vaut douze Russes ? »

Mais qu'importait aux Italiens cette phrase insensée : ils n'étaient pas des Allemands ! A la question de Vinzenzo, Langhesi répondit lugubrement :

— Vous allez les voir et leur parler, commandant... Leur moral est bon... cela, je vous l'affirme ! Tous maudissent ces déserteurs.

— Le grand air de la malédiction ! dit le lieutenant-colonel von Rahden avec un rire quelque peu provocant, quand Vinzenzo lui eut traduit la réponse du capitaine. Surtout ne vous vexez pas, Vinzenzo, mais tout cela fait partie de la mentalité méridionale !

Dans la demi-obscurité du crépuscule, ils gagnèrent la première ligne. Pour atteindre le P.C. du bataillon, ils se servirent de traîneaux à moteur, et de là ils poursuivirent leur route à pied. Vinzenzo et les trois officiers allemands avaient revêtu sur leurs uniformes des vêtements blancs de camouflage, et ils se joignirent à un détachement qui portait aux cuisines avancées le ravitaillement attendu.

Ils atteignirent sans histoire le système de tranchées organisé autour d'un blockhaus de terre. Un boyau où il fallait ramper les ramena en arrière à la dépression où se dissimulait le bunker du commandant de compagnie. Un jeune lieutenant les accueillit, le visage fermé : dans le secteur de la 2e compagnie, on avait compté quatre déserteurs. Le regard qu'il attacha sur les Allemands n'avait rien d'amical :

— Rien de spécial à signaler. On nous visite comme une ruine romaine. Une triste ruine, et qui compte le plus de déserteurs !

— Quand allons-nous aux avant-postes ? demanda von Rahden, plein d'allant.

— Le mieux sera vers minuit...

Langhesi avait consulté sa montre-bracelet.

— Dans trois heures. Vous constaterez vous-mêmes que les Soviets vont et viennent sans se gêner. On dirait des fourmis. Nous pouvons dormir la nuit, là-bas tout est mort, vide. On ne voit que les fumées qui sortent de terre, celles des poêles dans les abris...

— Eh bien, nous allons nous réchauffer un peu, dit le commandant Schlimbach en ouvrant son sac de toile... Le fourrier du régiment nous a offert une bouteille de grappa.

Un peu plus tard, enfin réchauffés, ils étaient allongés au sommet d'une petite élévation, regardant à la lunette de nuit les positions soviétiques. Une suite de traîneaux à moteur glissait sur la steppe blanche, deux voitures blindées avançaient en sautant sur le sol défoncé, et soudain apparurent trois chars T-34, trois fantômes aspirés aussitôt par les ténèbres. D'une voix étranglée par la rage, le lieutenant-colonel von Rahden jura :

— Quelle audace ! Si seulement nous pouvions...

— Si nous pouvions sur l'ensemble du front..., dit Langhesi sans dissimuler son sarcasme. Nous serions en ce moment sur l'Oural...

— Vous vous trompez, capitaine. Alors, depuis longtemps, la Russie s'appellerait « Ostland », le pays de l'Est, et dès l'année prochaine, elle serait notre grenier à blé... Ce sont des « si » semblables qui transforment l'histoire du monde. Pour l'instant, nous devons supporter d'être ici à plat ventre et de les regarder faire en serrant les fesses de colère...

Vers minuit, ils se mirent en route vers l'avant, puis s'engagèrent dans un boyau de communication de peu de profondeur et qui menait aux avant-postes. Comme le trou était trop petit pour contenir tant de monde, on avait renvoyé les hommes à l'arrière une demi-heure plus tôt. Le commandant Halbermann examina les cordes qui aboutissaient à des boîtes de conserves suspendues à des poutres de bois. Au moindre cliquetis des boîtes, c'était l'alerte, tout le monde hors des abris, le Russe attaque !

Pendant un instant, Halbermann se crut redevenu commandant de compagnie devant Léningrad, avant son passage à l'état-major et sa nomination de commandant... Ces boîtes de conserves, elles aussi, étaient des armes.

En face d'eux, c'étaient les positions soviétiques. Langhesi, le plus à gauche, s'énervait car un monticule de terre lui barrait la vue. Puis suivaient, serrés l'un contre l'autre, le commandant Schlimbach, le lieutenant-colonel von Rahden et le commandant Halbermann. Ils avaient calé sur le parapet de terre leurs jumelles de nuit et regardaient fixement la steppe.

— Quelle distance... à peu près ? demanda von Rahden.

— Jusqu'à la petite colonne de fumée de l'abri ? précisa Halbermann en avançant la lèvre inférieure... Disons quatre cents mètres.

— Cinq cents peut-être ?

— A peine... Ça trompe...

— Ainsi, ces gars ont dû ramper sur quatre cents mètres pour pouvoir déserter. Il leur était impossible d'avancer debout, les mains levées, sans être vus des tranchées. Que faut-il en déduire ?

— Les Soviets les attendaient.

— Évidemment ! On tire sans hésiter sur un homme qui rampe. Les Russes doivent eux aussi avoir leurs postes d'observation. Qui sait où ils se trouvent ? Peut-être pourrions-nous échanger des signes de la main ?

— Et c'est certainement ce qui s'est passé, dit le commandant Schlimbach d'un ton convaincu. Cela explique tout.

Le commandant Halbermann ne put s'empêcher de glousser :

— Pourquoi n'essaierions-nous pas ?

Von Rahden loucha de son côté :

— Et comment ?

— En agitant un chiffon blanc. Pour voir leur réaction.

— Je désapprouve complètement l'idée, Halbermann. Ce serait une provocation. Je pense que nous sommes arrivés à mieux comprendre ce qui se passe. Quelle saloperie ! Des milliers de filles aux lèvres rouges t'attendent à Moscou... Dire qu'avec ça, ils ont pu attraper plusieurs de ces têtes frisées des Apennins ! Bon Dieu, qu'est-ce que c'est que ces soldats !

Il se redressa un peu, regarda le petit éventail de fumée qui s'élevait de l'abri soviétique et aperçut deux ombres qui disparurent aussitôt sans bruit. Le ravitaillement, naturellement. Des blocs de lait gelé, du pain qui devenait sous les dents une masse de bouillie. De la soupe aux choux qui sent l'aigre quand on la réchauffe. Tous de pauvres cons, exactement comme nous... Soudain, bouleversé, il s'adressa à Halbermann :

— Regardez ! Ce n'est pas vrai ! Mes lunettes sont couvertes de givre. Là, un peu à gauche de la fumée de droite. Vous voyez ? C'est à n'y rien comprendre !

— Des femmes !

Le commandant Schlimbach se souleva pour mieux regarder :

— Des femmes ! On ne peut pas s'y tromper !

— Elles ont des cheveux à moitié longs, bouclés ! Ils reçoivent des femmes, en première ligne... Ce n'est pas possible ! Un nègre en deviendrait blanc de stupeur !

Avec leurs vêtements de camouflage, elles se confondaient avec la neige.

Elles portaient des bottes de peau épaisses et molles, un passe-montagne de laine collé au crâne et qui ne découvrait que les yeux, avec une fente sur la bouche pour respirer, et des gants blancs tricotés en laine serrée.

Elles étaient toutes trois dans un entonnoir creusé par un obus, à plat ventre, respirant contre le sol pour que la buée de leur haleine ne les trahisse pas. Silencieuses, elles regardaient à travers la lunette de leurs fusils au long canon, eux aussi peints en blanc.

L'entonnoir était assez grand pour elles trois. Elles s'y sentaient à l'aise, pouvaient bouger leurs coudes de tous les côtés et se blottir commodément derrière leur fusil. La nuit n'était pas trop noire et la neige avait comme un reflet pâle. Dans leur lunette de visée, elles voyaient leur objectif entouré d'une faible clarté... l'auréole de la mort.

— Chacune de nous prend celui qui est droit devant elle, chuchota celle du milieu. Je compte à rebours. A zéro, nous tirons ensemble.

— Et le quatrième ? demanda la silhouette de gauche.

— Il est à moi. Je tire trente coups à la minute, répondit celle de droite.

— Vantarde ! Tu n'as que cinq balles dans ton chargeur.

— A l'Académie Frunse, j'ai tiré avec six fusils l'un après l'autre. Trente balles dans une minute, et vingt-cinq fois en plein centre de la cible. C'est sur mon livret.

— Quelle artiste !

Celle du milieu engagea son index ganté de blanc contre la détente du fusil, et les deux autres firent de même. A plat ventre, elles étaient invisibles même à un mètre plus loin.

— Je compte... Dix... neuf... huit... sept...

Chacune d'elles tenait un visage d'homme au centre même de la croix de visée. Sous le capuchon de camouflage, elles voyaient le rebord du casque d'acier, un menton dégagé, le col de l'uniforme. Ce n'était pas une cible facile, les jumelles étaient gênantes et dissimulaient la région des yeux, leur objectif. Il n'y avait de libre qu'une petite tache au-dessus de la racine du nez entre les jumelles et le rebord du casque d'acier, ou encore le cou, mais c'était une affaire hasardeuse : une blessure au cou n'était pas toujours mortelle, et il faudrait alors une balle explosive. Mais elles méprisaient ce genre de projectile ; elles se servaient de la cartouche M-30, à l'ogive jaune, celle qu'elles avaient surnommée la « grosse hirondelle ». A chaque tir réussi, on avait le droit de tracer une raie dans le livret de tir. Et elles réussissaient toujours.

A travers la lunette de visée, elles voyaient, droit devant elles, la petite tache blanche de la racine du nez. Elles connaissaient leur fusil comme leur propre corps. Un écart était impossible. Avec une arme pareille, en cas d'échec, on ne pouvait qu'incriminer le tireur.

— ... six... cinq... quatre... trois...

Leur index se repliait, prêt à appuyer. Dans la croix de la lunette, les visages reflétaient la lueur de la neige, grossissaient, eût-on dit, pour venir à leur rencontre. Et les jumelles soudain disparurent, dégageant les yeux, une cible maintenant idéale, des yeux qui les regardaient sans les voir.

— ... deux... un... zéro.

On n'entendit qu'une seule détonation, puis une autre deux secondes plus tard. On ne pouvait pas tirer plus vite : il fallait ouvrir la culasse, engager une cartouche, refermer la culasse, presser sur la détente... en deux secondes.

— Trop tard !

La silhouette du centre tourna la tête de côté...

— Mais ce n'était pas possible ! Le réflexe de se baisser a été plus rapide.

Exactement le ton d'une appréciation sur le terrain de tir. Une fois de plus, elles regardèrent à travers leur lunette de visée. Leur quatrième adversaire se hâtait vers les positions allemandes, moitié courant, moitié rampant. Ce n'était plus qu'un objectif indigne d'elles.

Toujours invisibles, elles abaissèrent enfin leur arme et se sourirent :

— Félicitations, Janna... Félicitations, Lida... Félicitations, Daria.

Elles attendirent encore quelques minutes, mais le calme continua à régner du côté allemand. Courbées en deux, elles regagnèrent un boyau dans lequel elles se laissèrent tomber. Là, elles s'embrassèrent avant de regagner les lignes bien camouflées et protégées de leur unité. Une fois installées dans l'abri, elles se débarrassèrent de leurs passe-montagnes.

Elles avaient des cheveux bouclés, l'une châtains, l'autre blond-roux, et la troisième noirs, et de jolis visages de jeunes filles à l'expression encore enfantine.

Le lieutenant-colonel von Rahden avait donc découvert le secret des déserteurs. Du moins le croyait-il. Les dents serrées, il recherchait les silhouettes féminines qu'il avait entrevues près de l'abri soviétique. Il regarda brièvement le capitaine Langhesi :

— Encore des questions, capitaine ? Je regrette de devoir vous le dire, mais cela ne peut arriver que chez des Italiens ! Ils aperçoivent un cul de femme et, hop, ils se retrouvent de l'autre côté ! C'est une saloperie ! A peine voient-ils une femme que leur braguette menace de sauter ! Saviez-vous que vos hommes reçoivent la visite de ces putains russes ?

Le capitaine Langhesi pouvait à peine parler de colère et de honte :

— Je proteste ! Je ne peux admettre qu'on insulte mon pays...

La voix de von Rahden devint encore plus sèche :

— Qu'est-ce que cela veut dire, capitaine ? Un officier subalterne proteste, et contre la vérité ! Ce que je vois, je le vois ! Et je peux penser logiquement. Et enfin : j'ai été pendant six mois sur le front italien dans les Balkans. Comme observateur ! Qu'est-ce que j'ai pu observer, bon Dieu ! A certains moments, mes cheveux se sont dressés d'épouvante sous ma casquette !

Il se retourna vers les lignes soviétiques. Les femmes avaient disparu. La steppe était vide, immense, sous la lueur diffuse de la neige.

— Et je vous en prie, ne criez pas si haut quand on blesse votre fierté nationale ! Tout le monde ne peut pas être Prussien, n'est-ce pas ? Ces femmes ont disparu. Pour moi, la question des déserteurs est réglée.

Il abaissa ses jumelles de nuit et laissa son regard errer sur la steppe. Les commandants Schlimbach et Halbermann firent de même. Au même moment, un coup de feu éclata. Instinctivement, le capitaine Langhesi se laissa tomber de côté dans le trou. Presque aussitôt, il y eut un second coup de feu, et il entendit la balle siffler au-dessus de sa tête. Si les Russes se mettaient en plus à tirer au mortier, leur situation allait devenir délicate.

— Partons vite, chuchota-t-il...

Mais les trois officiers allemands ne bougèrent pas. Couchés sur la bordure du trou, la tête baissée, ils semblaient attendre. Seule était étrange la position de leur tête.

Comme tout demeurait calme, le capitaine Langhesi se redressa légèrement pour poser une question. C'est alors qu'il remarqua une certaine crispation dans l'attitude du commandant Halbermann. Il était couché comme les autres, mais sa jambe gauche était repliée sous lui et ses bras étendus de part et d'autre comme s'il voulait s'envoler. Le lieutenant-colonel von Rahden, la tête sur le côté, paraissait dormir. Le plus éloigné de lui, Schlimbach, avait basculé au-dessus du parapet et son visage était enseveli dans la neige. Alors seulement, le capitaine Langhesi comprit.

Au P.C. de la compagnie, le commandant Vinzenzo, qui se préparait à suivre les officiers allemands aux avant-postes, passait un mauvais moment au téléphone :

— J'apprends par hasard où vous vous trouvez ! hurlait le colonel Bartollini. Êtes-vous devenu fou, Vinzenzo ? Non seulement cette histoire de déserteurs vous fait perdre la tête, mais voici que vous faites participer trois officiers allemands à vos idioties. Si quelque chose se passe...

— Mais que peut-il se passer, mon colonel ? Ces officiers allemands ne vont certainement pas déserter...

— Je vous tiens pour responsable, Vinzenzo !

— Mais ce secteur connaît un calme de cimetière, mon colonel. Je vais me rendre immédiatement près des Allemands. Il n'y a aucun danger.

— La délégation allemande est ici pour discuter des questions d'état-major et non pour visiter les tranchées, commandant !

Le colonel demeurait sceptique. Ces jeunes officiers d'état-major venaient de Milan, la tête bourrée de théories militaires, et après quelques mois en Grèce ou en Afrique du Nord, ils arrivaient en Russie, croyant que la guerre était partout la même...

— Mais ces officiers allemands ont pris eux-mêmes cette décision, mon colonel.

— Oui, ils ont mordu à l'hameçon que vous leur avez agité devant le nez, Vinzenzo... Vinzenzo, je vous tiens pour responsable !

Le commandant Vinzenzo ne parvint jamais à rejoindre ses camarades allemands. Après l'appel du régiment, ce fut celui de la division. Une patrouille avait réussi à faire quelques prisonniers, et leur interrogatoire permettait de se faire une idée effrayante de la situation. Du fait que Stalingrad ne posait plus guère de problèmes aux Soviets, ils y avaient prélevé des troupes qui, jointes à des armées composées d'hommes bien entraînés et reposés, se massaient sur la steppe du Don pour attaquer le mince cordon des lignes allemandes. Il ne s'agissait plus que de quelques jours avant que ne déferle ce rouleau compresseur de feu.

Vinzenzo était encore au téléphone quand le capitaine Langhesi entra en trébuchant dans le P.C. et haletant, hors d'haleine, s'appuya contre le mur de terre. Dehors, il y avait un bruit de bottes et de voix. Vinzenzo avala difficilement sa salive.

— Merci, dit-il au téléphone. Conversation terminée...

En reposant l'écouteur, il retenait sa respiration :

— Eh bien, que s'est-il passé, Langhesi ? Parlez, bon Dieu !

Langhesi se laissa tomber sur un escabeau, près du mur :

— Des tireurs d'élite... On aurait cru une seule détonation.

— On aurait cru...

— Les trois coups de feu n'en faisaient qu'un.

Vinzenzo sentit que son cœur se glaçait. La silhouette du capitaine Langhesi se brouilla devant ses yeux comme un reflet sur de l'eau qu'on agite.

— Voulez-vous dire que..., murmura-t-il.

— Oui... atteints à la tête, tous les trois.

— Et pourquoi vivez-vous encore ? Comment avez-vous l'audace d'être ici ?

Le capitaine Langhesi s'essuya le visage. Ses mains tremblaient. Une salive amère remplit sa bouche :

— Peut-être étais-je mal placé pour eux... Je ne sais pas. Aussitôt, je me suis laissé tomber de côté. Une quatrième balle a sifflé au-dessus de ma tête... Ç'a été l'affaire d'une seconde.

— Vous auriez dû attendre une seconde, dit Vinzenzo soudain très las. Mon Dieu, qu'allons-nous faire maintenant ?

— Je fais chercher les corps. Allez-vous rendre compte vous-même, ou dois-je le faire ?

— Je vais en référer à la division.

Vinzenzo se leva, passa devant Langhesi et sortit à l'air libre. Deux soldats qui sciaient du bois se redressèrent pour se mettre au garde-à-vous. La cuisine de la compagnie fumait sous son auvent, dégageant une odeur de soupe aux haricots. L'adjudant-chef discutait déjà de la situation avec trois soldats à l'entrée du bunker du bureau : trois officiers de l'état-major allemand simplement lessivés ! Et cela dans un avant-poste tout ce qu'il y a de tranquille, *Madona mia !* Quel coup de théâtre ! Un détachement était parti chercher les corps avec trois traîneaux plats. En apercevant Vinzenzo, l'adjudant-chef se tut et disparut dans le bunker du bureau.

« Je vous tiens pour responsable ! » avait dit Bartollini...

Vinzenzo avait fermé les yeux. Il ne sentait pas le froid qui avait aussitôt recouvert son crâne nu d'une infinité de minuscules cristaux de glace. Il pensa à sa mère : voilà, Maman, c'est fait... A Milan, sur le quai de la gare, elle avait dit : « Mon petit Angelino, reviens sain et sauf. Te voici à l'état-major général, tu n'iras pas au front. Reste toujours près de ton général... la plupart des généraux ne meurent pas à la guerre. Tu ne veux pas faire carrière dans l'armée, n'est-ce pas ? Pense à la grosse affaire de métallurgie qui t'attend à Milan... » Puis elle lui avait pris la main, avait couru sous la fenêtre du coupé jusqu'à ce que ses jambes n'en puissent plus, et elle avait alors agité les deux bras, longtemps, en pleurant. C'était cette image qu'il avait emportée avec lui, celle de la petite et courageuse Amalia Vinzenzo qui prenait ainsi congé de son fils unique, si heureuse de savoir qu'il échappait aux tranchées et qu'il resterait toujours près de son général...

Et Loretta ? Tu pleureras un peu, puis la vie continuera et tu aimeras un autre homme. Quelle journée de bonheur, celle que nous avons vécue chez tante Rosa, couchés sous les oliviers, attendant simplement que la fatigue de l'amour se dissipe pour recommencer à nous aimer. « Je voudrais un enfant de toi », m'as-tu dit... Peu m'importe ce que diront les autres. Nous nous marierons plus tard. Mais c'est maintenant que je veux un enfant. La guerre peut durer si longtemps. Ce n'est pas une photo de toi, ce médaillon, ou tes lettres qui suffiront. Je veux un morceau de toi-même... » J'ai refusé, et tu t'es vraiment fâchée, Loretta. J'avais raison, vois-tu. Imagine que tu sois enceinte... Une femme non mariée, avec un enfant... en Italie, c'est toujours un problème. Voici, tu es une jeune fille libre, belle. Oublie Angelo Vinzenzo, Loretta, oublie-le vite, je t'en prie. Continue à vivre. Je t'aime...

Il fit demi-tour, regagna le bunker de la compagnie où Langhesi était demeuré assis contre le mur, l'air, soudain, d'un vieillard :

— Je ramène à l'arrière les corps de nos camarades allemands. Il vaut mieux que je fasse mon rapport là-bas que par téléphone. Vous pourrez plus tard faire le vôtre. Et oubliez ce que je vous ai dit précédemment.

— Je ne comprends pas, mon commandant...

— Je vous ai demandé pourquoi vous n'étiez pas la quatrième victime...

Des deux mains, il essuya ses cheveux et son visage où les particules de glace commençaient à fondre dans la chaleur du P.C.

— J'aurais dû dire : pourquoi moi je ne suis pas la quatrième victime ?

Une heure plus tard, le lieutenant-colonel von Rahden, les commandants Schlimbach et Halbermann étaient couchés l'un à côté de l'autre sur leurs traîneaux. On avait pu ramener leurs cadavres sans fusillade. Les Russes observaient un silence de mort. Et pourtant, on était sûr que des regards attentifs avaient suivi tous les détails du transport.

Vinzenzo retira les couvertures jetées sur les morts. Comme tous ceux qui avaient vu leur visage, il ressentit comme un pincement au cœur.

Tous les trois étaient morts de la même manière : une balle dans l'œil gauche. Un tir absolument précis, presque incroyable. A la place de l'œil, il y avait maintenant un trou, pas trop loin du nez, pas trop loin de la tempe, non, sur chacun d'eux l'œil avait été énucléé comme pour être remplacé par un autre. Le capitaine Langhesi dit d'une voix rauque :

— C'est impossible ! Ce doit être des Sibériens. La plupart de leurs tireurs d'élite viennent de la taïga.

Vinzenzo recouvrit les morts. « Morts pour la patrie et pour le Führer », écrirait-on aux mères, aux pères, aux épouses, aux enfants. Ils avaient combattu vaillamment pour la victoire finale, pour le maintien du Reich. Une mort héroïque, n'est-ce pas...

A l'aube, la petite colonne atteignit le premier poste de secours du régiment. Là, les trois officiers allemands furent chargés dans un camion qui les transporta jusqu'à l'état-major de l'armée. Vinzenzo refusa de s'asseoir près du conducteur pour prendre place sous la bâche avec les morts.

Ce fut par une route cahoteuse et verglacée qu'ils gagnèrent Starobelsk. Le camion sautait et sautait, le moteur grondait, tournait parfois à vide quand les roues patinaient. Avec tout ce bruit, il était impossible d'entendre de la cabine du conducteur le coup de feu qui retentit à l'intérieur.

Le colonel Bartollini avait tenu à assister lui-même à la levée des trois corps.

Il y avait quatre morts.

Le visage pétrifié, Bartollini porta longuement la main à sa casquette tandis qu'on transportait Vinzenzo, le dernier, sur une civière.

Dans la lettre qu'il écrivit à la mère, Amalia Vinzenzo, il ne put que dire : « Angelo a rempli son devoir. C'est la plus belle chose que l'on puisse dire d'un homme. Vous pouvez être fière de lui. »

Amalia Vinzenzo n'a jamais compris comment son fils avait pu être tué près d'un général. Cela demeura pour elle une énigme qui devait peu à peu obscurcir son esprit.

Tous ceux qui apprenaient à quel poste le commandement avait nommé Foma Igorévitch Miranski faisaient claquer leur langue avec délice, le regardaient d'un air malin et ne pouvaient s'empêcher de l'envier : « Évidemment, il fallait que ce fût lui ! Comment un être tel que Foma Igorévitch a-t-il pu obtenir cette planque ? Vraiment, il n'y a pas de justice ! »

Au début, Miranski se rengorgea comme un coq primé dans un concours, se laissa admirer, frisant une moustache qui ressemblait quelque peu à celle du camarade Staline, se coupant les cheveux comme lui, et parvenant même à se procurer au marché noir de hautes bottes en cuir si mou que même un maréchal n'en portait pas de semblables.

Six semaines plus tard, quand il reparut pour un congé de trois jours, il avait changé du tout au tout. A ceux qui l'assaillaient de questions, il ne répondit d'abord rien, se contentant de contempler d'un regard triste ses anciens amis qui ne cessaient de faire claquer leur langue. Il fallut que son voisin Tikhone Ignatiévitch vînt à son secours : « Camarades, laissez-le donc en paix, ce pauvre homme. Ne voyez-vous pas qu'elles lui ont aspiré jusqu'à la moelle des os ? » Alors seulement, Foma condescendit à leur répondre :

— Espèces de trous du cul ! Avez-vous seulement une idée de ce que signifient deux cent trente-neuf femmes ensemble ? Je préférerais être en enfer tourmenté par tout autant de diables ! Si j'avais su, je me serais caché dans le plus profond de tous les trous de souris...

Ainsi, il n'était pas particulièrement enthousiasmé par sa nouvelle tâche. Il fut difficile de comprendre de quoi, en fin de compte, il se plaignait. N'avait-il pas l'honneur d'être le commissaire politique d'une troupe spéciale composée uniquement de femmes, de jeunes femmes, remarquez-le bien, des filles d'une classe exceptionnelle, belles, vaillantes, des camarades venues de tous les coins du ciel, mues par leur passion guerrière. Une véritable unité d'élite ! Et voilà que Foma Igorévitch poussait des gémissements et souhaitait même se retrouver en enfer !

Comment aurait-il pu expliquer à ses camarades ce qu'était une vie d'homme parmi deux cent trente-neuf femmes ? A part un lieutenant chargé de l'instruction, un sous-officier armurier et un inspecteur qui apparaissait de temps à autre de façon sporadique, il était le seul à vivre constamment parmi ces jeunes femmes. Ce n'était pas là le pire. Le sous-lieutenant, Victor Ivanovitch Ougarov, un garçon de vingt-cinq ans aux yeux bruns ronds comme des billes, avait immédiatement été réquisitionné par la « commandante » de la troupe, la capitaine Soia Valentinovna Baïda. Bien qu'elle eût six ans de plus que lui et deux galons de plus, ils avaient vite rassemblé leurs matelas, et elle avait commandé une belle porte solide, livrée sur place par le train des équipages. Dès qu'on occupait une position ou un abri nouveau, la porte était aussitôt placée à l'entrée du poste de commandement. Derrière elle, on pouvait entendre la fougueuse Soia Valentinovna soupirer, râler, grand bien lui fasse, disait-on seulement. Son mari était mort en 1941 dès le début de la guerre, et on ne peut quand même pas ôter son pain quotidien à une veuve qui sait apprécier un homme à sa juste valeur.

Donc, le sous-lieutenant était casé. Le sous-officier armurier était un homme âgé et grognon qui avait près de son châlit la photo d'une grosse femme et de sept enfants. Une fois même, il avait fui le rouge au front quand un groupe de jeunes filles l'avait entouré en dansant dans la *bania,* le pressant de toutes parts de leurs corps nus.

Le contrôleur était un poltron. Comme tous les autres hommes, il se tenait à l'arrière à chacune des étapes. Visitait-il la troupe, il se montrait hautain et plein d'arrogance, critiquait tout, se plaignait à son retour du gaspillage de ces femmes en slips et en soutien-gorge et faisait le difficile pour prendre note du nombre mensuel de bandes hygiéniques dont la troupe avait besoin.

Que pouvait-on attendre d'un personnage aussi antipathique ? Pour Foma Igorévitch, la cause d'un comportement aussi pénible était simplement la peur. On racontait que dans une unité semblable, le commissaire politique avait échoué à l'hôpital, épuisé par les plaisirs qu'on exigeait de lui ; autrement, il serait mort desséché sur place.

Foma Igorévitch n'avait rien connu de tel. Respecté comme commissaire politique, il était manifestement considéré comme dépourvu de sexe, et les femmes l'utilisaient comme confesseur. Et cela, c'était le pire !

De plus, l'unité de « la » capitaine Baïda était tout à fait spéciale, une sélection des sélections, composée des meilleures de toutes, des plus braves parmi les braves : ces tireuses d'élite, à cent mètres, vous enlevaient un kopeck placé sur un goulot de bouteille.

Quand Foma Igorévitch assista pour la première fois à ce coup de maître, l'envie lui passa subitement de déplaire un jour à une telle fille. Et quant à rivaliser avec elle, il n'en était pas question. Étant le seul homme disponible de la troupe, il avait eu dès lors l'impression d'avoir deux cent trente-neuf canons de fusils braqués constamment sur lui. Et, camarades, pour supporter cela, il faut avoir de bons nerfs !

Son récit provoqua chez ses anciens amis une stupeur muette. Et pour dramatiser encore la situation, il ajouta comme incidemment : « Ah, chers amis, il faut que je me taise. Tout cela est un grand secret. Si vous saviez... » Clignant des yeux, il prit un air mystérieux : « Il se passe là-bas des choses, je vous le dis, qui doivent rester à jamais profondément ensevelies au fond de mon cœur. Peut-être parlera-t-on de nous après la victoire... peut-être pas. C'est une tâche spéciale qu'il me faut accomplir. »

Revenu sur le front depuis trois semaines, accroupi dans un abri de terre humide, il attendait l'ordre d'attaquer. Les filles faisaient l'exercice, bricolaient des poupées et des étoiles pour fêter le « Père Froid », le Noël soviétique, avec des bouts de bois et de paille, des morceaux de tissu de couleur et du papier peint, s'ennuyaient et écoutaient la radio. Elles avaient appris, enthousiasmées, la victoire de Stalingrad, suivaient sur une grande carte la progression des armées Rouges, et Foma Igorévitch, en tant que commissaire politique, profitait de chaque occasion pour tenir un discours sur le courage des soldats, le caractère satanique des Allemands, et prophétisait que dès la fin de l'hiver, les agresseurs seraient chassés comme des lièvres hors de Russie.

Enfin, l'ordre vint : pendant la nuit, la troupe fut transportée en traîneau en première ligne. Les femmes occupèrent une longue tranchée jalonnée de bunkers de terre d'où elles crurent observer les Allemands, jusqu'à ce que le sous-lieutenant Ougarov leur révélât qu'il ne s'agissait pas de « Niemtsi », mais d'Italiens.

Du coup, l'atmosphère fut à la fête. Pour la première fois de leur vie, ces jeunes femmes avaient l'occasion de voir de près des Italiens ! Quand on est originaire d'Oust-Balaisk ou de Karaganda, de Tchemlaki ou de Tasskan, la route est longue jusqu'à Rome et Venise, et qui a les moyens de la faire ? Toutes avaient vu des photos d'Italie, un beau pays, certes, peuplé de gens agréables et surtout de beaux garçons.

De telles pensées ne leur faisaient pas oublier la guerre. Janna Ivanovna Babaieva fut la première à inscrire une raie dans son livret de tir. La troupe était installée en première ligne depuis cinq heures quand Janna aperçut un ennemi qui agrandissait son trou d'avant-poste et se comportait vraiment de façon imprudente. Le soir tombait, les pelletées de terre volaient très haut, de temps à autre elle apercevait la pelle, puis la tête, puis les épaules. Comme une taupe, l'homme s'enfouissait dans le sol profondément gelé.

Janna Ivanovna le regarda quelque temps, puis visa la nuque et appuya sur la détente. Ce fut le premier mort par tireur d'élite dans le secteur de Tchiertkovo.

Ce coup au but fut inscrit dans le livret. Janna était fière et heureuse. Elle venait d'avoir dix-huit ans, ses cheveux noirs étaient courts et bouclés comme les poils d'un agneau karakul, et elle avait des yeux ronds et foncés dans un vrai visage de madone. Elle venait de Tompa, une petite bourgade sur le lac Baïkal, où elle avait été gardienne d'un troupeau de moutons, et elle serait restée bergère toute sa vie si l'on n'avait pas entendu parler d'elle à Nijni Angarsk, la grande ville la plus proche. Là, il était depuis longtemps question d'une bergère qui se débarrassait des loups, des aigles et des lièvres lesquels, une fois abattus par elle, avaient l'air d'avoir succombé à une crise cardiaque : pas un trou dans la fourrure toujours intacte, mais une balle dans l'œil ou au milieu du front. Et elle se servait d'une antique pétoire héritée de son grand-père, et qu'aucun homme normal n'eût osé employer !

On fit venir Janna Ivanovna à Nijni Angarsk. Elle avait alors quatorze ans et ne savait ni lire ni écrire. Après l'avoir observée, on la fit tirer sur une cible, puis on l'envoya à Irkoutsk. Là, une série de tests révéla chez elle une intelligence extraordinaire ; en trois années d'internat, elle fit des études complètes, non sans recevoir l'insigne d'honneur des tireurs des Jeunesses Communistes : Janna Ivanovna atteignait simplement tout ce qui se présentait au bout du canon de son fusil. A dix-sept ans, elle s'était retrouvée à Moscou à l'École centrale des tireurs d'élite féminins de Vejniaki : il ne pouvait y avoir d'honneur plus grand.

A Vejniaki, elle fit la connaissance d'autres filles, Marianka, Lida et Daria. Elles faisaient l'exercice dans la cour de la caserne, se livraient à des marches forcées sous le soleil ou dans la neige, écrasées sous le poids d'un lourd havresac ; elles y apprirent à se camoufler et à s'enterrer, à se transformer en buisson, à grimper aux arbres et à se rendre invisibles au milieu des branchages. Elles surent aussi s'enfoncer dans l'eau des marais et y respirer par le tuyau d'un roseau. On ne leur épargna rien. Tout comme les hommes des unités d'élite, elles furent soumises à une discipline de fer jusqu'à devenir des combattantes versées dans tous les arts de défense individuelle, des tueuses qui oubliaient leur humanité dès qu'elles voyaient une tête au bout de leur lunette de visée.

Quand elles portèrent pour la première fois un uniforme, juste avant de partir pour le front, le commandant de l'École centrale, une femme elle aussi, leur tint un bref discours :

« En arrivant ici, vous étiez de petites jeunes filles bien sottes, et vous voici maintenant de vrais guerriers... »

La colonelle Olga Petrovna Raboutina avait une voix claire qui portait au loin comme une trompette :

« ... des guerriers disciplinés, enthousiastes, endurcis physiquement et moralement ! Vous êtes prêtes à obéir à n'importe quel ordre de la patrie ! La patrie met son espoir en vous ! Jusqu'à la victoire ! »

Vraiment, elles étaient toutes très fières. Chacune d'elles reçut son livret de tir, un carnet d'aspect insignifiant aux pages encore vides et qui tenait dans l'une de leurs poches, désormais un motif d'ambition pour elles, mais un registre de mort, d'impitoyable inhumanité, consacré entièrement à l'art de percer le crâne d'un homme juste au-dessus de la racine du nez.

Un registre de sang et de larmes aussi.

Elles pouvaient tirer dans n'importe quelle position sous n'importe quel éclairage, et dans leur uniforme couleur brun terreux, c'étaient pourtant des jeunes filles gaies et jolies. Devenues amies, elles s'étaient juré de rester si possible toujours ensemble et de tuer autant d'Allemands qu'elles le pourraient. Celles dont les références étaient les meilleures constituèrent bientôt une petite troupe et se présentèrent au capitaine Soia Valentinovna Baïda et à son lieutenant, le fringant Victor Ivanovitch. Elles s'appelaient Marianka Stepanovna Dudovskaia, Janna Ivanovna Babaieva, Daria Allanovna Klouieva, Lida Ilianovna Selenko.

Elles étaient les meilleures de la promotion. Mais dès Vejniaki, on avait constaté qu'elles comptaient dans leur rang un vrai génie au point de vue tir, une tisseuse ukrainienne de vingt ans, une véritable diablesse, disait-on. Lorsque les Allemands avaient avancé en Ukraine, elle s'était cachée dans les forêts et les grottes ; avec neuf hommes, elle avait fait sauter des routes, attaqué des camions allemands de ravitaillement, posé des mines, incendié des stocks de vivres et de munitions, anéanti des détachements d'éclaireurs à la recherche des partisans et transformé en torches enflammées des dépôts d'essence.

En arrivant à Moscou, elle avait déjà son livret de tir : quarante-deux ennemis abattus, homologués. Elle portait également la médaille de la Bravoure. Elle n'avait encore parlé à aucune d'elles, n'avait pas assisté au dernier entraînement à Vejniaki, et beaucoup de filles n'avaient pas pris cette histoire au sérieux, pensant qu'elle n'était qu'une invention, un simple motif d'émulation. On mit en doute jusqu'à son nom. Qu'est-ce qu'un nom ?

Comment s'appelait-elle, cette camarade ukrainienne ? Stella Antonovna Korolenkaia.

De toute façon, si c'était vrai, on entendrait vite parler d'elle.

Et puis, une fois prises par le train-train quotidien du front, elles oublièrent vite le nom. La capitaine Soia Valentinovna avait eu une idée dont on avait d'abord ri de bon cœur, malgré le danger mortel qu'elle comportait. Mais elle rompait agréablement avec la monotonie de l'attente d'une grande offensive. Un jour, elle les avait réunies :

— Écoutez, vous autres ! Cela ne vous convient pas de flâner ainsi et de contempler le ciel jusqu'à y faire des trous ! Et il est bien rare que vous arriviez à apercevoir un ennemi et que vous puissiez montrer ce que vous savez faire. J'ai pensé que nous devions entreprendre quelque chose. Nous ne pouvons pas attaquer, les ordres sont formels, mais nous pouvons les embêter un peu...

Elle avait regardé les filles assises en cercle autour d'elle en clignant deux ou trois fois de l'œil. Elle avait l'air soudain très gaie, Soia Valentinovna, et son idée semblait vraiment l'amuser...

— En face de nous, dans le no man's land, nous savons qu'il y a neuf postes d'observation ennemis, la plupart sont un simple trou d'homme mais avec deux soldats. J'ai pensé que ce serait bien pour vous de les voir d'un peu plus près...

— Que veux-tu dire, camarade ? Veux-tu que nous rampions jusqu'au poste et que nous liquidions ces hommes ?

— Demain, nous aurons la visite d'une unité de propagande avec leurs haut-parleurs. Cela m'a donné une idée. Écoutez-moi bien...

Dans un abri voisin, le lieutenant Ougarov et le commissaire Foma Igorévitch Miranski, assis de part et d'autre d'une table faite de quelques planches, jouaient aux échecs. Depuis une heure, ils contemplaient les pièces mais sans les toucher.

— Cette histoire ne me plaît pas du tout, dit soudain Ougarov.

— A moi non plus. Cessons de jouer, répondit Miranski.

— Je ne parle pas de cette partie idiote... mais de ce plan insensé de Soia.

— Elle a un plan ? demanda Miranski surpris. Quel plan ? Un plan, c'est de ma compétence !

— Elle veut kidnapper des hommes, dit sombrement Ougarov.

Miranski oublia que ses genoux touchaient la table et sursauta, renversant le jeu d'échecs. Il était vraiment effrayé :

— Ai-je bien entendu, Victor Ivanovitch ? Vous avez peut-être trop bu ?

— Elle veut kidnapper des hommes. Les enlever, tout simplement.

— Où cela ? Est-elle devenue folle ?

— En face. Dans le no man's land.

— Mon cher Ougarov, vous avez certainement de la fièvre. Vous allez vous coucher, vous étendre à fond et boire une tasse de thé. Et transpirez tout ce que vous pouvez. Il n'y a rien de tel que ces remèdes de bonne femme. Ma grand-mère a guéri d'une diphtérie quand elle était enfant parce qu'on l'a forcée à boire son urine.

Ougarov, la mine défaite, secoua lentement la tête :

— Vous ne comprenez donc pas, Foma Igorévitch : Soia veut enlever les hommes des avant-postes ennemis.

— Les enlever, rien de plus ?

Le ton de Miranski rappelait celui d'un médecin qui estime qu'on ne peut calmer un fou furieux qu'avec la plus grande douceur.

— Ces femmes enlèveront ces petits bonshommes et les fourreront dans leur petit sac. Mais c'est tout à fait simple, n'est-ce pas ? On dirait que cela vous étonne, Victor Ivanovitch ?

— Vous plaisantez, Foma Igorévitch, et je vous comprends. Mais pour Soia, c'est du sérieux. Elle veut vider de leurs hommes les avant-postes ennemis. Lorsqu'on viendra les relever, ils auront simplement disparu.

— Mais c'est de la pure idiotie, s'écria Miranski hors de lui ; en voulant abattre son poing sur la table, il se mit à tousser d'excitation.

— Ces hommes, Soia veut les attirer ici.

— Mais comment ? Avec du sucre ou du miel ?

— A peu près. Réfléchissez, Foma Igorévitch. N'auriez-vous pas un choc si deux filles apparaissaient soudain devant vous, ouvraient leur blouse comme pour s'informer de ce que vous en pensez et vous murmuraient tendrement *caro mio ?*

— Elles me murmureraient quoi ? demanda Miranski en essayant de retrouver son souffle.

— *Caro mio,* ou quelque chose d'autre. Que sais-je ? Ce sont des Italiens que nous avons en face de nous. Soia estime que ce *caro mio* et la poitrine nue suffiront pour leur ôter toute réaction hostile. Avant qu'ils soient revenus de leur étonnement, chacun d'eux, d'après Soia, recevra un coup sur le crâne, et on les enlèvera.

— Simplement ? demanda Miranski dont les yeux papillotaient.

— On les emmènera ici.

— Ici ? Mais que ferons-nous de ces Italiens amateurs de nichons ? demanda Miranski, de plus en plus affolé.

— Des prisonniers de guerre, Foma Igorévitch. On les enverra à l'arrière. Soia pense que l'effet produit sur l'ennemi sera prodigieux. Pas de combat, pas de coups de feu, pas de traces... On pensera qu'il s'agit de désertions. Cela portera un coup au moral de la troupe.

Miranski secoua la tête. Quelle garce, cette Soia ! Et pourquoi est-ce moi qui dois supporter tout cela ? Qu'est-ce que j'ai fait au bon Dieu pour qu'il me confie la charge de deux cent trente-neuf femmes ? Ils soupira profondément :

— Il n'y aura pas de prisonniers. Il ne faut pas qu'il y en ait, Victor Ivanovitch. Je vous le dis parce que vous couchez avec Soia et que vous pouvez l'influencer et donc m'aider : j'ai l'ordre de ne faire aucun prisonnier. Aucun de ceux qui voit nos combattantes ne doit rester en vie ! L'oukase est très clair : un détachement de tireuses d'élite ne laisse derrière lui aucun survivant !

Le lieutenant Miranski était très grave :

— Dois-je le dire à Soia Valentinovna ?

— Je ne vous donne pas de conseils. Vous devez en décider vous-même, Victor.

— Ainsi, notre tâche est de tuer ?

— Je pensais que vous le saviez déjà. C'est la guerre, et nous devons faire ce qu'on attend de nous. Nous devons anéantir l'ennemi et libérer la patrie. Tout le monde peut faire des prisonniers, Ougarov... sauf nous !

Miranski se pencha pour ramasser les pièces du jeu d'échecs.

— Le plan de la camarade Baïda est donc refusé.

Presque au même instant, dans l'abri voisin, Soia Valentinovna disait à un groupe de filles choisies par elle :

— Vous irez par quatre : deux en vêtements de camouflage et armées pour protéger les deux autres en jupe et en blouse. Vous allez être gelées, mes chéries, mais le succès vaut bien un petit tremblement...

Cette nuit-là, les caporaux Luigi Tarnozzi et Salvatore Uganti disparurent.

Miranski dormait profondément sur son châlit, ignorant tout. Il avait pourtant parlé très sérieusement à Soia Valentinovna. Elle s'était inclinée en disant : « C'est évident, camarade commissaire ! », ce qui l'avait complètement tranquillisé et satisfait.

Le sous-lieutenant Ougarov, désolé, était demeuré à l'intérieur du P.C. quand les quatre jeunes filles étaient parties en rampant dans le no man's land. Il avait dû se laisser traiter de lâche, d'inutile et de poule mouillée par sa bien-aimée Soïtchka !

— Nous savons tous ce qu'est Foma Igorévitch : un imbécile ! Il ne te pardonnera jamais...

Vers deux heures du matin, les quatre tireuses d'élite ramenaient les deux prisonniers italiens jusqu'au P.C. par le boyau du no man's land.

Elles avaient maîtrisé les deux jeunes hommes avec une facilité déconcertante. Quand Daria avait ouvert sa blouse, ils étaient restés pétrifiés dans leur trou en écarquillant de grands yeux, décontenancés. Et ils s'étaient laissés frapper à la tempe comme des veaux à l'abattoir.

Que fait-on de deux prisonniers qu'on n'a pas le droit de capturer ?

Foma Igorévitch dormait du sommeil du juste, mais quand il s'éveillerait et entreprendrait comme tous les matins sa tournée habituelle de la position, malheur à Soia Valentinovna s'il tombait sur les deux Italiens. Il ne se contenterait pas de hurler. Entre elle et lui, cette idée insensée deviendrait une épreuve de force. Depuis longtemps, une rivalité secrète les séparait. Cela avait commencé au moment où Miranski, fier de sa nomination dans une unité spéciale, s'était présenté aux femmes pleines de curiosité en annonçant à voix haute :

— Le Bureau de l'Instruction politique vous salue ! Il ne suffit pas de bien ajuster votre cran de mire et votre guidon, il faut que chacun de vos coups de feu soit animé par l'amour de la patrie. Qu'est-ce que le courage sans l'enthousiasme communiste ? De la limonade sans sucre. De l'eau fade ! Voulez-vous être de l'eau fade ? Je suis ici pour vous insuffler l'enthousiasme du combat !

— Holà, avait dit alors la capitaine Baïda ! Mais qu'est-ce qu'on nous a envoyé pour coller à nos jupes ? Regardez ce petit homme ! Et c'est lui qui doit nous enthousiasmer, ce petit galeux de souriceau !

Nous le savons déjà : Miranski aurait échangé volontiers toutes ces femmes contre autant de démons, et il se serait senti bien plus à l'aise. Quelle que fût la circonstance à l'arrière ou au front, à Stalingrad ou dans la steppe du Don, il avait toujours eu l'impression de se cogner à un mur de caoutchouc chaque fois qu'il avait eu affaire à Soia Valentinovna. Et il avait des rapports continuels, à tout moment, avec elle !

Mais aujourd'hui, Soia avait de quoi penser. Les deux prisonniers, encore évanouis, avaient été transportés dans l'abri de la 2e section. On les avait étendus à même le sol, débarrassés de leur casque, la veste d'uniforme déboutonnée sur la poitrine. Ils avaient l'air de dormir. C'étaient deux jeunes garçons aux cheveux bruns et au visage encore enfantin.

— Demain matin, quand le camarade commissaire se réveillera, ils doivent avoir disparu, avait dit Soia Valentinovna. Vous avez été courageuses, vous avez magnifiquement rempli votre tâche, vous avez montré que rien ne peut vous arrêter. Maintenant, l'expérience est terminée.

Elle s'inclina légèrement, jeta un dernier coup d'œil sur les deux Italiens sans connaissance et quitta l'abri. Dehors, le sous-lieutenant Ougarov l'attendait dans le froid perçant en se tordant les mains.

— Il faut les envoyer immédiatement à l'arrière ! Et tout de suite ! Le plus tôt sera le mieux. Quand ils seront avec le train des équipages, nous serons débarrassés d'eux.

— Aucun traîneau ne vient aujourd'hui... Demain seulement.

— C'est une catastrophe ! Nous ne pouvons pas les cacher ici toute une journée.

— Évidemment !

Soia Valentinovna fit la moue pour mieux réfléchir. Sur le bonnet de fourrure qui encadrait son visage, de petits cristaux de glace étincelaient. Le froid avait rougi ses joues, ses deux yeux légèrement obliques considéraient Ougarov avec un mélange de tendresse et de dureté. Victor Ivanovitch pensa qu'il se laisserait hacher en petits morceaux pour elle.

— Alors, que faisons-nous d'eux ? demanda-t-il désespéré.

— Comment le saurais-je ?

Elle avait passé le bras autour de lui et l'entraînait vers son abri :

— Allons, viens, mon petit ours...

De l'abri de la 2e section, des rires clairs fusèrent soudain, et il s'y mêla aussitôt les sons du baïan, un petit harmonica. C'était une jolie chanson qu'Ougarov connaissait par hasard. On la chantait dans les longues nuits d'hiver assis autour du poêle maçonné qui crépitait, ou à table, dans le coin de la pièce où la chaleur s'accumulait. Il était question du printemps, des premières fleurs, de l'eau fraîche des torrents, de la tiédeur du soleil : « Jeune fille, lève haut ta jupe — danse les jambes nues — tu es aussi joyeuse qu'un papillon — qui baise les premières fleurs... »

— Qu'est-ce que c'est maintenant ? bégaya Ougarov. Elles sont devenues complètement folles !

— C'est Marianka. Allons, viens, il fait froid.

Elle l'entraînait, la main sur l'épaule.

— Elles jouent un petit air de musique pour les prisonniers !

— Qu'est-ce que tu veux que ça me fasse ?

— Il faut qu'ils partent, comprends-tu !

Il avait repoussé la main de Soia.

— Miranski va me dénoncer moi aussi !

Ces rapports au régiment ou à la division étaient redoutés. Il n'y avait aucune discussion possible. Toute infraction aux normes était consignée comme une atteinte au moral du combattant, et l'on était soit dégradé soit affecté à un secteur où le calme ne régnait guère. A moins de recevoir l'ordre de s'infiltrer derrière les lignes ennemies dans le secteur d'Orcha-Moguilev-Gomel et de se joindre aux partisans qui sabotaient les lignes de ravitaillement des Allemands. Tout cela ne plaisait guère à Ougarov. Il n'avait nullement l'ambition d'être un héros. Il lui suffisait d'être au front. Il considérait comme une chance inespérée d'avoir des Italiens en face de lui et non une division composée uniquement d'Allemands ou encore une brigade SS. Et une autre partie du front ne lui apporterait certainement pas l'avantage de reposer dans les bras de la tendre Soia. Et dire que tout cela était en jeu ! Miranski était bien plus coriace qu'il n'en avait l'air...

— Demain, on ne les verra plus, dit Soia. Il eut l'impression qu'elle voulait le consoler :

— Mais il n'y pas de traîneaux !

— Pourquoi aurions-nous besoin de traîneaux ? Allons, viens, le froid me pénétre jusqu'aux os.

Au loin, Ougarov entendait encore les sons de l'harmonica. Il eut un instant l'idée de jeter un coup d'œil dans cet abri pour vérifier l'état des deux prisonniers. Mais Soia Valentinovna continuait à le presser contre elle, et il n'était pas homme à s'opposer à cette sorte d'argument. Il la suivit dans le bunker fait de terre et qu'isolait la porte de bois, épaisse et presque insonore. La chaleur que dégageait le petit poêle rond leur fit l'effet d'un mur qu'il fallait traverser. Soia ôta son bonnet de fourrure et son manteau , s'essuya le visage avec une serviette pour en ôter la glace et se débarrassa aussi du reste de ses vêtements. Ougarov sentit que le sang lui montait à la tête devant ce corps menu, blanc, si bien formé, et il en oublia provisoirement les deux Italiens.

Et c'était ce qu'il pouvait faire de mieux, car s'il avait voulu accomplir son devoir jusqu'au bout, il aurait dû s'armer d'un fouet ou même tirer son pistolet. Ce qui se passait dans l'abri de la 2e section était en effet insupportable et dépassait de beaucoup les limites de la tolérance dont il pouvait faire preuve à l'égard de ces femmes-soldats.

Luigi Tarnozzi et Salvatore Uganti étaient amis d'enfance. Ils étaient originaires du même village, Sorvanola en Calabre, et ils y avaient grandi dans la misère la plus lamentable. Dès leurs premiers pas, ils avaient appris que la vie est un combat acharné pour manger à sa faim et qu'on n'obtient le droit d'exister qu'en menaçant constamment l'ordre établi par les possédants et les riches, les fonctionnaires et les policiers. A neuf ans, ils avaient connu la prison pour avoir volé des touristes anglais qui avaient installé leur tente à la lisière de leur village. A douze ans, méprisant l'école, ils s'étaient réfugiés dans la montagne. Plus tard, ils avaient travaillé dans une carrière de pierre et, croyant que la ville de Reggio allait leur apporter la clé du bonheur, ils y avaient fondé une bande de malfaiteurs qui les avait amenés deux fois de suite derrière les barreaux. Naturellement, ils s'étaient inscrits au parti fasciste et avaient porté fièrement la chemise noire. La guerre venue, ils avaient eu la chance de se retrouver dans la même compagnie. Et le sort avait voulu qu'ils fussent surpris ensemble dans leur trou d'avant-poste.

Ils s'éveillèrent sous le choc des seaux d'eau froide qu'on leur déversait sur la tête. Ils sursautèrent, regardèrent affolés autour d'eux et ne comprirent où ils se trouvaient que lorsqu'ils reconnurent les uniformes soviétiques. Instinctivement, ils levèrent les bras pour se rendre.

Un éclat de rire retentissant répondit à leur geste. Des mains s'abattirent sur eux, déchirant leurs uniformes, les soulevant par les cheveux, leur renversant la tête en arrière pour que la lumière de la lampe à pétrole éclaire directement leurs visages. Éblouis, Tarnozzi et Uganti clignèrent des yeux : des filles ! Bon Dieu, c'étaient vraiment des filles ! Oui, elles étaient brusquement apparues quand ils étaient dans leur trou, elles avaient ouvert leurs blouses... *Mamma mia,* comment ne pas être stupéfait ? On s'attend à tout en première ligne, sauf à voir des seins de femme nus. Où se trouvaient-ils maintenant ? Prisonniers de ces femmes ? Dans un abri russe ? *Madona,* que vont-elles nous faire ?

Angoissés, ils ne les perdaient pas de vue. Elles formaient autour d'eux un cercle et caquetaient entre elles, criaient, excitées. Un morceau de fille plantureux s'agenouilla près d'eux, leur arracha leur chemise, ricanant de toute la largeur de son visage d'Asiate :

— Regardez-moi ça. Qu'ils sont beaux !

D'une main aussi large que son visage, Naïla Tahirovna caressa le visage d'Uganti :

— Et bien bâtis ! Mais on ne va pas laisser perdre cela ! On m'a inculqué dès l'enfance qu'il n'est lait si aigre qu'il ne puisse se boire ! Regardez ça !

Ses doigts prestes avaient déboutonné la braguette de Tarnozzi, mettaient le sexe à l'air libre, se crispaient sur le bas-ventre de l'Italien. Le corps de Tarnozzi se raidit. L'épouvante le prit et l'étrangla presque. Puis ce fut le tour d'Uganti qui croisa les mains sur sa poitrine nue. Il commença à balbutier en italien puis, se rappelant que beaucoup de Russes parlaient l'allemand, il s'efforça de dire :

— Je vous en prie... nous pauvres soldats... Ne tuez pas... nous sommes heureux... guerre finie pous nous... s'il vous plaît...

Janna Ivanovna s'accroupit devant lui, les yeux brûlants de haine. A côté d'elle, Lida était déjà à genoux. C'était une étudiante en troisième année de chirurgie dentaire et elle parlait parfaitement l'allemand. Quand les Allemands avaient pris Odessa, elle suivait les cours de l' « Ozoviakhim » ou « Société pour l'Encouragement à la Défense du pays ». Tireuse d'élite, elle était décorée de la médaille des Tireurs de Vorochilov. Elle avait d'abord abattu dix-neuf Allemands avant d'être envoyée, comme toutes ses camarades, à l'école centrale de Vejniaki. Du parachutage au combat contre les chars, il n'y avait rien que Lida ne sût faire.

— Soyez braves, dit-elle lentement et distinctement. Nous devons tous mourir.

Elle vit trembler les commissures des lèvres d'Uganti qui bégaya :

— Non... pas mourir... pourquoi mourir ? Nous, prisonniers de guerre... Finie la guerre...

— La guerre ne finira jamais, dit Lida durement. Elle ne finira que lorsque le dernier soldat allemand aura quitté le sol russe.

— Mais nous sommes italiens, s'écria Tarnozzi en se tordant sous la main épaisse de Naïla qui lui étreignit le visage. Nous sommes italiens !

— En uniforme allemand...

— On nous a forcés...

— C'est ce que vous dites tous.

Lida se leva. Une fille aussitôt se courba sur Uganti, lui arracha son pantalon, et ce fut aussitôt un tourbillon de têtes de filles, de mains qui s'affairaient, lui arrachaient ses bottes, déchiraient ses sous-vêtements, et un harmonica se mit à jouer au milieu des rires qui déferlaient. Les deux prisonniers étaient étendus sur le dos, des doigts froids mais d'une prestesse extraordinaire jouaient avec toutes les parties de leur corps, et tandis que l'épouvante, mêlée malgré tout à un espoir fallacieux, les paralysait, leur virilité, indépendamment de leur volonté, se gonflait, saluée par des cris d'enthousiasme et des salves rythmées d'applaudissements.

La grosse Naïla Tahirovna fut la première à profiter de l'aubaine :

— Mais c'est un véritable petit taureau !

En riant, elle s'était jetée sur lui.

— Mais c'est cela dont je rêvais depuis des semaines ! Au diable Foma Igorévitch et ses prescriptions ! C'est une espèce d'âne impuissant que ce commissaire ! Ha ! Mais ça me rentre jusqu'au fond de l'âme...

Elle se penchait finalement sur Tarnozzi pétrifié, soulevait ses deux seins pour les refermer sur le visage de l'Italien qui étouffa presque sous cet amas de chair ferme et massive. Les filles crièrent « bravo ! » Marianka Stepanovna entonna sur son harmonica une chanson que toutes reprirent en chœur. Elles faisaient un bruit d'enfer qui augmenta encore quand Naïla, emportée par une frénésie sauvage, se mit à mordre Tarnozzi partout où sa bouche pouvait l'atteindre.

Uganti, bras et jambes immobilisés, n'avait plus l'esprit à s'étonner de ce jeu infernal. Une sorte d'ouragan s'était abattu sur lui en la personne de la petite Antonina, un démon d'Oulan-Oude aux hanches étroites et aux seins pointus. Elle avait pris possession de lui en poussant des cris aigus et en lui déchirant le visage de ses doigts convulsés de fièvre. Uganti se cabra soudain sous elle, ne sentant plus le sang qui ruisselait sur son visage, oubliant totalement sa douleur. Seul comptait pour lui la marée de folie et de douceur qui submergeait ses reins ; il ne voyait plus que le visage olivâtre et étroit de la jeune fille, et dans un ravissement profond il entendait ses cris percer un fond de musique et de chants. Pendant un instant, il oublia vraiment où il se trouvait et ce qu'on voulait de lui. Il n'y eut plus pour lui qu'Antonina, son corps mince et frémissant qui chevauchait le sien. Mais quand il voulut lever les bras et saisir ses seins entre ses mains, il s'aperçut que d'autres femmes le maintenaient au sol et qu'il n'était plus qu'un pieu contre lequel l'une d'elles se frottait.

— Mais tu ne comprends pas, dit derrière lui en allemand la voix claire qu'il connaissait. Il l'entendit à peine car, au même moment, Antonina bascula sur lui pour s'enfouir le visage dans le creux de son épaule.

— Qu'est-ce que tu t'imagines ? Que tu vas nous toucher, toi ? Tu te crois un jeune étalon ? Eh bien, nous allons t'en faire passer l'idée !

Tarnozzi soupira doucement quand Naïla, roulant sur le côté, laissa sa place à une autre qui s'empara de lui. Soulevant un peu la tête, il jeta autour de lui un regard vacillant et, à la lueur trouble de la lampe à pétrole, il se rendit compte que la pièce était pleine de femmes nues qui riaient et chantaient. Quelques-unes maintenaient Uganti au sol tandis qu'une sorcière s'élevait et s'abaissait à grands coups sur lui comme pour défoncer le sol.

Une douleur poignante, brûlante, le transperça soudain. C'était une des filles qui le maintenaient à terre. Elle lui étreignait la cheville et haletait :

— Espèce de Satan ! Regarde-moi bien ! Je vais te cracher dans les yeux !

Et en effet, elle lui avait craché au visage, et le crachat avait glissé ensuite jusque dans sa bouche, mais il avait aussitôt senti sur lui le corps brûlant de son bourreau qui s'empalait sur son sexe avec une furie telle qu'elle semblait vouloir se mettre elle-même en pièces...

« Mon Dieu », pensa Tarnozzi en fermant les yeux. Que va-t-il advenir de nous ? Elles vont toutes passer sur nous, l'une après l'autre... je ne sais combien elles sont, peut-être y en a-t-il encore davantage, dans d'autres abris, peut-être est-ce toute une compagnie de folles qui toutes voudront se servir de nous. Et quand nous ne pourrons plus... ? Que nous feront-elles, celles qui attendent et qui auront l'impression d'être volées ? Nous cacheront-elles ici, nous garderont-elles renfermés comme nous autres hommes renfermons les putains ? Si c'est pour nous laisser la vie, qu'elles y aillent. Nous ne vous décevrons pas. Il faudra seulement nous laisser respirer un peu, car la nature ne fonctionne pas sur commande...

Le reste de la nuit fut horrible. Par deux fois, les femmes arrosèrent d'eau glacée les corps couverts de sueur de leurs victimes qui n'en pouvaient plus. Elles les avaient ensuite frottés durement avec des linges rêches, abreuvés de liqueur et de miel, et elles avaient su travailler chacune des parties sensibles de leur être avec tant de douceur caressante et tant de persévérance que leurs reins, par prodige, s'étaient remplis une fois de plus de force.

A l'aube, l'harmonica cessa de jouer. Les femmes revêtirent de nouveau leur uniforme, leur corps disparut dans de grandes bottes de feutre et de vastes et informes vêtements de coureurs de steppe. Uganti et Tarnozzi, toujours allongés sur le sol, râlaient, les yeux fermés. Leurs paupières battaient d'épuisement. Leur corps était méconnaissable, couvert de marques de coups, de blessures, d'égratignures, de morsures et de pinçons. La seule pensé de Naïla Tahirovna nue, la plus acharnée de toutes avec ses mains puissantes, les remplissait d'épouvante.

— Demain, murmura difficilement Uganti... S'il vous plaît..., demain...

Naïla Tahirovna, qui ne s'était pas encore habillée, secoua la tête. D'un pas extraordinairement léger, elle s'approcha des deux hommes, donna à chacun d'eux un violent coup de pied dans le flanc, et ils virent alors qu'elle tenait un revolver de la main droite. Si faible que fût Tarnozzi, il dut se traîner jusqu'au mur de l'abri et là, lever les bras. Le pistolet, que Naïla dirigeait sur lui, le suivait dans tous ses mouvements. Et Uganti dut faire de même jusqu'au mur opposé où, se cachant le visage dans les mains, il se mit à pleurer. Tarnozzi tenta de bégayer :

— Mais pourquoi ? Dans deux ou trois heures, nous pourrons de nouveau. Vous ne pouvez plus nous abattre comme ça après ce qui s'est passé... Je vous en prie.

Il implorait Naïla Tahirovna, les mains en l'air, tandis que les larmes ruisselaient sur son visage contusionné.

— Chut ! dit-elle durement. C'est la guerre. Pourquoi veux-tu vivre une heure de plus ? De toute façon, Miranski te tuera. Tu m'as bien fait jouir, mon chéri, mon jeune taurillon... mais maintenant c'est fini.

Tarnozzi voulut dire encore un mot en voyant s'approcher l'arme de sa figure. Il ressentit comme un coup de poing au front, rien de plus. La bouche ouverte, il glissa le long du mur pour s'allonger de tout son long sur le sol. Uganti poussa un cri déchirant. Dans un réflexe défensif mais inutile, il quitta le mur où il s'appuyait pour se ruer sur le monstre énorme à la peau blanche et aux seins démesurés. Mais Naïla Tahirovna fut plus rapide que lui. Dans sa main, le pistolet sembla tressaillir, et Salvatore Uganti, rejeté en arrière, tomba en écartant les bras, mort avant de toucher terre.

Tranquillement, Naïla se rhabilla, enfonça finalement son bonnet de fourrure sur ses cheveux noirs et frisés, et quitta l'abri. Saluant au passage quelques camarades debout dans la tranchée, elle se dirigea vers le P.C. pour rendre compte à la capitaine Baïda que tout s'était passé comme prévu.

On traîna les cadavres des Italiens jusqu'à un trou d'obus où on les jeta pour les recouvrir de quelques pelletées de terre. En réalité, c'était une précaution inutile : le froid était tel qu'ils allaient geler immédiatement, et lorsque viendraient le printemps et le dégel, la compagnie serait loin de l'autre côté du front, pourchassant les Allemands vers l'ouest. On pouvait laisser aux services de l'arrière le soin d'enterrer Luigi Tarnozzi et Salvatore Uganti.

Le commissaire Miranski avait fort bien dormi. Totalement reposé et de belle humeur, il fit sa tournée d'inspection habituelle. Il trouva que tout était dans un ordre parfait, les femmes le saluaient aimablement, et il n'était pas question d'enlèvement d'Allemands ni d'Italiens. Il devait déclarer plus tard au sous-lieutenant Ougarov :

— Mon avertissement a donc servi à quelque chose. Il suffit d'employer les mots justes, voilà tout ! C'en est fini de cette idiotie de kidnapping. Ah ! Je leur ai réchauffé les oreilles ! Et comment ! Si nécessaire, j'aurais été jusqu'au général Kitaiev. Elles se sont montrées raisonnables, tant mieux !

Ougarov pensait aux événements qui s'étaient déroulés cette nuit dans l'abri de la 2ᵉ section. A vous faire dresser les cheveux sur la tête, se dit-il. Il se pencha pour prendre l'échiquier sous son châlit.

— Une partie, Foma Igorévitch ? Pour changer les idées ?

Miranski termina son thé et fit un signe d'assentiment.

— Dites-moi, dit-il soudain. N'avez-vous pas entendu comme de la musique cette nuit ?

Ougarov eut l'impression qu'un morceau de glace glissait sous son col de long de son dos.

— De la musique ? Non. Où cela ? Ici ?

Pour ne pas avoir à regarder Miranski, il se mit à disposer les pièces du jeu avec un soin exagéré.

— Je ne sais pas. C'est une impression que j'ai eue. Cela pouvait venir de l'autre côté, j'ai l'oreille si fine ! Ces Italiens, la musique agit sur eux comme sur nous une gorgée de vodka ! Qu'ils s'amusent donc, dans quelques jours ils n'en auront plus envie. Nous allons les écraser comme des vers de terre. Victor Ivanovitch, à vous de commencer !

C'est ainsi que la ruse féminine triompha du pauvre Miranski. Trois fois encore, un commando réussit une razzia sur les avant-postes italiens et, à l'aube, les prisonniers avaient disparu sans laisser de traces. Seul, le sous-lieutenant Ougarov avait le visage tiré par la peur ; il était vraiment d'une pâleur maladive, se plaignait de maux de tête et passait une partie de la nuit à genoux devant la Baïda pour la supplier de renoncer à cette folie. Il ne respira vraiment, jusqu'à esquisser de joie quelques pas de danse, que lorsque Janna, Lida et Daria firent part de l'exécution réussie de trois officiers allemands. Ce genre d'incursions ne pouvait demeurer sans suite, les Allemands n'avaient pas l'habitude de plaisanter, et cela signifiait qu'il fallait mettre fin à cette guérilla des avant-postes.

Miranski, mis au courant, fit un discours de plus et certifia le résultat dans les livrets de tir :

Lida Ilianovna Selenko	24 coups au but
Janna Ivanovna Babaieva	29 coups au but
Daria Allanovna Klouieva	29 coups au but

— C'est à croire que vous allez toutes devenir « héroïnes de l'Union soviétique » ! Savez-vous que nous sommes la meilleure unité dans notre genre ? Bientôt, toute la Russie nous connaîtra ! De plus, demain ou après-demain, je ne le sais exactement, nous allons voir arriver parmi nous une camarade célèbre, Stella Antonovna Korolenkaia. Et cela, c'est un honneur ! Elle vient directement du front de Briansk. On a porté à son compte quarante et un coups au but, certifiés ! Et cela dans un temps record ! Enfin, nous verrons. Cela doit vous plaire, mes chéries ! Si l'on nous envoie Stella

Antonovna, cela signifie que des grands événements auront lieu sous peu dans notre partie du front.

— Je la connais, dit Janna Ivanovna.

Elle avait esquissé une grimace mi-figue mi-raisin...

— Elle a de quoi être fière. Elle se comporte comme une privilégiée. Elle est le chouchou des hautes autorités ! C'était déjà le cas à Vejniaki. Nous savions tous et toutes qu'elle suivait les cours de l'école, mais personne ne l'a jamais vue. Toutefois, chaque semaine, il nous fallait apprendre qu'elle avait une fois de plus réussi tous ses coups au but ! Cent pour cent ! Il fallait les entendre au champ de tir : Stella Antonovna est si précise qu'elle ôte à une araignée sa glande à filer de la soie ! Toujours Stella Antonovna ! Si ça continue, on lui élèvera bientôt un monument. Et je l'ai vue une fois, moi, tout à fait par hasard. Je vais à l'infirmerie pour chercher quelques tablettes contre le mal d'estomac. Là, j'aperçois une fille, plus petite que moi avec des boucles blondes, des yeux bleu clair. Une poupée, ai-je pensé, une de celles que le médecin-chef s'envoie la nuit, un vrai jouet, rien d'autre ! Et en la voyant là les mains derrière le dos, ses seins bien ronds en avant, je me suis dit : c'est certainement tout ce que tu peux faire, espèce de petite oie, rouler les yeux et bien tendre ta chemise sur tes seins ! Et comme j'attendais mes tablettes, voici qu'un chirurgien militaire arrive et lui dit : « Vous pouvez entrer, Stella Antonovna. Les radios sont bonnes : rien de cassé ! Toutes mes félicitations ! » Je suis restée là comme si j'avais reçu un grand coup sur la tête, elle m'a souri en passant devant moi, et vlan, elle a refermé la porte sur elle. C'était donc cela Stella ! J'ai ensuite interrogé la camarade-médecin : « Est-elle malade ? » Elle m'a répondu : « La camarade Korolenkaia a fait hier un saut en parachute, et le parachute s'est ouvert enfin par miracle, mais un peu tard. Nous avons pensé qu'elle s'était rompu tous les os et que nous ne la verrions plus parmi nous. Mais au moment du choc, elle s'est reçue en roulant par terre comme un chat qui tombe du toit. Et la voici qui se relève, dégrafe ses bretelles, ramasse et replie son parachute et revient vers nous en nous saluant joyeusement de la main ! Plus tard, nous avons appris qu'elle avait tout le corps couvert de bleus. Ce qui ne l'empêche pas d'aller et venir et de sourire comme si elle venait de chez le coiffeur. »

Janna Ivanovna reposa son quart sur la table et regarda autour d'elle. Toutes l'avaient écoutée, sans un mot.

— Oui, c'est cela, Stella Antonovna. Avec elle, nous ne manquerons pas d'histoires à raconter.

Deux nuits plus tard, Stella se présenta à sa nouvelle unité. L'artillerie italienne, manifestement pour venger les trois officiers allemands, bombardait sans arrêt le secteur. Certes, ce n'étaient que des canons légers, des 75, mais cette pluie d'obus obligeait tout le monde à se terrer dans les abris. Les traîneaux qui apportaient régulièrement le ravitaillement et les approvisionnements s'étaient arrêtés à hauteur du P.C. du bataillon, et il fallait recourir à la corvée de soupe des heures difficiles. C'était souvent la mort qui attendait ce groupe d'hommes. Chargés de gamelles suspendues à leurs épaules, un bidon de zinc attaché dans le dos, ils devaient aller et venir par les boyaux de communication, traverser en courant les espaces découverts pour aller chercher leur nourriture et celle de leurs camarades. C'était affronter deux fois l'enfer, sauter d'entonnoir en entonnoir, se coucher, attendre la rafale des obus, leur explosion, puis dès que la fumée s'épaississait, gagner l'abri du prochain trou d'obus, et ainsi de suite. L'expérience aidant, on savait que deux obus n'atteignent jamais le même trou, et l'on avançait de trou récent à trou récent, encore tout chauds de l'explosion.

La corvée de ravitaillement par hommes, c'est une course avec la mort. Et souvent une course perdue d'avance.

Ici, c'étaient des femmes. Elles étaient reparties vers quatre heures du matin avec leurs gamelles au dos pour gagner les positions avancées. Stella Antonovna était avec elles. Pendant presque une heure, elles étaient restées clouées au sol en pleine steppe sous le feu de l'artillerie ennemie qui concentrait ses efforts sur ce secteur. Autour d'elles, les obus explosaient, soulevaient très haut des fontaines de terre. Leurs éclats rougeoyants sifflaient à travers la nuit, crépitaient ensuite pendant des secondes.

C'était un bombardement idiot, un simple gaspillage de munitions, cette averse de feu n'avait guère d'autre résultat qu'une quantité supplémentaire de trous dans le sol. Certes, cela démolissait un bout de tranchée, mais où il n'y avait personne. Les filles s'étaient accroupies dans leurs abris de terre, regardaient les poteaux et les madriers de soutènement et écoutaient le grondement d'orgue des obus.

— Imbéciles ! s'était exclamée Soia Valentinovna Baïda dans son P.C. A quoi cela leur sert-il ? Veulent-ils nous démontrer qu'ils sont les plus forts ? C'est ridicule !

Dès la fin du bombardement, elles sortirent toutes des abris et occupèrent les tranchées. Tout comme des hommes, elles se couchèrent derrière leurs mitrailleuses, prêtes à lancer les grenades disposées près d'elles, les fusils à lunette des tireuses d'élite pointant à travers les sacs de protection. Vont-ils venir maintenant ? Attaqueront-ils ? Idiots ! Votre artillerie a tiré trop loin.

Après le tonnerre des explosions, tout était soudain tranquille, à tel point qu'on s'entendait respirer et que chaque crissement de bottes, chaque appel, chaque cliquetis d'armes, retentissait comme une détonation. Miranski parcourait les tranchées, excité, en criant : « Tout est prêt ? Pas de perte ? Vous avez eu de la chance, mes chéries ! Courage ! Courage ! »

Elles faisaient à peine attention à lui. Elles n'avaient pas besoin d'encouragements. Dès qu'elles sentaient la crosse de leur fusil au creux de l'épaule, dès que leur œil demeurait vissé à la lunette de visée, dès que leur index recourbé touchait légèrement la détente de leur arme, elles n'éprouvaient plus d'émotion : « Tu es le fusil, et le fusil c'est toi », leur avait répété à Vejniaki la colonelle Olga Petrovna Raboutina. « Le fusil est toute votre vie ! Vous n'avez pas de cœur, vous n'avez pas de sang ! Vous êtes une seule pensée : tuer l'ennemi ! Quand notre patrie sera libérée, vous pourrez redevenir des femmes, il *faudra* que vous redeveniez des femmes, et ce sera votre seconde tâche. Mais jusqu'alors, couchez avec votre fusil, dormez avec lui ! Aimez-le de toute votre force ! »

Qu'avaient-elles à faire de tous les discours d'un Miranski ?

Le sous-lieutenant Ougarov avait pris place à un endroit où la tranchée s'incurvait, derrière une mitrailleuse lourde. Il fumait nerveusement tenant sa cigarette dans le creux de la main. A côté de lui, Daria Allanovna était accroupie devant la caisse ouverte de munitions. Elle avait préparé la première bande de cartouches. Trois autres caisses pleines attendaient près d'elle. Du côté soviétique, on ne manquait pas de munitions. On avait suffisamment d'armes et d'hommes. D'hommes surtout, et une étendue inconcevable de terrain. Qui donc pouvait vaincre la Russie ? N'était-elle pas invincible ? Même si l'ennemi franchissait l'Oural, il lui faudrait finalement tomber à genoux comme pour prier : devant lui s'étendrait la Sibérie, et il aurait alors une idée de l'immensité de ce pays. Qui donc veut conquérir l'infini ?

Bien que Daria Allanovna eût été affectée à la mitrailleuse lourde DS 1939, son fusil de tireuse d'élite, le M 91/30 avec la grande lunette de visée PE, était à ses côtés, couché sur le rebord de la tranchée. Là où elle se trouvait, là aussi était son fusil.

— La corvée de soupe n'est pas encore arrivée, dit Miranski.

— Elles ont dû attendre dans la steppe.

— Espérons qu'elles vivent encore...

— Il faudrait aller voir, dit Ougarov d'un air entendu.

— C'est ce que j'allais proposer...

Miranski se mordit la lèvre inférieure, contempla un instant les positions ennemies et se gratta le nez.

— Croyez-vous que les Italiens attaqueront ?

— Non ! Ils l'auraient déjà fait. La tactique est toujours la même : l'artillerie allonge son tir et l'infanterie s'élance à l'assaut sous le couvert d'un rideau d'obus. Or, rien ne bouge !

— Alors vous ne croyez pas, Victor Ivanovitch, que vous aurez à vous servir aujourd'hui de votre mitrailleuse ?

C'était un homme prudent et habile que ce Miranski et, à la surprise générale, il parvenait toujours à ses fins. Ougarov lui aussi s'était laissé prendre à ce jeu.

— Certainement pas, Foma Igorévitch. Si ces Italiens sortaient maintenant de leurs tranchées, cela équivaudrait à un suicide.

— Je n'ai aucun ordre à donner ici, dit Miranski. Mais il s'agit d'un principe fondamental du communisme, et de la discipline ! Ce qui, mon cher Ougarov, m'a inspiré une idée : en allant voir ce qui se passe, vous aideriez la camarade Baïda. qui est fort occupée.

— Vous pouviez vous exprimer plus simplement, dit Ougarov en rejetant sur la nuque son casque camouflé en blanc. Soit, je vais à la rencontre de la corvée.

Dix minutes plus tard, Ougarov découvrait la corvée arrêtée dans la steppe. Les quatre filles de l'unité de Baïda, chargées de gamelles et un bidon sur le dos, étaient accroupies dans un trou d'obus et s'apprêtaient à panser l'une d'elles blessée à l'épaule par un éclat qui avait fracassé le bidon. En déchirant l'uniforme, elles avaient introduit sur la plaie un gros paquet de gaze. Mais ce qui les préoccupait le plus, même la blessée, c'était la perte d'une nourriture précieuse.

En se laissant rouler au fond de l'entonnoir, Ougarov atterrit près d'une femme qui n'appartenait pas à son unité. Sous son épaisse veste de steppe, on devinait qu'elle était grande et mince. Elle avait ôté son bonnet de fourrure et tirait une bande antiseptique de son enveloppe protectrice. A la racine de ses cheveux noirs, la sueur se congelait déjà en petits cristaux. De grands yeux sombres mesurèrent Ougarov d'un air désapprobateur :

— Espèce d'hippopotame, qu'est-ce que vous avez à vous rouler comme cela dans la boue ? Vous ne voyez pas qu'une de ces femmes est blessée ?

Incapable de répondre, Ougarov contemplait cette bouche dont la beauté lui faisait oublier les insultes. Sous le regard brûlant de ces yeux noirs, il sentit qu'une chaleur étrange l'envahissait. Sans un mot, il se retourna pour s'asseoir et découvrit un autre visage inconnu ; il était couvert de boue. Sous le bonnet rejeté en arrière, une mèche de cheveux blonds retombait sur le front.

C'est elle, pensa-t-il. C'est Stella Antonovna ! Elle est plus petite que nous l'imaginions tous, disons de taille un peu plus que moyenne. Et quand on la voit, on se dit : tiens, voici une petite bonne femme insignifiante... Tout le monde ne peut pas avoir l'air de ce qu'il est, n'est-ce pas ?

Il s'approcha d'elle, porta la main à son casque et s'adressa à elle d'une voix vibrante dont il avait constaté l'effet érotique sur les femmes, y compris Soia Valentinovna malgré son expérience :

— Stella Antonovna ? C'est vous, n'est-ce pas ? Je vous ai reconnue tout de suite ! Quelle insolence de la part de l'ennemi ! Vous recevoir de façon aussi hostile !

— Mais nous sommes ici pour lui faire perdre ses mauvaises habitudes, camarade sous-lieutenant.

Sa voix était claire et précise. Ravi, Ougarov pensa que chacun des mots avait résonné comme une coupe d'argent que l'on frappe. Dans son dos, une voix plus sombre le fit sursauter :

— Il est vraiment difficile de gagner une guerre avec des hommes qui égarent ce qu'ils ont de cervelle ! Quelle est votre fonction, camarade sous-lieutenant ?

Ougarov se retourna. La belle jeune femme aux cheveux noirs dont le visage lui coupait le souffle essuyait ses mains sanglantes sur un paquet de gaze. Son vêtement de camouflage blanc était lui aussi taché de sang. Assise sur le rebord de l'entonnoir, la blessée buvait à petites gorgées une tasse de thé dans laquelle on avait dissous un analgésique.

— Je suis l'officier de liaison entre l'unité spéciale féminine et le régiment...

Sa voix avait baissé d'un ton comme s'il avait avalé un trop grand verre d'eau glacée.

— Vous n'êtes donc pas qualifié pour nous commander ?

— Surtout... pour conseiller...

Il bégayait avec l'impression d'être acculé dans un coin, sans secours possible.

— Alors vous seriez vraiment de bon conseil, camarade sous-lieutenant, si vous enleviez d'ici la camarade qui est blessée.

Elle leva la tête et Ougarov la vit retenir son souffle pour mieux entendre.

— Le tir d'artillerie est fini. Nous ramenons la blessée au poste de secours du bataillon. Si nous nous pressons, nous serons de retour demain à l'aube.

Comme il se taisait, elle le fixa de ses yeux de feu :

— Aimez-vous le poisson, camarade ?

— Passionnément...

— C'est bien ce que je pensais. Vous avez vraiment des yeux de merlan frit !

Les filles réprimèrent difficilement leur rire. Ougarov sentit que son visage s'enflammait. Avalant la salive qui lui brûlait la gorge, il aida la blessée à se mettre debout. Elle laissa échapper un soupir de douleur mais sourit aussitôt courageusement.

Ce fut ainsi que le sous-lieutenant Victor Ivanovitch Ougarov fit la connaissance du Dr Galina Rouslanovna Opalinskaia, le médecin affecté à l'unité spéciale. Et naturellement, il ne pouvait soupçonner tous les problèmes que cette arrivée allait susciter chez les filles.

La réception que fit la capitaine Baïda à Stella Antonovna fut brève et pleine de curiosité et de scepticisme. Et les critiques, pour informulées qu'elles fussent, ne manquèrent pas. Les deux femmes se serrèrent la main, se présentèrent, Stella tendit ses papiers à Soia

Valentinovna qui les déposa sur la table sans les regarder. Par téléphone, le régiment lui avait déjà transmis les renseignements essentiels, sauf un : on ne lui avait pas précisé la date de son arrivée. Cette exception à elle seule l'avait irritée. Pourquoi ce droit particulier ? A Moscou, un personnage important devait veiller sur elle ! Et pourquoi la cajolait-on de la sorte ? Parce qu'elle avait abattu plus de quarante Allemands, seulement pour cela ? Parce qu'elle faisait mouche à chaque coup ? D'où venait-elle ? Elle avait appris à tisser chez son père qui possédait un petit atelier de tissage à Fastov près de Kiev. L'Ukraine était encore aux mains des Allemands. Ils avaient incendié la maison et l'atelier, son père avait disparu, probablement fusillé et enterré quelque part. Sa mère s'était réfugiée dans les bois et n'avait plus donné signe de vie. Quant à son jeune frère Constantin, on savait exactement que les Allemands l'avaient pendu sur la place du marché de Fastov, parce que, emporté par une rage impuissante, il avait lancé des pierres au sous-officier qui mettait le feu à l'atelier de tissage.

Heureusement pour elle, Stella, lors de l'arrivée des troupes allemandes dans sa ville natale, suivait des cours de tissage à Kiev. Elle s'était enfuie vers Gomel où elle avait fait partie d'un groupe de défense féminin. On l'avait vite remarquée, car ses yeux avaient une faculté visuelle d'oiseau de proie. Dès le premier engagement auquel elle fut mêlée, alors que les divisions allemandes avançaient incessamment au cours des grands mouvements de tenaille qui avaient marqué le début de la guerre, Stella Ivanovna, avec son M 91/30, avait abattu dix-neuf Allemands. Elle s'était terrée pendant six semaines en compagnie de trois autres femmes dans les marais près d'Ogorodnié, tenant tête à un bataillon allemand que l'on avait rappelé du front pour nettoyer le secteur. Entre-temps, les divisions nazies avaient enlevé Roslavl, Kiev, Briansk et Orel, et elles progressaient en direction de Moscou. Stella et ses camarades se mirent en route vers l'est, vers l'Armée Rouge qui sans cesse reprenait la résistance avant d'être une fois de plus écrasée.

Pendant quatre mois, elles errèrent dans les territoires occupés, couchant dans les forêts, dans les grottes, dans les maisons brûlées et dans les entonnoirs où elles se recouvraient de terre et disposaient une toile de tente sur leur visage. Derrière le front, personne ne s'intéressait à un trou d'obus.

Quatre fois, elles furent surprises par des patrouilles allemandes, et quatre fois Stella Antonovna résolut calmement le problème. Avant que les Allemands eussent une idée exacte de ce qui bougeait entre les arbres, ou plutôt chaque fois qu'ils croyaient en être sûrs, la mort fondait sur eux. La tactique des jeunes femmes était toujours la même : deux d'entre elles avançaient lentement, les bras levés, vers les soldats allemands. Il faisait chaud, et elles avaient dégrafé leur blouse jusqu'au haut de leur jupe. Comment cette vue n'aurait-elle pas réjoui le cœur de chacun de ces fantassins, bien que la prudence leur eût été recommandée, surtout dans ces forêts. Leur distraction ne durait qu'un moment, mais cela suffisait pour offrir une cible parfaite à Stella Antonovna et à la quatrième camarade, dissimulées derrière les arbres.

Consciencieusement, Stella Antonovna tenait son livret de tir à jour. Pour les Allemands, il s'agissait d'autant de disparus. Afin d'éviter que les Allemands concluent à la présence de tireurs d'élite à cause des blessures au front, elles enterraient rapidement les cadavres et recouvraient les fosses de branches.

A l'arrivée subite de l'hiver, la progression des Allemands cessa. Dès lors, le froid allait leur causer plus de pertes que les armes. Tempêtes de neige et gelées de 30° au-dessous de zéro paralysaient les envahisseurs que leur commandement n'avait pas préparés à un tel changement. Les chefs soviétiques commencèrent à croire à un nouveau miracle. Finalement, franchissant les lignes allemandes, Stella et ses camarades atteignirent celles de leurs compatriotes. Deux d'entre elles furent alors victimes du feu de leur propre artillerie : Stella et la dernière jeune femme durent bander leurs blessures et les transporter dans une grange abandonnée. Il était impossible d'agir autrement.

Assise entre les deux blessées, Stella avait contemplé longuement le mur énorme de la grange. A travers les fentes des planches clouées à de simples poteaux, le vent glacial s'engouffrait.

Elles vont mourir deux fois, pensa-t-elle, de leurs blessures et de froid. Personne ne peut plus rien pour elles. Et nous devons poursuivre notre route, nous devons rejoindre nos frères, nous avons entrepris une tâche et nous irons jusqu'au bout de nos forces pour la mener à bien.

Elle abaissa les yeux sur la blessée qui gisait à sa gauche et qui la regardait. Seule sa tête sortait de la paille dont elle était recouverte et qui ne la protégeait que misérablement contre le froid.

— Il faut que tu continues, Stella...

Elle parlait lentement, et chacun de ses mots était une sorte de râle. Les poumons eux aussi devaient être atteints.

— Oui, il va falloir partir...

La jeune fille ferma les yeux et détourna la tête :

— Fais ce que tu penses, dit-elle doucement.

— Quoi ?

— Tu le sais bien. Fais-le, je t'en supplie... Par la mère de toutes les grâces, je t'en prie, fais-le.

— Croirais-tu en Dieu ? demanda Stella d'une voix creuse. Crois-tu vraiment en Dieu ?

— Oui, je crois en Lui maintenant.

— Où est-il, ton Dieu ? Il a laissé dévaster notre Russie, tout brûle, le sang coule dans nos rues, sur nos routes, dans nos champs et nos forêts. S'il y a un Dieu, il devrait être juste. Qu'avons-nous fait pour qu'il nous punisse de la sorte ? Katchouka, crois-tu vraiment qu'il existe une vie après celle-ci ?

— Je le crois, murmura la blessée. Tu ne tueras que mon corps blessé, pas moi. Nous nous reverrons, Stellanka. Ne fais pas l'enfant. Qu'est-ce que la mort ? Tu comptes avec elle à chacune des minutes que tu vis. Et tu n'en as pas peur... Sois franche...

— Si, j'ai peur...

Stella Antonovna serra les poings. Nous devons continuer, pensa-t-elle. Il ne s'agit plus que de quelques verstes. Déjà nous pouvons entendre le grondement constant du canon. Nous sommes tout près, nous le savons, c'est notre propre artillerie qui nous a atteintes. Et voici que nous restons ici à discourir de Dieu ! Une discussion vaine, sans objet. Mais il semble que Katchouka soit plus calme.

— Moi, je n'ai plus peur...

On entendait à peine sa voix. Stella dut se pencher sur elle pour distinguer ce qu'elle disait. Un peu d'écume sanglante remontait à ses lèvres et se gonflait à chacun de ses mots.

— Ne suis-je pas déjà morte ? Donne-moi la main, Stellanka.

Stella fouilla dans la paille pour retrouver la main glacée de Katia et la serrer entre ses doigts. De l'extérieur arriva Tamara Fiodorevna, l'autre jeune fille. Ses vêtements étaient couverts de cristaux de glace et un nuage blanc et épais de vapeur sortait de sa bouche. Elle s'appuya contre la porte en se tenant la poitrine. Elle avait couru à perdre haleine :

— Les chars... bégaya-t-elle, haletante. La route est pleine de blindés allemands. Il faut que nous partions, tout de suite !

Stella se pencha sur Katia, essuya l'écume de sa bouche et lui caressa le visage. La blessée étira les lèvres pour esquisser un sourire.

— Tu es sûre que tu continueras à vivre ?

— Oui, Stellanka.

— Tu le jures ?

— Oui, je le jure... Nous... nous nous reverrons... c'est sûr... Je t'attends...

Dans la grange, il y eut comme un silence d'église. Stella se leva. Elle recouvrit Katia de paille, lui caressa encore une fois le visage avec une tendresse indicible, approcha ses lèvres des yeux qui s'étaient clos, lui baisa le front et, du pouce, arma son fusil. Tamara Fiodorevna, toujours appuyée à la porte, joignit les mains et se retourna pour appuyer sa tête contre le mur de planches.

Deux coups de feu retentirent. Puis Stella prit par le bras Tamara qui sanglotait et ouvrit la porte. Le vent glacial lui fouetta le visage ; courbée en deux, la tête enfoncée dans les épaules, elle se précipita au-dehors.

— Qu'as-tu fait ? s'écria Tamara contre le vent qui déferlait en hurlant.

— Olga était déjà morte... c'était seulement pour plus de sûreté.

Il lui semblait que son visage allait se déchirer sous l'assaut de la tempête.

— Et Katia ?

— Katia continue à vivre. Elle a son Dieu. Elle me l'a promis.

Elle tira Tamara à elle pour lui crier en plein visage :

— Est-ce que je devais la laisser crever comme un chien ? Que fallait-il que je fasse ? Dis-le-moi : que devais-je faire ?

Tamara ne répondit rien. Elles entendaient le grondement et le cliquetis des chars allemands qui défilaient sur la route. Une fois de plus, elles se réfugièrent dans la forêt.

Quatre jours plus tard, elles tombèrent à genoux et pleurèrent de joie en entendant soudain des voix russes : une patrouille de la 2e compagnie des Tirailleurs de la Garde passait au peigne fin les collines de ce secteur accidenté.

Ce fut la première fois que le nom de Stella Antonovna Korolenkaia apparut dans un communiqué de l'état-major général soviétique.

Plus encore que l'arrivée de Stella, la complaisance inhabituelle du sous-lieutenant Ougarov envers celle qui allait devenir le nouveau médecin préoccupa Soia Valentinovna.

Tout d'abord, elle avait regardé avec de grands yeux incrédules les filles de la corvée de soupe quand elles lui avaient raconté qu'Ougarov était venu à leur rencontre. Elle l'avait laissé accroupi derrière sa mitrailleuse lourde, et elle s'imaginait qu'il s'y trouvait encore quand la corvée était enfin arrivée. Ce ne fut qu'après avoir reçu Stella Antonovna et les autres filles de la 2e section à laquelle Stella appartiendrait désormais, qu'elle eut connaissance de la fugue de son bien-aimé. Elle rougit de colère et de chagrin jusqu'à la racine des cheveux, laissa sur place ses subordonnées ahuries et courut dans la tranchée jusqu'à l'abri du commissaire Miranski. Foma Igorévitch était justement en train de prendre un bain de pieds dans de l'eau chaude et savonneuse. Depuis des années, il souffrait de démangeaisons dans les pieds comme si une armée de fourmis prenait possession de ses artères et de ses veines. Après avoir suivi les cures conseillées par les médecins, il était revenu à l'un de ces remèdes de bonne femme qu'il conseillait toujours aux autres dès qu'ils se plaignaient d'une maladie quelconque : « Tout le fumier de la médecine moderne ne vaut rien à côté d'une bonne tisane de plantes », affirmait-il.

En entrant dans son abri, Soia Valentinovna s'écria sans tarder : « Où est Victor ? » Miranski, dont les pieds barbotaient dans la bassine de zinc, recouvrit d'une serviette ses cuisses car il ne portait qu'un caleçon qui bâillait sur son bas-ventre. Etonné, il répondit d'une voix traînante :

— C'est vous qui me demandez cela, et ici ? Même le meilleur des coqs a besoin d'un coin tranquille pour se reposer !

— Que fait Victor dehors, dans la steppe ?

— Je lui ai fait comprendre qu'il devait aller à la recherche de la corvée de soupe.

— La corvée vient d'arriver.

— Quel bonheur !

Miranski regardait ses mollets. C'est maintenant qu'il faut les sécher, pensa-t-il. Mais si je prends la serviette, la Baïda va plonger son regard dans l'ouverture de mon caleçon. Surtout, pas d'intimité de ce genre !

— Qu'est-ce que vous avez donc, Soia Valentinovna ? Est-ce le menu que vous m'apportez ?

— Victor n'est pas revenu !

— Mon Dieu...

Miranski commença lentement à retirer ses pieds de la bassine.

— Que s'est-il passé ?

— Comment le saurais-je ? Je sais seulement qu'il s'est rendu au bataillon avec une blessée. Une doctoresse l'y a obligé.

— Obligé ?

Foma Igorévitch n'en croyait pas ses oreilles. Il nettoya l'une d'elles de l'index et se secoua :

— Obligé ? répéta-t-il.

— Il paraît qu'elle est belle, d'après les filles. Une grande femme arrogante ! Elle a même traité Victor d'idiot !

— Une psychologue alors ! dit Miranski en riant d'un air satisfait. Voyons, qu'est-ce qui vous tracasse, camarade capitaine ?

— Il l'a suivie sans résister.

— Évidemment, on peut alors supposer bien des choses...

Et ce satan de Miranski fit claquer sa langue d'un air égrillard en roulant des yeux.

— Il faut vraiment que la camarade médecin soit une femme splendide pour que Victor Ivanovitch oublie ses devoirs envers vous, Soïtchka...

Soia Valentinovna fusilla Miranski du regard, entrouvrit la bouche, les lèvres retroussées, puis, claquant violemment la porte, quitta l'abri. Enfin, Miranski put se sécher les pieds. Il les saupoudra ensuite d'une poudre jaune qui puait le soufre avant d'enfiler ses épaisses chaussettes de laine.

Ainsi donc, une nouvelle doctoresse nous a été affectée, pensa-t-il, soudain songeur. Et, à en croire ce qu'on dit, une femme d'une beauté infernale. La dernière était avec nous quand la tenaille s'est refermée sur Stalingrad et que la VIe Armée allemande a été encerclée. Cette Marfa Vadimova était une vraie garce, mon Dieu, avec son visage sévère, des mamelles de vache et un cul sur lequel on aurait pu hacher du bois ! Et elle n'avait peur de rien, opérait en plein champ sous la canonnade des blindés, ou au milieu de la steppe en ayant, planté à côté d'elle, un drapeau de la Croix-Rouge pris aux Allemands. Et naturellement, en voyant ce drapeau de loin, on renonçait à arroser d'obus ce petit coin de terre. Et cette diablesse s'accroupissait pour retirer les balles des plaies, recoudre les chairs, les panser et, avec trois infirmières, elle transportait les blessés dans un endroit sûr. Le 27 septembre, elle a été tuée sur la ligne de chemin de fer Olkhova-Kamouchine, au nord de Stalingrad, alors qu'elle recherchait des blessés dans la steppe en agitant au-dessus de sa tête son drapeau de la Croix-Rouge. Elle a été écrasée par la bombe d'un stuka allemand qui voulait bombarder la ligne de chemin de fer. On n'a retrouvé ni son corps ni celui de cinq infirmières.

Ensuite, l'unité avait pris place sur le cours moyen du Don en franchissant la Volga, sous les ordres du général Vatoutine. Elle avait contribué à repousser les tentatives allemandes de forcer le blocus de Stalingrad. L'arrivée d'un nouveau médecin signifiait que la grande offensive tant espérée était proche.

Miranski enfila des bottes de feutre, puis son lourd manteau de fourrure, et se rendit à l'abri 11. Les femmes, accroupies sur leurs châlits, mangeaient ce qu'on venait de leur distribuer, mordant de toutes leurs dents dans le pain dur. Une odeur répugnante de chou aigre emplissait la pièce et le nez du commissaire se fronça. Vraiment, on ne leur servait plus autre chose, pensa-t-il, dégoûté, comme si la Russie tout entière n'était plus qu'un amas de choucroute ! Évidemment, cela réchauffe le ventre, on a l'impression d'être rassasié, on a les tripes qui gonflent comme après une cuite, et ensuite quelle pétarade ! On évoque alors le bon temps où l'on avait à manger plein d'oignons crus énormes et juteux et de cornichons savoureux ! Bon Dieu, après deux ans de guerre, il devait quand même y avoir autre chose que du chou ! Quels sont donc ceux qui bouffent nos millions de bœufs, de moutons, nos porcs qui sont innombrables, et nos poules, et nos canards, et nos oies ? Et nos chevaux ? Camarades, la Russie, si l'on examine les choses froidement, devrait étouffer sous des amas de viande, mais cette viande — que le diable emporte l'intendance ! — où va-t-elle ? De toute façon, on n'en voit pas trace ici, aux premières lignes, ou pour être franc, très rarement. Et c'est alors deux petits morceaux qui flottent tout seuls dans la soupe et qui ont l'air d'avoir honte d'être aussi misérables. Mais qui donc bouffe toute notre viande ? Qui donc anéantit les montagnes de rôtis savoureux qui devraient couvrir le pays ?

Il soupira et sursauta aussitôt, pris au dépourvu, quand une des femmes se dressa devant lui et se présenta sèchement, militairement, d'une voix claire : « Camarade Stella Antonovna Korolenkaia, présente ! »

— Très heureux, répondit Miranski un peu désorienté sans rien d'un supérieur dans son ton et dans son attitude. Il tendit la main à Stella : elle ne lui parut guère extraordinaire malgré ce qu'on disait d'elle. Puis il s'assit sur un châlit à côté des femmes. Au fond de lui-même, il était vexé que le haut commandement ne lui eût pas fait part de l'arrivée d'un nouveau médecin. Elle était arrivée soudain, houspillait le sous-lieutenant Ougarov, déclenchait chez la Baïda un accès de jalousie et s'était permis de se faire accompagner à l'arrière par Ougarov pour y transporter une blessée.

Miranski ne pouvait accepter simplement une telle situation :

— Que s'est-il passé avec le sous-lieutenant Ougarov ? Je désire le savoir exactement.

— Nous avions une blessée, répondit Stella Antonovna. Au moment même où la camarade Opalinskaia la soignait, le sous-lieutenant est tombé dans notre trou d'obus. Il était à notre recherche...

— Tout cela, je le sais depuis longtemps, insista Miranski. Et alors ?

— Alors, rien. Galina Rouslanovna et le sous-lieutenant Ougarov sont partis vers l'arrière avec la blessée.

— Pourquoi l'une de vous n'est-elle pas partie à sa place ?

— Pour laisser le sous-lieutenant porter les gamelles et les bidons ? demanda Stella en regardant le commissaire d'un air réprobateur.

Très bonne explication, pensa-t-il. Et d'une logique irréfutable. Voilà ce qui va me servir à consoler Soia Valentinovna. Il eut pour Stella un sourire de reconnaissance, lui tapota amicalement l'épaule dont la minceur le surprit, et ressortit dans le froid glacial.

Ce fut pour constater que Soia Valentinovna ne pouvait ni ne voulait être consolée. Il est vraiment impossible de s'y retrouver dans les réactions imprévisibles des femmes. Elle fixa sur Miranski un regard méchant quand il tenta de lui expliquer qu'il était en dessous de la dignité d'un officier de se charger des gamelles et des bidons du ravitaillement. L'air sombre, elle l'interrompit :

— Nous allons éclaircir tout cela, Foma Igorévitch. Et veille à bien fermer ta culotte quand ton trou du cul s'élargira de peur ! J'ai de bons yeux ! Je saurai immédiatement ce qui est arrivé à Victor... Et par ta faute !

Une vague de désespoir souleva Miranski :

— Qu'il me soit permis au moins de poser une question. Qu'est-ce que vous êtes ici ? Un bordel, ou une unité faisant partie d'un bataillon de femmes ?

— Les deux, espèce de satyre aux pieds puants ! Les deux, mets-toi bien ça dans la tête ! Nous portons l'uniforme, nous savons souffrir, verser notre sang et mourir. Nous combattons pour notre patrie comme des hommes, et aucune de nous ne se plaint jamais ni ne se laisse aller. Mais qu'est-ce qu'il y a sous nos vêtements, hein ? Crois-tu que nous nous sommes cousu ce que nous avons là parce que nous portons l'uniforme ? Crois-tu que ça nous suffit de nous mettre le fusil entre les jambes, hein ? Et tu en es à demander si nous sommes un bordel ! Mais il y a des jours où, pendant vingt-quatre heures, nous ne souhaitons que cela !

Miranski comprit qu'il était désormais impossible d'arrêter cette furie. Il plaignit de tout son cœur le sous-lieutenant Ougarov, l'assura en secret de toute sa compassion et prit la résolution la plus sage : celle de s'éloigner le plus vite possible, sans voir que Soia Valentinovna crachait dans sa direction au moment où il disparaissait.

A l'aube, alors que l'obscurité les protégeait encore, Ougarov et le Dr Opalinskaia réapparurent. Fatigués, ils débouchèrent du boyau de communication et tombèrent sur Soia Valentinovna qui, glacée jusqu'aux os, les attendait dans la tranchée principale.

— Soyez les bienvenus ! dit-elle de son ton le plus venimeux en regardant Ougarov comme pour le découper en tranches. Je suis la capitaine Baïda !

— Je sais, ma chère.

La réponse de cette Opalinskaia était empreinte d'une familiarité satanique qui n'exprimait rien d'autre qu'un fait désormais certain : elle se considérait comme l'égale de la capitaine.

— Victor Ivanovitch m'a parlé de vous.

— Sans blague ! rugit presque Soia Valentinovna. Ce bon Victor ! Pour faire la conversation, il n'y a pas mieux, n'est-ce pas ?

— Nous nous comprenons bien, dit simplement le médecin. Où puis-je aménager mon poste de secours ? Avez-vous un abri de libre ?

— Nous n'avons pas de pertes !

— Pas encore !

Galina Rouslanovna jeta un coup d'œil vers les positions allemandes.

— Mais cela va changer sous peu. Derrière nous, dans la steppe, attendent sept mille blindés, dix mille canons et un million de soldats. Vous n'avez pas d'abri libre ? Eh bien, je vais m'installer chez vous, ma chère Soia Valentinovna...

Pour la première fois, Ougarov s'aperçut que sa maîtresse pouvait demeurer muette de saisissement.

Et l'orage qui éclata lorsqu'ils furent face à face fut d'autant plus violent. Quand Galina Rouslanovna prit en fait possession du P.C. pour y déballer ses caisses et recouvrir la table d'ampoules, d'aiguilles à injection, d'une lampe à alcool, de son nécessaire de chirurgie serré dans un rouleau de toile, et d'une masse de bandages stérilisés, Soia Valentinovna, dans l'abri de Miranski, se livra sans honte à une explosion de grand style :

— Espèce de salaud, coureur de jupons, espèce de petit merdeux, je te hais, comprends-tu, avec tes vingt-neuf ans ! Il suffit que tu voies arriver une fille aux jambes longues, aux seins bien pointus et aux yeux de braise pour te faire sauter les boutons de ta braguette ! Et tu crois que je vais prendre cela tranquillement ? Que je vais me terrer dans un trou de souris et écouter ses gémissements de plaisir ? Tu as cru cela, petit con ! Ha, tu me connais mal ! Et si je te coupais les quelques centimètres qui te rendent tellement sûr de toi ? Que serais-tu alors ? Retiens-moi, Miranski... Je le fais. Je les lui coupe avec le reste ! Il n'est pas digne de ce qu'il a entre les jambes !

Miranski, pris à témoin, demeura assis sur son châlit et laissa déferler l'orage. Un vrai pur-sang que cette femme, pensait-il, tandis qu'un frémissement de joie lui coulait le long du dos : ce bon Ougarov ne survivrait pas à cette disgrâce. Tout au plus pouvait-il espérer que les Allemands le débarrasseraient bientôt de cette furie. Tant qu'elle serait en vie, Ougarov ne serait plus rien que son paillasson.

Soia Valentinovna tempêta pendant presque une heure. Pendant tout ce temps, Ougarov sagement n'émit pas le moindre son. Ce ne fut que lorsque Soia, hors d'haleine, dut s'appuyer, haletante, contre le mur qu'il se tourna vers Miranski pour lui dire :

— Vous êtes mon ami, n'est-ce pas, Foma Igorévitch ?

— Vous le savez bien, Victor Ivanovitch ! Quelle question !

— Pouvez-vous me prêter votre abri pendant une heure ? Au sens propre du mot, ce sera un service d'ami...

Hébété, Miranski regarda d'abord Ougarov, puis, le comprenant, il jeta sur ses épaules son manteau de fourrure et sortit. Quelles mœurs, quelle époque, pensa-t-il. La mort est aux aguets devant nous, et il faut que je me promène dans ce froid parce qu'un bon ami m'emprunte mon lit ! Heureusement, on n'en sait rien en haut lieu !

Ougarov avait attendu que Miranski eût laissé l'abri pour abaisser son pantalon et indiquer le châlit du pouce :

— Viens, dit-il simplement... Allons, viens vite !

Soia Valentinovna émit une sorte de son caverneux, se précipita dans ses bras et le mordit dans le creux du cou.

La nuit suivante, un événement désagréable se produisit. Les quatre filles de la 1re section, qui se glissaient dans le no man's land pour écrémer un avant-poste de plus, se heurtèrent à une résistance qui n'était pas prévue. Au moment où deux d'entre elles, la blouse entrouverte et le sein nu, se présentaient aux Italiens, elles furent reçues, sans que cela les surprît démesurément, par trois coups de feu.

Ce fut la grande heure du sous-lieutenant Giovanni Lambordi, mais aussi sa dernière.

La mort de trois officiers supérieurs allemands avait provoqué des remous dans le haut commandemant de la VIIIe Armée italienne. Le colonel von Starcken, l'un des officiers de liaison du groupe d'armées du Don, rédigea pour le maréchal von Manstein un rapport circonstancié qui lui parvint deux jours plus tard en même temps que les cadavres. Ce qu'on avait voulu taire par honte était désormais la fable de tous : dans le secteur de Tchiertkovo, les soldats italiens disparaissaient de leurs postes avancés — « sans intervention de l'ennemi », pour employer le jargon administratif de l'armée allemande. De plus, les Soviétiques avaient engagé une unité de tireurs d'élite. La précision avec laquelle les trois victimes avaient été atteintes à l'œil gauche constituait une preuve évidente.

Entre le groupe d'armées du Don et le bureau du colonel von Starcken installé chez les « Alpinis », comme on nommait les Italiens, les fils du téléphone chauffèrent. Ce n'était pas tant la mort de ces officiers qui émut l'état-major que l'atmosphère particulière qu'elle révélait. Il était déjà pénible qu'une curiosité inconvenante eût provoqué une telle tragédie. Ce qui était plus grave, c'étaient les circonstances secondaires de l'affaire.

Comment des soldats pouvaient-ils disparaître des avant-postes sans laisser de traces ? Pourquoi l'armée italienne avait-elle jugé inutile de rendre compte de ces cas ? S'agissait-il d'une démoralisation générale des Italiens, qui, au moment de l'offensive imminente des Russes, pourrait provoquer un désastre semblable à celui de l'année passée, quand les Soviets avaient écrasé la IIIe Armée roumaine dans la boucle du Don entre Iélanskaia et Kletskaia ? C'était ainsi qu'avait commencé la tragédie de Stalingrad. Les Russes avaient alors encerclé la VIe Armée allemande, et soixante divisions soviétiques s'étaient enfoncées comme un coin entre l'armée de Paulus et les autres unités dispersées au loin dans la steppe.

Ce drame allait-il se répéter ici entre le Don et le Donetz ?

Les commandants de compagnie furent convoqués au bataillon. Là, un lieutenant-colonel écumant de rage en appela à l'honneur de l'Italie, évoqua l'héroïsme des Romains d'autrefois dont la ténacité et le moral étaient devenus des exemples pour tous. Ils avaient conquis le monde, appris aux Germains ce qu'était une conduite d'eau, un bain chaud et le chauffage central par le sol... ces mêmes Germains qui maintenant ricanaient et doutaient des vertus militaires de leurs alliés :

— A partir d'aujourd'hui, il y aura au moins un adjudant par avant-poste, conclut en hurlant le chef du régiment. Je ne veux plus entendre parler de disparitions ! Et chaque officier sera responsable de chaque désertion ! J'espère que vous m'avez tous compris !

Le sous-lieutenant Giovanni Lambordi avait profondément ressenti l'injure. Trois nuits de suite, il avait accompagné ses hommes.

Dissimulé dans un trou bien aménagé, il avait surveillé les Soviets, assistant aux relèves et ne quittant son poste d'observation qu'aux premières lueurs de l'aube.

Et la quatrième nuit, les Russes vinrent. Quatre ombres se glissèrent sans bruit à travers le no man's land, approchant sans cesse. Lambordi respira profondément, rempli soudain de bonheur : non, nous ne sommes pas des lâches, pensa-t-il. Aucun de nous n'a déserté. Les Russes sont arrivés chaque fois comme ils le font maintenant, en rampant, agiles comme des serpents, presque invisibles dans leurs amples vêtements blancs de camouflage. Il faut vraiment avoir de bons yeux pour les apercevoir à temps. Oui, à temps, c'était là le fin mot de toutes ces énigmes. Aucun de ces pauvres gars n'a aperçu ses agresseurs à temps, et quand il a vu l'ennemi apparaître, il était déjà surpris. Oui, Allemands, nos alliés, c'est comme cela que tout s'est passé. Nous avons perdu honorablement nos hommes, dans un combat. Maintenant, nous pouvons le prouver.

— Laissez-les venir à vous, murmura-t-il. Soyez bien calmes, *amici*. Laissez-les venir aussi près que possible. Et à mon commandement, feu à volonté ! Nous emmènerons avec nous leurs cadavres, comme preuve !

Allongés dans leur trou, le fusil prêt à faire feu, dissimulés derrière le parapet de terre et de neige, ils attendaient, le cœur battant. Les ombres blanches avançaient toujours vers eux, disparaissant soudain comme par enchantement, reparaissant là où on ne les attendait pas. Avec une lenteur angoissante, elles approchaient, toujours sans un bruit.

Devons-nous lancer une fusée éclairante ? se demanda Lambordi. Nous y verrons alors comme en plein jour et les Russes deviendront aussi visibles que des cibles sur un champ de tir. Mais nous aussi. Et ce sont des tireurs d'élite qui attendent que nous bougions...

Renonçant à la fusée éclairante, il rassura d'un geste les deux soldats et secoua une fois de plus la tête : pas encore... laissez-les venir plus près. Ils croient nous surprendre, mais aujourd'hui ce sont eux qui seront surpris.

Encore dix mètres... sept peut-être... Le sous-lieutenant Lambordi ajusta encore plus fortement la crosse de son arme contre son épaule. De sa main gauche, il s'apprêta à donner le signal convenu.

Au même instant, deux des silhouettes blanches se dressèrent devant lui de toute leur hauteur, une voix claire de femme lança un appel très doux, et Lambordi vit distinctement comment toutes deux entrouvraient leur uniforme, laissant miroiter leurs seins luisants à la pâle lueur de la nuit.

— *Madona mia*... bégaya l'un des soldats.

Lambordi avala sa salive. Il avait l'impression d'être précipité dans un bûcher et entouré soudain de flammes ardentes. En même temps, il comprit pourquoi les autres, avant lui, n'avaient pas tiré. Comment faire feu sur une poitrine de femme ?

— Feu ! dit-il aussitôt d'une voix étranglée. FEU !

Et il fit feu le premier, suivi par ses deux hommes. Mais leurs mains tremblaient. D'ailleurs, dans un grand bond, les deux femmes avaient disparu dans le champ de neige, roulant sur elles-mêmes, à l'abri maintenant du parapet. Et au même instant qu'elles touchaient le sol, leurs fusils avaient surgi, collés à leur épaule, prêts à tirer. Le tout avec une précision parfaite, une précision d'expert acquise longuement à Vejniaki et qui leur avait jusqu'alors toujours sauvé la vie. Elles s'étaient laissées tomber et rouler sur le sol comme des chats, devenues aussi invisibles qu'un renard blanc dans la neige.

Le sous-lieutenant Lambordi eut juste le temps d'amener une nouvelle balle dans la culasse de son arme. Son destin était déjà scellé. Un coup de feu retentit sur sa droite, et il ressentit seulement comme un choc à la tempe, là où son casque avait glissé un peu vers la gauche. Une seconde plus tard, un autre coup de feu retentit à gauche, et le caporal Paolo, qui voulait retourner sur le dos le corps de son chef, s'abattit, touché à la nuque. Et il y eut encore une troisième détonation. Le sergent Fernando Bruzzi, le troisième homme dans ce trou maudit, fit le mort, dans l'espoir insensé de sortir vivant de cette tuerie. Mais il parvint en même temps à tirer violemment la corde d'alarme qui menait aux tranchées.

Les boîtes de conserves vides commencèrent à s'agiter sur leurs poteaux de bois. Chaque fantassin, en temps de guerre connaît ce cliquetis pénétrant, effrayant.

— Alerte ! Alerte !

Tous sortirent de leurs abris, chacun occupant sa place, s'affairant pour débarrasser les mitrailleuses de leurs bâches, mettre les mortiers en position de tir, constituer les réserves de grenades. Dans le P.C. de la compagnie, l'adjudant-chef qui avait pris le commandement en l'absence du sous-lieutenant Lambordi se précipita sur le téléphone de campagne pour avertir le bataillon et le corps principal de la compagnie, tenu en réserve.

Alerte des postes avancés. Et pourtant, rien de visible ! L'ennemi doit approcher en se dissimulant, à pas de loup.

Au régiment également, la cloche d'alerte retentissait. Les artilleurs prirent position, la D.C.A. — la meilleure arme allemande contre les T-34 soviétiques — se tint prête à intervenir. La seconde ligne se hérissa soudain de mortiers lourds. Et plus à l'arrière encore, entre le régiment et l'état-major de la brigade, cinq chars Tigre se tinrent prêts à se ruer vers l'ennemi si ce dernier parvenait à percer.

Le sergent Fernando Bruzzi eut une chance extraordinaire. Il gisait à côté de son sous-lieutenant qu'il avait vu abattre quand une tête de femme surgit au-dessus du parapet. Pour mieux jouer la comédie, il avait laissé tomber son menton, la bouche ouverte, et son corps était recroquevillé bizarrement.

Des yeux froids le contemplèrent un instant. Son casque d'acier avait basculé en avant, dissimulant la racine du nez où pouvait se trouver le trou fatal. La tête disparut, la silhouette blanche se confondit comme les autres avec la steppe enneigée avant que les fusées éclairantes jaillissent des lignes italiennes en plein ciel nocturne.

Fernando Bruzzi se mit à ramper vers l'arrière, le corps tremblant. Dans la tranchée, il tomba dans les bras de deux camarades, perdit toute maîtrise de lui, sanglotant à haute voix, se débattant, salivant, jusqu'à ce que deux bonnes gifles l'aient remis en état. Encore abruti, il se retrouva assis dans un abri, jeta un coup d'œil autour de lui, et balbutia :

— Des femmes... Des femmes ! Et elles se caressaient les seins... Des femmes !

Un traîneau le transporta au poste principal de secours. Le médecin-chef l'examina :

— Il est sous l'effet d'un choc formidable. Peut-être qu'il en gardera toujours un grain !

Il administra à Bruzzi une injection de morphine — il n'avait rien d'autre — espérant que le stupéfiant calmerait le choc.

— Est-ce que la tension d'esprit est vraiment si forte à l'avant ? Qu'est-ce qu'il nous raconte avec ces femmes qui se caressaient les seins ?

L'adjudant qui avait transporté Bruzzi au poste principal de secours prit la parole :

— Ce sont des femmes que nous avons en face de nous, monsieur le médecin-chef. Des tireuses d'élite ! Ce sont elles qui ont enlevé nos hommes des avant-postes. Comment aurions-nous pu l'imaginer ? Cela ne devrait pas être permis...

Le lendemain matin, la nouvelle atteignait le groupe d'armées du Don. L'officier chargé de la section logistique remit le rapport au maréchal von Manstein lui-même. Impassible comme toujours, Manstein le lut. Sans qu'un trait de son visage au nez d'aigle ne bougeât, il acheva sa lecture, reposa la feuille de papier sur les cartes qui recouvraient son bureau et regarda froidement l'officier :

— Ce ne peut être qu'une plaisanterie, mon cher !

— Si l'on pense à la mort héroïque du colonel von Rahden et des commandants Schlimbach et Halbermann, cette nouvelle paraît vraisemblable, mon général. Il semble qu'eux aussi aient été victimes de ces femmes. Il n'y a plus de doute possible : l'ennemi a engagé dans ce secteur du front un bataillon ou au moins une unité spéciale de femmes.

— Transmettez cette curiosité au commandement suprême de l'armée, dit enfin von Manstein d'un air absent.

Il avait d'autres soucis que ceux causés par ces quelques femmes qui, prétendait-on, se présentaient les seins nus aux avant-postes italiens. Les nouvelles qui lui arrivaient de toutes parts composaient dans son esprit un tableau effroyable de la situation. L'armée Rouge venait d'achever sa concentration en vue de l'offensive. Rien que dans le secteur tenu par son groupe d'armées du Don, cinq armées soviétiques s'étaient massées contre ses troupes décimées et qui en partie n'existaient que sur le papier. Les demandes qu'il adressait au quartier général du Führer à Rastenburg n'obtenaient que des réponses tardives ou étaient l'occasion de fausses promesses. Tous les regards convergeaient encore sur Stalingrad. La VIe Armée y expirait lentement ; une mort cruelle menaçait trois cent soixante mille soldats. Mais en se sacrifiant, ils retenaient encore soixante divisions soviétiques et laissaient aux autres armées allemandes le temps de s'enterrer dans de nouvelles positions.

Mais les autres fronts allemands eux aussi chancelaient. Cinq cents navires avaient jeté sur les côtes du Maroc et de l'Algérie les troupes du général Eisenhower, qui prenaient ainsi à revers l'Afrika-Korps de Rommel. Allemands et Italiens avaient déjà dû laisser El-Alamein aux mains de la VIIIe Armée britannique, et ils battaient en retraite en Cyrénaïque et en Libye, poursuivis par les Anglais de Montgomery. Partout, les lignes allemandes s'effritaient. Les campagnes victorieuses de 1941 et 1942 étaient subitement devenues de l'histoire ancienne, et cette époque ne reviendrait jamais. La blessure de Stalingrad saignait l'Allemagne à blanc...

Et on venait l'importuner avec quelques bonnes femmes qui se dénudaient les seins pour faire déserter des Italiens !

L'officier chargé des questions logistiques reprit le rapport et le transmit, comme on le lui avait ordonné, au commandement suprême de l'armée, à Berlin, en tant que « curiosité »...

Or, le Commandement suprême de l'armée prit la chose au sérieux. Ce qui l'intéressa ne fut pas l'enlèvement de quelques Italiens, mais l'apparition d'unités de tireuses d'élite. Des nouvelles semblables étaient déjà venues d'autres secteurs, de la XVIIe Armée du Caucase, de la Ire Armée blindée du Térek, de la IIe Armée de Voronej, et surtout de la XVIIIe Armée du front du Volkhov. De plus, avant d'être fusillés ou pendus, des partisans capturés avaient révélé que parmi les vingt-six mille Soviétiques qui opéraient dans le dos des Allemands dans le secteur des marais du Pripet et autour de Bobruisk, dans les forêts du Dniepr et jusqu'à Borissov, il y avait environ mille deux cents femmes. Elles avaient reçu une formation éblouissante et se battaient jusqu'à la mort avec un courage glacial. Les unités spéciales SS et celles du Service de Sûreté avaient souvent assisté au spectacle que devenait leur exécution : elles se plaçaient sous la corde ou contre le mur en levant le poing, saluaient une dernière fois Staline et leur Russie soviétique et mouraient avec une fierté incompréhensible.

Au Commandement suprême de l'armée, le colonel von Hötzendorf rassembla ces rapports que complétèrent ceux des agents des armées étrangères de l'Est et ceux de l'amiral Canaris. Le doute n'était plus permis : les Soviets engageaient maintenant sur le front des bataillons de femmes ! En recevant le compte rendu du groupe d'armées du Don, le colonel von Hötzendorf secoua la tête :

— Cela, c'est le comble ! Elles attaquent nos troupes d'assaut les seins nus ! Il faut que ce soit une espèce tout à fait spéciale de femmes ! Si elles appliquent cette tactique sur tous les fronts, il faudra donner à nos troupes plus de calmants que de munitions... Heureusement, nous avons plus de calmants que de munitions !

De l'humour noir, mais qui dissimulait une impuissance encore plus amère.

Car chaque coup de feu que tiraient ces femmes signifiait un soldat allemand de moins. En outre, elles tiraient rarement, très rarement.

Peter Hesslich était un homme bâti solidement, pas particulièrement grand, mais ses épaules étaient larges, musclées par un entraînement intensif, et ses hanches étaient étroites et mobiles comme celles d'un danseur. Il allait de soi qu'à l'époque où un jeune Allemand devait être « agile comme un lévrier, résistant comme du cuir et dur comme de l'acier Krupp », Peter Hesslich allait subir toutes les pressions possibles pour devenir un sportif. Il n'avait qu'à choisir : lanceur de marteau ou de disque, sprinter ou sauteur en hauteur, gymnaste, spécialiste du décathlon ou nageur. Ses disponibilités physiques lui permettaient de réussir partout. Une seule chose lui manquait : l'envie.

— Vous n'avez pas un sport qui se pratique avec les femmes ? demandait-il en riant quand on venait lui démontrer que c'était une honte et une perte authentique, pour le grand Reich allemand et pour le sport, de ne pas utiliser de tels dons physiques. En 1936, quand la jeunesse du monde — pour employer les termes de la propagande national-socialiste — s'était rassemblée à Berlin pour les Jeux Olympiques, un Nègre, Jess Owens, avait gagné trois médailles d'or sous les yeux épouvantés du Führer. Peter Hesslich avait alors reçu la visite du gauleiter-adjoint.

— Est-ce que cela ne vous réveille pas, Peter ? lui avait demandé l'homme vêtu de brun et bardé de passepoils dorés. Un Noir porte atteinte à la race blanche. C'est le triomphe de l'infériorité ! Et vous restez tranquillement assis, bien que vous ayez la possibilité d'écraser ces sous-hommes et de leur montrer ce qu'est la race germanique ! Ne riez pas, Peter ! Nous savons que vous courez magnifiquement et sautez très loin. Nous savons que vous pourriez devenir une locomotive du sport, que vous pourriez renvoyer dans leur coin tous ces faiblards venus d'Amérique ! Peter, que faites-vous de votre cœur allemand quand un Nègre enlève trois médailles d'honneur dessinées par le Führer ? Trois médailles allemandes dans un taudis de Nègre ! Avez-vous regardé les actualités de la semaine ? Le Führer en était comme pétrifié ! Le Führer du sport en avait les larmes aux yeux ! Et l'on eût dit que Goering allait s'évanouir ! La joie des Américains et de leurs amis a dû blesser le Führer comme un affront fait à toute la race blanche ! Et vous, que faites-vous, Peter Hesslich ? Rien, et en ne faisant rien, vous trahissez votre patrie ! Est-ce que votre conscience ne vous reproche pas quelque chose ?

La conscience de Peter Hesslich demeura muette. Il pensa simplement que personne ne pouvait l'obliger à courir, à sauter, à virevolter autour de la barre fixe ou à lancer le poids. Personne, ni le gauleiter ni même Adolf Hitler. On ne peut pas commander des muscles. On ne peut pas prévoir un événement à un dixième de seconde près. Il y a toujours en jeu un facteur d'incertitude, quelque chose d'incontrôlable, le facteur humain.

Peter Hesslich se trouvait alors en classe terminale. Son père était un professeur de géographie et de français fort aimé de ses élèves du lycée Schlageter à Wuppertal. Au cours de ses leçons de français, il évoquait souvent ses années d'études à Paris et à Grenoble, ses randonnées à ski dans les Alpes enneigées et des vacances extraordinaires en Algérie, dans les montagnes de l'Atlas et dans les dunes géantes du grand erg. C'était la préparation de la prochaine leçon de géographie. Sans doute Friedrich-Wilhelm Hesslich était-il un bon pédagogue qui savait captiver ses élèves. C'était justement ce qui le faisait suspecter par ses collègues nationaux-socialistes et l'inspection de Düsseldorf. Cette évocation des horizons lointains n'entrait pas dans le cadre de l'éducation populaire des nazis. Les soirées communautaires des Jeunesses hitlériennes qui se tenaient les samedis et les dimanches représentaient des buts bien plus élevés que les cabanes de boue et de crasse des Berbères. Et surtout, un professeur de français avait-il le droit d'être si francophile qu'il adorait les Alpes françaises ? Fallait-il oublier Versailles, la paix honteuse de 1918 ? L'humiliation de l'Allemagne dans la galerie des Glaces ? Les réparations ? L'occupation de la Rhénanie ? Et Schlageter, qui avait donné son nom au lycée, cet authentique patriote allemand qui avait fait sauter les lignes de ravitaillement des troupes d'occupation françaises, n'avait-il pas été fusillé le 26 mai 1923 dans les landes de Golzheim, près de Düsseldorf ? Comment, avec tout cela, un professeur de lycée allemand pouvait-il se placer au-dessus des réalités nationales ?

On surveilla donc de près Friedrich-Wilhelm Hesslich, en ajoutant à ces motifs de suspicion le fait que son fils Peter, un athlète-né, ne faisait rien pour la gloire de la Grande Allemagne. Ce fut dans cette atmosphère de méfiance généralisée que grandit Peter, et elle ne devait jamais plus le lâcher. Elle devait lui coller à la peau comme une tache de naissance.

Après le bachot, il ne suivit pas, comme son père l'avait espéré, la carrière de l'enseignement. Il s'intéressait surtout à la nature, aux plantes, aux arbres, aux animaux. Il voulut devenir garde-forestier, ce qui lui convenait à tous points de vue. Il suffisait de regarder dans ses yeux très doux pour comprendre soudain que Peter Hesslich était capable de demeurer assis sur un tabouret ou derrière un buisson pendant des heures pour contempler un animal. Le sport national-socialiste dut se résigner à le perdre. Pendant que les autres s'entraînaient à la sueur de leur front, il arpentait d'un pas lourd les forêts, prêtait l'oreille aux appels des geais, aux crépitements des piverts, épiait les accouplements des coqs et des poules de bruyère, et profita un jour d'une clairière et d'une mousse épaisse, chaude et odorante, pour se laisser enseigner par une femme mûre toutes les finesses de l'amour physique. Jusqu'alors, il n'avait connu que des filles de son âge qui, couchées sur le dos, soupiraient gentiment. Et les mains expérimentées de la femme du directeur de l'administration des Eaux et Forêts lui inspirèrent une passion encore plus grande pour la nature.

Il étudiait justement à l'École des Eaux et Forêts quand ses amis lui conseillèrent fortement de s'engager dans les S.A., ou dans le groupe des sports de défense ou dans le N.S.K.K., le corps automobile du parti national-socialiste. Le directeur de l'administration lui-même tint à le prévenir que s'il voulait faire carrière, il était indispensable qu'il portât l'insigne du parti. Sans ce bout de tôle, un fonctionnaire de l'État devait s'attendre à être toujours le dernier sur les listes d'avancement : affirmer son sentiment national était le meilleur passeport, cent fois plus efficace que tous les certificats et examens. Ce fut alors que mourut subitement Friedrich-Wilhelm Hesslich, son père. Cette mort inattendue eut un effet terrible sur sa mère qui perdit peu à peu la raison, jusqu'à ne plus reconnaître son fils, si bien qu'on dut l'interner dans une clinique. Et à ces deux tragédies familiales vint s'ajouter un drame purement professionnel.

Le triage qu'il devait surveiller était depuis plusieurs mois saccagé par un braconnier, lequel abattait sans discernement tous les chevreuils, les femelles qui étaient grosses comme les mâles, achevait les faons à peine blessés. En vain multipliait-on les patrouilles de jour et de nuit. On ne soupçonnait personne et le coupable ne laissait pas de traces, si ce n'est celles du sang des bêtes et les cadavres qu'il n'avait pu emmener.

Par une belle nuit de clair de lune, Peter Hesslich se trouva en face du braconnier inconnu. Alors qu'il suivait une passée dans une laie, l'inconnu sortit du bois. C'était un homme de haute taille et d'allure lourde, vêtu d'un survêtement de training bleu foncé et en bottes de caoutchouc.

Conformément à la règle, Peter Hesslich cria : « Halte ! Restez sur place ! » Mais loin d'obéir, l'homme se retourna, rapide comme l'éclair, leva son fusil et visa Hesslich totalement à découvert.

Ce qui se passa alors, Peter Hesslich ne sut jamais l'expliquer. Plus rapide encore que celui qui le menaçait, il tira quelques fractions de seconde avant l'autre. Pendant que la balle du braconnier se perdait quelque part dans le ciel nocturne, la sienne fit mouche. Frappé de stupeur, n'en croyant pas ses yeux, Hesslich vit l'homme basculer en lâchant son fusil puis s'étendre de tout son long sur le sol. Bouleversé, il courut à lui et s'agenouilla pour soulever la tête du mort. Certes, c'était un cas de légitime défense ; il n'en avait pas moins tué un homme.

Dans la maison forestière, il se soûla. Jusqu'à l'arrivée de la police et du fourgon mortuaire, on avait placé le cadavre dans une des stalles vides de la porcherie voisine.

— J'ai tué un homme, répétait Peter Hesslich d'une voix monotone. Vous pouvez me raconter ce que vous voulez, je l'ai tué. Cela ne vous est jamais arrivé ! Vous ne savez donc pas ce qu'on ressent dans ce cas...

Tous les gardes-chasse, y compris le chef, étaient accourus pour voir le mort. Tous demeurèrent muets de surprise en voyant le point d'impact.

— Juste au milieu du front, dit le chef. Et il s'agit d'un coup tiré sans presque viser, une réaction pure ! Formidable !

Le directeur du triage était là, lui aussi. Il hocha la tête :

— C'est un tireur-né ! Comment se fait-il que personne n'ait remarqué ce talent naturel ?

— Ses résultats étaient toujours les meilleurs, mais les circonstances étaient normales. Qui aurait pu penser que...

Le directeur du triage l'interrompit :

— C'est cette cécité vis-à-vis de ce qu'on a sous les yeux qui gêne notre essor national. Pensez à tous les talents inutilisés que renferme un tel homme ! Un brave type, disions-nous, cet Hesslich. Mais en réalité, corrompu par une lâcheté congénitale ! Pourquoi ce garçon manque-t-il à ce point d'ambition ? Il faut l'obliger à réagir...

Et dès lors on l'obligea. A la fin du trimestre, le chef de Peter Hesslich le libéra de son engagement de garde-chasse pour le confier à l'armée et adressa au général commandant la région militaire une lettre où l'on pouvait lire : « Peter Hesslich possède des aptitudes extraordinaires pour tous les sports, et il est un tireur exceptionnel. Les autorités supérieures de notre corps jugent indispensable qu'il reçoive une formation militaire. Nous obéissons ainsi à la pensée exprimée par le Führer : une sélection opérée parmi les meilleurs Allemands garantira l'avenir du IIIe Reich. »

C'était une lettre assez infâme, mais qui en même temps allait constituer une sorte de protection pour Peter Hesslich. Le commandant de la région militaire prit la chose à cœur. Il fit comparaître devant lui l'ex-garde-chasse, mais ne découvrit aucune flamme extraordinaire dans le regard romantique de ses yeux bruns.

C'est vraiment étonnant, pensa-t-il. Ainsi des yeux aussi doux ne manquent jamais leur cible ! Eh bien, nous allons voir ce qu'une bonne formation à la prussienne va faire de lui !

Après un an de service dans une compagnie d'infanterie à Wesel, où il dut se plier à un intense entraînement sportif, il fut nommé caporal-chef en dépit de ses supérieurs immédiats qui trouvèrent que c'était une honte. Une fois caporal, tous s'ingénièrent à le persécuter pour faire de lui un soldat. Mais quand son capitaine, à la fin d'une manœuvre, le fit venir pour lui demander : « Alors, Hesslich, comment vous sentez-vous ? Quand vous serez aspirant puis officier, vous n'aurez plus besoin de souffrir. C'est vous qui mettrez les autres à toutes les sauces... », il répondit d'un air décidé :

— Je n'ai pas la vocation d'être officier, mon capitaine. Je suis garde-chasse.

Tout devait changer une fois de plus le 1er septembre 1939 : Hitler, revêtu de l'uniforme gris-vert de l'armée, apparut devant le Reichstag pour déclarer d'une voix grondante : « J'ai pris la décision d'employer envers la Pologne le langage que les Polonais emploient envers nous depuis des mois... Depuis 5 h 45, des coups de feu répondent aux coups de feu... » Et il termina son discours par des mots qui allaient déterminer désormais le destin de tous les Allemands :

« De même que je suis prêt à engager à tout moment ma vie — n'importe qui peut me la prendre — pour mon peuple et pour l'Allemagne, j'exige qu'il en soit ainsi de tout autre. Celui qui croit pouvoir se soustraire, directement ou indirectement, à cet ordre, se trompe ! Les traîtres ne peuvent s'attendre qu'à une chose, la mort ! »

Lorsqu'il entendit ce discours dans son récepteur dit « national » en bakélite, Peter Hesslich se trouvait déjà à Neusalz sur l'Oder, dans une position de départ aménagée pour l'offensive. Il avait été versé dans la section de commandement de la compagnie, c'est-à-dire à l'arrière avec la cuisine de campagne, le bureau et le train des équipages, et il dut supporter avec une patience angélique les commentaires de l'adjudant-chef de la compagnie :

— Il faut que tu aies la même grand-mère que le Führer... si c'était moi, tu ne serais pas ici, mais avec les troupes d'assaut !

En janvier 1943, après la victoire sur la France et la progression de la IXe Armée dans le secteur central du front russe, Hesslich n'était toujours que sous-officier. Dès 1941, dans les appréciations formulées par ses chefs, on avait pu lire : « Sans ambition, il remplit ses fonctions conformément à l'ordre reçu, ne se fait nullement remarquer, le tout avec souvent une certaine négligence. Bon camarade au front, il est quelque peu mou comme chef de groupe, mais le meilleur tireur de la division. Il a remporté tous les concours avec le nombre maximal de points. »

Bref, une note plutôt moche ! Elle avait pourtant décidé de son destin.

Pendant toute l'année 1942, Peter Hesslich, nommé dans une unité spéciale, parcourut le front. Partout où il apparaissait, il était accueilli avec étonnement ou des regards obliques. Là où des tireurs d'élite soviétiques transformaient la guerre de position en un duel mortel, on envoyait Peter Hesslich et son unité formé d'hommes comme lui. Il en fut ainsi à Demiansk, à Léningrad, au lac Peipus, à Smolensk, à Voronej et dans le secteur des partisans des marais du Pripet comme sur la grand-route d'Orcha.

Cette lutte impitoyable, Peter Hesslich l'avait subitement acceptée. Après avoir constaté plusieurs fois la précision avec laquelle les Sibériens abattaient les hommes des corvées de soupe, les agents de transmission, les équipes des postes d'écoute et jusqu'aux infirmiers malgré leur brassard de la Croix-Rouge, le sang froid infernal de ces garçons venus de la taïga et de la toundra et qui faisaient mouche à tout coup avait bouleversé ses conceptions morales. L'impression effroyable qu'il avait eue en tuant son premier homme avait totalement disparu : désormais, c'était toi ou moi !

En 1942, il obtint la Croix de Fer de 1re classe, la barrette d'or du combat rapproché et une poignée de main du général von Kluge, commandant en chef du groupe d'armées du Centre. Puis on le retira du front et il se retrouva près de Posen, dans une chambre bien chauffée aux fenêtres décorées de rideaux, avec beaucoup de temps libre. Il passait cependant six heures par jour dans un stand de tir, « photographiant », selon l'expression consacrée, des cibles mobiles. Il devait aussi ramper à travers la campagne d'où surgissait subitement une silhouette de carton qu'il fallait aussitôt abattre. Dans les forêts, des objectifs dissimulés au faîte des arbres l'attendaient. Il tirait, se laissait tomber, roulait dans l'eau où il restait de longues minutes sans bouger. Camouflé en buisson, il progressait, invisible, à travers une plaine, ou se terrait dans un tronc d'arbre creux pour surprendre l'adversaire de bois peinturluré qui apparaissait brusquement.

Tout cela faisait partie d'une formation spéciale réservée à un petit groupe d'hommes. Ils vivaient ensemble à la lisière de Posen, dans une fabrique désaffectée, sous les ordres d'un commandant, dans l'anonymat le plus complet. A la porte de la vieille usine, un simple signe tactique sans indication d'unité surmontait un panonceau : « Entrée strictement interdite. Danger de contagion ! »

— Que pouvait-il nous arriver de mieux ? dit Uwe Dallmann, un petit sous-officier à l'agilité de belette, quand il se retrouva à Posen avec Hesslich devant la porte de la fabrique. Il venait de Rostov, et Hesslich de Voronej. Ils avaient fait connaissance en cours de route et avaient sympathisé. Dallmann était un garçon blond et joyeux de vingt-deux ans, avec des yeux bleu clair et des mains délicates.

— Ici, personne pour nous contrôler ! Si nous pouvons introduire en fraude quelques femmes, tout ira bien. Ce n'est pas la place qui manque pour les cacher !

Le commandant Molle en avait sans doute entendu bien d'autres. Quand Hesslich et Dallmann se présentèrent à lui, il leur tint un petit discours presque paternel :

— Nous constituons ici un petit groupe dont les membres sont liés à jamais, à la vie à la mort, les uns aux autres. Le Commandement suprême de l'armée nous a accordé un statut spécial, nous recevons les armes les plus récentes, les meilleures, l'armement le plus perfectionné, à faire pâlir d'envie n'importe quelle unité S.S. Vous allez être soignés comme des taureaux de concours, mais cela ne veut pas dire que vous allez sauter toutes les filles ! Le service qui vous attend va vous entrer dans la peau, vous bouffer jusqu'à la moelle des os ! Vous n'aurez plus besoin de femmes, votre seul désir sera de devenir les meilleurs tireurs de la Wehrmacht ! Oui, meilleurs que les Sibériens, je vous en fous mon billet, ou sans cela je vous ferai nettoyer à coups de langue le sol de l'usine ! Si l'on découvre que quelqu'un du dehors entre ici, si une seule fille montre chez nous le bout de son nez, c'est le conseil de guerre et toute la musique ! Et vous savez ce que toute la musique signifie ?

— Oui, mon commandant, avaient hurlé Hesslich et Dallmann.

— Il y en a eu un qui a essayé... Il est maintenant au 999 !

Le 999 était le bataillon disciplinaire de la Wehrmacht. On parlait beaucoup de lui sans savoir avec exactitude ce qu'il était. Une chose était sûre : être affecté au 999, c'était avoir dans son sac son billet de sortie pour l'autre monde.

Jusqu'alors, Hesslich avait cru être bon tireur. A Posen, le commandant Molle lui montra qu'en matière d'art du tir, il n'était qu'un enfant, un pratiquant de seconde classe. Ce fut seulement quand Peter Hesslich liquida, au milieu d'un paysage dépourvu de toute visibilité, une silhouette revêtue de l'uniforme soviétique et au visage de madone, d'un coup de feu fabuleux en pleine tête, que le commandant Molle se déclara satisfait.

Tous les autres concurrents avaient échoué à cette épreuve des mannequins de carton représentant des jeunes femmes. En apercevant un joli visage encadré de boucles noires au haut de la silhouette qui surgissait inopinément à leur gauche ou à leur droite, ils avaient hésité une seconde ou plus, surpris. Avant même qu'ils aient tiré, la voix du commandant avait résonné dans le haut-parleur :

— Vous êtes mort, Dallmann ! hurlait-il. Si c'était sérieux, vous auriez maintenant un trou dans le crâne ! Pourquoi avez-vous écarquillé les yeux comme un imbécile ? Parce que c'était une femme ? Dallmann, la mort a plus de mille visages. Combien de fois faudra-t-il que je vous le répète ?

Et ce fut le cas de tous. Seul Hesslich avait « instantané » l'objectif, pour employer leur vocabulaire. Pour récompense, il eut l'autorisation de quitter la fabrique : permission de nuit jusqu'au réveil.

Où un soldat va-t-il après neuf semaines d'isolement et de bonne nourriture ?

— Au bordel ! Et ça va barder ! dit Dallmann plein d'envie. Cela, il faudra qu'il nous le raconte à son retour ! Est-ce qu'il en est un seul ici qui se rappelle encore de quoi a l'air un téton de femme ?

Mais tout se passa différemment avec Hesslich. Loin de se précipiter au bordel, il se rendit au Stadttheater de Posen pour y voir *Une Querelle fraternelle à Habsburg* de Franz Grillparzer. Uwe Dallmann, en l'apprenant, poussa presque un gémissement :

— Mais tu es tombé sur la tête ! Et tu avais une permission de la nuit ! Grillparzer...

Le 10 janvier 1943, le commandant Molle les fit appeler tous les deux :

— Après-demain vous partirez pour le groupe d'armées du Don, chez les Italiens...

— Miséricorde ! s'exclama Dallmann.

Étonné, Molle fixa l'impertinent :

— Qu'est-ce à dire, sergent ?

— Chez les macaronis ! Faudra-t-il leur montrer comment on charge un fusil ?

— Une fois que vous serez chez nos alliés, vos préjugés passeront vite, Dallmann. Les Italiens ont à leur crédit bien des faits d'armes. Quand la Ire Armée de la Garde soviétique a déclenché une offensive massive sur le front du Don, la VIIIe Armée italienne affaiblie, et presque paralysée par un froid meurtrier, a résisté pas à pas, opérant une retraite dont nous pourrions être fiers. Ces Italiens habitués au soleil ont pleuré de désespoir, mais ils ont réussi à briser leur encerclement, puis à s'établir finalement sur la ligne de chemin de fer Millerovo-Rossoch, formant un coin avancé entre la VIe Armée soviétique et la Ire Armée de la Garde. Le général Badanov qui commandait la Ire Armée de la Garde avait dit trop tôt : « Les Italiens sont balayés ! » Il s'était trompé. Ils tiennent encore et toujours leur position ! Et c'est là que vous partez après-demain matin : ils ont des ennuis dans le secteur de Tchiertkovo.

— C'est donc cela ! dit Uwe Dallmann.

Le commandant Molle regarda gravement les deux hommes avant de poursuivre :

— L'ordre vient du Commandement suprême de l'armée. Des

rapports du service de l'Abwehr et du service des Armées étrangères de l'Est ont confirmé les observations suivantes des Italiens : Un bataillon de femmes a pris position en face d'eux à Tchiertkovo, des tireuses d'élite. Leurs pertes sont inquiétantes. Mes amis...

D'un seul coup, son visage prit une expression étonnamment bienveillante, confidentielle aussi :

— Je compte sur vous pour ne pas oublier là-bas ce que vous avez appris ici à Posen. Lèvres rouges ou blouses trop ajustées, c'est la mort qui vous attend. Rien d'autre ! Rappelez-vous : la mort a plus de mille visages !

Ce soir-là, tous deux burent démesurément. Vers le matin, Dallmann devint sentimental et éclata en sanglots :

— Oh merde ! Merde ! Dire que nous devons nous battre contre des femmes ! Il faut que je les tue, moi, sans même avoir le droit de les baiser d'abord ! Quelle putain de guerre !

Couché sur le dos, il contemplait le plafond de la chambre de ses yeux pleins de larmes, et ses traits étaient crispés comme si une crampe le torturait.

Mais, le 12 janvier, leur départ fut retardé.

Le même jour, le front du Don, depuis la grande boucle au sud jusqu'à Novozil, à l'est d'Orel, cinq cents kilomètres plus au nord, s'était enflammé tandis que tonnaient seize mille canons.

C'était le début de l'offensive d'hiver des Soviets.

Les fronts soviétiques, celui de Briansk — général Reiter —, celui de Voronej — général Golikov —, et celui du Sud-Ouest — général Vatutine — se mirent en mouvement. Ce fut une inondation au sens propre du mot, celle de treize armées, plus de sept mille blindés et deux millions quatre cent mille soldats contre six armées allemandes et alliées, dont les divisions n'avaient souvent plus que les effectifs d'une brigade, dont les compagnies ne comptaient que quarante ou cinquante hommes à bout de nerfs et exténués, et qui depuis longtemps avaient perdu tout espoir.

Et cette mer rouge inonda la steppe du Don. De tout son poids, la Ire Armée de la Garde frappa de front la VIIIe Armée italienne, et le flot de ses fantassins et de ses chars écrasa toutes les défenses après un bombardement d'artillerie qui avait cloué les hommes au sol.

Sous le choc, l'ensemble du front allemand chancela, puis, accompagnée des mugissements d'une tempête glaciale, ce fut la retraite, un combat incessant pour desserrer l'étreinte des tenailles soviétiques qui se refermaient sans cesse ; on sauvait par des marches forcées tout le matériel que l'on pouvait encore traîner avec soi, on reculait sans cesse devant ces masses de combattants bien dispos dont la supériorité matérielle était telle qu'il n'y avait pas de résistance possible.

Un jour avant la grande préparation d'artillerie, l'unité féminine de la capitaine Soia Valentinovna Baïda avait été retirée de la ligne principale du combat, d'abord en traîneaux, puis par camions, vers Bokovskaia sur le Tchir, derrière les positions fixes de l'artillerie lourde, où elle s'installa dans les bâtiments administratifs du sovkhoze « Le Don éternel ».

Miranski recommença à respirer. La guerre était désormais assez loin pour qu'il pût se dire : une fois de plus, tout s'est bien passé. Il avait craint jusqu'alors que son unité participât à l'offensive comme certaines compagnies de femmes, par exemple à Léningrad et Stalingrad. Mais le général Vatutine en avait décidé autrement. Un jour avant l'offensive, il avait reçu la visite du général Ivan Razoulovitch Kitaiev, venu directement du Centre de Commandement de Moscou. Kitaiev lui avait fait comprendre que cette troupe de femmes était trop précieuse pour être engagée dans un assaut général. On l'avait spécialisée dans la guerre de tranchées. Une fille comme Stella Antonovna était un combattant individuel invisible ; elle ne servirait à rien au milieu d'une masse qui se précipite en avant en poussant des « hourras » propres à ébranler les nerfs de l'ennemi.

Tandis que Peter Hesslich, toujours à Posen, écoutait les communiqués de la Wehrmacht et suivait sur un atlas scolaire ce que le commandement allemand appelait un raccourcissement du front, Stella Antonovna fut reçue par le général Vatutine, commandant du front Sud-Ouest. Dans le tohu-bohu d'une progression victorieuse, au milieu d'un tourbillon d'hommes, de véhicules, de chars, de chevaux et de canons, Vatutine se réservait quelques minutes par jour de délassement. Il lui serra la main, étudia son livret de tir et l'embrassa cordialement :

— Quarante-neuf Allemands ! Nous sommes fiers de toi, camarade Korolenkaia.

Elle reçut sa seconde médaille pour bravoure. Dans toute l'armée Rouge, il n'y avait qu'une seule tireuse d'élite supérieure à elle, la fabuleuse Ludmilla Pavlitschenko, de la 25e division d'infanterie. Jusqu'alors, cent cinq Allemands abattus avaient jalonné sa route.

— Tu la rattraperas certainement, Stellanka, dit Miranski lorsqu'elle revint à Bokovskaia après sa visite au général Vatutine. Ludmilla sert depuis bien plus longtemps que toi. Attends que nous soyons affectés à l'avant, ou derrière les lignes allemandes, lancés en parachute ! Montre ta nouvelle médaille. Ah, comme elle brille au soleil ! Serait-elle en or ? Non, dorée seulement, mais qu'est-ce que cela fait ? C'est un grand honneur. Tout le monde peut voir à quel point tu es courageuse !

Sans arrêt, les armées soviétiques progressaient en direction de Rostov et Kharkov. Pratiquement, le groupe d'armées B allemand que commandait le général von Weichs n'existait plus.

A Posen, Uwe Dallmann était assez content :

— Avec cette saloperie sur le Don, notre envoi contre cette unité de femmes est tombé à l'eau...

Uwe Dallmann se trompait lourdement.

En avril, le monde avait changé. Non pas en mieux, comment eût-il pu le faire ? Mais l'avenir se précisait avec bien plus de clarté. Cela n'avait rien à voir avec le printemps, avec la fonte des neiges, la glace qui se brisait sur les fleuves, les routes recouvertes d'une boue profonde, ni même avec les premiers rayons chauds du soleil qui, d'un jour à l'autre, faisaient pousser les premières herbes vertes, les crocus qui métamorphosaient la terre, les grands saules verts et les peupliers au feuillage soudain argenté. Ce qui importait, c'est que les quatre armées des Soviets avaient repoussé le front Sud des Allemands, que le Don était de nouveau un fleuve russe où l'on pouvait pêcher des poissons à la ligne dans de petits filets d'eau au milieu des glaces qui dérivaient, et que les pioches retournaient déjà la terre dans les champs et les potagers de toute la contrée. Voronej était reprise, Koursk se trouvait désormais au milieu d'un saillant soviétique qui s'enfonçait profondément dans les lignes allemandes entre Orel et Kharkov. Rostov fêtait triomphalement le retour de ses frères russes qui commençaient immédiatement à la reconstruire, bien que les positions allemandes de Taganrog fussent toutes proches, ce qui ne dérangeait personne... On savait exactement que les Allemands ne reviendraient jamais plus sur le Don.

A l'extrême sud, le groupe d'armées A du général von Kleist avait dû évacuer le Caucase et s'était pour ainsi dire dissous. La Ire Armée blindée s'était frayée un chemin en combattant et, à marches forcées, avait atteint le Donetz ; la XVIIe Armée s'était retirée dans la presqu'île de Taman, qui pointe entre la mer d'Azov et la mer Noire, et elle s'y trouvait enfermée. Allait-elle subir le même sort que la VIe Armée à Stalingrad ? Hitler, une fois de plus, avait ordonné de tenir sur place. A son quartier général, il avait balayé de la table, d'un revers de main, l'appel urgent de von Manstein qui le suppliait de sauver la XVIIe Armée, menacée par cinq armées soviétiques, en la transportant en Crimée.

Cette avance victorieuse des divisions russes s'acheva le 26 mars. Elles avaient atteint leur objectif principal, Kharkov, mais pour le reperdre à la suite d'une rapide contre-offensive de von Manstein. Avec un courage inconcevable soutenu par le désespoir, la Ire Armée blindée, épuisée par sa retraite du Caucase, le XXXe Corps d'armée, des parties de la IVe Armée blindée et le groupement tactique Kempf repoussaient finalement les Soviétiques qui allaient atteindre Dniepropétrovsk et Krasnograd et, soutenus par le corps d'armée Kraus et le IIe Corps d'armée blindés SS, prenaient en tenaille la IIIe Armée blindée et la XLe Armée soviétiques.

Kharkov, le symbole de l'offensive d'hiver, était donc de nouveau dans les mains des Allemands. Le front s'était stabilisé sur le Donetz et la Mius. C'était le début d'une nouvelle guerre de tranchées.

Allemands et Russes aménagèrent fiévreusement leurs positions. Derrière le Donetz, dans la steppe qui s'étendait jusqu'à Oskol et au nord de Koursk, dans la grande boucle du fleuve conquise par les Soviets, des centaines de milliers de Soviétiques édifièrent un système de tranchées qui était certainement le meilleur et le plus puissant de tous ceux que l'on avait connus jusqu'alors : sept lignes fortifiées l'une derrière l'autre, des blockhaus, le tout renforcé par des positions d'artillerie, des groupes de blindés, des réserves d'intervention, des magasins d'approvisionnement et des bases d'aviation. Le front central du général Rokossovski et le front de Voronej du général Vatutine, qui s'enfonçaient comme un coin entre les armées allemandes des groupes Centre et Sud, devinrent un complexe d'ouvrages de terre sans exemple au monde. Au sud, autour de Kharkov, deux nouveaux groupes d'armées soviétiques s'enterrèrent : le front de la steppe du général Koniev et le front du Sud-Ouest du général Malinovski.

Du côté allemand, il fallait panser les plaies, et d'urgence. La campagne d'hiver 1942-1943 avait saigné l'Allemagne à blanc : plus de cent mille morts, cinq mille avions abattus, neuf mille blindés détruits ou capturés, des milliers et des milliers d'autres véhicules, plus de vingt mille fusils et autres armes perdus. Mais comment l'Allemagne totalement isolée pouvait-elle recouvrer ses forces ?

Certes, du côté soviétique, les pertes étaient encore plus élevées, mais chez les Russes le « matériel humain » ne comptait pas. Et quant au matériel proprement dit, camions, blindés, armes, canons, munitions, acier et carburant, maïs et autres céréales, un flot ininterrompu de navires venus d'Amérique apportait aux ports de la Sibérie orientale tout ce dont les Soviets avaient besoin et qu'ils amenaient, sans avoir à combattre, jusqu'au front. De plus, ils avaient transformé en un arsenal unique l'immensité sibérienne, un continent à lui seul et qui était invincible. Pendant que les usines d'armement allemandes s'effondraient l'une après l'autre sous la grêle de bombes des escadrilles alliées, la sidérurgie soviétique, à douze mille kilomètres du front, travaillait jour et nuit dans les secteurs de Khabarovsk et de Vladivostok.

Oui, le monde avait changé au début du printemps 1943. L'auréole de gloire des armées allemandes avait pâli. Leurs vagues d'assaut s'étaient rompues dans l'immensité de la Russie, paralysées par un froid meurtrier, une boue où sombrait tout le ravitaillement, sous les chocs de masses d'hommes toujours nouvelles qui surgissaient de l'arrière-pays avec des réserves inépuisables de blindés et l'appui d'une forêt de canons qui crachaient le feu. Et, de plus, ils avaient à se défendre contre quelque cinquante mille combattants invisibles qui poignardaient dans le dos les divisions allemandes, faisaient sauter les ponts et les voies ferrées, attaquaient les colonnes du train des équipages et transformaient les stocks d'approvisionnement en un océan de flammes.

Fin avril 1943, un dimanche, l'unité de la Baïda s'installa dans les tranchées les plus avancées au nord de Bielgorod, de l'autre côté du Donetz.

A Melekhovo sur la Rosoumnaia, l'état-major occupa deux maisons paysannes aménagées et qui comportèrent désormais le poste de secours, un magasin des articles sanitaires, un atelier, le bureau, la station radio et la direction du train des équipages. Un véhicule extraordinaire apparut aussi à Melekhovo, hérissé d'antennes géantes et basculantes et d'un écran pliable plein de câbles électriques.

— C'est une merveille que ce véhicule ! expliqua le commissaire Miranski à son retour de l'arrière. Il avait été à Melekhovo pour y défendre sa position auprès d'un membre du Bureau de la Formation politique. Il avait été bouleversé par le décret de Staline qui retirait tous les commissaires politiques détachés dans la troupe pour les remplacer par de véritables officiers. Comme un coq dépouillé de ses plumes et de ses attributs virils, Foma Igorévitch se précipita pour se plaindre de cet oukase moscovite si éloigné de la réalité.

Il revint à « ses filles » avec une lueur d'espoir. Le camarade de Moscou lui avait promis de plaider sa cause pour que Miranski devînt officier régulier avec le grade de commandant. Il pourrait alors rester dans son unité.

— Cela réussira, camarade, avait dit l'inspecteur à Miranski qui bouillait intérieurement. Votre troupe a acquis un renom extraordinaire, et je vous en félicite, Foma Igorévitch. Vous avez rassemblé les meilleures tireuses d'élite de l'armée Rouge, et cela se sait à Moscou, naturellement. Et on n'ignore pas que le moral exemplaire de ces femmes est votre œuvre ! Espérez, camarade, espérez !

Lorsqu'on parlait du moral de la troupe en présence de Miranski, il lui arrivait de penser à la morale et on le voyait se mordre nerveusement la lèvre inférieure. En fait, Foma Igorévitch avait changé du tout au tout le 3 mars. La IIIe Armée blindée avait enlevé Kharkov et se ruait impétueusement sur Poltava. L'unité de la Baïda avait alors été affectée à Kharkov même. Elle avait occupé un bel immeuble à proximité du théâtre dans l'attente d'être engagée.

Ce fut une attente longue et ennuyeuse. Les filles tricotaient, faisaient de la musique, confectionnaient des poupées et écrivaient. Quelques-unes d'entre elles entraînèrent des garçons dans la cave de l'immeuble qu'elles avaient garnie de matelas et donnèrent ainsi libre cours à une longue accumulation de désirs. On fréquentait aussi le théâtre que les autorités avaient rouvert dès la libération de la ville, et Miranski allait de temps à autre pêcher à la ligne dans l'Ouda. Il se contenta d'abord de rester assis sur une épaisse peau de renard, près d'un trou dans la glace où il laissait pendre quatre lignes, puis s'aventura bientôt dans une vieille barque en pleine rivière, mais en s'assurant qu'une grosse corde attachait son embarcation au rivage.

En fait, cette barque fut la responsable du conflit qui opposa Miranski à la morale. Il prit un jour avec lui, pour pêcher, Daria Allanovna Klouieva. Elle en avait exprimé le désir et promis de rester assise sans bouger et sans émettre un son pour ne pas effrayer les poissons, et de façon plus générale, de faire tout ce que Foma Igorévitch lui demanderait. Elle s'était toujours intéressée à la pêche à la ligne, lui affirma-t-elle, et le poisson était son mets préféré. Généreusement, Miranski avait accepté et l'avait emmenée avec lui.

Il faut connaître Daria Allanovna pour comprendre la faiblesse de Miranski. Elle avait des cheveux blond-roux qui chatoyaient au soleil avec des reflets cuivrés, et elle était pleine de rondeurs agréables à tous les endroits où on peut les supposer chez une jeune femme de vingt ans aussi élancée qu'elle. Ses yeux gris-vert brillaient, et quand elle riait, une petite fossette en forme d'étoile creusait chacune de ses joues. C'était un vrai plaisir que de la voir, et quand elle s'excitait en racontant quelque chose, sa voix rappelait un gazouillis d'hirondelle. Souvent Miranski l'avait suivie du regard quand elle ne s'en apercevait pas, admirant la souplesse de sa démarche et la douceur du balancement de ses hanches étroites. Son livret de tir s'ornait de vingt-trois raies homologuées, auxquelles on aurait pu ajouter les trois enlèvements d'avant-postes. Avec Janna, la bergère du lac Baïkal, elle était la plus jeune de l'unité et de beaucoup la plus joyeuse.

Ainsi, par un dimanche où l'ensoleillement était inhabituel, Daria se retrouva assise dans la barque à côté de Miranski qui, ayant lancé sa ligne, regardait fixement le flotteur de liège. Pour un 3 mars, il faisait à vrai dire trop chaud. Sur l'Ouda flottaient encore d'énormes blocs de glace, mais loin de l'endroit où Miranski s'était installé dans une petite baie où les poissons se réfugiaient volontiers.

Daria manquait-elle vraiment d'oxygène ou le soleil et l'annonce du printemps dans l'air avaient-ils mis son sang en ébullition, toujours est-il qu'à la stupeur sans bornes de Miranski qui la surveillait du coin de l'œil, elle releva d'abord sa jupe jusqu'au haut de ses cuisses, puis déboutonna sa blouse en s'étirant, ce qui mit en valeur sa jeune poitrine, et en allongeant de tout leur long des jambes parfaites.

Sous ses cheveux grisonnants, Foma Igorévitch sentit des picotements lui parcourir le crâne. Devant la peau ferme et moirée des cuisses de la jeune femme, qui semblaient sculptées dans la nacre, sa gorge se dessécha soudain et quand son regard tomba sur les deux seins dressés vers lui, sa trachée artère se crispa comme sous l'effet d'une crampe.

— Tu vas prendre froid, dit-il d'une voix rauque.

Sans répondre, Daria fit glisser sa blouse de ses épaules.

— Le printemps n'est pas encore là...

— Mais moi, je le sens, dit-elle dans un petit gloussement de rire en poussant le bout de ses pieds nus dans le creux de la hanche de Miranski. Voyons, estimez-vous que je dérange les poissons en me montrant ?

— Les poissons sont insensibles, grogna Miranski.

— Tout comme la glace ?

— Naturellement, la glace aussi !

— Et le sable de la rive. Et les herbages, les buissons de noisetiers, et les cailloux, les osiers, la barque et l'eau... et le vent, le soleil, le ciel, les nuages... Aucun d'eux n'éprouve le moindre sentiment ! Alors, qui cela dérange-t-il ?

— Moi, dit sombrement Miranski.

Il se tourna vers elle, la regarda de ses yeux voilés, s'apercevant brusquement qu'à la vue de cette peau délicate, blanche et tendue, une sorte de douleur lui étreignait la poitrine. Il tendit en avant la lèvre inférieure, comme pour cracher de dégoût, et tripota nerveusement sa veste.

— Comment cela peut-il vous déranger ? demanda-t-elle en le regardant d'un air futé. Foma Igorévitch, prétendriez-vous soudain que vous avez des sensations ?

— Je suis un homme ! dit-il d'une voix dure.

— Si c'est inscrit sur vos papiers d'identité, cela doit être vrai. D'ailleurs, je vous ai aperçu une fois, par hasard, debout devant le mur d'une grange en train de l'arroser d'un très joli jet de pipi ! Nous autres femmes en sommes incapables. J'ai essayé plusieurs fois, mais en vain...

Au plus profond de Miranski, la raillerie de la jeune femme se concentrait comme autant de gouttes d'acide sulfurique. Il respira bruyamment par le nez, tambourina de ses doigts sa poitrine tandis que ses yeux se portaient malgré lui, écarquillés, sur le point de jonction des deux cuisses de Daria. Sa robe, en remontant encore, le découvrait presque.

— Même un étalon aveugle flaire la jument, dit-il sentencieusement.

— Quand il en est encore un !

Toujours ce même gloussement ironique ! Elle s'étira une fois de plus, ce qui fit soudain tanguer et rouler la barque.

— Vous êtes d'ailleurs marié, Foma Igorévitch. Depuis combien de temps ?... Ah ! qu'est-ce que je demande là ! Vous souvenez-vous encore d'elle ? A quoi ressemble-t-elle ? A-t-elle des fesses bien rondes ? Une poitrine bien épaisse ? Quand avez-vous fait l'amour la dernière fois avec elle ? Oui, bien entendu... il y a plus de cinq mois, pendant votre permission. Une perm d'une semaine seulement !

Mais, grand Dieu, qu'est-ce qu'on n'arrive pas à faire dans une semaine ! Comment s'appelle-t-elle, cette chère petite femme tapie dans sa toile d'araignée ? Praskovia Ivanovna, n'est-ce pas ? Mais comment Foma Igorévitch a-t-il mérité une aussi gentille petite femme que Praskovia ?

— Vas-tu te taire, espèce de petite putain ! hurla Miranski. Fais attention à ce qui peut t'arriver tout de suite. Je vais te rosser, et personne ne pourra soutenir que tu ne l'as pas mérité. Couvre-toi, comprends-tu ! C'est un ordre ! Nous sommes en temps de guerre, et plus encore au front ! Tu es en service, en service ! Vas-tu te recouvrir, nom de Dieu...

Emporté par la fureur, il se leva pour lui rabattre la jupe sur les cuisses. Mais son mouvement était si violent que la vieille barque bascula dangereusement. Il chercha un point d'appui, se vit précipité tête la première dans l'eau glacée, mais put se rattraper en battant des bras à la poitrine incompressible de Daria qu'il ne lâcha plus. Le destin voulut alors qu'il glissât sur le fond de bois graisseux de la barque et que, perdant complètement l'équilibre, il s'abattit de tout son poids sur Daria. Immédiatement, elle referma sur lui deux bras d'acier et l'enserra entre ses jambes tout en continuant à rire de plus belle.

Depuis ce 3 mars, comme nous l'avons dit, les mots moral et morale se confondaient dans son esprit : il n'entendait pas l'un sans penser à l'autre. Et il en avait doublement l'emploi car chaque nuit Daria Allanovna se glissait dans sa chambre et n'en sortait que le matin pour rejoindre le logement dont le groupe Baïda avait fait son quartier général. En dépit de toutes les suppositions, Miranski devait avoir des beautés cachées et être un excellent amant. Daria se taisait quand on l'interrogeait à ce sujet, seuls ses yeux gris-vert de félin brillaient soudain. Le sous-lieutenant Ougarov, qui continuait à accomplir un dur service de nuit auprès du pur-sang femelle qu'était Soia Valentinovna, profita d'une partie d'échecs pour faire subir à son adversaire un véritable interrogatoire. Sur un ton légèrement réprobateur, il commença à dire :

— On murmure que vous et Daria Allanovna...

— Je ne vous fais aucun reproche pour la Baïda ! dit aussitôt Miranski.

— Je ne suis pas marié.

— Cela, c'est mon problème.

Ougarov se pencha en avant pour chuchoter d'une voix complice :

— Entre amis, Foma Igorévitch, comment est-elle ? Elle est encore un peu jeune, cette petite jument...

Miranski ne put s'empêcher de sourire avec quelque fierté :

— Que pourrais-je vous dire ? Vous savez, elle est étudiante en architecture... Eh bien, elle n'est jamais à court d'idées nouvelles quand il s'agit de planifier quelque chose...

Ce fut donc le bon temps à Kharkov, une période de bonheur presque, puis les Allemands reprirent la ville, et l'unité de Baïda se retrouva à Koupiansk près d'Oskol. Là, les filles demeurèrent à l'attente jusqu'au jour où, le 25 mars, les fronts se stabilisèrent définitivement. Les Soviets reprenaient haleine, rassemblaient leurs forces. C'était une fois de plus la guerre de position.

Une fois de plus, ce fut le temps des tireurs d'élite.

Ils recommencèrent à guetter, à ramper pour approcher leurs victimes qui mouraient à peine apparaissaient-elles au centre de la croix d'une lunette de visée... les deux secondes qui leur restaient à vivre ne comptaient pour rien.

Ce fut aussi le moment où Miranski revint de Melekhovo avec la nouvelle qu'il continuerait à servir comme commandant dans la même unité. La capitaine Baïda l'embrassa, Ougarov lui tapota l'épaule, et Daria Allanovna attendit impatiemment l'obscurité pour se glisser près de lui.

Les femmes s'installèrent dans une position vraiment de luxe. La VIIe Armée de la Garde avait occupé ce secteur ; elle faisait partie du nouveau front de la Steppe du général Koniev. C'étaient des troupes fraîches composées d'hommes robustes venus des réserves, des régiments qui souffraient presque d'un excès de matériel. Le système de tranchées à sept échelons qu'ils avaient creusé était un chef-d'œuvre au point de vue habitation. Dans les tranchées bien protégées, ils avaient aménagé des abris au plafond fait d'épais madriers, des blockhaus en terre renforcés par trois charpentes, des boyaux de communication où l'on pouvait courir sans se courber, des avant-postes reliés à des tranchées aussi profondes et où l'on était parfaitement protégé contre les éclats d'obus, invisible du haut du ciel, et où aucun coup direct ne pouvait vous atteindre. Et encore plus à l'arrière, les soldats, aidés par la population civile constituée par les survivants des occupations successives, avaient remué des millions de mètres cubes de terre pour créer des positions de secours vraiment imprenables. Là, car il faut tout prévoir dans une guerre, les divisions soviétiques trouveraient un refuge si les Allemands, une fois encore, parvenaient à lancer une offensive réussie et brisaient les sept lignes de tranchées qui composaient les premières défenses soviétiques.

Les tireuses d'élite du groupe de Baïda occupèrent un secteur de tranchées dont les abris étaient spacieux et où des boyaux de communication menaient directement au P.C. du bataillon. A l'arrière, assez près d'elles, entre des collines basses et dans les bois, c'étaient les premières positions de l'artillerie et des mortiers lourds, appuyées par des armes anti-chars et anti-aériennes. A Melekhovo, les blindés étaient à l'attente ainsi que le véhicule baptisé une « merveille » par Miranski : un poste d'écoute mobile, qui captait tous les messages radio des Allemands, que décodaient ensuite des spécialistes.

Stella Antonovna avait étudié à fond cette nouvelle position. Devant elle coulait le Donetz dont le cours supérieur était nonchalant et sablonneux avec des rives ondulées aux nombreuses petites baies, avec aussi une presqu'île comme découpée par les glaces. Elle faisait partie du no man's land et constituait une frontière que les deux côtés devraient contrôler dès qu'aurait lieu une nouvelle offensive. Là-bas, les Allemands étaient terrés dans un système de tranchées dont les lignes en zigzag défendaient surtout Bielgorod. Bielgorod était, comme Kharkov, un lieu prédestiné. Quatre fois perdue par les Russes et quatre fois prise par les Allemands, elle faisait maintenant office de charnière entre la IVe Armée blindée allemande et le groupement tactique Kempf. Bielgorod avait commencé à faire rêver Adolf Hitler dès qu'il avait constaté la stabilisation de ce front dans son quartier général établi au « Repaire du Loup », près de Rastenburg. Bielgorod, c'était un poignard dirigé contre le flanc sud du front de Voronej, que commandait Vatutine. Et le Führer s'était mis une fois de plus à rêver : à Bielgorod, le destin parlerait définitivement en sa faveur. A partir de ce secteur se développerait une offensive victorieuse qui aboutirait à l'anéantissement total des armées soviétiques. Le peuple allemand et le monde oublieraient une fois pour toutes Stalingrad, le sanglant « mané, thécel, pharès » (compté, pesé, divisé) de cette guerre.

Du côté soviétique, on était mieux renseigné. Un réseau d'espions dit « Luzy » opérait à partir de la Suisse neutre, et les informations qu'il livrait étaient d'une précision extraordinaire. Ses ramifications s'étaient infiltrées dans les états-majors allemands et les ministères chargés des plans d'armement. Aucune unité allemande n'échappait à sa surveillance; la préparation lente, mais parfaitement organisée, de l'offensive allemande, les positions de départ des meilleures armes et du meilleur matériel, les concentrations des chars « Tigre » et du nouveau blindé « Panther » avec son incomparable canon au long tube de 75 mm, la construction du char miniature « Goliath » téléguidé, une véritable bombe sur roues, tout cela, Moscou l'apprenait à mesure que lui parvenaient les rapports concrets et circonstanciés de ses espions établis en Suisse.

« Dora au Directeur »... « Dora au Directeur »... Par cet appel commençait chaque communication radio. La centrale des Informations de l'Armée rouge savait même ce qui se passait dans la forteresse la mieux protégée du monde, le quartier général du Führer, le « Repaire du Loup ». Les généraux soviétiques lisaient les rapports concernant les plus grands secrets de l'offensive allemande comme un quotidien du matin.

Stella Antonovna employa deux jours pour se mettre au courant de sa tâche. Allongée dans les hautes herbes de la rive du Donetz, elle étudia pendant des heures les positions allemandes. On les distinguait difficilement, même avec les meilleures jumelles. Entre elles et le Donetz s'étendait une centaine de mètres de steppe et de vallonnements, de bosquets ébouriffés, avec quelques maisons paysannes abandonnées.

Elle était certaine que dans cet espace, dans ce vaste no man's land, des patrouilles allemandes, peut-être même de simples promeneurs, arrivaient jusqu'au fleuve. Du côté soviétique, les soldats se baignaient bien la nuit dans les baies protégées. Ils s'y ébrouaient à l'abri d'un calme léthargique, mais trompeur, au milieu d'une bande de terrain libre. Sous le soleil, le fleuve se couvrait d'argent, un reflet qui s'étendait sur les prés et le sable des rives. Qu'il était bon d'être ainsi couchée sur la terre chaude, de laisser errer son regard dans le bleu du ciel, de compter les nuages, d'écouter le vrombissement des abeilles, les beuglements des butors et les chants des grillons. Le monde est plein de paradis, et comment comprendre que l'homme, avec un acharnement mortel, poursuive sa destruction ?

— Nous commencerons demain, dit Stella Antonovna à la capitaine Baïda. Il y a de nombreuses possibilités. Je prendrai avec moi Marianka, Janna, Lida et Daria.

Soia Valentinovna approuva d'un signe de tête. Pendant ces semaines de repos, son corps avait changé : au-dessus de la ceinture de la blouse d'uniforme, ses seins s'étaient épanouis. Lorsque Ougarov la regardait se déshabiller, il gémissait intérieurement, et cette plénitude subite le remplissait d'angoisse.

Dans une certaine mesure, le front avait sombré dans le sommeil, mais les actions individuelles n'avaient pas cessé. C'était un harcèlement de piqûres d'épingles, un rappel constant : mort aux envahisseurs ! Mort aux fascistes ! Nous combattrons tant qu'un seul Allemand foulera la terre russe !

Cette nuit-là, pour la première fois, Stella et ses camarades passèrent le fleuve. Elles utilisèrent un petit canot gonflable de couleur gris-jaune, pagayèrent presque sans bruit jusqu'à la rive opposée où elles chargèrent leur fusil. Après avoir gravi la berge, elles se séparèrent.

Dix jours plus tard, dix-neuf soldats allemands, sept sous-officiers et adjudants, un aspirant et un sous-lieutenant étaient morts. Un détachement de cinq soldats du génie qui voulaient pêcher dans le Donetz manquèrent aussi à l'appel. Deux caporaux de la compagnie de transmissions qui élevaient deux porcelets et une douzaine de poules dans une étable du no man's land furent retrouvés près de leurs seaux renversés. Et les quatre membres d'une patrouille qui voulait traverser le Donetz de nuit dormaient de leur dernier sommeil, alignés comme à la parade, sur le sable de la rive.

Trente-neuf morts, tous atteints d'une balle à la tête. Aucune trace de combat, aucune autre blessure. Trente-neuf morts en moins de dix jours. Miranski rayonnait de fierté. La Baïda fit venir de l'arrière du vin de Crimée que le camarade intendant, chef du camp de ravitaillement, conservait en secret, et comme tous les membres de l'unité, Ougarov reçut une nouvelle décoration et une citation à l'ordre du jour du général Koniev.

Fin avril 1943. Un printemps de velours et de soie. A Kharkov, on se dorait au soleil dans ce qui restait des parcs, on se baignait dans les cours d'eau, on assistait joyeusement aux représentations en plein air du théâtre du Front. Les fantassins allemands faisaient la chasse à tout ce qui portait encore un jupon. Les commandos spéciaux des SS et du Service de la Sûreté ratissaient les villages et liquidaient les partisans, les traîtres, les espions, bref tous les suspects. A l'Opéra de Kharkov, on jouait *Tsar et Charpentier*.

Le 13 avril, les Allemands avaient découvert près de Katyn les fosses communes où les corps de quatre mille officiers polonais fusillés avaient été jetés. La propagande allemande entonna le couplet des sous-hommes asiates, auteurs de cet assassinat. Une commission internationale confirma que les Polonais avaient été tués avant l'invasion allemande, donc par les Soviets. Mais elle ne put ignorer les camps de concentration allemands et l'extermination des juifs dans les territoires occupés...

A Posen, le commandant Molle convoqua ses deux préférés, Peter Hesslich et Uwe Dallmann. Sans un mot, il leur tendit par-dessus la table leurs deux ordres de marche, pourvus de tous les cachets nécessaires. Dallmann soupira amèrement :

— Je savais bien que nous n'avions pas ici une situation à vie. Où cela brûle-t-il donc ? Tout est si calme...

Le Commandant les regarda pensivement. Les nouvelles qu'il recevait étaient, dans leur brièveté, de plus en plus effrayantes :

— Pas sur le Donetz ! Au nord-est de Bielgorod, trente-neuf hommes ont été abattus d'une balle dans la tête. Une équipe de médecins et de spécialistes a certifié, après examen des corps et des balles, qu'au moins quatorze d'entres eux avaient été tués par le même fusil, donc par le même tireur...

Uwe Dallmann plia son ordre de marche pour l'empocher :

— Et les femmes dont on a parlé, jouent-elles toujours aux fantômes ? C'est quand même différent, mon commandant, de tirer sur un mannequin en carton et sur une femme en chair et en os.

— Dallmann, ces femmes ont sur la conscience la mort de plusieurs douzaines de nos camarades. Et si vous n'êtes pas plus rapide qu'elles... Que vous ai-je enseigné, sergent ?

— « La mort a des quantités de visages », mon commandant, dit Dallmann en claquant des talons. Je me permets de vous demander une perm de nuit, mon commandant.

— Votre train part demain matin, Dallmann.

— J'aimerais quand même bien baiser une vraie femme avant de commencer à tuer les autres...

— Accordé ! Retirez votre permission au bureau ! Et vous, Hesslich ?

— Au théâtre de la ville, ils jouent une opérette, *Cousin et Compagnie...*

Cinq jours plus tard, ils se présentaient à leur division, puis de là au régiment, au bataillon et finalement au commandant de la 4e compagnie, Franz Bauer III, un sous-lieutenant.

— Ah ! voici nos deux merveilles ! Alors, vous croyez gagner la guerre avec vos fusils à lunette ? Allez-y !

D'un geste de la main, il leur montrait le vaste no man's land. Sous le soleil couchant, on eût dit que le Donetz, les maisons paysannes abandonnées, les bois, la steppe étaient la proie d'un incendie.

— Elles sont quelque part par là. Nous savons depuis hier que ce sont des femmes. Deux sapeurs en ont vu deux à la fin de la nuit. Elles retournaient chez elles, en canot gonflable. Des tireuses d'élite.

— Bref, nous sommes dans la merde jusqu'au cou, dit Dallmann amèrement. Enfin, il n'y a que la première gorgée qui coûte ! Quand j'aurai tué ma première femme, ça ira mieux... Mais la première fois, ça fait mal.

Cette même nuit, Peter Hesslich s'aventura en rampant dans le no man's land, s'arrêta entre les maisons de paysans et le fleuve et demeura là aux aguets. Un kilomètre plus au nord, Uwe Dallmann s'installa dans la steppe derrière un petit vallonnement.

Stella Antonovna débarqua juste entre eux deux. Pendant trois nuits, elle avait observé que les Allemands profitaient de l'obscurité pour se baigner à l'abri d'une langue de terre et de deux mitrailleuses. Cette audace l'avait stupéfiée. Mais ces fantassins allemands en avaient tant vu que rien ne les effrayait plus, pas même une tireuse d'élite soviétique. Ils prenaient simplement deux mitrailleuses avec eux. Ces Russes n'avaient qu'à y venir !

Le lendemain matin, Stella Antonovna et Janna Ivanovna rendirent compte : les deux mitrailleurs étaient morts.

Soia Valentinovna les embrassa. Miranski offrit une eau-de-vie que son ami, le gros camarade chef de l'intendance, avait pu avoir à Melekhovo. Il avait dû lui promettre de lui envoyer la première fille qui se plaindrait de n'avoir pas d'homme à sa disposition.

Les yeux plissés, Peter Hesslich, à l'abri derière une maison paysanne, étudia longuement le paysage de l'autre rive et, plus loin, les premières tranchées soviétiques. Appuyé contre le mur, Uwe Dallmann mâchonnait un morceau de pain de munition :

— C'est une belle entrée en matière... deux morts sous notre nez !

Peter Hesslich, les poings fermés, respira profondément :

— Elle ne m'échappera pas. J'aurai cette charogne, celle dont on parle tant...

On eût dit qu'il prêtait serment.

Lorsque la guerre sommeille, ne serait-ce que quelques heures, quand la cruauté et la folie de détruire cessent un instant, il arrive que l'humanité reprenne le dessus dans un grand élan vers la paix.

A Stalingrad, Léningrad, ou ailleurs sur le front, bien des fois, deux hommes revêtus d'un uniforme différent, deux hommes qui devaient être ennemis, se sont retrouvés face à face, au fond d'un trou d'obus, au hasard d'une rencontre d'infirmiers chargés de ramasser des blessés. Deux jeunes médecins par exemple, l'Allemand avec son drapeau de la Croix-Rouge, le Russe sans insigne, mais sans casque, en képi ou en casquette, en train de soigner un blessé.

— Puis-je t'aider ? demande l'Allemand, sans trop attendre une réponse. Mais la réponse vient, et en bon allemand :

— Cela ne servirait à rien. A moins que tu aies quelque chose pour qu'il ne souffre plus...

On échange quelques paroles de plus :

— Je reviendrai le chercher avec les morts.

— Nous aussi, nous enlevons nos morts.

— Il faut qu'ils reposent dans notre sol.

— C'est un avantage que nous n'avons pas.

— Eh oui, vous n'êtes pas chez vous... Pourquoi êtes-vous venus ? Pour nous tuer ? Comment t'appelles-tu ?

— Fritz Baumann, et j'ai vingt-trois ans.

— Je m'appelle Sergueï Ivanovitch Loskovski. Moi aussi, j'ai vingt-trois ans. Je suis de Rubinsk sur la Volga.

— Et moi de Detmold.

— On se reverra peut-être...

— Oui, si nous vivons encore à la fin de la guerre. J'ai noté ton nom : Sergueï Loskovski, de Rubinsk.

— Et toi, Fritz Baumann, de Detmold. Que veux-tu être après la guerre ?

— Chirurgien.

— Et moi, neurologue... (Il a un rire amer.) C'est une bonne formation pour les nerfs, ici.

En silence, ils échangent des cigarettes, apprécient, critiquent :

— Au revoir, Fritz.

— Au revoir, Sergueï.

Ils ne se reverront jamais.

Eh oui, il suffit que la guerre sommeille pour que l'humanité se réveille et sorte de ses ruines. Cela s'est passé des milliers de fois sur tous les fronts : on s'est donné la main, on s'est montré des photos de famille, on a fumé ensemble une cigarette, et puis, on a regagné sa tranchée, et... et l'on a continué à tuer.

Qui pourra vraiment comprendre les hommes ?

Neuf jours durant, Peter Hesslich avait fait le guet.

Ce qu'il n'avait jamais pu faire comme enfant ni comme élève garde-forestier, tendre un piège à un animal pour le tuer froidement, il considérait que c'était un devoir inévitable quand il s'agissait d'un être humain. En face de lui, il y avait un ennemi qui ne savait rien d'autre que tuer, qui n'était dominé que par une seule pensée : tuer, tuer, tuer ! Tuer chaque fois que son doigt se recourbait sur la détente de son arme.

Cependant, le front continuait à dormir.

Le va-et-vient des canots pneumatiques avait cessé la nuit. La vaste Russie semblait reposer dans une paix trompeuse sous un ciel bleu et printanier, le soleil pâle du début devenait de plus en plus doré, et si les Allemands avaient aperçu dans le lointain des paysans et des paysannes vaquant aux travaux des champs, ils ne s'en seraient pas étonnés. Il ne manquait le dimanche que le son d'une cloche et la procession des gens qui se seraient rendus à l'église. Si paisible était le Donetz, si paisible était ce printemps sur la steppe et sur le fleuve.

Fritz Plotzerenke, pour mieux jouir de cette paix ensoleillée, se baignait nu dans le Donetz. Les positions soviétiques étaient éloignées d'environ huit cents mètres de la rive opposée du fleuve. Dans cet espace vide, il n'y avait que deux ruines de fermes avec des jardins potagers redevenus sauvages où fleurissaient des cerisiers.

Fritz Plotzerenke était tout à sa joie de se baigner, de nager presque jusqu'au milieu du fleuve, de plonger sous l'eau, de flotter en faisant le mort. Puis, revenant à la rive, il se mit à courir çà et là en agitant les bras comme sur un terrain de sports.

Rien ne se passa. Il se laissa sécher au soleil et reparut à sa compagnie très fier de lui. Là l'attendait le sous-lieutenant Bauer III, mais surtout, à la toute première tranchée, l'adjudant-chef Richard Pflaume. Le front était si calme que l'effectif du bureau, habituellement plus à l'arrière, se prélassait au soleil ; les deux secrétaires, le sous-officier armurier, le fourrier, le sergent du train des équipages jouaient aux échecs, écrivaient des lettres, lisaient des revues publicitaires ou des livres de poche Ullstein, sommeillaient ou maudissaient la guerre. L'adjudant-chef venait de mettre au point avec le sous-lieutenant Bauer III la liste des permissions. Ce qu'ils ignoraient l'un et l'autre, c'était que le haut commandement de l'armée venait de supprimer toutes les permissions et que les maréchaux von Manstein et von Kluge avaient désespérément demandé à Hitler un renfort de divisions fraîches, ou au moins de quelques unités supplémentaires.

Le bureau de la 4e compagnie avait enregistré dix-neuf demandes de permission, entre autres celle de Fritz Plotzerenke. Motif : « Je ne suis pas rentré chez moi depuis neuf mois. Mon père a soixante-quatorze ans, ma mère souffre de rhumatismes et ma femme désire concevoir un nouvel enfant pour la Grande-Allemagne. Heil Hitler ! »

En voyant apparaître Plotzerenke de retour du fleuve, l'adjudant-chef lui cria d'un air débonnaire : « En uniforme vite, et chez le lieutenant ! Ta permission ne tient qu'à un fil ! Quelle idée d'aller se baigner en plein jour ! »

— Il fait si beau, mon adjudant-chef...

Il regarda subitement le ciel bleu pâle, sans nuages.

— ... et dans les vergers abandonnés, les pruniers et les cerisiers sont en fleurs...

— Chez le lieutenant, et au galop ! Et nous en reparlerons ensuite, Plotzerenke !

Le sous-lieutenant Bauer III, commandant de compagnie (tel était le manque d'officiers dans l'armée allemande), buvait une tasse de café assis à une table branlante quand Plotzerenke se présenta à lui en uniforme complet. Il joignit les talons, resserra la bretelle de son fusil. Sa boîte de masque à gaz cliqueta contre le fer de sa pelle de tranchée.

Le sous-lieutenant déposa sa timbale émaillée pour considérer son subordonné de l'air compatissant qu'il réservait aux fous ou aux imbéciles :

— Qu'avez-vous donc dans la tête pour vous exposer comme une cible vivante en nageant dans le Donetz ? dit-il doucement.

« Attention... ça va barder », pensa Plotzerenke. « Quand le " vieux " prend son air aimable, c'est dangereux. » Il l'appelait le « vieux », comme tous les soldats appellent leur commandant de compagnie dans l'armée allemande, bien que Bauer III (le troisième du nom, les deux premiers ayant été tués) n'eût que deux ans de plus que lui.

— Rien, mon lieutenant !

— En effet ! C'est ce que je pense depuis toujours. Savez-vous seulement ce que signifie le mot penser ?

— Je ne sais pas exactement...

— Penser, c'est ce qu'on cesse de faire quand on reçoit une balle de fusil qui vous fait un joli petit trou au milieu du front. Avez-vous compris, par hasard ?

— C'est tout à fait calme chez les Russes.

— Bon Dieu, en face de nous, nous avons un bataillon de femmes, de tireuses d'élite. Mais cela, pour vous, ça ne compte pas ! Vous gambadez tout nu en face d'elles.

— Peut-être ma virilité les a-t-elle impressionnées et empêchées de tirer, mon lieutenant. Ma femme dit que...

Du doigt, le sous-lieutenant indiqua la porte :

— Dehors ! Et trois nuits de garde !

— Bien, mon lieutenant...

A l'extérieur, l'adjudant-chef Pflaume l'attendait, prêt à fondre sur lui comme un vautour sur une souris. Il souriait, et cela aussi, c'était dangereux.

— Vous n'avez rien à me dire ? demanda-t-il au moment où Plotzerenke le dépassait.

— Trois nuits de garde, mon adjudant-chef, annonça Plotzerenke au garde-à-vous avec un grand sourire.

— Plus ce qui viendra après ! Écoutez-moi bien : quand vous serez crevé, vous savez, d'une mort héroïque comme on dit, c'est moi qui prononcerai votre oraison funèbre ! Je ne laisserai ce soin à personne d'autre ! Et puis j'irai me soûler ! Foutez le camp, Plotzerenke !

Hesslich et Dallmann lisaient les rapports de tous les observateurs. En tant que « détachés », ils vivaient dans le bunker du commandant de compagnie et battaient le no man's land, ensemble ou chacun pour soi. Parfois, ils prévenaient qu'ils resteraient deux jours et deux nuits dehors. Ils s'établissaient dans les ruines des maisons de paysans ou dans des granges ou bien, couchés au bord du Donetz, ils attendaient le retour des tireuses d'élite.

Leurs jumelles leur permettaient quelquefois d'apercevoir deux ou trois silhouettes en uniforme couleur terre, qui travaillaient tranquillement dans un potager. Les chaumières étaient en ruine et brûlées, il ne restait souvent qu'un ou deux murs surmontés de poutres calcinées. Mais la nature, plus forte que tout, renaissait et reprenait le dessus sur cette dévastation.

— Elles plantent même des tournesols ! dit Dallmann en hochant la tête. Est-ce que tu comprends ?

— Que serait la Russie sans tournesols ?

— Mais ça ne poussera jamais ! A la prochaine bataille d'artillerie, il n'en restera rien !

— Je ne sais pas...

Hesslich tenait toujours les yeux fixés sur les lignes russes. Il aperçut distinctement cinq filles qui travaillaient. Leurs cheveux flottaient librement au vent chaud du printemps et elles avaient dégrafé leurs blouses. A partir de la ceinture jusqu'en bas, elles portaient chacune un pantalon militaire et de grosses bottes.

— Elles ont vraiment l'air de penser que nous ne refranchirons jamais le Donetz ! Les Russes reconstruisent leur pays sous nos yeux, tant ils sont sûrs d'eux. Cela devrait nous faire réfléchir, Uwe. Ces gens-là ne nous tiennent plus pour dangereux, nous sommes pour eux des vaincus. Ils savent mieux que nous ce qui se passe.

— A moins qu'ils veuillent simplement nous exciter. C'est de la pure provocation...

— Je ne crois pas.

Il n'avait pas quitté ces femmes des yeux. Les voici, pensait-il. Les voici maintenant en train de soigner des plantes à fleurs, et ce soir peut-être, leur index se recourbera lentement sur la détente de leur fusil pour tuer. D'un coup précis. D'une balle dans la tête. Comment des femmes peuvent-elles devenir aussi insensibles, guetter jusqu'à ce qu'elles aperçoivent un visage grossi par la lunette de leur fusil, puis tirer ? Et leur cœur ne se serre pas, et même pas une crampe d'intestin ! Mais qu'a-t-on fait de ces jeunes femmes ? Comment a-t-on pu tuer leur âme, détruire chez elles tout sentiment ?

Tous deux étaient couchés à plat ventre derrière une oseraie, en plein soleil. Ils avaient déboutonné leur pantalon et Dallmann avait abaissé le sien sur ses hanches et même plus bas :

— Lui aussi a besoin de l'air du printemps, avait-il dit en riant. Pourquoi le renferme-t-on comme ça ?

Puis, écartant les bras, il s'était offert tout entier à la chaleur du soleil. Hesslich abaissa ses jumelles, se laissa retomber sur l'herbe et ferma les yeux. Très loin d'eux, dans le secteur de la 1re compagnie, un avion de reconnaissance russe volait au-dessus du Donetz. C'était un appareil lent et pétaradant qui en prenait à son aise, allant et venant au-dessus des positions allemandes tandis que les balles des mitrailleuses et des fusils s'écrasaient sur son blindage, ce qui lui permettait de revenir sans dommage à son terrain d'envol. Les pilotes de ces avions savaient exactement où les Allemands avaient installé leur D.C.A., et ils ne craignaient plus la chasse ennemie : la Luftwaffe manquait de tout, de machines comme de carburant, et elle ne prenait plus l'air que pour les tâches les plus importantes. Les « moulins à café » soviétiques, comme les nommaient les soldats, n'étaient pas considérés comme importants. Ce que la reconnaissance russe photographiait n'avait rien d'extraordinaire : c'étaient le nouveau système de tranchées que les Allemands perfectionnaient de jour en jour, des positions camouflées d'artillerie et de chars, des colonnes de ravitaillement, des transports de troupes. Bien plus précises étaient les informations venues de Suisse et que Moscou recevait par radio. Le réseau d'espionnage « Luzy » était au courant de tout ! Les entretiens les plus secrets du quartier général du Führer étaient connus du Kremlin deux jours plus tard. « Luzy » rapportait exactement dans tous leurs détails, les plans de von Manstein et de von Kluge. « Luzy » n'ignorait rien du rapport du général Model sur la situation de sa IXe Armée dans la poche de Koursk, de l'édification de la ligne Hagen, tant discutée, dans le secteur du groupe d'armées du Centre : en raccourcissant leur front, les armées allemandes s'installeraient dans une véritable forteresse.

Hesslich regardait le « moulin à café » qui continuait tranquillement à décrire des cercles en dépit de la fusillade. Il ferma les yeux : le soleil était éblouissant, le miroitement bleu de l'eau du fleuve devenait insupportable.

— Admettons qu'une de ces filles traverse le fleuve ? Bon, alors ?

— Alors quoi ? demanda Dallmann.

— Est-ce que tu tires ?

— Ça dépend.

— Ça dépend de quoi ?

— De sa gueule ! Si elle est jolie, avec de longues jambes et tout le reste, j'attends qu'elle aborde. Alors, la voici qui approche, moi j'attends toujours, et quand elle est à ma portée, je lui dis tout doucement, mais avec fermeté : « Jette-moi tout ça par terre, Maroussia, et viens te coucher gentiment près de moi... J'ai déjà ouvert mon pantalon, vois-tu... » Espèce de sadique ! Tu le fais exprès de parler de cela, alors que le soleil me chauffe déjà à cet endroit...

— Et tu ne penses vraiment à rien d'autre ?

— Pour l'instant, non.

— Cette fille, elle a un livret de tir. Et chacune des raies qui y figurent a été un de nos camarades.

— Eh bien, pour chacun de ces traits, il faudra qu'elle s'exécute dix fois, répondit gaiement Dallmann... Voir le guide du combat rapproché !

— Ainsi, tu ne tireras pas tout de suite ?

— Pas avec le fusil !

Il riait de bon cœur, Dallmann... Puis, soudain très grave, il se tourna sur le ventre pour mieux regarder Hesslich :

— Toi, tu tireras tout de suite, n'est-ce pas ? Tu verras bien son visage agrandi avec, comme plaquée sur lui, la croix de ta lunette de visée, et hop, tu replies l'index... Peter, ce que tu as dans les veines, c'est de la glace, n'est-ce pas ?

— Quand j'ai tué pour la première fois un être humain, j'ai poussé des gémissements...

— Et moi, j'ai eu une de ces diarrhées, j'en ai chié dans mon froc. J'avais tiré comme un salaud... ma balle lui a fracassé le menton.

— Et tu étais déjà tireur d'élite...

— Oui...

Il se retourna sur le dos :

— Quand tous tirent, lors d'une attaque, ou d'une contre-attaque ou pendant une patrouille, ce n'est pas la même chose : on tire pour ne pas être tué. Là, je me suis distingué. Et puis après, il y a eu ces cours : une cible, ce n'est pas un homme vivant. Mais ensuite tu es là, couché à plat ventre, et tu penses : voici Ivan qui s'amène... fais-toi tout petit, encore plus plat, encore plus invisible. Et c'est bien invisible que tu le trucides ! A vrai dire, Peter, c'est du meurtre !

— La guerre n'est qu'un grand meurtre...

— Si jamais tu dis ça tout haut à l'arrière, ils te pendront ! Que faire ? Tuer comme les autres ou se faire pendre ? Survivre ou te balancer au bout d'une branche ?

Il releva la tête.

— Peter, tu veux vivre, hein ? Te retrouver chez toi, avoir un métier, gagner des sous, te construire une maison avec un jardin tout autour, avoir une femme et des enfants, aller à la mer pendant tes vacances et te dorer au soleil, ou encore en pleine montagne... Vois-tu, la vie peut être si belle ! Eh bien, c'est à cela que je pense, désormais, quand je tiens un visage dans ma lunette de visée et que mon index se recourbe. C'est idiot, hein ? Je pense : Uwe, il faut que tu foutes le camp d'ici ! Il faut que tu survives à la guerre de Russie ! Et pour cela, il faut que tu tires le premier sur celui d'en face. Toute la question, c'est ça, tirer le premier. Oui, c'est cela, la guerre, cette sale guerre ! Mais toi, tu ne penses pas à tout cela, n'est-ce pas ? Si tu aperçois une jeune fille là-bas, sur la rive, tu mets tranquillement en joue, tu vises et tu tires. Tu pourrais le faire... ou est-ce que...

Peter Hesslich souleva le genou droit sans ouvrir les yeux :

— Je ne sais pas, dit-il lentement. Peut-être attendrais-je qu'elle fasse le geste de me mettre en joue. Alors, c'est de la légitime défense. Mais ce serait peut-être trop tard. Avec un tireur d'élite sibérien, je n'attendrais pas. Mais ce sont des salauds, vois-tu. Ils emploient des jeunes femmes parce qu'ils savent parfaitement qu'une seconde d'hésitation devant elles, c'est la mort.

Sur la rive opposée, derrière une dune de sable et un buisson d'osiers, Stella Antonovna, Marianka Stepanovna et Lida Ilianovna étaient dissimulées. Pendant que trois groupes de la compagnie travaillaient dans les jardins, elles assuraient la sécurité et surveillaient le fleuve. Miranski lui aussi avait son petit jardin et en retournait le sol avec Daria Allanovna, sa bien-aimée. L'étable proche était encore habitable, seul le toit était abîmé. Un grand tas de paille occupait l'un des coins devant les stalles où l'on avait élevé jadis des cochons. Lorsque Daria avait trop chaud à force de travailler au jardin, elle bondissait partout toute nue dans l'ancienne porcherie, semblable à un kobold aux cheveux roux possédé par l'antique esprit de la Terre.

Foma Igorévitch n'hésitait pas longtemps avant de la rejoindre et de la renverser sur la paille. Mais ça va toujours, pensait-il, très satisfait de lui-même. Qui sait encore pour combien de temps ? Qui sait quand s'éteindra l'ardeur qui emporte Daria ? La façon dont elle se comporte avec moi est quand même incompréhensible. Je ne suis ni grand ni fort, et avec mes quarante-trois ans, je pourrais être son père. Je ne me suis jamais montré un champion dans le lit conjugal, et maintenant je bats des records de coureur de marathon. Que se passe-t-il donc ? Et il profitait de chaque heure qui passait...

Un jour, subitement, la guerre s'éveillera. Alors, on regrettera toutes les occasions qu'on a laissé passer.

— Ils sont deux, dit Stella en mâchonnant un brin d'osier vert. Ils ne se dissimulent pas très bien...

— Il y en a un qui a de larges épaules et la poitrine couverte de poils sombres, dit Marianka en riant et en caressant son fusil. On devrait faire un prisonnier dans son genre et le cacher chez nous. On le nourrirait bien, comme un verrat... on l'engraisserait jusqu'à ce que ses muscles fassent éclater sa peau ! Avec des œufs, de la viande, de la crème...

Elle fit claquer sa langue et regarda une fois de plus la rive opposée à travers sa lunette de visée.

— Je suis sûre que chacune de nous serait prête à partager la corvée de les nourrir. Quelle vie serait la nôtre !

— Tiens, voici qu'il replie les jambes ! dit Lida.

— Veux-tu que je lui ôte une rotule ?

Stella Antonovna visait déjà un genou de Hesslich, mais il ne demeura qu'un instant dans sa ligne de tir et disparut de nouveau dans l'herbe. Puis une tête se montra, une tête aux cheveux châtains ébouriffés par le vent. Stella se mordit les lèvres.

— Ne tire pas, chuchota Marianka comme si on pouvait l'entendre de là-bas. Ne tire pas encore... Beau garçon, hein ?

— Un Allemand, dit Stella durement. Y a-t-il pour nous un seul Allemand qui soit beau ?

— Il ne nous échappera pas. Demain, il sera à la même place, c'est sûr. Regarde, voici l'autre qui lève un peu la tête. Oh qu'il est blond ! Blond comme de la paille ! Avez-vous des cheveux aussi blonds que ça ? Moi pas ! Et ce qu'il est jeune ! Pas possible, il a ouvert son pantalon... Que vois-je ?...

— Tire en plein dedans, puisque tu le vois si bien. Avec ce qu'il a entre les jambes, il procréera de nouveaux Allemands qui nous attaqueront une fois de plus. Ils ne cesseront jamais de vouloir marcher vers l'est. Comme des fourmis. On met du poison sur leur route, et elles continuent à avancer sur leurs morts !

Mais elles ne tirèrent pas tout en continuant à observer les deux Allemands à travers leur lunette de visée. Elles ne reprirent leurs jumelles normales qu'en voyant d'autres soldats sortir des ruines de la dernière maison paysanne pour s'approcher de la rive en rampant. Elles reconnurent Fritz Plotzerenke qui s'était baigné nu devant elles et qui vivait encore parce que Janna, enchantée, s'était écriée :

— Celui-là, laissez-le moi ! Un vrai taureau, hein ! Laissez-le-moi, je vous en prie.

En riant, elles avaient accédé à son désir, et Plotzerenke avait survécu parce que Janna n'avait pas pris son fusil, mais sa pioche pour son jardin.

— Quelle vue magnifique, n'est-ce pas ? dit Plotzerenke en se laissant tomber dans l'herbe à côté de Hesslich. Et nos poupées sont là, aujourd'hui. C'est à vous faire éclater la culotte...

— Ou le cerveau, quand la balle te frappera juste au-dessus de la narine du nez...

— Je voudrais bien faire une prisonnière comme cela. Je lui ferais subir un drôle d'interrogatoire.

Plotzerenke avait levé la tête sans savoir que Stella Antonovna l'encadrait pendant un instant dans sa lunette de visée. La voix de Hesslich s'était faite très grave :

— Ces filles-là ne sont jamais prisonnières. Et elles le savent : dès qu'on voit leur livret de tir, on les fusille immédiatement contre le mur le plus proche.

Plotzerenke regarda Hesslich, puis Dallmann d'un air pensif :

— Tout comme vous, hein ? Vous aussi, vous êtes des types à part. Est-ce que vous vous sentez bien dans votre peau ?

Dallmann avait relevé son pantalon et le reboutonnait :

— Non ! Mais il faut bien que quelqu'un fasse ce boulot de merde. Et si jamais ces filles le pouvaient...

Il se tut brusquement, clignant des yeux au soleil. De très loin, le vent apportait soudain le grondement de tonnerre du canon. Au sud, un secteur venait de s'enflammer. Peut-être une unité de propagandistes, pensa Dallmann, cette bande de crétins, avec leurs haut-parleurs qu'ils placent dans les tranchées les plus avancées. Dans un russe parfait, ils appellent Staline un criminel, évoquent la belle époque de la Russie d'avant le tsarisme, comme si les Russes avaient jamais connu autre chose que la servitude, sous les tsars comme sous Lénine. Et ils demandent aux soldats d'en face de déserter en leur assurant qu'il y a en Allemagne des anciens de l'Armée Rouge qui ont eux aussi jeté leurs armes et qui maintenant ont du travail et de quoi manger. Ils engagent jusqu'à des filles, ukrainiennes ou russes, qui racontent aux Soviétiques qu'il y a des millions de femmes qui veulent la paix, et que la paix viendra d'autant plus vite qu'ils accourront vers les lignes allemandes en levant les bras et en agitant un drapeau blanc.

Et la réponse est toujours la même : pilonnage de l'artillerie, mortiers, grenades, etc. C'en est fait de la belle journée de printemps, si calme. Et il y a des blessés et même quelques morts, et les médecins jurent en insultant les imbéciles de la « propagande chuchotée » !

Dans le secteur de la 4ᵉ compagnie, une unité de propagandistes vint faire des siennes. D'énormes amplificateurs se mirent à émettre de la belle musique populaire russe, de « Kalinka » à « La Patrouille cosaque ». Puis une femme prit la parole pour faire savoir aux Soviétiques tout ce que l'on pouvait acheter dans les boutiques de Berlin. C'était vraiment le paradis ! Plotzerenke, qui se trouvait à côté du führer propagandiste, lui donna un coup de coude dans les côtes :

— Et tu crois qu'ils avalent ça ?

— Pourquoi pas ?

— Mais ça pue le mensonge à distance !

— Qu'en sais-tu, toi qui fais le malin ?

— Je suis Berlinois. J'ai vu ce que c'était pendant une perm...

— Mais eux pas !

— Tu crois vraiment qu'ils sont aussi cons ?

La femme venait de terminer son émission, et les haut-parleurs répandirent de nouveau de la musique mélancolique des grandes steppes. D'un ton doctoral, le propagandiste répondit :

— Oui. La science raciale a prouvé qu'un cerveau slave n'a que la moitié de la capacité de jugement d'un cerveau germanique !

— Vous n'êtes vraiment qu'une bande de trous du cul !

Après les airs populaires russes, ce furent une fois de plus de belles paroles, la récapitulation des pertes russes, celle des succès allemands. Entre-temps, le sous-lieutenant Bauer III avait, par mesure de précaution, donné l'alerte. D'un moment à l'autre, l'artillerie soviétique allait donner de la voix. Toute la compagnie s'enterra dans ses abris de terre soutenue par des poutres épaisses. En vain, Bauer III avait téléphoné au bataillon :

— Ces propagandistes, on ne peut pas leur couper le sifflet ?

Le commandant Schelling, chef de bataillon, vint lui-même à l'appareil :

— Non. Malheureusement non. Cela fait partie de la guerre psychologique...

— Mais c'est idiot !

— Bauer, ne critiquez pas une disposition du haut commandement de l'armée !

— Mais ça ne sert à rien !

— A qui le dites-vous ? Mais que pouvons-nous y faire ? Rien. Je sais ce que répondront nos propagandistes : « Les Soviets le font eux aussi ! » Ça, c'est irréfutable, n'est-ce pas ?

— Mais ici, c'est inutile, mon commandant.

— Mon Dieu, Bauer... Ne parlons pas de nécessité en temps de guerre, surtout de bunker à bunker ! Abritez-vous bien quand ça commencera, et bonne chance !

Mais cette fois-ci, l'artillerie soviétique demeura silencieuse, le front russe demeura calme. Les femmes de l'unité Baïda, installées dans leurs tranchées, écoutèrent la musique et rirent beaucoup quand la voix ukrainienne traita de meurtrier le camarade Staline.

Seul Miranski réagit violemment, s'arrachant les cheveux et jurant en parcourant les tranchées...

L'offensive verbale des Allemands dura une heure. Le groupe de propagande démonta ses appareils pour quitter les positions avancées. Son führer demeura un instant en arrière pour jeter un dernier coup d'œil sur l'autre rive du Donetz. Le calme inhabituel des Russes l'irritait :

— Êtes-vous vraiment sûrs qu'il y a des ennemis en face ?

— Si tu veux mourir d'une mort héroïque, viens avec moi, je vais te le prouver.

— Mais ils ne réagissent pas du tout...

Plotzerenke, qui s'amusait beaucoup, rit de bon cœur :

— Ça tient sans doute à la conformation spéciale du cerveau slave qui ne comprend que la moitié de ce que conçoit un cerveau allemand. Elles ne t'ont pas compris... Et de plus, ce ne sont que des femmes !

— Quoi ?

Le führer s'était rejeté en arrière, la tête soudain rentrée dans les épaules.

— Un bataillon de femmes, des tireuses d'élite. A cinq cents mètres, si tu es de profil, elles t'enlèvent un téton de la poitrine...

— On aurait dû nous prévenir !

Courbé en deux, il courait vers l'arrière.

— Je les connais... devant Kharkov, nous avons perdu quatre hommes... toujours une balle en pleine tête !

— Eh bien, ce sont justement nos chères petites souris. Allons, allons, pas de panique, camarade ! Tu peux te redresser, rien ne peut t'arriver ici. Mais sur la rive du fleuve, ou la nuit quand elles rôdent dans les ruines du village, c'est autre chose...

Le führer de l'unité de propagande ne respira vraiment qu'installé dans le bunker du sous-lieutenant Bauer III, après avoir avalé un verre d'eau-de-vie qui lui sembla brûlante comme l'enfer.

— Ce doit être une drôle de sensation que d'avoir des femmes en face de soi...

Bauer III haussa les épaules :

— On s'habitue à tout.

— Vous devez être pleins de haine pour ces femelles !

— Pourquoi ? Ce sont des soldats comme nous. Elles portent un uniforme.

— Mais elles vous abattent seulement par surprise !

— Par surprise ? Mais en temps de guerre, tout est surprise. Il y a partout la guerre, à l'avant comme à l'arrière, dans les airs comme sous la terre. Ce qu'il faut, c'est être plus rapide que l'ennemi, le voir le premier, tirer mieux que lui, ou simplement avoir plus de chance. Nous avons maintenant chez nous deux spécialistes de la surprise...

— J'aimerais les voir. Où puis-je leur parler ?

— Par là.

Il avait fait un large geste de la main vers le fleuve, ce Donetz qui maintenant réfléchissait la lumière rouge du couchant.

— Peut-être sur la rive. Je ne sais pas. Parfois, ils disparaissent pendant deux jours. Vous pouvez les chercher, si vous le voulez. Mais je vous préviens : une fois près du fleuve, vous êtes à portée de tir de nos jeunes femmes...

Le soir même, l'unité de propagande se retira avec ses disques et ses haut-parleurs. L'Ukrainienne, une jeune fille mince, toute blonde aux yeux bleus étonnés, se sépara difficilement de l'aspirant Lorenz von Stattstetten, arrivé récemment. Lui aussi était blond, élancé. Ses yeux étaient bleus et son sourire comme ensoleillé. Quand il s'était présenté à la compagnie, Plotzerenke avait dit :

— Il faudrait l'envoyer en face comme spécialiste des femmes !

Mais son aspect était trompeur. Le nouveau rayon de soleil de la compagnie portait déjà les deux Croix de Fer, de 2e et de 1re classes, ainsi que la barrette du combat rapproché. Et maintenant, il accompagnait l'Ukrainienne du groupe de propagande et, le moment venu de se séparer, il l'embrassa doucement :

— Nous ne nous reverrons jamais, dit-elle à voix basse. Je m'appelle Olga Fedorovna Nazarova. Prends mon adresse. Tu pourras m'écrire.

— Je t'écrirai... Écris-moi toi aussi.

— Je t'aime, dit-elle simplement.

Ils ne se connaissaient que depuis trois heures, et ils s'aimaient déjà. Il suffit de trois heures pour que tout change dans votre vie...

— Lorsque la guerre sera finie...

— Qui sait où nous serons.

— Nous nous retrouverons... il faut que nous nous recherchions, que nous nous recherchions vraiment. Je te rechercherai, je te le promets.

Une fois de plus, ils s'embrassèrent, puis von Stattstetten resta sur place, levant le bras en signe d'adieu jusqu'à ce qu'elle ait disparu dans une voiture baquet de l'armée, qui s'enfonça aussitôt dans l'obscurité de la steppe.

Pendant la nuit, l'aspirant von Stattstetten écrivit à Olga la première lettre d'amour de sa vie :

« Lorsque je ferme les yeux et lorsque je me bouche les oreilles des deux mains pour m'isoler de tout ce qui m'entoure, je te vois et j'entends ta voix. Que tu es belle, Olitchka... »

Cette nuit-là, Peter Hesslich traversa le Donetz.

Il avait trouvé une vieille barque dans une grange et, avec l'aide de Dallmann, l'avait réparée en calfatant deux trous et en remplaçant une rame. Alors que la nuit tombait, ils l'avaient traînée jusqu'au fleuve et mise à l'eau. Une fois de plus, Dallmann l'avait supplié :

— Laisse-moi venir avec toi, Peter. Quatre yeux voient mieux que deux.

— A deux, nous manquerons de mobilité, tu le sais bien.

— Que veux-tu faire là-bas ?

Malgré lui, il tendait les rames à Hesslich, déjà assis dans la barque.

— Je te le dis, tu commets une grosse erreur. Et si ces femmes ont miné la rive ? Peter, laisse-les venir à toi, c'est plus sûr. Ici, nous avons repéré chaque trou, chaque bosse du terrain. Oh, je devine ton idée : tu veux leur montrer qu'il faut qu'elles fassent attention, que nous aussi nous pouvons faire comme elles... qu'elles ont en face d'elles quelqu'un capable de faire mouche juste au milieu du front.

— Exactement. Il faut qu'elles se sentent vulnérables, que leurs nerfs commencent à lâcher.

Il abaissa sans bruit ses deux rames dans l'eau, eut un rire silencieux. Dans un clapotis presque inaudible, la barque s'éloigna, glissant sur le fleuve.

Couché dans l'herbe, Dallmann la suivit du regard. Maintenant, Hesslich luttait contre le courant. Il n'était même plus une ombre quand il atteignit un bosquet d'osiers sur l'autre rive.

— Merde, dit doucement Dallmann pour lui porter bonheur. Cela ne suffisait pas. Il alla chercher une mitrailleuse légère dissimulée dans les ruines de la maison paysanne, et revint s'installer avec elle et une caisse de munitions au haut de la pente qui surplombait le Donetz. Si Peter avait des difficultés pour revenir, la mitrailleuse lui servirait de protection.

Cette nuit était pleine de bruits. Les grenouilles coassaient dans les mares, juste au-dessous de lui. Et des oiseaux de nuit dont Dallmann ne connaissait pas le nom criaient dans l'obscurité.

Quelle drôle de guerre, pensa-t-il une fois de plus. On a beau détruire un pays, tuer les hommes qui y sont, les grenouilles continuent à coasser et les oiseaux volent dans l'air malgré toutes les grenades...

Sans s'en rendre compte, il s'endormit près de sa mitrailleuse. Dans son rêve, le coassement des grenouilles devint une musique céleste. Il se trouvait dans une salle de concert et, pour la première fois, il ne s'y ennuyait pas... si belle, si indiciblement belle était cette musique.

Peter Hesslich atteignit la première étable et le premier jardin sans avoir marché sur une mine ou rencontré un avant-poste soviétique.

En débarquant, il était d'abord resté immobile, allongé dans l'herbe pendant quelques minutes, à l'écoute du moindre bruit. Il avait attaché sa barque à une vieille racine qui sortait du talus. C'était le moment où on l'aurait attaqué s'il avait été observé. Il ne s'en tenait pas à l'antique tactique d'attendre l'adversaire pour frapper à l'improviste. Rien ni personne ne pouvait le surprendre. Quand Hesslich s'aventurait ainsi, armé de son fusil de tireur d'élite, ses sens s'aiguisaient, il prenait le vent comme une bête capable d'entendre, de sentir et de voir tout ce qui vit autour d'elle.

Il n'avait que son fusil. Ses deux poches étaient pleines de chargeurs. Il portait en outre un couteau dont la lame sortait du manche à la moindre pression. Rien d'autre, ni baïonnette, ni masque à gaz, ni bidon, ni pelle, rien qui pût gêner ses mouvements. Depuis longtemps, il avait renoncé à son casque d'acier pour ce genre d'expédition. Ses cheveux étaient serrés dans un bonnet de laine gris foncé.

Ce bonnet avait donné lieu à quelques algarades extrêmement violentes. La première fois que Hesslich l'avait arboré, il était tombé sur un commandant de l'armée, lequel s'était mis à hurler :

— Venez donc ici, adjudant ! Ne seriez-vous pas tombé sur la tête ? Qu'avez-vous là ? Un bonnet de nuit ? Enlevez-moi ça, et vite ! Et je vais vous foutre un rapport au cul pour mépris de l'uniforme que vous ridiculisez ! Vous faites le clown ? Enlevez-moi cet objet !

Poliment, Hesslich avait tenté de s'expliquer :

— Ce bonnet fait partie de mon équipement, mon commandant. Ma tante Erna l'a exprès tricoté pour moi à Wuppertal-Eberfeld...

— Ah ! Vous voulez vous foutre de moi ! Mais je vais vous en faire passer l'envie. Votre nom !

— Adjudant Peter Hesslich, mon commandant. Commando spécial E/I, unité de tireurs d'élite...

— Quoi ? Qu'est-ce que vous êtes ?

— Tireur d'élite, mon commandant...

Il avait fait un effort pour ne pas éclater de rire. Dès qu'il prononçait le mot tireur d'élite, l'homme qu'il avait en face de lui, simple soldat ou général, changeait de mine et de ton. Il avait l'impression que l'autre respirait soudain une odeur de cadavres, comme si un tireur d'élite marchait enveloppé du froid de la mort, transformé en une machine, une machine à tuer.

— Ce bonnet fait partie de mon équipement.

— Comment cela ?

La voix du commandant s'était singulièrement adoucie.

— Ce bonnet est une sorte de camouflage. Il est léger, il ne cliquette pas comme le casque, il ne reflète pas le clair de lune, il recouvre mon front quand je l'abaisse sur mes yeux. C'est une sorte d'assurance sur la vie, mon commandant.

— Mais ce bonnet n'est pas réglementaire ?

— Je ne comprends pas, mon commandant.

— Voyons, mon vieux, est-ce que ce bonnet fait partie de l'uniforme réglementaire de la Wehrmacht ?

— Non. C'est ma tante Erna qui l'a tricoté. Au combat, un tireur d'élite utilise le camouflage qu'il veut. Je préfère le bonnet de ma tante...

— Rompez ! avait finalement dit le commandant. Puis, secouant la tête, il avait regardé cet adjudant qui s'en allait, traînant la patte, apparemment indifférent à tout ce qui est discipline militaire.

Toutefois, depuis cette rencontre, Hesslich se contentait le plus souvent de mettre son « bonnet de camouflage » juste avant une expédition. De temps à autre, le port de ce bonnet suscitait des questions chez un commandant de compagnie et même à l'état-major. Seul le sous-lieutenant Bauer III ne s'en souciait guère. Quand Hesslich, pour la première fois, avair porté devant lui le bonnet de sa tante Erna, Bauer III ne lui avait accordé qu'un bref coup d'œil. Plus tard, il avait expliqué à son tireur d'élite :

— J'ai perdu l'habitude de poser des questions. Avec des types comme vous, Hesslich, ça va comme ça va ! Vous pouvez porter un chapeau tyrolien avec une gigantesque barbe de chamois, c'est votre affaire ! Au moment de crever, peu importe le déguisement !

Pour un garçon de vingt-quatre ans, c'était une philosophie surprenante.

Hesslich ne commença à avancer en rampant qu'après être sûr que personne ne l'avait vu traverser le Donetz en barque. Sans un bruit, il atteignit l'ensemble de petits bâtiments qu'il avait tant étudié à la lunette d'approche, un hameau détruit dont les femmes cultivaient les jardins. Peut-être y dormaient-elles ? Il mit une bonne demi-heure à s'approcher de la première grange incendiée. Une fois parmi les poutres calcinées qui gisaient çà et là, il eut enfin l'impression d'être quelque peu à l'abri, loin des dangers du terrain découvert.

Il savait maintenant que la rive soviétique n'était pas totalement minée. Ils sont si sûrs d'eux-mêmes, pensa-t-il, qu'ils n'imaginent pas que nous puissions repasser le Donetz. Ils pensent seulement aux succès de l'Armée Rouge. Et c'est sous nos yeux qu'ils reconstruisent leur pays, à portée de tir de nos armes, nous pourrions les écraser avec notre artillerie.

Oui, nous pourrions... si nous avions assez de munitions, si nous ne devions pas tenir le compte de chaque obus que nous tirons.

Et ils doivent le savoir. Autrement, comment seraient-ils aussi sûrs d'eux ?

Cette nuit-là, Hesslich décida de ne pas retraverser immédiatement le Donetz, mais de passer la journée sur la rive soviétique. Prudemment, il pénétra dans le village et constata avec étonnement qu'il était prêt à revivre. Potagers et vergers étaient parfaitement tenus, des porcelets grognaient dans quatre des stalles d'une grange, dix moutons se pressaient dans une grande grange à demi reconstruite. Le jour, ils paissaient dans un repli de terrain où ils demeuraient invisibles aux Allemands. Des barbelés les empêchaient d'en sortir.

Hesslich ne put s'empêcher de sourire : si Plotzerenke le savait, rien ne pourrait le retenir : il lui faudrait un mouton ! Le danger n'avait jamais compté pour lui, et là, le ravitaillement était à portée de sa main.

Dans cette grande grange, Hesslich découvrit une cache parfaite sous ce qui restait du toit. Les chevrons s'étaient écroulés dans un chaos que personne ne viendrait examiner. Il lui fallut grimper au haut d'un pilier de bois et faire de l'équilibre sur une poutre flottante pour atteindre son but. Là, sans oublier de rester à l'écoute des bruits extérieurs, il aménagea son repaire. Il repoussa vers l'avant un brancard à demi pourri, à demi rouillé, construisit avec de la paille, des sacs, des paniers défoncés, un capot cabossé de tracteur et une roue en caoutchouc desséché, un abri d'où il pouvait tirer sans perdre une seconde, puis s'installa dans l'espace étroit qui demeurait libre.

Au-dessous de lui, les moutons s'agitaient, faisaient du bruit. La présence d'un étranger les inquiétait et ils ne se calmèrent que lentement. On dit : bête comme un mouton. C'est complètement faux, pensa-t-il en s'étirant. Les animaux sont plus intelligents qu'on le croit. Si c'était moi qui entrais désormais dans cette grange, grâce aux moutons, je saurais qu'il s'y cache quelqu'un et je m'abriterais immédiatement : ici, il y a quelque chose qui ne va pas !

La nuit, les heures semblent longues quand il faut attendre. De temps à autre, Hesslich consultait sa montre-bracelet. Il avait l'impression que les aiguilles n'avançaient pas et il lui arriva de la porter à son oreille pour en entendre le tic-tac. Cette nuit, lui semblait-il, n'aurait jamais de fin.

A l'aube, Hesslich se frotta longuement le visage de ses deux mains et se sentit immédiatement rafraîchi : la concentration du sang à la tête le réveilla totalement. S'allongeant sur le ventre, il avança de quelques centimètres et son regard embrassa dès lors toute la grange. Les moutons étaient debout, serrés les uns contre les autres, formant un unique bloc de laine couleur gris-blanc.

Vers 7 heures, il vit apparaître une femme. C'était Janna Ivanovna. Elle était en jupe et en blouse et, comme une paysanne, avait dissimulé ses cheveux noirs sous un fichu. Seuls deux détails rappelaient qu'elle servait dans l'armée : ses bottes militaires et le fusil à lunette qu'elle tenait à la main gauche. Ce jour-là, elle était de corvée de troupeau. Ses camarades, à l'exception de trois qui étaient de garde, se trouvaient à l'arrière, à l'école du bataillon, sagement assises sur les bancs de bois de l'ancienne *stolovaia,* la salle commune du village de Bourienkova.

Endoctrinement politique ! Un camarade de Moscou était arrivé pour leur exposer, à l'aide de grandes cartes, ce que seraient les années 1943 et 1944. Foma Igorévitch Miranski, nommé entre-temps officier à part entière de l'Armée Rouge, avait reçu cordialement son cher camarade de la Centrale en l'embrassant à grand bruit et en tenant un discours enflammé. Il s'était finalement assis, hors d'haleine, pour jouir des applaudissements.

Une journée d'instruction politique comme celle-ci a toujours du bon ! Non pas qu'on soit ensuite plus intelligent ni qu'on s'y prenne mieux, mais on vous sert surtout la cuisine de l'échelon du bataillon ! Or, ce n'était pas le cas pour l'unité de Baïda, qui considérait plutôt ce jour de repos comme une punition : ces femmes spéciales s'étaient arrangées pour vivre beaucoup mieux à l'avant qu'à l'arrière. Évidemment, elles n'en parlaient à personne. En moins de deux mois, Miranski et Ougarov, avec l'appui de l'imposante Soia Valentinovna, avaient rassemblé tout un troupeau de moutons et organisé un minuscule kolkhoze au bord du Donetz. Les commissions d'inspection qui surgissaient de temps à autre ne dépassaient jamais la ligne des tranchées et ne voyaient le village que de loin : « Là-bas, ce sont les Allemands. Camarades, ne provoquez pas le destin. Restez à l'abri... »

Et c'était très volontiers que les inspecteurs suivaient ces bons conseils.

Janna repoussa le verrou de la porte et entra dans la grange. Lentement, sans bruit, Peter Hesslich, du pouce, repoussa le cran de sûreté de son arme. Pour la première fois, il voyait de près l'une de ces femmes légendaires. Il l'aurait presque touchée. Il pouvait compter les fleurs qui décoraient son fichu : des tournesols et des panicules. Les teintes étaient très décolorées. Et le tissu était rapiécé.

Voici une de ces jeunes femmes dressées pour tuer. Une jolie fille, vraiment, mais qui oublie le battement de son cœur quand elle tient un adversaire dans la croix de sa lunette de visée. Retenant sa respiration, Hesslich la vit avancer parmi les moutons en caressant leur toison.

— Vous irez bientôt paître, mes petits. Un peu de patience !

Sa voix était claire, enfantine. En se déplaçant, elle avait presque l'air de danser. Dans un coin de la grange, elle alla prendre deux seaux et un joug pour y suspendre les seaux.

Elle va d'abord chercher de l'eau, pensa-t-il, pour que les bêtes boivent. Là où elles paissent, il n'y a pas d'eau. Il se prépara pour l'instant où elle quitterait la grange pour tirer de l'eau au puits qu'il avait remarqué. Une pensée folle s'était emparée de lui : je l'attaque à l'improviste et je l'emmène avec moi !

La première prisonnière de ce mystérieux bataillon de femmes !

Une seconde de surprise serait suffisante : celle du choc qui l'immobiliserait quand il l'appellerait. Ce qui n'était pas encore clair dans son esprit, c'était comment il la transporterait jusqu'à sa barque. Et surtout, était-elle seule ? Les autres filles sont peut-être en train de travailler aux alentours, dans leurs jardins.

Elle était sortie. D'un balancement du corps, il se retrouva accroupi sur le sol et se dirigea vers la porte pour regarder au-dehors. Pâle encore, le soleil de l'aurore éclairait une solitude d'un calme absolu. Il vit la jeune fille revenir portant les seaux au bout du joug. Elle était seule. Rien ne bougeait dans les ruines du village.

Sans un bruit, Hesslich recula rapidement, se dissimula derrière une poutre dont une partie restait suspendue au toit, et Janna entra. Il s'étonna de la légèreté de son pas malgré la lourdeur des bottes militaires et le poids des seaux, et pour la première fois il vit son visage dans sa totalité. De grands yeux noirs magnifiques, une bouche étroite, des pommettes saillantes. Sous le fichu, des mèches noires retombaient sur son front. Ce qu'il ne savait pas, c'était que cette fille, Janna Ivanovna, venait du lac Baïkal, qu'elle était la seconde meilleure tireuse du bataillon de Baïda, qu'on avait demandé pour elle l'ordre en bronze de Souvorov, l'une des plus hautes décorations soviétiques qui récompensent la bravoure.

Hesslich retint son souffle. Janna avait déposé ses seaux, jeté le joug au loin dans le foin et elle commençait à défaire son fichu. Maintenant, se dit-il. Maintenant, à ce moment précis, elle pense à tout, sauf qu'un Allemand peut se tenir debout derrière elle. Elle a chaud... Elle va se secouer les cheveux, déboutonner peut-être sa blouse... Petite fille, dans une seconde, ta vie aura changé !

Il leva son fusil à hauteur de sa poitrine, retint une fois de plus son souffle et, d'une voix retentissante, cria :

— *Stoï !*

Le raidissement qui devait paralyser Janna ne se produisit pas. Sa réaction, celle d'un réflexe longuement inculqué, fut rapide comme l'éclair. Avec la souplesse d'une bête sauvage, elle fit un bond en l'air, son corps mince se tordit sur lui-même, s'abattit à côté des moutons dans un tas d'objets divers, et ce fut Hesslich qui demeura un dixième de seconde immobile, sans comprendre comment un être humain pouvait faire si vite le contraire de ce qu'on attendait de lui. A peine était-il revenu de ce choc qu'il entendait un premier coup de feu, mais il s'était déjà jeté de côté en roulant sur lui-même. Maintenant, il attendait.

Janna Ivanovna se mordit les lèvres et ne desserra les dents qu'en sentant dans sa bouche le goût du sang. Pour la première fois de sa vie, elle avait tiré à côté ! Ou bien l'Allemand avait-il bougé ? Des larmes de rage coulèrent sur ses joues, ses mains tremblèrent en se crispant sur son arme. Pourtant, tout s'était déroulé comme prévu dans une telle circonstance : pas une seconde d'effroi, saisir le fusil au cours même du premier bond, se retourner en retombant et viser et tirer en même temps qu'on s'écrase au sol. Et pourtant, elle n'avait rien touché ! Pour elle, c'était quelque chose d'extraordinaire, une déception inconcevable. Elle avala doucement sa salive et redevint soudain une fille de dix-huit ans, prête à rien d'autre qu'à éclater bruyamment en sanglots.

Tout cela en même pas une seconde, le temps pour Hesslich de saisir la chance au vol. Il ne savait pas où se trouvait exactement la fille mais seulement le tas d'objets divers près duquel les moutons bêlaient et se bousculaient. Et ce fut dans ce tas qu'il tira au hasard, furieux de sa déconvenue.

Espèce de charogne, pensait-il, tu es une professionnelle, tu viens de me le montrer. Tu es une de ces putes qui tuent mes camarades avec une précision glaciale. Combien as-tu inscrit de cadavres dans ton livret de tir, hein ? Dix, ou vingt, ou plus encore ? Mais me voici, et tu peux jeter ton livret de tir aux ordures, tu n'en auras jamais plus besoin ! Je suis Peter Hesslich et tu ne m'échapperas pas !

Il attendit. Du dehors, aucun bruit. Les bêlements des moutons et les murs de la grange avaient recouvert et amorti les claquements des détonations : des jardins, on aurait pu à peine les entendre. Et peut-être était-il vraiment seul avec cette fille ? Peut-être personne n'était-il aussi près ?

Encore une fois, il tira dans le bric-à-brac derrière lequel Janna Ivanovna se cachait.

Elle s'était accroupie derrière un coffre. Au second coup de feu de l'Allemand, elle s'effondra sur elle-même, bascula, tomba en arrière. Un seau, en se décrochant, la laissa à découvert. Son épaule gauche cuisait et tressaillait comme sous une série de chocs électriques. Elle sentait couler son sang ; plus chaud que sa chair, et elle sut qu'elle était touchée. Désespérée, elle tenta de retourner contre elle son fusil pour se tuer. Mais la force lui manqua soudain. Elle ne pouvait plus bouger.

Elle se rappela les enseignements de la colonelle Olga Petrovna Raboutina : il ne faut jamais tomber aux mains des Allemands, ce sont des bêtes féroces ! La seule possibilité qui reste, c'est de frapper l'homme aux testicules. Alors, il vous tue ! Mais cela vaut mieux pour vous. N'acceptez jamais d'être leur prisonnière, jamais ! Surtout *vous !*

Elle ne pouvait même plus atteindre son fusil. L'Allemand, debout, se penchait maintenant sur elle. Elle voulut lui écraser les testicules d'un coup de botte, mais ses jambes elles aussi la trahirent. La balle devait avoir atteint un nerf qui troublait le fonctionnement du corps entier. Elle ferma les yeux pour ne pas voir le visage haï de l'Allemand :

— Finis-en, chien d'Allemand, tire donc !

Hesslich ne comprit pas. Il voyait le sang qui imprégnait le tissu à hauteur de l'épaule, et il arracha la blouse, dénudant sa poitrine, deux seins menus et fermes qu'il prit dans ses mains pour l'immobiliser. Elle se débattait, se cambrait en vain. Finalement, elle lui cracha au visage.

— Fais un peu attention, espèce de chatte sauvage !

D'un seul coup, l'être qu'il maintenait sous lui n'était plus une ennemie, une tueuse de camarades qu'il faut tuer si l'on veut sauver la vie des autres, mais une petite jeune fille dont le sang coulait et qui tentait de se débattre, qu'il fallait donc aider :

— Tu ne me comprends pas, et moi je ne te comprends pas non plus. Blessée comme tu es, je ne peux t'emmener. Mais je ne peux pas te laisser crever simplement sur place. Tu es trop jeune et trop jolie... mais de toute façon je ne le pourrais pas. Je suis garde-chasse et j'ai appris ce qu'est le coup de grâce qu'on donne à une bête. Si tu en étais une, ce serait déjà fait. Mais tu es un être humain. Je pourrais aussi te tuer parce que c'est comme cela que vous agissez : pas de prisonniers ! Mais cela aussi, ça ne va pas, petite fille ! Je ne me vois pas tuer une fille sans défense. Nous sommes tous les deux dans le pétrin, hein ? Dommage que tu ne comprennes pas. Si seulement je savais ce qui se passe dehors, autour de nous...

Sans pouvoir bouger sous son poids, Janna Ivanovna grinçait des dents :

— Chien ! Chien d'Allemand ! Fils de pute ! Mais tue-moi donc !

Elle le vit hausser les épaules :

— Si seulement je te comprenais. De toute façon, ça n'a pas l'air d'une déclaration d'amour. Alors, qu'allons-nous faire ? Te panser, d'abord ? Non, en premier lieu, la sécurité...

Il se releva, prit le fusil de la Russe et le leva au-dessus de sa tête. Au troisième coup contre une vieille poutre, la crosse vola au loin. Au cinquième, ce fut le tour de la culasse et le canon se tordit. Avec des yeux agrandis par l'épouvante, elle le regardait faire. Mon fusil, pensait-elle, mon cher fusil. Oh, ce porc ! S'il m'avait tuée, c'était logique. Mais mon fusil... pourquoi tue-t-il mon fusil... je l'entends gémir à chaque choc... mon fusil...

Elle tenta une fois de plus de se lever et ne parvint qu'à se détacher à peine du sol. Comme elle retombait en arrière, le sang recommença à couler et elle se mit à trembler. L'Allemand revint vers elle. En voyant ses mains sanglantes, elle ne pensa pas que c'était de son sang... non, cet homme avait détruit ce qu'elle aimait le plus au monde, son fusil.

— Maintenant, il faut que je panse ta blessure, et si jamais tu me craches encore une fois à la figure, je te fous une de ces gifles qui fera du bruit, malgré ta blessure à l'épaule. Sois raisonnable, petite fille...

Il tira d'une de ses poches son paquet de pansements, le déroula, le montra à Janna Ivanovna.

Elle le regarda d'un air hébété comme si elle ne comprenait pas : voulait-il lui sauver la vie au lieu de la tuer? « Il faut tuer l'ennemi », lui avait-on dit, et cela, elle l'avait compris. Soigner un ennemi, le sauver, était inconcevable.

Elle se raidit quand Hesslich lui redressa le buste pour pouvoir panser l'épaule. La tête de l'homme était maintenant toute proche. Elle pouvait lui arracher l'oreille d'un coup de dents, mais poussa un gémissement quand la bande de gaze lui comprima l'épaule. Maintenant, je pourrais lui mordre le dos, lui arracher un morceau de chair... me tuerait-il alors ? Si je pouvais atteindre son cou, lui trancher l'artère carotide...

Mais elle ne fit rien, sinon demeurer couchée en s'appuyant sur son bras valide. Et quand il eut fini de la panser, elle s'entendit dire d'une petite voix plaintive :

— Merci, espèce de chien d'Allemand !

Quelques minutes plus tard, elle perdit connaissance. La perte de sang l'avait terriblement affaiblie.

Hesslich la transporta sur un tas de vieille paille, s'assit près d'elle, disposa son fusil sur ses genoux. Il savait qu'il lui fallait attendre la nuit pour revenir. Il avait devant lui toute la journée.

Personne ne s'inquiéta de l'absence de Janna : ne s'occupait-elle pas des moutons ?

L'instruction politique de l'unité de Baïda se termina joyeusement par des chants. Pendant que les filles faisaient de la musique dans la *stolovaia,* Miranski fit une petite tournée d'inspection qui le conduisit jusqu'au magasin du bataillon. Pour des raisons fort compréhensibles, il avait emmené avec lui une certaine Gulnara Petrovna. Elle était Géorgienne, avait des yeux de braise, et quand elle respirait profondément, on retenait son souffle pour fixer les boutons de sa blouse qui paraissaient prêts à craquer. La façon dont elle regardait les hommes était vraiment satanique. Ses cils s'abaissaient pour recouvrir la moitié supérieure des yeux et, sous ce rideau, ses regards touchaient le point faible de tous les représentants du sexe mâle. Même les officiers supérieurs qui, pour atteindre ce rang, devraient avoir la maîtrise absolue d'eux-mêmes, étaient prêts à employer tous les moyens pour l'avoir à eux pendant quelques instants. Un commandant particulièrement intelligent de l'état-major de Moscou aurait même imaginé un exercice de nuit dans le but de faire jouer à Gulnara le rôle d'une blessée d'un coup de feu à la poitrine, afin de pouvoir la panser de sa propre main.

Miranski avait aussitôt reconnu que le rayonnement sexuel de Gulnara et sa bonne volonté habituelle lui ouvraient des quantités de portes. Partout où des camarades entêtés risquaient de poser des problèmes, il se faisait accompagner de Gulnara. Quelques regards de feu précédaient la requête qu'il devait faire. Même les camarades les plus réfractaires s'ouvraient à ses désirs comme la grande porte d'un hangar.

Ce fut ainsi qu'il se présenta au magasin du bataillon et tendit au magasinier, un homme grincheux et grossier aux yeux tristes de basset et à la gueule de gargouille, la liste de ses désirs. En haut figurait le mot « vodka ».

— Mon adjointe, Gulnara Petrovna, dit-il d'un air dépourvu de toute malice, non sans donner une petite tape amicale sur la partie rebondie de la camarade. Gulnara eut un rire de gorge, darda sur le magasinier un premier regard à anéantir un bataillon tandis que sa blouse se gonflait soudain à craquer de partout. Les pointes de la moustache de l'homme commencèrent à frémir pour se redresser. Miranski avait poursuivi :

— Elle t'expliquera mieux que moi, cher camarade et frère, que nous autres, en première ligne, avons vraiment besoin de tout. N'est-ce pas, Gulinka, mon petit pigeon, parle, explique... Et moi, je vous laisse seuls un instant et je veillerai à ce que personne ne vous dérange.

Une heure plus tard, Miranski avait rempli toute une charrette à bras de provisions de premier choix. Le magasinier et Gulnara s'embrassèrent encore une fois tendrement et elle continua à lui dire adieu du bras et de la main jusqu'à ce que Miranski eût disparu au prochain coin de rue avec son butin.

Avec tous ces événements, l'unité Baïda ne réintégra ses positions qu'à la tombée de la nuit. Toutes bavardaient gaiement et se réjouissaient des provisions qu'elles rapportaient et que Gulnara avait payées à sa manière particulière.

— Quelle belle journée ! s'exclama le sous-lieutenant Ougarov en saluant le docteur Galina Rouslanovna. Elle était restée dans la tranchée pour peindre. C'était son occupation préférée. Assise devant une toile vierge, elle y évoquait des paysages et des fleurs de rêve ou noyait simplement toutes les formes dans un débordement de couleurs qu'animait un rythme intérieur.

Le sentiment naissant qu'elle avait ressenti pour Ougarov s'était très vite éteint. Soia Valentinovna était restée victorieuse :

— Tu as le choix, avait-elle déclaré au Dr Opalinskaia en voyant comme tout le monde qu'Ougarov la suivait partout comme un petit chien. Ou bien tu te fais affecter à une autre unité, ou bien on vous retrouvera un jour, toi et Victor, avec une balle dans le crâne ! Il m'appartient, je ne le céderai à personne, et celle qui voudra me le prendre peut choisir la place où elle veut qu'on l'enterre. Et nous ne pouvons pas nous le partager, sans compter qu'il serait incapable de tenir le coup. Ce qu'il a, ça me suffit tout juste. Est-ce que je suis assez claire ?

Après deux semaines pendant lesquelles Galina avait eu l'air d'un assassin qui ne peut approcher sa victime, la raison avait triomphé sur le regret. D'une semaine de congé, elle était revenue avec un chevalet de voyage, des crayons gras, des couleurs d'aquarelle et des tubes pour la peinture à l'huile, des pinceaux de toutes les largeurs et longueurs et une énorme palette. Son abri devint ainsi un atelier de peintre. Et le premier modèle à poser pour avoir son portrait fut Soia Valentinovna.

Une fois terminée son affaire avec le Dr Opalinskaia, Victor Ivanovitch demeura son ami. Il lui arrivait même d'aller lui demander une crème qui pouvait adoucir les morsures dont Baïda, au cours de ses extases, couvrait le corps de son amant. Jusqu'au jour où, en tant que médecin, Galina était allée trouver son ancienne rivale dans son P.C. pour lui dire :

— Petite sœur, ça ne va plus du tout. Tu ne peux pas dévorer Victor tout cru, pour merveilleux que soit le goût de sa chair. L'Armée Rouge a encore besoin de ce sous-lieutenant...

Toutes deux avaient éclaté de rire. Vraiment, leurs rapports étaient devenus excellents.

Ce jour-là, au retour du cours d'instruction politique, Ougarov avait rapporté à son médecin un présent ; une grande bouteille de térébenthine pour délayer les couleurs et nettoyer les pinceaux.

— D'après le camarade Samsonov, qui vient de Moscou, nous avons déjà gagné la guerre. Il nous l'a démontré sur la carte. Son exposé était très intéressant, il faut le reconnaître. Tout cela était très logique. Reste à savoir si les Allemands vont obéir à la logique...

Il parlait en regardant le Donetz. Tout le paysage, sous le coucher de soleil se parait des couleurs romantiques dont Galina ornait ses tableaux.

— Tout a été tranquille, aujourd'hui encore, là-bas...

— Oui, comme toujours. On s'habitue à ce calme trompeur. On ne sait plus ce qu'est le bruit du canon, comment explose un obus. Si on nous tirait dessus, nous aurions tous et toutes un sursaut de peur.

— Y a-t-il quelqu'un au village ?

— Seulement Janna. Corvée de moutons.

— Elle n'est pas encore revenue ?

— Elle est restée là-bas toute la journée. Il a fait très chaud. Elle a dû comme toujours se dorer au soleil, couchée toute nue sur l'herbe...

Ougarov oublia aussitôt Janna Ivanovna. Comment aurait-il pu supposer qu'elle ne reviendrait pas ?

Or, Janna ne revint pas. Après la disparition du jour dans un ciel enflammé, la nuit recouvrit la steppe. Ce fut alors que Stella Antonovna se présenta chez Soia Valentinovna qui, assise avec

Miranski et Ougarov devant un poste à piles, écoutait *Le Prince Igor* transmis par la radio de Moscou. Miranski, portant un doigt à ses lèvres, lui montra la place libre à côté de lui sur le châlit. Mais, secouant la tête, Stella demeura debout dans l'embrasure de la porte :

— Janna n'est pas encore revenue, dit-elle à voix haute au milieu d'un duo.

La capitaine Baïda leva la tête :

— Comment cela ?

— Elle était de corvée de moutons.

— Elle a dû s'endormir dans la paille...

Mais le ton de Soia Valentinovna posait déjà une question. Elle ajouta néanmoins :

— Rien n'a pu se passer. La journée a été d'un calme plat. Oui, elle a dû s'endormir. Va donc la réveiller.

Un quart d'heure plus tard, ce fut l'alerte. Marianka Stepanovna revenait, portant Janna sur son dos, précédée de Lida Ilianovna qui criait :

— Vite, vite ! Galina ! Janna se meurt. Elle a reçu une balle...

La tranchée, d'un coup, s'était transformée en fourmilière. Tous et toutes couraient, et ce fut en courant qu'elles débarrassèrent Marianka, qui gémissait de fatigue, de son fardeau et transportèrent Janna en direction du P.C. Miranski et Ougarov étaient sortis de l'abri, tout comme la Baïda qui criait des ordres. Opalinskaia avait rejeté dans un coin son chevalet et ses caisses de peintures pour déployer la table pliante d'opérations. La boîte métallique contenant les instruments et celle des médicaments étaient prêtes, et Galina Rouslanovna, debout, avait remisé son tablier de peintre.

Prudemment, elles étendirent Janna sur la table. Elle avait repris connaissance, ses deux grands yeux noirs s'étaient ouverts et regardaient fixement l'ampoule éblouissante suspendue au plafond. Galina la fit descendre pour mieux voir la blessure dans tous ses détails. A la tête du lit improvisé, Soia Valentinovna avait pris les mains de Janna entre les siennes et les caressait. Soudain, Stella Antonovna entra ; elle tenait une toile de tente pliée qu'elle ouvrit sans mot dire : les débris du fusil de Janna rebondirent bruyamment sur le sol.

Soia Valentinovna se redressa, frappée de stupeur. D'une voix étranglée, elle parvint à dire :

— Tout le monde dehors ! Toi, Stella, reste ! Tous les autres dehors !

Elle attendit d'être seule avec Miranski, Ougarov, Stella et Galina pour lâcher les mains de Janna, se pencher sur les débris du fusil, en examiner quelques-uns en pleine lumière. Entre-temps, Galina avait ôté le pansement sanguinolent et découvert la blessure : la balle avait transpercé l'épaule sans atteindre les os. En ressortant, elle avait laissé derrière elle un gros trou rond. La vie de Janna n'était pas en danger.

Galina se pencha sur Janna dont les yeux noirs demeuraient fixés sur le plafond comme si, au-delà de lui, elle voyait le ciel.

— Tu vivras, lui dit-elle, on ne meurt pas pour si peu ! Je vais t'anesthésier pour nettoyer le trajet de la balle et te remettre un pansement. Et je vais te faire en plus une injection intraveineuse d'une solution de chlorure de sodium. Demain, tout ira mieux, tu peux me croire...

— Stop ! Pas encore d'anesthésie !

Soia Valentinovna était intervenue, le bras levé. Elle s'approcha de la table pour se tenir, très droite, au-dessus de la blessée... Miranski, comme toujours quand il prenait un air pensif, s'était soudain mordu la lèvre inférieure et Ougarov se grattait nerveusement la racine du nez.

— Janna peut-elle m'entendre, Galina ?

— Oui, elle est consciente, seulement extrêmement faible...

— Pas assez faible pour me répondre. Janna Ivanovna, que s'est-il passé avec ton fusil ?

La tête de la blessée roula lentement sur le côté. Elle regarda Soia Valentinovna d'un air suppliant. Elle dit très bas :

— Il a été... meilleur que moi...

— Tu as rencontré un Allemand ?

— Il m'attendait dans la grange... avec les moutons...

— Et il a tiré tout de suite ?

Il y avait comme une prière dans les deux grands yeux d'enfant de la blessée, et sa bouche s'était mise à trembler :

— Non...

Le visage de Soia Valentinovna Baïda s'était durci :

— Qui a tiré le premier ?

— Il a crié *Stoï !* J'ai tiré en sautant de côté, comme on m'a appris...

— Et tu l'as raté !

Janna avait fermé les yeux et fit un signe de tête presque imperceptible. Au cours des heures passées, elle n'avait cessé de se faire des reproches : tu as été indigne de toi-même, Janna Ivanovna, toi qu'on a proposée pour l'ordre de Souvorov en bronze... Tu as laissé fracasser ton fusil, et l'Allemand qui l'a fait vit encore. J'ai honte, et la honte me ronge encore plus que ma blessure...

— Il a été plus rapide que moi, dit-elle enfin dans un souffle.

— Quoi ? Ça, c'est impossible. Il a tiré et lui, il t'a eue ! Et il a démoli ton fusil !

Le visage de Soia Valentinovna était devenu de plus en plus implacable. Péniblement, Janna parvint à articuler :

— Je voulais... je voulais qu'il me tue.

Galina était allée chercher le flacon de sérum et les instruments dont elle avait besoin. En les entendant cliqueter, Janna ouvrit les yeux et aperçut Miranski et Ougarov. Le premier la contemplait presque stupidement, l'air bovin, le second se grattait toujours le nez. Cela lui rappela quelque chose :

— J'ai voulu lui écraser les couilles d'un coup de pied...

— Quelle idée ! s'exclama Miranski soudain très ému. La Baïda lui jeta un coup d'œil courroucé.

— Si j'avais réussi, il m'aurait tuée... Mais j'étais... trop... faible. Tout mon corps tremblait... Crois-moi, crois-moi !

Dans un gémissement, elle retint son souffle. Galina, la seringue d'injection à la main, regarda Soia Valentinovna pour lui faire comprendre que ses soins étaient pour l'instant plus importants que tout interrogatoire.

— Et puis... il m'a pansée... il ne m'a pas tuée.

Mais la Baïda demeurait intraitable. D'un geste brusque, elle avait dégrafé sa blouse pour mieux se pencher sur la blessée :

— Il t'a pansée, dis-tu. Il s'est donc penché sur toi, il était tout près de toi. Pourquoi ne l'as-tu pas mordu à la gorge, arraché la pomme d'Adam avec tes dents ?

Janna avait refermé les yeux, tourné la tête du côté opposé :

— Je n'ai pas pu... Il m'a parlé... Il m'a parlé comme mon père... Il m'a pansé trois fois... Dans la journée il a mangé près de moi... Il m'a cherché de l'eau... Il est parti quand il a fait sombre... Je ne pouvais pas bouger...

Sans pitié, la Baïda poursuivait son interrogatoire malgré les gestes énergiques de Galina qui voulait commencer ses soins :

— De quoi avait-il l'air ?

— Il portait un uniforme allemand...

— Tu es plus bête qu'une brebis ! Évidemment, il n'était pas tout nu !

— Il portait un bonnet étrange, tricoté...

— Quoi ? demanda Miranski stupéfait.

— Un bonnet gris foncé... de laine... un bonnet rond... jusqu'aux yeux... Je ne sais rien de plus...

Soia Valentinovna Baïda reboutonna sa blouse, se raidit et considéra froidement Janna, ses seins, la blessure d'où le sang suintait goutte à goutte. D'une voix coupante, elle déclara :

— Janna Ivanovna Babaieva...

Ni la toux de Miranski, ni le regard suppliant d'Ougarov ne pouvaient l'arrêter :

— Vous avez failli à votre devoir. Lamentablement failli ! Bien que je doive faire un rapport à votre sujet, je ne le ferai pas. D'ailleurs, comment pourrais-je le faire ? C'est l'honneur de tout le bataillon que vous avez sali, et il faut que vous fassiez partie de mon unité ! Nous oublierons que vous êtes blessée ! Vous ne l'avez jamais été ! Rien de cela ne sera consigné sur votre livret militaire.

— Merci, balbutia Janna en pleurant, merci...

C'en était trop. Soia Valentinovna perdit toute sa maîtrise de soi et se mit à hurler :

— Écoutez-moi bien, Janna Ivanovna ! Vous ne referez partie des nôtres que lorsque vous nous aurez prouvé que vous êtes un vrai guerrier, courageux, tenace, prêt à se battre jusqu'à la dernière goutte de son sang. Un guerrier qui ne connaît que son pays, qui ne vit que pour défendre l'Union soviétique ! Vous avez renié notre chère patrie face à un Allemand... Vous ne reviendrez dans notre communauté que lorsque vous aurez inscrit dix Allemands de plus dans votre livret de tir. Jusqu'alors, vous vivrez parmi nous, mais personne n'aura pour vous la moindre considération.

Elle se tourna vers la doctoresse qui attendait toujours :

— Tu peux y aller maintenant, Galina Rouslanovna. Tout est dit. Remets-la sur pied, qu'elle puisse rapidement remplir son devoir.

Elle jeta un dernier coup d'œil sur Janna, plongea son regard dans celui, si triste et mortifié, de la blessée. Puis, faisant brusquement demi-tour, elle quitta le poste de secours. Galina enfonça enfin l'aiguille dans le bras de Janna :

— Bientôt, tu ne souffriras plus.

Janna inclina faiblement la tête. Puis elle se mit à pleurer à voix haute comme un enfant et elle sanglotait encore quand elle sombra lentement dans l'inconscience.

Dehors, dans la tranchée, la Baïda, appuyée au mur de terre, s'adressait à sa troupe :

— Avez-vous bien entendu ? Voici un Allemand qui vient tout seul nous rendre visite, il est capable de tuer Janna et au lieu de cela, il lui sauve la vie. Il reste chez nous, près d'elle, jusqu'au soir et disparaît en repassant le fleuve. Un homme qui porte un bonnet de laine gris. Un type dangereux ! Avec lui, vous allez avoir de l'ouvrage...

— Je vais m'occuper de lui...

C'était Stella Antonovna. Elle regardait au-delà du Donetz. Dans la nuit, sous le clair de lune, tout le paysage avait des reflets d'argent.

— Il va me payer d'avoir déshonoré Janna !

— Tu ne franchiras pas le fleuve seule, pour l'imiter ! Ce serait de la folie ! dit la Baïda d'une voix dure.

— Il reviendra, Soia Valentinovna...

Elle pressait son fusil contre elle comme pour présenter l'arme.

— Il reviendra. Un homme véritable revient toujours, je te le garantis ! Je le sais. Moi aussi, je suis comme cela !

Miranski la regarda pendant une seconde, le temps de comprendre pourquoi Stella Antonovna était capable de dépasser toutes les normes habituelles.

Dallmann était couché, inquiet, derrière sa mitrailleuse, dans l'herbe haute, quand Peter Hesslich revint enfin de son expédition sur la rive soviétique du fleuve. Il entendit d'abord le clapotis de la vieille barque. Puis il vit Hesslich qui ramait fortement contre le courant et semblait n'avoir eu aucun ennui. Par prudence, Dallmann engagea une bande de cartouches dans son arme pour couvrir Hesslich en cas de besoin. Quand le fond de la barque grinça finalement contre le sable et qu'Hesslich fit un saut pour se retrouver à terre, Dallmann ne put s'empêcher de crier :

— Alors, que s'est-il passé ? Qu'as-tu découvert ?

— Rien, répondit Hesslich d'un ton grognon.

— Quoi, pas une paire de seins à se mettre sous la dent ?

— Ta gueule...

Son fusil sous le bras, Hesslich trottina jusqu'aux vieilles maisons paysannes. Là, il ôta son bonnet de laine, le fourra dans la poche de son pantalon et se jeta sur la paille. Dallmann l'avait suivi, la mitrailleuse légère sur l'épaule.

— Qu'y a-t-il, vieux ? Aurais-tu aperçu la rondeur d'un joli cul de femme et serais-tu furieux parce que tu n'as pu lui faire du rentre-dedans ?

— Je suis fatigué.

Il ferma les yeux. L'image de la jeune Russe blessée le hantait. Il avait épongé le sang qui coulait jusque sur ses seins et quatre fois elle avait craché sur lui. Au cours de la journée, il lui avait donné à boire, rafraîchi le front, et bien qu'elle ne comprît rien de ce qu'il racontait, il lui avait expliqué que la guerre était une chose ignoble, ignoble l'obligation qu'ils avaient de se tuer réciproquement, et que la vie pourtant pouvait être si belle. En prenant congé d'elle à la nuit tombante, ses lèvres s'étaient doucement approchées de son front, de ses yeux, puis de la bouche qui tremblait. Cette fois-là, elle n'avait pas craché sur lui.

— Vas-tu y retourner ?

Dallmann s'était assis dans la paille à côté de lui en reposant sa mitrailleuse sur le sol.

— Je n'en sais rien...

Évidemment, il savait. Une chose était sûre : il ne pouvait plus y retourner seul. Après avoir découvert leur camarade blessée, toute l'unité des tireuses d'élite devait être en alerte.

— Ferme-la maintenant, Uwe, et roupille ! Quelle merde que tout cela !

— Quoi ?

— Tout, petit. Tout ! Il faudrait arriver à cesser de penser !

Vers le matin, il rêva de la petite Russe. Elle était accroupie sur lui et le chevauchait. Ses grands yeux noirs jetaient des flammes, sa bouche crachait du feu.

Vraiment, un sale rêve...

Cinq jours et cinq nuits, Peter Hesslich attendit la vengeance des femmes. Sa rencontre avec Janna l'avait convaincu qu'il ne fallait pas sous-estimer le danger et la combativité de cette unité féminine. Le sous-lieutenant Bauer III lui-même avait secoué la tête et déclaré quand Hesslich et Dallmann s'étaient présentés à lui :

— Ils n'ont donc pas assez de soucis là-haut, à l'état-major de l'armée ? Ils se font vraiment du mauvais sang à cause de ces bonnes femmes à fusil ! Certes, nous avons eu quelques pertes. C'est toujours le cas quand on a en face de soi des tireurs d'élite. Mais ne croyez-vous pas qu'on aurait pu régler la question nous-mêmes, sans des spécialistes comme vous ?

Et Fritz Plotzerenke n'avait pas caché sa colère :

— Ce n'est qu'un tas de gonzesses, de lâches ! Elles se mettent à l'affût, et pan ! Est-ce que c'est une guerre loyale ? Moi, je vous dis que je tire aussi bien qu'elles ! Si seulement j'apercevais le bout de leur nez !

C'était toute la question. On ne voyait d'elles que ces trous au milieu du front qu'elles enregistraient soigneusement sur leur livret de tir. Comment oser parler de guerre loyale ? Qu'est-ce que la guerre ? Des membres arrachés, des maisons détruites, une terre ravagée par le fer et par la flamme, l'extermination de tout ce qui vit, l'anéantissement de plusieurs générations d'êtres humains ? Qu'y a-t-il de loyal dans le fait de se servir d'instruments de meurtre perfectionnés parce qu'on est soldat et qu'on vous a enseigné à tuer ?

Pendant toute une nuit, Hesslich avait expliqué la situation à Bauer III. Il lui avait parlé de l'École de Posen, du commandant Molle, son directeur, de ce que ce dernier leur avait appris :

— Le problème est également psychologique. A la suite des observations faites dans différents secteurs du front, le haut commandement est persuadé que les Soviets utilisent maintenant des bataillons de femmes. Pas des unités du service de santé, des médecins et des infirmières comme chez nous. Non, des unités combattantes régulières d'infanterie, de D.C.A., de chasseurs de chars, de conductrices de char, et même du génie : elles se battent au lance-flammes, posent des mines ; elles sont pilotes de chasse. Elles constituent même une escadrille de bombardiers lourds...

— Tu es fou, avait dit Bauer III en roulant pour Hesslich et pour lui deux cigarettes faites du tabac des bouts de mégots, « troisième infusion », comme ils disaient.

— Et ce que nous avons en face de nous, ce sont des tireuses d'élite. Il n'est rien que les femmes ne puissent faire dans l'armée soviétique. Devant Leningrad, elles ont tenu une tête de pont jusqu'au dernier homme, je veux dire jusqu'à la dernière femme. Dans le Caucase, pendant l'automne 1942, la totalité d'un bataillon de femmes s'est laissé anéantir sur place. Et une unité SS s'est trouvée brusquement aux prises non plus avec des hommes, mais avec des femmes, et ce sont elles qui ont attaqué : elles ont essayé de prendre une position SS !

— Allons, ne charrie pas !

En riant, Bauer III tendait à Hesslich la cigarette chargée de son excès de nicotine et lui donnait du feu.

— Tout cela, ce sont des vantardises de tireurs d'élite, de vraies histoires de chasse et de pêche !

— A Posen, nous avions les chiffres exacts. Chaque jour, après sept heures d'exercices de terrain et de tir, nous avions trois heures de théorie et de formation. Chaque jour ! Et nous avions tous les renseignements confidentiels que les autres combattants n'ont pas, marqués sur de grandes cartes avec des points et des cercles en rouge. Et chacun d'eux représentait des femmes, partout des femmes, des groupes de combat. Et comme nous avons d'abord rigolé, comme toi, mon lieutenant, on nous a donné les chiffres, des chiffres exacts. Et l'on nous a dit : « Espèces de pauvre types ! Apprenez donc ce qui se passe, eh bien, comme à l'école communale quand vous avez appris deux et deux font quatre ! Et pensez-y dès que vous verrez une jupe de femme couleur terre ou des boucles qui dépassent d'un bonnet de Rousski ! Rappelez-vous une fois pour toutes qu'en face de vous, ce n'est pas un ventre de femme qui vous attend, mais une mort certaine. » Faut-il que je continue, mon lieutenant ?

— Vas-y !

— Nos agents nous ont rapporté que toute la défense contre les avions autour de Moscou et de Leningrad est assurée par des femmes. Leur école centrale se trouve à Moscou. Cette mobilisation des femmes s'est faite conformément à deux ordonnances du Comité de Défense de l'État soviétique, celles du 23 mars 1942 et du 13 avril 1942. En moins de quelques semaines, on a vu arriver à Moscou pour y recevoir la formation D.C.A. deux mille six cent soixante-dix jeunes filles du secteur de Tchéliabinsk, quatre mille cinquante-sept de Sverdlovsk, deux mille cinq cent soixante-dix-neuf de Perm. Le 22e régiment de D.C.A. a reçu neuf cent trente-six filles de l'Oural. En automne 1941, quand nous nous sommes approchés de Moscou, Staline a ordonné de concentrer toutes les forces aériennes soviétiques dans le secteur de Volokalamsk pour les lancer massivement contre nous et éviter un encerclement. Sept cent soixante-deux avions en tout, chasseurs et bombardiers compris, dont trois régiments de trente avions, surtout des bombardiers lourds, dont *la* colonelle s'appelait M. M. Raskova !

Hesslich avala deux gorgées de thé froid parfumé à l'ersatz de citron avant de continuer :

— Mieux encore, à Stalingrad, une escadre entière de bombardiers de jour, la 125ᵉ, avait un personnel uniquement féminin. Et une aviatrice célèbre, Olga Nicolaievna Yamachtchikova est capitaine d'une escadrille. Elle vole depuis 1916 et détient le record du monde féminin de la plus longue distance.

— Je commence à croire que tu es fou, dit Bauer III, ému malgré lui. Si tu as autre chose dans ton sac, déballe, déballe !

— Les « deux et deux font quatre » du commandant Molle constituent une liste bien plus longue, et nous l'avons apprise par cœur. La 588ᵉ escadre de bombardiers de nuit : rien que des femmes ! La Baltique est sillonnée de dragueurs de mines dont les équipages sont exclusivement féminins. Et je vais te citer le cas d'une certaine Yekaterina Selenko : le 12 septembre 1941, elle s'est précipitée avec son avion de chasse au milieu d'une escadre de stukas allemands. Après avoir épuisé ses munitions, elle s'est lancée contre un stuka et s'est écrasée au sol avec lui. En octobre 1941, nous attaquons la petite ville de Sutovi-Biakovo. Un bataillon d'infanterie soviétique, composé principalement de femmes, a défendu la ville non pas jusqu'à la dernière cartouche, mais jusqu'à la dernière femme. Il en restait deux : Natacha Kovchova et Macha Polivanova. Elles ont transporté les dernières munitions dans l'hôtel de ville et s'y sont fait sauter avec toute une compagnie des nôtres. Retournons à Stalingrad : pendant que nous progressions dans la steppe, des femmes ont attaqué individuellement des chars « Tigre » avec des charges explosives et en ont fait des tas de ferraille ! A Stalingrad, une usine de canons, la « Barricade Rouge », était défendue par de la D.C.A. lourde soviétique. Nous y avons pris trente-sept canons, tous servis par des femmes ! Voilà ce que nous avons appris, de point rouge à cercle rouge, sur nos cartes. Partout, les Soviets ont engagé des femmes. Leur nombre ? On ne peut que l'évaluer. Rien que dans l'infanterie elles sont plus de cent mille, et tous les jours il en arrive de nouvelles. Mais l'unité la plus dangereuse est celle des tireuses d'élite, et le groupe que nous avons en face de nous est le plus réputé de tous. On a pu reconstituer ses mouvements avec précision. Ces femmes apparaissent pour la première fois au cours de l'hiver 1942 dans le secteur de Tchiertkovo. Là, elles ont eu l'audace d'enlever simplement des hommes de garde dans les avant-postes de la VIIIᵉ Armée italienne. Nous allions nous occuper d'elles quand nous avons dû battre en retraite. Maintenant nous savons qu'elles sont en face de nous, mon lieutenant, de l'autre côté du Donetz, et il ne s'agit pas de femmes insatisfaites parce qu'elles ne peuvent pas s'envoyer un homme et qui se vengent comme cela ! Ce sont des soldats qui ont reçu une formation prestigieuse, et contre lesquels votre Plotzerenke ne pèserait pas plus lourd qu'un pet-de-nonne !

Hesslich s'appuya contre le mur de l'abri pour reprendre son souffle :

— Telle est la situation ! Pas belle, hein ? Mais pas tout à fait désespérée. Comprenez-vous maintenant pourquoi nous sommes ici ?

Le sous-lieutenant Bauer III avait compris. Dès lors, Hesslich et Dallmann avaient pu s'organiser comme ils le jugeaient bon, sans que personne vînt y mettre son grain de sel. D'une façon ou d'une autre, les femmes d'en face avaient dû s'apercevoir que leurs « plaisanteries » étaient devenues dangereuses. Depuis trois semaines, les « visites de ces dames » avaient cessé.

Bauer III ne s'était pas opposé à ce que l'adjudant Hesslich mobilise dix de ses hommes pour surveiller jour et nuit la rive du fleuve. « J'ai l'impression, avait dit Hesslich, que quelque chose va bientôt avoir lieu. Sans cette sorte de flair, on est condamné à mort. Quand le danger s'approche, il faut ressentir un certain picotement le long du dos. Quand on voit l'ennemi, c'est trop tard. Surtout avec ces filles... Et j'ai l'impression qu'elles nous préparent quelque chose... »

C'était un sentiment étrange, inquiétant ; il ne se passait rien, et pourtant c'était comme si leurs pensées et celles des femmes d'en face avaient jeté un pont au-dessus du Donetz...

En effet, dans le groupe Baïda, deux tendances totalement différentes s'affrontaient.

Stella Antonovna, Marianka, Janna, Lida et dix-neuf autres, y compris la doctoresse Galina Rouslanovna, voulaient franchir le fleuve et tuer tout ce qui, du côté allemand, se présenterait au bout de leur ligne de mire.

Et Soia Valentinovna, Miranski, Ougarov et trente-six filles, y compris, chose étonnante, Daria Allanovna qui habitait maintenant avec Miranski dans son abri comme si elle était sa femme, soutenaient que ce genre d'opération était pour l'instant déraisonnable.

— Le renard, qui est rusé, sait attendre que le chasseur se soit éloigné, avait dit la Baïda au cours d'une discussion enfiévrée.

La voix claire de Stella Antonovna lui avait répondu :

— Mais le loup, qui est courageux, attaque le chasseur. Et nous sommes une bande de louves ! Pourquoi nous cacher ? A cause d'un homme qui porte un bonnet gris en laine tricotée ? Auriez-vous peur de lui ? Et je vais surtout vous poser une question : comment Janna pourra-t-elle revenir et faire partie de notre communauté si vous lui refusez l'occasion de tuer dix Allemands de plus ? C'est illogique et injuste ! Si nous ne pouvons franchir le fleuve, que Janna au moins soit autorisée à le faire !

Soia Valentinovna avait accepté après une hésitation :

— Soit, Janna pourra y aller. Mais si elle y allait seule, ce serait une sottise...

— C'est le problème de Janna, et non le nôtre...

Du regard, Stella avait recherché l'aide de Miranski, mais l'ex-commissaire se gardait bien de prendre position dans une question aussi épineuse.

— Alors, que puis-je dire à Janna ? insista Stella.

— Laissons passer une semaine de plus...

Soia Valentinovna soupira fortement. C'est la paix, pensait-elle souvent quand, couchée près de Victor Ivanovitch, elle caressait le corps du beau sous-lieutenant. Oui, vraiment la paix, quelque chose de céleste. Ce devrait être toujours ainsi. Dans ces moments de béatitude, elle oubliait les murs de l'abri avec leur soutènement de poutres et de planches, les tables et les tabourets faits de rondins mal dégrossis, le lit de camp et les armes et les uniformes suspendus à des clous plantés dans le bois, et le téléphone de campagne, et les caisses de munitions. Et en voyant la porte massive qui l'avait accompagnée partout, elle pensait : je suis dans une sorte de château. Seule dans mon château avec mon Victor...

— Laissons croire aux Allemands qu'ils sont en sûreté, il faut qu'ils prennent un peu moins de précautions. Alors, Janna pourra de nouveau revenir dans notre cercle d'amies. D'accord ?

A cela, il n'y avait vraiment rien à répondre. Stella dut se contenter de rester une semaine de plus inactive, à regarder de loin, pleine de rancœur, la rive allemande du fleuve.

Ce fut exactement pendant cette semaine que Peter Hesslich attendit en vain la réaction qu'il prévoyait...

Personne n'avait jamais soutenu que Foma Igorévitch Miranski était un homme extraordinaire. Vraiment, rien en lui n'était frappant, ni son aspect extérieur, ni son intelligence, ni même sa virilité. Et c'est justement cette dernière qui était à l'épreuve avec Daria Allanovna, cette petite sorcière au sang chaud et à la chevelure de flamme, qui habitait désormais chez lui.

Ce n'est certes pas facile de vivre avec une diablesse de vingt ans et de lui donner ce qu'elle exige et dont elle a besoin. Et l'on ressent comme une piqûre au plus profond de l'âme quand elle mêle aux mots les plus tendres des expressions comme « cher oncle Foma », ou « petit père », ou mieux encore « mon petit vieux ». Quelque chose transperçait Miranski du sommet de la tête à la plante des pieds lorsque Daria, à un moment qu'il jugeait particulièrement agréable pour lui, disait d'une voix vibrante : « Voyons, mon petit vieux... Oh là là, oh là là ! Fais attention, tu vas avoir une attaque cardiaque ! » Alors, soufflant bruyamment comme un hippopotame en colère, Miranski lui ébouriffait les cheveux, lui pinçait les seins, la secouait comme un prunier en l'appelant de noms dont le plus tendre était « pute du diable ». Alors seulement Daria Allanovna se mettait vraiment à l'ouvrage, et Miranski avait grand-peine à tenir le coup jusqu'au bonheur final.

— Je vais vous demander un conseil, dit-il un jour à Ougarov, un conseil d'homme à homme. Pour sûr, votre Soia Valentinovna est une bouilloire d'eau bouillante, et malheur à qui soulève le couvercle sans prendre garde à la vapeur qui s'en échappe en sifflant, n'est-ce pas ? Il y a en elle une puissance volcanique, primitive. Une femme aussi fougueuse peut anéantir un homme ! Alors comment faites-vous, cher ami, cher Victor Ivanovitch ? Je vous observe depuis bien des mois. Que ce soit le matin ou le soir, vous repoussez la lourde porte de l'abri, vous écartez les bras en vous étirant et vous vous comportez comme si vous sortiez d'un bain rafraîchissant ! Vous avez l'air tout reposé et pas du tout anéanti par le feu de ce volcan ! Vous, mon meilleur camarade, je vous en prie, confiez-moi le secret de cette puissance mystérieuse !

D'un air méditatif, Ougarov l'avait écouté en regardant droit devant lui et en se tapotant la cuisse de ses doigts :

— Je trompe tout le monde, cher Foma Igorévitch ! La vérité est que je suis un bout de bois desséché. Si quelqu'un me touche, j'ai l'impression que je vais me briser en deux avec un grand craquement. Entre nous, confidentiellement...

— Tout à fait confidentiellement, mon cher Victor.

— Au lit comme ailleurs, Soïtchka est une tueuse !

— C'est bien ce qu'il me semblait ! Comment faites-vous pour vivre encore, mon ami ?

Miranski poussa un grand soupir. Il se rendait compte que le jour déclinait déjà et que Daria l'attendait dans l'abri. Dès qu'il entrerait, il saurait à quoi s'en tenir : une odeur d'œufs frits, c'était l'épuisement sans pitié. Si au contraire l'abri sentait la soupe aux choux de la roulante, il pourrait espérer s'en tirer avec une douleur cuisante au creux de la colonne vertébrale.

— J'ai une combine, chuchota enfin Ougarov d'un air conspirateur, et Miranski siffla entre ses dents :

— Une combine ? Victor Ivanovitch, je vous en prie, laquelle ?

— Je n'en pouvais plus, alors j'ai eu une idée... Vous savez bien, les grandes inventions de la Russie viennent de notre génie de l'improvisation !

— Vous avez improvisé avec Soia Valentinovna ? bégaya Miranski de plus en plus ému.

— Oui.

— Et elle ne s'en aperçoit pas ?

— Elle s'aperçoit que ça lui fait drôlement du bien...

— Phénoménal ! Ougarov, vous êtes mon meilleur ami, vous allez me confier votre invention, n'est-ce pas ? Je vous serai éternellement reconnaissant. Daria est en train de me vider complètement de l'intérieur...

Ce fut ainsi que Miranski apprit du sous-lieutenant Ougarov le secret de dompter une femme volcanique. Et puisque cela eut lieu tout à fait confidentiellement, il nous est impossible de le révéler. De toute façon, il est prouvé que la semaine suivante Miranski eut une attitude beaucoup plus dégagée et que Daria Allanovna, au lieu de l'appeler « mon petit vieux », recourut à des flatteries telles que « mon petit taureau sauvage », tandis que luisaient ses yeux de chatte. Et Miranski embrassa plusieurs fois le sous-lieutenant Ougarov sur les deux joues, pour le remercier.

Naturellement, le chef du bataillon n'ignorait pas ce qui se passait dans l'unité Baïda. Il n'y eut pourtant aucune admonition, aucune mesure disciplinaire. Tant qu'il n'y aurait pas chez ces femmes spéciales de crises d'hystérie ni de drames de jalousie, on se contenterait de fermer les yeux. On alla même jusqu'à féliciter secrètement Miranski. D'ailleurs, de temps à autre, quelques-unes de ces femmes venaient chercher à l'arrière du ravitaillement, des munitions, du matériel ou de l'outillage. C'étaient surtout les officiers qui profitaient de ces longues nuits printanières, et pourquoi auraient-ils transmis aux autorités supérieures certaines entorses au règlement ?

Fondamentalement, tout cela était normal. Là où des hommes et des femmes travaillent et combattent et même meurent ensemble, on ne peut guère leur interdire de vivre aussi ensemble et de faire l'amour. On avait d'ailleurs donné un nom à ces femmes-soldats : ***Polevaia pokhodnaia chěna,*** avec pour sigle « PPch », ce qui signifiait à peu près « femme de service en campagne ». Avoir dans son abri, à demeure, une PPch, était un sort digne d'envie et non de reproche. Cette situation ne devenait difficile que pendant les périodes où les armées russes progressaient sans s'arrêter, comme de janvier à mars 1943. Alors les PPch se trouvaient au coude à coude avec les hommes du train des équipages, et l'on ne savait jamais jusqu'où pouvait aller leur complaisance pour ces planqués qui se tenaient à l'arrière avec le ravitaillement et auxquels le temps ne manquait pas pour essayer de voir ce qui se passait sous leurs jupes.

Les grandes catastrophes viennent subitement, à l'improviste, comme surgissant du néant, aussi leur effet est-il d'autant plus dévastateur.

La catastrophe de Foma Igorévitch Miranski prit la forme inattendue de Praskovia Ivanovna. Sa femme.

C'était une petite bonne femme de déjà trente-neuf ans. Elle se trouvait donc dans l'âge où l'on s'est habitué à certaines conditions de vie et où en changer pose un problème presque insurmontable. Miranski avait eu sa dernière permission sept mois plus tôt, abstraction faite d'un cours de formation de trois jours, qui avait eu lieu à Moscou. Mais il s'était alors enivré régulièrement avec ses amis auxquels il avait conté monts et merveilles au sujet de son bataillon de femmes, et admiré et envié par tous, il n'avait aucunement ressenti l'envie de satisfaire les besoins de Praskovia.

Dans une situation semblable, les femmes peuvent avoir des idées incroyables. Praskovia Ivanovna s'adressa sans vergogne à l'officier supérieur commandant le régiment de son mari pour lui exposer son cas : Foma Igorévitch Miranski, écrivit-elle, était commissaire politique dans une unité de tireurs d'élite. Or, elle entendait répéter à la radio et lisait dans la *Pravda,* qui ne ment jamais, que le front était si calme qu'on y entendait caqueter les poules. Elle demandait donc l'autorisation de visiter sur place son cher mari. La joie qu'il ressentirait en la voyant ne pourrait qu'accroître sa bravoure, pour extraordinaire qu'elle fût déjà.

Dans une unité combattante, le commissaire politique ne dépendait que fort peu de l'échelon militaire. La décision devait finalement être prise par la Centrale de la Formation Politique, à Moscou. Et là, certains camarades, inconscients peut-être, crurent que Miranski se réjouirait fort de la visite de sa femme, à qui ils envoyèrent immédiatement un laissez-passer, tandis que d'autres étaient heureux du bon tour qu'ils jouaient à ce veinard.

Par un beau dimanche ensoleillé de la mi-juin 1943, Praskovia Ivanovna Miranski arriva en personne sur les bords du Donetz. Elle avait pris d'abord le train, puis un camion et, pour la dernière partie du trajet, une carriole de paysan que tiraient deux vieilles rosses brinquebalantes. Elle contenait un chargement de choux destiné au bataillon où l'on en ferait un plat magnifique, épaissi d'orge perlé et de farine. Le paysan était un grand-père avare de mots ; il fumait dans une pipe qu'il avait taillée au couteau un tabac meurtrier qu'il cultivait lui-même, et il écouta Praskovia exposer longuement ses projets pour les jours qui allaient suivre. Ce ne fut qu'à la fin du voyage, devant le magasin du bataillon, qu'il exprima son opinion :

— Est-ce que toutes les femmes ont désormais l'autorisation de visiter leur mari au front ? Eh ben, ça va faire un drôle de va-et-vient !

— Je ne sais pas, petit père...

Elle avait sauté de voiture et lissait la nouvelle jupe bleue en coton qu'elle s'était cousue elle-même.

— J'ai simplement essayé, et on m'a accordé l'autorisation.

— Ton mari est officier, hein ?

— Commissaire...

Le grand-père ferma à demi les yeux pour la regarder en tirant sur sa pipe.

— Qu'est-ce qu'il est ? Commissaire ? Hein...

— Oui, commissaire politique, dit fièrement Praskovia.

Le vieux toussota, aspira à fond puis, d'un jet de salive bien dirigé, atteignit Praskovia à l'épaule gauche. Stupéfaite, elle le vit s'éloigner, entrer dans le magasin. Elle se demanda un instant si elle allait se mettre à crier : « Il a craché sur la femme d'un commissaire justement parce que son mari en est un ! » Mais, soudain incertaine de l'effet que ses cris pourraient avoir, elle prit sa valise de toile et se dirigea vers la maison dont la porte était surmontée d'une pancarte : KOMMANDANTURA.

C'est mon petit Fomacha qui va être heureux, pensait-elle. Je lui apporte un gros gâteau au vrai beurre et trois cents grammes de vodka.

La malchance — ou la chance — de Praskovia Ivanovna (selon le point de vue qu'on a de la chose) voulut que l'officier de service à l'état-major du bataillon, qui était parfaitement au courant des conditions qui régnaient en première ligne dans l'unité de Baïda, prît alors son bain dans un grand tonneau de bois en se faisant frotter le dos par un infirmier. Si bien que la vaillante petite bonne femme, en entrant dans le bureau, fut reçue par un sous-lieutenant arrivé au bataillon deux semaines plus tôt. Venu tout droit du Kamtchatka, ce jeune garçon ignorait tout de ce qui pouvait se passer à l'avant dans une période de calme absolu. Il était fort occupé ; il devait enregistrer les nouvelles troupes qui arrivaient de tous les coins de l'Union soviétique pour constituer un groupe d'armées, le célèbre Front des Steppes, commandé par le général Koniev. Quatre armées de la Garde se concentraient dans le petit secteur du Donetz, de Prokhorovka à Voltchansk, sur une longueur d'à peine cent kilomètres. Dans cet espace réduit, des troupes fraîches bien nourries, bien entraînées et bien armées, animées d'un formidable esprit combatif, attendaient l'offensive d'été allemande, celle dont la centrale d'espionnage « Luzy », installée en Suisse, avait livré tous les détails à Moscou. Dans une puissante contre-offensive, elles anéantiraient alors ce qui resterait des Allemands. Il s'agirait d'un choc furieux tel que cette guerre cruelle n'en avait encore jamais vu, une marche triomphale à l'intérieur de la Pologne jusqu'à Berlin, jusqu'à l'écrasement définitif de la puissance du IIIe Reich. Pour l'instant, partout sur l'ensemble des fronts, de Leningrad à la mer Noire, c'était le même spectacle. L'Armée Rouge avait massé ses huit cent soixante divisions avec huit mille quatre cents chars, vingt mille sept cent soixante-dix canons, soit cinq millions cinq cent douze mille soldats prêts à laminer sous un déluge de feu et d'acier tout ce que les Allemands pouvaient encore leur opposer. Le diable lui-même ne sauverait plus Hitler. De quoi disposait-il encore ? De deux millions quatre cent soixante-huit mille cinq cents hommes fatigués, disons plutôt exténués, au moral affaibli par des retraites continuelles et d'incessants combats d'arrière-garde, et ils devaient en plus compter leurs munitions, et ils manquaient de carburant pour leurs véhicules et leurs avions ! Et ils ne disposaient que de huit mille trente-sept canons ! Quant aux deux mille trois cent quatre chars qui figuraient sur le papier, à peine sept cents étaient en état de marche !

Cela, c'était seulement pour le front russe. L'Afrique était perdue, et Rommel revenu en Allemagne, vaincu, de son aventure du désert. En Méditerranée, les Alliés préparaient leur premier débarquement en Italie, avec pour objectif immédiat la Sicile. A travers l'Europe méridionale mal défendue, Anglais et Américains menaceraient directement le cœur du Reich. Le courage et l'endurance des troupes allemandes ne pourraient jamais plus rétablir la situation.

Mais au cours de ces chaudes journées de juin, tout dormait encore sur le front russe, et les soldats allemands ne soupçonnaient pas que cette terre paisible, baignée de soleil, allait se transformer pour eux en un gigantesque cimetière.

Il n'arrive que ce qui doit arriver : le jeune sous-lieutenant du Kamtchatka, qui ne parvenait même pas à concevoir la stratégie générale des déplacements et de la concentration des régiments qu'il lui fallait enregistrer avec tout leur matériel, reçut Praskovia Ivanovna alors que le temps lui manquait pour ce qui lui paraissait essentiel. Il jeta un coup d'œil rapide sur le papier de Moscou et sur le laissez-passer, tamponna rapidement les deux documents avec le sceau du bataillon, y apposa sa signature et déclara : « Tout est en ordre, camarade Miranskaia. Vous partirez vers l'avant par le prochain courrier. Vous ne courez pour l'instant aucun danger. Tout est calme. Mais comme vous le savez, vous assumez personnellement tous les risques de votre visite. »

— C'est en effet ce qu'on m'a dit...

Avec un sourire heureux, Praskovia reprit sa valise de toile et s'apprêta à attendre. Le bureau l'avait prévenue qu'on l'avertirait dès qu'un véhicule partirait pour le secteur de son mari.

Elle s'assit donc contre le mur de la Kommandatura sur une pile de bois, sa précieuse valise de toile calée entre ses jambes, contemplant le va-et-vient apparemment insensé des soldats, abrutie par les cris et les commandements, les grondements des motos et des camions. Un détachement de cosaques qui, comme dans les bons vieux temps, traversaient le bourg au galop de leurs petits chevaux rapides, s'arrêta net pour engager une discussion véhémente avec le gérant du magasin. Ils menaçaient tout simplement de le pendre, de l'attacher à la queue d'un de leurs chevaux, de le châtrer tout en lui faisant bouffer ses propres testicules. Puis un sous-lieutenant apparut, hurlant plus fort encore que les cosaques, leur disant qu'ils se conduisaient comme une bande de pouilleux, et que, s'ils ne disparaissaient pas, ils allaient subir le sort qu'ils réservaient à leurs poux !

C'était donc cela, la vie sur le front ! Praskovia ouvrait de grands yeux. Pauvre Foma Igorévitch, pensa-t-elle ! Il doit être en train de broyer du noir au fond de sa tranchée. Ne lui avait-il pas écrit dans sa dernière lettre : « Je serai bien heureux quand la guerre prendra fin. Je fais tellement d'efforts que parfois je n'en peux plus... »

Ce qui correspondait tout à fait à la vérité, mais Praskovia en lisant cette lettre, s'était représenté son mari en proie aux plus dures épreuves, et elle avait pleuré longuement. Pauvre Foma, il n'en peut plus ! Ce qu'il doit souffrir ! Que n'exige-t-on pas d'un guerrier quand il est brave ! Enfin, un bon gâteau au beurre, cuisiné des mains de sa chère petite femme, lui redonnerait le moral nécessaire !

Vers le soir, une jeep, une de celles livrées à l'URSS dans le cadre de l'aide de guerre des États-Unis, partit enfin vers l'avant. Praskovia put s'asseoir à l'arrière. Tenant sa valise pressée contre une poitrine remarquable, elle eut l'impression de se précipiter tête baissée dans une grande aventure, qu'elle raconterait ensuite bien des fois pendant tout le reste de sa vie : elle allait au front !

Le diable — car il est impossible d'expliquer autrement cette série de coïncidences — avait tout préparé : Praskovia, en suivant le boyau de communication que lui avait indiqué le conducteur de la jeep, aperçut l'entrée de l'abri au-dessus duquel Miranski avait écrit de sa propre main : COMMISSARIAT. Avant que quelqu'un ait eu la possibilité de la retenir, avant que la Baïda l'ait vue ou ait été prévenue de cette visite insolite, Praskovia, joyeuse et pleine d'espoir, ouvrit la porte sans frapper.

La journée était très chaude. Daria Allanovna, toute nue dans une baignoire de zinc, se versait justement sur le corps un seau d'eau froide rafraîchissante, quand la porte s'ouvrit comme sous un ouragan pour laisser entrer une femme étrangère à l'unité.

Daria reposa son seau, toujours debout dans sa baignoire, offrant ainsi aux regards de Praskovia le spectacle agréable de sa nudité.

Comme l'inconnue paraissait étonnée et reprenait difficilement son souffle sans pouvoir articuler un mot, Daria crut bon de la renseigner aimablement :

— Tu te trompes certainement, camarade ! Ici, c'est l'abri du commissaire politique Foma Igorévitch Miranski...

— Aha ! répondit la visiteuse en continuant à contempler la forme féminine qui émergeait de la baignoire. Après un instant très bref pendant lequel elle s'entendit répéter « Aha », Praskovia Ivanovna saisit sa valise de toile, la balança à bout de bras, et avec une précision innée, rapide comme l'éclair, elle la précipita à la tête de Daria Allanovna. En voyant la femme nue trébucher, renverser ainsi la baignoire dont l'eau inonda soudain le sol de l'abri, Praskovia éclata d'un rire rauque.

Et cela ne servit à rien à Daria d'avoir reçu autant de leçons de combat rapproché et de connaître tous les procédés par lesquels on maîtrise un adversaire alors même qu'il croit avoir le dessus. A travers la toile du sac, la bouteille de vodka l'avait atteinte à la tempe et mise knock-out debout. Pendant deux secondes elle chancela, incapable de se défendre et même de comprendre ce qui lui arrivait, tandis que son crâne s'emplissait d'un bourdonnement qui vibrait comme un essaim d'abeilles. Ces secondes suffirent à Praskovia pour vaincre Daria Allanovna sans aucune formation spéciale. Frappant des deux mains, d'une série de coups heureux au menton, elle prolongea l'état de demi-veille qui obscurcissait le cerveau de la femme nue.

Daria tomba à la renverse sur le lit de Miranski et, désespérément, s'efforça de secouer l'engourdissement cotonneux qui paralysait ses membres, tandis que Praskovia s'exclamait d'une voix caverneuse :

— Ainsi, il se paie une petite putain, ce Foma Igorévitch avec sa sale gueule de travers ! On arrive au front après avoir couru tous les dangers pour apporter un peu de bonheur à l'homme qu'on aime, et que trouve-t-on au lieu d'un guerrier exténué par les privations ? Un individu répugnant qui dispose d'une chevrette prête à satisfaire tous ses caprices ! On se consume dans les soucis et dans l'attente d'un homme, on prie Dieu en secret, malgré les enseignements du marxisme, pour que la guerre épargne ce Foma, et comment vous remercie-t-il ? Il s'acoquine et vit avec une espèce de truie, un véritable égout doté de mamelles ! Le sang me monte à la tête au point que je vois rouge ! Et la voici qui se prélasse avec ses longues jambes, ses mains qui tremblent, avec ses tétons en pente raide ! Ha, quelle impudence, quelle dégoûtation, quelle ordure que cette pute !

Praskovia donnait ainsi libre cours à sa haine, à sa déception, à son désir de vengeance. Une fois de plus, elle frappa Daria au menton, la plongeant de nouveau dans un état d'abrutissement qui la laissait cependant consciente.

— Écoutez... écoutez donc... c'est une erreur !

— Je vois ce que je vois, répondit Praskovia en grinçant des dents. Est-ce que nous sommes bien dans l'abri de Miranski ? Bon, alors ? Est-ce que tu n'es pas toute nue dans sa chambre, espèce de petite pute ? Qui osera me prétendre le contraire ? Tu te préparais pour passer la nuit, hein ? Bien lavée, sentant bon le savon et non pas l'ordure que tu es ! Et il va venir tout de suite. Je le vois d'ici le pantalon à la main, grognant comme un verrat, les yeux hors de la tête et la salive coulant de sa bouche... Hein, c'est bien comme ça qu'il est ?

Des deux mains, elle avait saisi la chevelure de cuivre de Daria et lui cognait sauvagement le crâne contre les planches qui recouvraient le mur de terre de l'abri.

— Mais qui... qui es-tu ? bégaya Daria.

Elle voulait lever les bras, mais l'impression de se mouvoir dans un nuage de duvet ne la quittait pas.

— Mais écoute... écoute donc...

— Qui je suis ? hurla Praskovia.

L'idée de ce qui se passait et s'était passé tant de fois dans cet abri la mettait complètement hors d'elle. Un nouvel afflux de sang déferla dans ses veines, noya son cerveau, lui ôtant toute raison.

— Qui je suis ? Sa femme, voilà ce que je suis ! La Miranskaia, Praskovia Ivanovna Miranskaia... Oui, c'est moi ! Je suis sa femme depuis quatorze ans, et il faut qu'une fille comme toi survienne en remuant les fesses et en écartant les jambes, pour transformer mon Fomacha, mon mari, en un pauvre crétin, en un pigeon qui ne voit pas que tu le plumes, espèce de pute ! Un idiot qui s'accroche à tes seins comme un nourrisson. Tu n'as jamais pensé à moi, hein ? Tu n'as pas pensé que je me faisais du mauvais sang pour lui, que je tremblais de peur, pendant qu'il lapinait avec toi ! Tu n'as jamais pensé que j'ai pleuré en pensant à lui, moi, sa femme, sa femme qui lui est restée fidèle ! Est-ce que j'ai fait la pute, moi, pendant qu'il était au loin ? Est-ce que j'ai reçu des hommes dans mon lit ? Je ne suis pas encore si moche que ça... Il ne manque pas d'hommes qui seraient prêts à me rendre tous les services que je veux si seulement je levais ma jupe. Mais non, non... je lui suis restée fidèle, j'ai prié pour lui, bien qu'il se moque de Dieu puisqu'il est commissaire politique. Je suis restée sa femme, je lui ai été fidèle comme un chien. Et que fait-il ? Il ramasse une petite truie qui se roule dans sa fange, avec de petites boucles rousses partout qui l'ont affolé. Alors, qu'est-ce que tu vas encore me dire ? Tu veux discuter avec moi ? Attends, tu vas voir.

Au moment même où Daria sentait revenir ses forces, un nouveau coup à la mâchoire la rejeta dans une semi-inconscience.

Ce n'était pas fini. Praskovia aperçut dans un coin un gourdin qui servait à Miranski à tuer les gros rats qui surgissaient parfois. Elle le prit, mesura la fille nue du regard, et l'abattit sur elle. Le premier coup fit éclater la peau de l'épaule. Daria fit un effort pour crier, elle crut même le faire mais en réalité, elle n'en avait plus la force. Et elle perdit totalement connaissance.

Praskovia s'acharna sur ce corps couvert de sang et agité de soubresauts ; le second coup porté au front avait privé Daria de toute conscience et de toute sensation de douleur. Un des coups qui suivirent lui écrasa la pomme d'Adam, mettant définitivement fin à la vie de la tireuse d'élite et de l'étudiante en architecture qu'avait été autrefois Daria Allanovna Klouieva.

Praskovia Miranskaia sortit enfin de son accès de folie et se rendit alors compte qu'elle continuait à frapper une morte. Rejetant au loin le gourdin aux rats, elle contempla avec horreur ce qu'elle avait fait et recula jusqu'à la porte de l'abri. Le tas de chairs sanguinolentes qu'elle avait sous les yeux n'avait que peu de ressemblance avec un être humain.

Au même moment, Foma Igorévitch se précipita dans l'abri.

Sachant que Daria prenait son bain et se préparait à une nuit orageuse après être restée toute la journée couchée en plein soleil, se rechargeant ainsi comme une batterie, il s'était réfugié chez Ougarov pour jouer avec lui une petite partie de cartes. Peut-être le retard qu'il allait mettre à réintégrer son abri allait-il décourager Daria et lui ôter toute envie de faire l'amour.

Le sergent de l'arrière, qui avait accompagné Praskovia dans le boyau de communication et l'avait vu disparaître dans l'abri de Miranski, avait un peu plus loin introduit sa tête dans le bunker de terre d'Ougarov pour prévenir obligeamment le mari :

— Camarade commissaire, je vous amène votre femme !

Miranski eut l'impression soudaine d'être atteint par un éclat d'obus. Les cartes lui glissèrent de la main. Pétrifié, il attacha sur le sergent un regard inquiet et bégaya :

— Qu'est-ce que vous m'amenez ?

L'homme eut un rire moqueur :

— Regardez-le ! La joie lui coupe le sifflet ! Votre dame est là, camarade commissaire ! Elle est entrée directement dans votre abri, il y a à peine cinq minutes !

Foma Igorévitch émit un son étouffé, bondit sur ses pieds, courut jusqu'à la porte où il bouscula le sergent, et se mit à galoper tout le long de la tranchée. Sans remarquer qu'Ougarov et Soia Valentinovna se regardaient d'un air atterré, le sergent poursuivait :

— Voilà ce qu'on appelle de l'amour ! Vous l'avez vu ? On aurait dit un pompier à qui l'on annonce un incendie, et il doit déjà tenir toute prête à la main sa petite pompe personnelle...

Heureux de sa plaisanterie et riant de plus belle, il repartit vers le magasin de la compagnie. Comme Ougarov faisait mine de suivre Miranski, la Baïda le rattrapa par le fond de sa culotte.

— Trop tard, dit-elle sombrement. Qu'est-ce que tu vas faire chez eux ? Il va y avoir une grande scène de ménage, et Daria foutra le camp. Moi, je commencerai à m'intéresser à la chose si cette femme porte officiellement plainte...

Personne ne pouvait encore soupçonner les événements qui se précipitaient dans le bunker de Miranski.

Foma Igorévitch, tout en se hâtant, s'attendait pourtant à ce qu'il croyait être le pire : les hurlements furieux de Praskovia, une bonne paire de gifles, tout, depuis les cris jusqu'aux accusations les plus dramatiques. Mais le spectacle qu'il aperçut en entrant dans son abri lui glaça littéralement le sang dans les veines. Il crut que son cœur s'arrêtait de battre.

— Praskovia... bégaya-t-il.

Elle était couverte de sang, comme si quelqu'un l'avait arrosée conscieneusement, des pieds à la tête. Dans un coin du bunker était recroquevillé un tas de chairs sanguinolentes, ce qui restait de la belle Daria Allanovna, celle qu'il avait appelée son lutin insatiable et qui pouvait chanter à tue-tête « Stenka Razine » tout en faisant l'amour...

— Pra... Praskovia...

Il ne put dire un mot de plus. Elle avait repris le gourdin, et un coup formidable le projeta contre le mur. Une cascade de liquide tiède lui inonda le visage, l'aveugla. C'est encore du sang, pensa-t-il... c'est mon tour... Praskovia va me tuer moi aussi... Elle va me tuer comme un rat, avec le gourdin à rats, sans m'entendre, sans que je puisse lui expliquer que je suis moi-même une victime, la victime de la lubricité de Daria ! Praskovia, tu es injuste ! Je ne l'ai jamais aimée. Je ressentais même de la peur devant cette fille toujours inassouvie. Écoute, je vais tout t'expliquer...

Ses jambes se dérobèrent sous lui et il tomba, le visage contre le sol. Praskovia frappait, frappait sans cesse, les dents serrées, de tout son poids, comme si elle se défendait contre un loup qui l'attaquait, comme si sa vie à elle était en jeu.

Une fois encore, Miranski leva la tête. Mais le voile de sang continuait à l'aveugler, il ne voyait rien, n'entendait rien, les deux oreilles déjà écrasées. Il ne souffrait même plus : miséricordieusement, un coup avait atteint un nerf, supprimant provisoirement toute douleur. Il avait seulement l'impression très vague que sa femme, dans son délire, voulait anéantir ainsi tout le mal qu'il lui avait fait précédemment. Une dernière fois, il leva la tête pour demander pardon.

Le coup suivant lui écrasa le crâne. Un grand frisson parcourut son corps, et ce fut la dernière sensation du commissaire politique Foma Igorévitch Miranski avant que le silence éternel s'emparât de lui.

Une heure plus tard, Ougarov et Soia Valentinovna se préparèrent à intervenir dans la scène de ménage du couple Miranski, au cas où les deux époux ne se seraient pas encore réconciliés. Le pauvre bougre avait peut-être besoin d'aide. Après avoir consulté une dernière fois sa montre, Soia Valentinovna déclara :

— Ça doit suffire maintenant ! Ils doivent avoir tous les trois les cordes vocales en lambeaux à force de hurler. Je vais renvoyer ce bonnet de nuit à l'échelon du bataillon. Visite d'un civil en première ligne sans avertissement préalable ! Je te jure qu'ils vont m'entendre ! Viens, Victor Ivanovitch.

En entrant dans l'abri de Miranski, l'odeur fade de sang emplit leurs narines. La Baïda poussa un cri aigu et le sous-lieutenant Ougarov eut envie de vomir. Praskovia Ivanovna Miranskaia, assise près du cadavre sanglant de Foma Igorévitch, serrait contre le creux de son ventre la tête défoncée de son mari. Non loin de là, dans un coin, le spectacle n'était pas moins effroyable : à peine pouvaient-ils reconnaître ce corps qui avait été celui de Daria Allanovna. Puis Praskovia parla d'une voix sourde, mais distincte :

— Enfin, vous voici... Enfin... Vous avez mis longtemps à venir. Allez, prenez vos pistolets et tuez-moi... prenez n'importe quoi pour me tuer, mais faites-le vite... Je vous en supplie, soyez bons...

Le lendemain matin, à l'aube, Praskovia Ivanovna parvint à s'enfuir.

Évidemment, Soia Antonovna et son sous-lieutenant ne l'avaient pas tuée. Les événements qui avaient eu lieu suffisaient, et combien, à déclencher une multitude d'enquêtes et d'interrogatoires plus pénibles les uns que les autres, sans compter les sanctions qui suivraient. Il était certain que le Bureau Central de la Formation politique s'occuperait à Moscou de ce scandale, tout comme le quartier général du Front de la Steppe que commandait le général Koniev. Un commissaire politique et une célèbre tireuse d'élite tués par une épouse jalouse à coups de gourdin à rats, et cela sur le front même ! Camarades, où sommes-nous, où vivons-nous ? Ô temps, ô mœurs ! Seule la Grande Guerre Patriotique peut et doit émouvoir nos âmes ! Rien d'autre...

Toutes les femmes avaient contemplé les corps affreusement maltraités de Miranski et de Daria, puis considéré en silence la criminelle. On avait enfermé cette dernière dans un bunker vide. Cette épouse effroyable avait traversé la tranchée la tête haute, et elle avait même bu au P.C. un gobelet de thé chaud et mangé un biscuit de farine de blé. On l'avait simplement prévenue qu'on la renverrait à l'aube à l'échelon du bataillon. C'est là que les choses désagréables prendraient leur cours.

En ce qui concerne les meurtres eux-mêmes, Praskovia n'avait guère donné d'explications ; d'une voix traînante, elle avait simplement dit :

— Je ne sais plus. Brusquement, j'ai vu beaucoup de sang autour de moi, et Fomacha par terre comme la fille qui se baignait nue, et je savais que Foma m'avait trompée avec elle... Et puis, cela bouillonnait en moi, partout... Et il y avait du sang, du sang, tellement de sang...

On n'avait rien pu tirer d'elle sauf ces quelques mots. La Baïda avait été d'avis qu'elle était encore sous le choc et que demain, quand elle reprendrait ses esprits et comprendrait ce qu'elle avait fait, sa réaction serait encore pire. Après l'avoir fait enfermer, Soia Valentinovna, consciente de la catastrophe qui menaçait, avait dit sombrement :

— Nous voici en plein dans la merde ! Si jamais ils se fâchent vraiment à Moscou ! Pense qu'on a tué au milieu de nous un commissaire politique... Victor Ivanovitch, j'ai des frissons partout quand je pense à ce qui va nous arriver. On va nous interroger comme si c'était nous qui l'avions tué. Et alors, on verra remonter à la lumière du jour tout ce que nous avons si bien caché jusqu'ici et que Miranski avait passé sous silence dans ses rapports. C'est une catastrophe qui nous menace, nous et toutes les filles de l'unité !

Elle s'était blottie contre Ougarov, cherchant chez lui un refuge. Elle n'avait plus rien du chef d'une unité féminine redoutée. Elle n'était qu'un petit animal effarouché désireux de trouver un soutien, un peu de chaleur. Victor Ivanovitch qui jusqu'alors ne s'était guère spécialisé dans les échappatoires ou dans les ruses, réfléchissait en se mordant les lèvres :

— On pourrait tout oublier...

— Que veux-tu dire par « oublier », mon chéri ?

— Il ne s'est rien passé, dit Ougarov très simplement.

— Comment cela ?

Soia Valentinovna demeurait comme pétrifiée. Elle lui prit la main et la posa contre sa propre poitrine que gonflaient deux seins puissants :

— Sens-tu battre mon cœur ? Oui, j'ai peur. Est-ce que tu te rends compte ? Soia Valentinovna Baïda a peur, non pas des Allemands, mais de Moscou.

— Voyons, c'est la guerre ! dit Ougarov d'un air entendu. C'est la guerre, et personne ne nous fera des reproches parce que nous avons des pertes...

— Ne dis pas de bêtises ! Crois-tu que c'est le moment de plaisanter alors que j'ai plutôt envie de hurler...

— La plaisanterie, Soïtchka, c'est que Miranski et Daria Allanovna ont tout simplement été abattus par les Allemands au cours d'un engagement où ils défendaient notre patrie. Tu vas faire un rapport, un grand rapport patriotique, et l'on décernera une décoration à Daria, Miranski sera promu au grade supérieur à titre posthume, et on gravera leurs deux noms sur une plaque commémorative. Et naturellement, nous enterrerons ici nos deux braves dans des tombes d'honneur décorées de couronnes de fleurs. Personne n'aura l'idée de les exhumer. La mort de notre cher ami Foma Igorévitch et de notre gentille Darianka est un fait naturel en temps de guerre. Ils sont tombés...

— Tu es un démon, un vrai suppôt de Satan !

Elle ne cachait pas son admiration.

— Malheureusement, ça ne marchera pas !

— Je ne vois pas pourquoi.

— Tu oublies la meurtrière, Praskovia Ivanovna ! Elle ne se taira certainement pas !

— Mais si, puisque cela lui permettra de sauver sa vie.

— Mais elle ne veut pas sauver sa vie, elle voudra mourir ! Et aussi vite que possible...

— Alors, ne nous opposons pas à la réalisation de ses désirs, dit aimablement Ougarov.

— Victor, voudrais-tu la tuer ? s'écria Soia Valentinovna bouleversée.

— Nous devons lui donner la possibilité d'exaucer ses désirs, Soïtchka. Réfléchissons calmement à tout cela. Pourquoi les Allemands, pour une fois, ne nous rendraient-ils pas service ?

Ce fut ce qui arriva. Le lendemain matin, quand la Miranskaia secoua la porte de son bunker, elle découvrit qu'elle était ouverte. Après un instant d'étonnement, elle sortit, constata qu'elle était seule, grimpa à quatre pattes hors de la tranchée, puis se mit à courir à travers la steppe, sa jupe de coton bleu flottant au vent, d'abord jusqu'au village détruit, puis vers le fleuve.

Les filles de garde aux avant-postes prévinrent Soia Valentinovna. Ougarov, satisfait, laissa retomber ses fortes jumelles d'approche :

— Il suffisait de penser logiquement. Espérons seulement que les Allemands ne nous décevront pas...

Praskovia Ivanovna avait atteint la rive du Donetz et contemplait cette étendue d'eau miroitante sous les premiers rayons du soleil. Là, on pouvait enfin mourir. On n'avait qu'à se jeter à l'eau pour se noyer. Ce n'était pas une belle mort, mais Foma Igorévitch lui non plus n'avait pas eu une mort agréable.

Elle descendit prudemment le talus et fit quelques pas vers l'eau.

En face d'elle, dissimulé derrière un buisson d'osiers, Uwe Dallmann la regardait à travers ses jumelles. Il avait monté la garde toute la nuit et allait quitter sa place quand une forme féminine, sortant des ruines du village soviétique, avait pris la direction de la rive.

Malgré le calme trompeur qui régnait, Hesslich avait continué à surveiller le fleuve. Cependant, Bauer III avait rappelé à l'arrière ses hommes, dont Fritz Plotzerenke qui avait proposé de pêcher dans le Donetz à la grenade, ce que le sous-lieutenant lui avait interdit énergiquement. Hesslich et Dallmann étaient restés sur place, seuls ; ils s'étaient installés dans la grange la plus avancée et attendaient. Hesslich répétait sans cesse :

— Elles viendront, soyez-en sûrs... Elles viendront. C'est à qui aura le plus de patience, une question de nerfs.

Stella Antonovna pensait de même. Elle aussi répétait sans cesse : « Attendez ! Il viendra ! Cet homme au bonnet de tricot ne peut pas faire autrement : il reviendra ! C'est sûr. »

Ni l'un ni l'autre ne le savaient, mais leur duel avait déjà commencé.

Après avoir été relevé par Dallmann, Hesslich s'était étendu sur la paille pour se reposer. Quand son tour de garde revint, une lueur pâle pointait à l'horizon. Une demi-heure encore, et le soleil brillerait. Pendant la journée, aucune des filles ne se risquerait à traverser le fleuve. De part et d'autre, on se limitait à s'observer de rive à rive avec les lunettes d'approche les plus perfectionnées. Même Plotzerenke ne fut nullement inquiété quand il se baigna de nouveau tout nu dans le Donetz. Marianka Stepanovna fit seulement claquer sa langue en disant : « Nous nous réservons celui-là pour la suite. Je me ferai un plaisir de lui ôter d'une balle ce qui lui pend entre les jambes ! » Quand Bauer III retira ses hommes, Dallmann et Hesslich demeurèrent invisibles et la rive parut vraiment déserte. Le camouflage des deux tireurs entre les osiers et dans les herbes hautes était parfait.

Dallmann, voyant apparaître cette femme, hésita. Qu'est-ce que c'est que ça ? pensa-t-il. Un piège ? Elle arrive le matin en pleine clarté comme si c'était la paix, elle reste là debout devant l'eau, et si elle commence à se déshabiller pour prendre un bain, je vais l'avoir dans le dos ! Je ne pourrai jamais tirer sur une femme nue ! Et Peter pas plus que moi, pour ça je veux bien parier ma chemise. Si au moins elle avait son fusil à la main...

Praskovia n'avait pas l'intention de se déshabiller. On se noie mieux quand vos vêtements s'imprègnent d'eau et vous tirent vers le fond. Elle regardait l'autre rive du Donetz sans penser un instant que les Allemands s'y trouvaient. Sinon, elle aurait avancé dans l'eau, toute droite, en criant : « Salauds de fascistes ! Espèces de porcs, d'assassins, de violeurs d'enfants ! Soyez tous damnés à jamais, fils de putes ! » Elle leur aurait montré le poing pour les provoquer, pour qu'ils la débarrassent d'une vie qui n'avait plus de valeur pour elle.

Mais les Allemands étaient bien loin de ses pensées. Les yeux fixés sur l'autre rive, elle se demandait seulement si le courant était assez fort et l'eau assez profonde là où elle se trouvait. Levant la main, elle se lissa les cheveux et décida simplement de se laisser tomber dans le fleuve, la bouche ouverte pour en finir rapidement. Mon Dieu, sois miséricordieux, fais-moi mourir vite !

Ce ne fut pas Dieu qui l'exauça, mais Uwe Dallmann.

Au moment où Praskovia leva le bras, dégageant son front de la main et faisant un dernier pas vers l'eau, Dallmann tira. Cet unique coup de feu retentit sèchement dans le calme matinal, quelques oiseaux aquatiques effarouchés battirent bruyamment des ailes et s'élevèrent du milieu du fleuve. Puis revint un silence absolu. Sans un bruit, Praskovia Ivanovna était tombée en arrière sur le sable blanc-jaune que léchaient les vagues.

— Problème résolu ! déclara le sous-lieutenant Ougarov.

Avec sa maîtresse et Stella Antonovna, il avait assisté à la fin du drame, caché dans les ruines de la maison la plus avancée. Il examinait lentement à travers ses jumelles la rive opposée.

— Avez-vous vu où le tireur se cache ?

— Non, je n'ai pas fait attention...

Soia Valentinovna appuya son visage sur ses avant-bras. La mort de Praskovia la bouleversait, certes, mais elle reconnaissait que sa disparition arrangeait tout. Ils seraient trois à être morts pour la patrie. Pourquoi troubler les autorités de Moscou par un récit véridique des événements ?

— Il doit être caché au milieu des buissons d'osiers, mais il est impossible de déterminer l'endroit exact, dit Stella Antonovna. Nous le saurons bien quand nous ferons par là notre première reconnaissance.

— Qui va chercher le cadavre ? demanda la Baïda.

Ougarov la regarda d'un air étonné :

— Quelle question, Soïtchka !

— Elle ne peut quand même pas rester là-bas toute la journée !

— Pourquoi pas ? Elle ne sent plus rien.

— C'est inhumain.

— Mais cela lui échappe. Tant qu'il fera jour, nous ne pouvons pas aller la chercher. Les Allemands seraient heureux de nous voir venir à eux. Quelles belles cibles nous ferions !

— Nous pourrions agiter un drapeau blanc, dit Soia Valentinovna d'une voix creuse.

Ougarov secoua violemment la tête :

— Miranski, s'il était vivant, nous le défendrait ! Jamais un bataillon de femmes n'a hissé le drapeau blanc, nous dirait-il. Pour elles, il n'y a qu'un drapeau, le drapeau rouge de la victoire ! Et il aurait raison. Allons-nous rompre avec cette tradition à cause de Praskovia Ivanovna Miranskaia ?

— Je demanderai à Galina Rouslanovna ce qu'elle en pense, dit Soia. Elle est médecin. Elle pourrait s'entourer de bandages. On ne tirerait pas sur elle.

— Qu'est-ce qui nous le garantit ?

— Galina prendra la décision qu'elle juge bonne...

La Baïda se retira à l'intérieur de la ruine et Ougarov et Stella Antonovna firent de même.

— Nous allons maintenant annoncer la nouvelle au bataillon : trois morts abattus par des tireurs d'élite allemands.

Avant de le faire, ils s'occupèrent de l'enterrement de Foma Igorévitch et de Daria Allanovna Klouieva. Leurs restes n'avaient plus rien d'humain. On eût dit que la Miranskaia s'était servie d'une hache et non d'un gourdin à rats.

On enveloppa chacun des cadavres dans une toile de tente que l'on cousit ensuite. Dans l'un des jardins, on creusa trois tombes. Dans deux d'entre elles, on déposa deux morts. La troisième demeura libre : la Miranskaia manquait encore.

Après un bref discours de Soia Valentinovna, on recouvrit de terre les corps de Daria et de Foma. Sur chacun des monticules, on déposa une pierre du fleuve sur laquelle Janna Ivanovna avait peint une étoile rouge. Elle portait encore un bandage à l'épaule et son visage était rougi par la fièvre. Elle avait reçu l'autorisation de jeter une pelletée de terre sur les morts, mais la Baïda l'ignora et ne lui adressa pas la parole.

La quarantaine se poursuivait : il lui fallait d'abord tuer dix Allemands...

Vers midi, Galina Rouslanovna Opalinskaia se mit en route. Ougarov avait tenté de la dissuader, mais il avait dû se taire lorsque Soia Valentinovna lui avait chuchoté à l'oreille, méchamment :

— Mon Dieu, ce que tu as peur pour elle ! Ah ! Si jamais ce cher ange perdait un seul de ses petits cheveux ! Pourquoi ne la mets-tu pas sous verre, cette belle petite chatte ?

Ougarov avait décidé de ne pas enflammer de nouveau ce conflit qu'il croyait mort. La doctoresse Opalinskaia avait mis son brassard de médecin et s'était dirigée vers le fleuve, accompagnée d'une seule infirmière, Marfa Vassilievna. Lentement et sans peur, elles avaient traversé la steppe en portant une civière faite de deux barres d'aluminium et d'une toile.

Couchés près du Donetz, invisibles dans leur cache, Hesslich et Dallmann les voyaient venir. Peu après le coup de feu de Dallmann, Hesslich, alerté par la détonation, avait surgi près de lui. Dallmann, assez énervé, lui avait indiqué la forme allongée au bord même de l'eau, sur le sable.

— Elle est venue jusqu'au fleuve, alors...

— Mais Uwe... elle ne porte pas d'uniforme !

— C'était peut-être un piège ! Ici, dans le no man's land, il n'y a pas de civils ! Peut-être les Russes vont-ils se servir de francs-tireurs, de partisans...

— En plein jour ?

— Je sais bien... tout ça c'est de la merde ! Je l'ai vu venir, et j'ai tiré, voilà ! Est-ce qu'elles ne feraient pas la même chose, les gonzesses d'en face, si tu t'amenais en knickers, avec une belle chemise et une belle cravate ? C'était une de nos tireuses, tu peux en être sûr. Pourquoi elle se promenait stupidement sur la rive du fleuve, cela je n'en sais rien. Mais je ne vais pas me faire du souci pour elle !

A la fin de la matinée, ils avaient eu de la visite. Un médecin auxiliaire, Helge Ursbach, s'était présenté à la compagnie dans le but d'organiser un poste avancé de secours en prévision de l'offensive allemande qui se préparait. L'adjudant-chef Pflaume s'était félicité de son arrivée, car Ursbach avait déclaré qu'il était un joueur dangereux d'écarté, ce que recherchait justement Pflaume pour passer dans cette solitude les soirées claires et interminables du mois de juin. Le troisième joueur d'écarté était l'aspirant von

Stattstetten qui continuait à écrire chaque jour une lettre pleine de lyrisme à son Ukrainienne de la compagnie de propagande.

— On m'a dit que vous aviez des tireurs d'élite ici ? avait demandé Ursbach en visitant la ligne la plus avancée.

— Douze en tout dans le bataillon. Dans notre compagnie, deux stars, des durs !

Pflaume, qui avait tenu à l'accompagner, fit un signe de tête vers les ruines :

— C'est là-bas qu'ils font le guet en attendant les tueuses d'en face.

— Est-ce vraiment un bataillon de femmes en face de vous ?

— Un bataillon entier, je n'en sais rien, dit le sous-lieutenant Bauer III en sortant de la tranchée pour se diriger lentement vers les ruines. Tout en marchant, Bauer III continuait à parler :

— En tout cas, nous avons affaire à une unité féminine qui non seulement est capable de tirer de loin, mais de donner l'assaut. Elles nous ont attaqués deux fois au cours de notre retraite jusqu'au Donetz. On a su que c'étaient des femmes à cause des mortes qu'elles ont laissées sur le terrain quand nous avons contre-attaqué pour reprendre une position. A l'état-major de l'armée, l'affaire a fait du bruit. Maintenant, ce sont des femmes que nous avons en face de nous. Heureusement, le fleuve nous sépare d'elles.

— Peut-on descendre jusqu'au fleuve ? demanda Ursbach.

— Oui, mais pas pour se promener. On ne sait jamais, l'une d'elles peut avoir envie de faire un carton et de marquer un trait de plus dans son livret de tir.

Bauer III jeta sur le médecin auxiliaire un regard de côté.

— Avez-vous absolument besoin d'aller jusqu'aux ruines ?

— Oui. Vous venez avec moi ?

— Non. Je suis ici pour m'occuper de ma compagnie, et non pas de nos deux « photographes », comme on dit chez nous.

Ils étaient debout, à l'abri de la dernière ruine, non loin du fleuve.

— Voyez-vous ce buisson d'osiers, là-bas ? C'est là qu'ils se cachent, l'adjudant Hesslich et le sergent Dallmann. Je vous conseille de ramper, la tête bien basse. Ces jeunes filles d'en face ont un faible pour les fronts dégagés...

Maintenant, le médecin auxiliaire Ursbach, allongé près de Hesslich au milieu du buisson d'osiers, contemplait la victime de Dallmann à travers la lunette d'approche. Praskovia, les pieds dans l'eau, était étendue sur le sable. Le grossissement de la lunette permettait de distinguer que son bras droit recouvrait son visage, comme si elle avait salué la mort quand cette dernière l'avait frappée.

— Mais elle ne porte pas d'uniforme, dit à son tour Ursbach.

Dallmann leva les yeux au ciel et soupira :

— Voici bientôt deux mois que dure cette drôle de trêve. Il est possible que ces filles ressentent de temps à autre le besoin de se mettre en jupe. Dans leurs jardins, elles travaillent d'ailleurs la blouse ouverte et les jambes nues dès qu'il fait trop chaud. On arrive à les voir d'ici. Il n'y a pas longtemps, nous en avons vu une toute nue ! On a regardé ça en tirant la langue comme des chiens. Alors, qu'appelle-t-on un civil dans cette guerre ?

Dallmann cracha le brin d'herbe qu'il mâchonnait :

— Ce sont des ennemies. Quand vous aurez vu le joli petit trou bien propre qu'elles font au front de nos camarades, vous changerez d'avis, monsieur le médecin auxiliaire.

Vers midi, ils virent Galina Rouslanovna et Marfa Vassilievna descendre jusqu'au fleuve. Elles se penchèrent sur Praskovia, la tirèrent hors de l'eau et l'étendirent sur leur civière. Galina regarda longtemps le petit trou rond qui marquait le front de la morte. A cette distance, c'était un coup de maître. Était-ce l'Allemand au bonnet tricoté dont Janna avait parlé ? Galina ressentait presque physiquement la présence des Allemands qui l'observaient. Mais elle ne se retourna pas :

— Ne regarde pas au-delà du fleuve, chuchota-t-elle à Marfa comme si d'autres qu'elle pouvaient l'entendre. Fais comme si nous étions seules...

Dans le buisson d'osiers, Hesslich se tourna vers le médecin auxiliaire :

— Une visite de nos collègues russes, dit-il aimablement. Elles ont l'air de sentir que nous sommes ici. C'est ce qu'on appelle de la télépathie, n'est-ce pas ? Mais, comme vous le voyez, elles sont en uniforme et elles ramassent leur morte...

— C'était donc une de leur troupe !

Pour la première fois depuis le matin, Dallmann respira librement. Il avait mal supporté que Hesslich n'eût pas approuvé ouvertement son intervention.

Ursbach n'avait pas quitté la jeune doctoresse des yeux. Grâce à sa lunette d'approche, il la voyait distinctement. Quand elle souleva une extrémité de la civière et Marfa l'autre, il aperçut vraiment son visage, son cou, la blouse dégrafée qui laissait voir la naissance des seins.

— C'est incroyable ce qu'elle est belle, dit-il d'une voix étranglée.

Hesslich l'approuva d'un hochement de tête :

— Oui, ils ont vraiment de belles filles chez eux. Peut-on imaginer une mort plus douce, plus belle ? Avec ces filles, la mort a un visage d'ange.

— Elle ne porte pas de soutien-gorge, dit Ursbach d'un ton très compétent.

Dallmann rit doucement :

— C'est à se noyer dans sa propre salive, n'est-ce pas ! Monsieur le médecin auxiliaire, voilà une collègue que vous voudriez bien assister, hein ?

Ils virent Galina et Marfa hisser la civière sur le talus qui bordait la rive pour reprendre ensuite leur marche vers le village incendié. Dallmann, qui suivait Marfa à travers ses jumelles, s'exclama soudain :

— Bon Dieu, l'autre a des fesses qui se posent vraiment là ! Et votre collègue, monsieur le médecin auxiliaire, elle a des jambes qui lui montent jusqu'au cou !

— Et comment !

Ursbach suivit Galina Rouslanovna jusqu'aux ruines entre lesquelles elle disparut. Il reposa alors sa lunette et se tourna sur le côté.

— Elles ont leur propre service de santé. C'est donc une unité importante. Évidemment, tout est permis en temps de guerre, mais si vous me demandez mon opinion, je vous dirai que c'est une saloperie de mettre des armes entre les mains des femmes. Comme infirmières, comme auxiliaires dans les bureaux ou ouvrières dans les usines, ça va. Mais en première ligne, dans une troupe de choc, c'est simplement une saloperie...

— Et encore, s'il ne s'agissait que d'une troupe de choc, mais elles conçoivent la guerre de toute autre façon.

Hesslich consulta sa montre-bracelet :

— Pour la plupart, ce sont des volontaires. Des visages de madone, mais des mains à l'index mortel. C'est cela qu'il ne faut jamais perdre de vue, même lorsqu'elles marchent en roulant des fesses et que leurs seins sortent de leurs blouses ! Midi. Puis-je vous inviter, monsieur le médecin auxiliaire ? Il y a à déjeuner de la soupe aux nouilles et des abattis de poulet...

— Fantastique ! Mais vous vivez comme Dieu en France !

— Non. Comme la mort en Russie.

Hesslich commençait déjà à ramper en arrière, puis à décrire une grande courbe pour ne pas révéler l'endroit où il demeurait à l'affût. Il ne se redressa qu'en arrivant près des ruines.

Stella Antonovna, avec une patience infinie, guettait depuis plusieurs jours, toute proche de la rive du fleuve, attendant que quelqu'un se montre de l'autre côté du Donetz. Et ce fut alors qu'elle le vit, pour la première fois.

C'est lui, pensa-t-elle, et son cœur se mit à battre comme s'il remontait jusque dans sa gorge. Ce doit être lui. Il ne porte pas son bonnet tricoté, il ne l'enfonce sur son front que lorsqu'il rôde çà et là comme une bête de proie. C'est lui, il n'y a pas de doute possible. Voici de quoi il a l'air, notre grand adversaire, celui qui est plus rapide que Janna. On ne le dirait pourtant pas quand on le voit ainsi. Mais quelles larges épaules...

Hesslich avait disparu dans les ruines. Stella Antonovna abaissa ses jumelles. Elle aussi se mit à ramper en arrière jusqu'au village incendié, où elle se mit debout. Praskovia était encore couchée près de sa tombe sur une toile de tente que l'on allait replier et coudre à gros points. Ougarov s'adressa à elle d'une voix qui tremblait un peu :

— Regarde ! Juste au milieu du front. A cette distance, c'est extraordinaire !

— Je l'ai vu !

Stella était persuadée que l'auteur de ce coup de maître était l'homme qu'elle avait aperçu. Elle se pencha sur Praskovia pour mieux examiner la blessure.

— Je serai meilleure que lui ! Je l'abattrai comme le plus féroce des loups...

Deux jours plus tard, Miranski, Daria Allanovna et même Praskovia Ivanovna, bien qu'elle ne fût pas militaire, furent cités à l'ordre du jour de l'armée pour avoir offert leur vie à la patrie soviétique. Et le général Koniev en personne, le généralissime du Front de la Steppe, donna à l'unité des tireuses d'élite de Baïda l'ordre de liquider l'adversaire responsable de cette perte.

Cela ne signifiait qu'une chose ! Les louves avaient désormais les mains libres. Tout leur était permis : un seul objectif : anéantir l'ennemi !

Dans un petit discours adressé à ses filles, Soia Valentinovna déclara :

— La trêve est finie. Le camarade général Koniev va nous juger à nos actes ! Nous allons ensemble mettre au point notre plan de bataille.

On le constate souvent dans la vie : il suffit de baigner dans la satisfaction de soi et du train-train quotidien des choses pour qu'un éclair venu du ciel s'abatte et détruise tout. Un vieux proverbe allemand affirme que le destin veille à ce que les arbres ne puissent atteindre le ciel, et il y a là du vrai, bien que les hommes n'écoutent que rarement cet avertissement désagréable et pourtant prophétique.

Le caporal-chef Plotzerenke lui aussi allait rester sourd à toutes les mises en garde. Il est impossible de transformer un taureau sauvage en une petite bête bien douce, sauf en lui passant un anneau dans le museau pour l'attacher solidement. Et puis, personne n'a jusqu'ici réussi à faire comprendre à un caporal-chef allemand qu'il doit s'abstenir de mettre la main sur un joli porc tout rose, pesant environ ses soixante-quinze kilos.

Et il en avait aperçu un. Du côté soviétique, près d'un bois clairsemé et d'une cabane, sur un terrain vallonné et buissonneux, trottinait en grognant un porc merveilleux. Un porc modèle ! Et si c'était une truie, à un concours de beauté porcine, elle aurait remporté le premier prix.

Comment retenir Plotzerenke ? Bien entendu, il négligea de mettre le sous-lieutenant Bauer III au courant de sa découverte. Il connaissait d'avance sa réaction : ordre d'oublier ce porc. Pas question non plus de se faire un complice de l'adjudant-chef Pflaume. Il s'adressa seulement au sous-officier d'un détachement du génie affecté à la 4e compagnie, et dont la tâche serait de construire immédiatement un pont de bateaux lors du déclenchement de l'offensive allemande.

Ce sous-officier, un véritable ami, prêta à Plotzerenke un canot pneumatique contre la promesse d'un rôti de porc de trois livres, plus un jambon et la moitié de la tête dont il pensait faire justement du pâté. C'était un Franconien de la région de Kulmbach, riche en porcs, et il rêvait depuis si longtemps de pâté de tête.

Seul, armé de son fusil et de quatre grenades, Plotzerenke traversa le Donetz par une chaude nuit d'été sans lune pour aller chercher son joli petit cochon. De l'autre rive, on aperçut, avec quel plaisir, le petit canot pneumatique. Janna Ivanovna et quatre de ses camarades se dirigèrent aussitôt vers la rive et se jetèrent dans les hautes herbes au moment même où Plotzerenke abordait.

Il attendit dans l'obscurité, demeura quelque temps à l'écoute, n'entendit rien d'autre que les coassements des grenouilles et le clapotis des vagues contre la rive. Satisfait de lui, il se mit en marche vers le terrain vallonné où il avait aperçu le porc.

A environ cent mètres du fleuve, les filles étaient en embuscade. Brusquement, Janna et Wanda surgirent devant lui, deux autres filles derrière et une cinquième ombre apparut sur sa droite. Une voix claire ordonna : « Stoï ! »

Plotzerenke n'hésita pas une seconde. Dans un vrai bond de chat, il se retrouva roulant sur le côté. Une fois de plus, Janna, énervée par l'importance de l'enjeu, allait réagir trop tard. Son fusil était pourtant prêt à tirer, mais l'Allemand avait déjà disparu dans l'ombre.

Il tira en roulant dans l'herbe. Il vit tomber la silhouette la plus proche, roula de nouveau sur lui-même pour s'éloigner de l'endroit de l'embuscade et tira une grenade à main. En silence, il compta les secondes... vingt et une... vingt-deux... vingt-trois ! Allonz-y ! La grenade à manche, invisible, traversa la nuit. Plotzerenke avait pressé son visage contre la terre.

Une explosion plutôt sourde, un petit nuage de fumée lumineuse. Ce fut tout. Mais un cri strident suivit, et une série de gémissements étouffés, puis des plaintes émises d'une voix tremblante.

Plotzerenke leva la tête, aperçut deux silhouettes qui accouraient vers le lieu de l'explosion, et tira de nouveau. L'une d'elles chancela un peu, levant les bras, puis s'effondra. Voilà ! pensa Plotzerenke, de plus en plus satisfait de lui. Pas besoin d'un Peter Hesslich ! Je fais le poids à moi tout seul !

Prudemment, il se mit à ramper, cette fois dans le sens opposé. En atteignant le premier mort, il se rendit compte que c'était une femme. Merde, pensa-t-il bouleversé, mais il comprenait enfin que le joli petit cochon n'avait été qu'un piège. Ces femmes avaient tenté une expérience : un porc en liberté, en temps de guerre, ça ne laisse jamais un soldat indifférent. Certes, elles s'étaient attendues à voir débarquer un petit détachement d'Allemands qu'elles auraient exterminés. Ne comptant pas sur un seul Plotzerenke, elles avaient cru pouvoir le faire prisonnier. Là, elles avaient commis une erreur.

Il ne lui restait pas beaucoup de temps pour réfléchir. Et au même instant, quelqu'un sauta sur lui. En voyant tomber Wanda à côté d'elle, Janna avait lâché son fusil. A quelques pas de là gémissaient ses deux autres camarades atteintes par les éclats de la grenade, mais leurs plaintes devenaient de plus en plus faibles. Et soudain, elle avait aperçu l'Allemand. Tirant son couteau, une sorte de poignard, elle se jeta sur lui comme elle l'avait fait tant de fois au cours de son entraînement. C'était tuer en silence, frapper alors que le corps était encore en l'air pour multiplier la force du coup par tout son poids.

Mais Plotzerenke, cette nuit-là, avait une chance impudente. Certes, Janna s'abattit sur lui, toutefois l'obscurité était telle que le couteau s'enfonça dans la terre, juste à côté du cou de l'homme, et avec une telle puissance que Janna ne put retirer immédiatement du sol la lame enfoncée jusqu'au manche dans l'humus durci de la steppe.

La réaction de Plotzerenke fut instinctive. Il s'accrocha des deux mains à la gorge de Janna et serra. Elle le frappa des genoux au bas-ventre, voulut se relever, mais il continuait à serrer, impitoyablement, l'empêchant de respirer. Et après quelques brèves tentatives désespérées, elle perdit connaissance et son corps s'affaissa, inconscient, entre les mains de l'homme.

Plotzerenke resta immobile, caché dans l'herbe haute, pendant deux minutes. Il tenait Janna contre lui, prêt à se servir d'elle comme bouclier vivant en cas de besoin. Levant prudemment la tête, il exerça encore quelques pressions sur la pomme d'Adam de Janna, puis commença à la tirer par les jambes en direction du fleuve. Lorsque la rive fut toute proche, il souleva le corps inerte de son adversaire, le jeta sur son épaule et courut avec son fardeau jusqu'au canot pneumatique.

Pour traverser le fleuve, il rama aussi vite que possible. Une fois sur l'autre rive, il jeta une fois de plus Janna sur son épaule et la transporta dans l'une des maisons abandonnées dans le secteur tenu par le détachement des sapeurs. Là, il la laissa tomber dans la paille, lui attacha les jambes et les mains et ressortit pour étudier la situation.

Les coups de feu et l'explosion de la grenade n'étaient pas passés inaperçus. Les avant-postes allemands s'en étaient même irrités. Ce tapage venait de là-bas, des Soviets. Du côté des lignes allemandes, le calme régnait. A quoi bon lancer quelques fusées éclairantes ? De toute façon, on ne verrait rien. Peut-être y avait-il fête chez les Rousskis et avaient-ils tiré quelques coups de feu en l'air ?

Plotzerenke, tranquillisé, rentra dans la maison de paysan. Il alluma sa lampe de poche et éclaira le visage de Janna. Elle avait repris connaissance. Elle ferma les yeux et baissa la tête.

— Miséricorde ! dit Plotzerenke. Mais tu es une gentille petite poulette, Lastotchka... me comprends-tu ? Et tu voulais me tuer, hein ? C'est ce que tu t'étais imaginée ? Maintenant, c'est moi qui ai envie de te tuer, mais très agréablement, petite, pas de ta façon à toi...

Il s'assit près d'elle, lui prit les seins, et comme elle voulait cracher sur lui, folle d'impuissance, il éclata d'un rire retentissant.

— Personne ne sait que j'ai fait un prisonnier ; formidable, hein ? Tu vas rester ici, je te donnerai à manger et à boire, et chaque jour, je viendrai passer avec toi un bon moment. Nous jouerons ensemble à hue-dada, et je te le dis, après la première fois, tu en redemanderas. La guerre va être belle, n'est-ce pas, Madka ? Comprends-tu ? La guerre, pour nous, finie, kapout. Toi et moi, seulement, tsoin-tsoin... Bon Dieu, comment appelle-t-on ça chez vous autres ? Enfin, tu comprendras vite...

Il lui arracha sa blouse, siffla d'enthousiasme entre ses dents, puis aperçut le bandage qu'elle portait encore à l'épaule.

— Aha ! Et tu es aussi blessée ? Une brave petite guerrière, hein ?

En riant, il se mit à lui caresser les seins.

— On va voir ce que tu peux faire dans le combat rapproché. Le mieux, comme disent les communiqués, c'est d'offrir à l'adversaire une résistance qui retarde son avance...

Il la repoussa, et elle tenta de reculer dans la paille en repliant les jambes. Plotzerenke eut un petit rire. Il se débarrassa de sa lampe de poche pour déboutonner tranquillement son pantalon. Riant toujours, il regardait les seins de sa prisonnière :

— Maintenant, nous allons jouer à un joli petit jeu. A quoi ? Eh bien, à « Loup, y es-tu ? » par exemple. Tu vois, le loup est déjà là ! A partir de demain, tu ne voudras plus jouer à autre chose...

En vain voulut-elle le mordre à la gorge. Elle ne parvint qu'à lui arracher un bout de peau. Plotzerenke, couché sur elle, soupira très fort et jura :

— Mais tu es vraiment une petite chatte sauvage, bégaya-t-il. Dis donc, est-ce que tu voudrais me bouffer, par hasard ?

Il appuya la paume de sa main sous le menton de Janna, lui ôtant ainsi tout moyen de défense. Alors, elle se mit à pleurer. Son corps se détendit, et elle s'abandonna à son sort. Elle ne pensait qu'à une chose : mourir... si je pouvais seulement mourir. Mais cela aussi, c'est la mort ! On n'a pas besoin d'une balle de fusil pour crever...

Ce matin-là, la colère de la Baïda fut telle qu'on n'en avait vu de pareille auparavant. Hors d'elle, elle tremblait de tout son corps et courait çà et là, le visage défait. Rares furent celles qui parvinrent à lui échapper. Elle fit comparaître devant elle tout l'effectif de son unité, hurlant à s'en faire claquer les veines du cou.

Quand Janna et ses quatre camarades ne s'étaient pas présentées au rapport du matin, Ougarov avait envoyé à leur recherche un détachement qui avait découvert et rapporté les quatre mortes. Certes, toutes avaient entendu dans le lointain quelques coups de fusil et une explosion, mais personne n'avait pensé qu'il s'agissait de Janna et de son équipe et qu'elles couraient le moindre danger. De plus, le calme était immédiatement revenu, les avant-postes n'avaient pu déterminer exactement la direction d'où était venu tout ce bruit. Peut-être des Allemands, avaient conclu les services de garde.

Maintenant, on savait : les quatre mortes étaient couchées l'une à côté de l'autre dans la fosse qu'on venait de creuser : deux d'entre elles avaient été tuées au fusil, les deux autres à la grenade. Et Janna avait disparu, ce qui était le plus monstrueux de tout, et sans laisser de traces. On avait passé la région au peigne fin dans l'espoir de la retrouver grièvement blessée : peut-être s'était-elle traînée un peu plus loin, attendant seulement les secours ? Il fallut abandonner cet espoir. Les Allemands qui avaient anéanti la patrouille s'étaient emparés de Janna.

C'était cela surtout qui expliquait l'affolement de Baïda. Pour la deuxième fois, Janna, l'une des meilleures filles de l'unité, venait d'échouer lamentablement. Pour Soia Valentinovna, le premier échec avait déjà semblé une provocation inouïe ; et maintenant, les Allemands l'avaient simplement enlevée, elle n'était pas morte comme les autres.

Dans une sorte de délire, elle s'était adressée à son unité terrifiée :

— Fini, le repos ! Partout où nous rencontrerons des Allemands, nous devrons être prêtes. Regardez bien vos camarades couvertes de sang, avec leurs membres arrachés. Et pensez qu'il y a eu parmi vous une Janna Ivanovna qui avait toutes les chances de devenir héroïne de l'Union soviétique ! La voici aux mains des fascistes. Ils la pendront, vous le savez bien. Mais avant, ils vont l'interroger, la torturer. Ayez toujours présent à l'esprit le souvenir de Janna Ivanovna. A partir d'aujourd'hui, un seul mot d'ordre : « Mort à l'ennemi ! » Nous allons traverser le fleuve à notre tour ! Le camarade général Koniev me laisse les mains libres ! Profitons-en !

Après une salve d'honneur, Stella Antonovna récita sur les tombes un poème de Maxime Gorki. Dans les rangs, beaucoup pleuraient ou même sanglotaient tout haut. Le soir, l'unité occupa la rive du Donetz, en se dissimulant dans les buissons. Les femmes étaient camouflées de branchages. A la tombée de la nuit, elles s'enterrèrent dans des trous étroits. Si les Allemands étaient assez fous pour traverser le Donetz, tout était prêt pour les recevoir.

La nuit suivante, Stella Antonovna, Marianka Stepanovna et Lida Ilianovna passèrent le fleuve à bord d'un radeau dont la surface était recouverte de branches et de feuillage. Dans l'eau, ce n'était qu'un petit îlot de verdure que le fleuve avait détaché de la rive et qui descendait paresseusement, emporté par le courant. Sous les branchages, elles avaient caché leurs fusils, leurs munitions, leurs uniformes et leurs bottes. Puis s'accrochant toutes nues au rebord de leur radeau, elles l'avaient dirigé lentement vers la côte allemande. Là, après plusieurs minutes d'attente silencieuse, elles se rhabillèrent, reprirent leurs armes et commencèrent à ramper vers les lignes ennemies comme trois reptiles vert-brun.

D'autres détachements traversèrent le Donetz comme elles, aux endroits repérés pendant le jour. Du côté allemand, après presque trois mois de repos, on était devenu par trop insouciant. Il régnait une sorte d'euphorie insensée où l'on oubliait presque la réalité. On voyait le sol se couvrir de fleurs, l'herbe sentait bon, on se baignait au soleil. Et les nuits étaient chaudes. Le schnaps et le vin ne manquaient pas, et s'il y avait eu sur place quelques jolies filles sachant ce qu'on attendait d'elles, la vie n'aurait été qu'harmonie.

Dans les avant-postes trop éloignés les uns des autres faute d'effectifs suffisants, les hommes grommelaient et sommeillaient. Quoi ? Les Rousskis allaient venir ? Comme cela, subitement, sans faire de bruit, en chaussettes peut-être ? Quelle folie ! Quand ils viendraient, ce serait avec la fanfare de toutes leurs pièces d'artillerie, à faire trembler la terre, et cela, ça se remarque !

Bien entendu, par une nuit aussi belle, Fritz Plotzerenke allait rendre visite à sa belle prisonnière. Dans la journée, elle l'avait vu apparaître deux fois. Il lui avait apporté du café froid fait au malt torréfié, des biscuits et de la viande de conserve. Cela ne l'avait pas empêchée de cracher sur lui une fois de plus et de l'insulter. Plotzerenke ne comprenait pas le russe, mais nulle part les crachats ne sont une expression de sympathie. Il avait ri d'un air satisfait :

— Nous allons nous habituer l'un à l'autre, tu vas voir. C'était bon, la dernière fois ? Eh bien, ce sera encore meilleur, je te le garantis...

Il avait avec lui une longue corde à laquelle il avait fait un nœud coulant qu'il passa au cou de Janna pour la conduire derrière la maison comme un chien qu'on emmène faire ses besoins. Et c'était bien de cela qu'il s'agissait.

— Ne te gêne pas pour moi, lui avait-il dit en se retournant poliment. C'est humain, et tout ce qui est humain est normal ! Accroupis-toi. Moi, ça fait presque quatre ans que je me soulage comme cela ! Il suffit de bien écarter les jambes et de bien mettre les fesses en arrière, et tout va bien. Allons, presse-toi un peu, petite. Je sens un certain raidissement dans mon pantalon...

Il lui permit ensuite de se laver dans un abreuvoir. En voyant son visage dans l'eau, elle crut vomir de dégoût. C'était surtout cette corde au cou qui la désespérait. Par deux fois, elle essaya de s'en débarrasser, mais le nœud se resserra aussitôt contre sa gorge :

— Voyons, petite, sois raisonnable ! Où veux-tu aller ? Tu ne ferais pas cinq mètres en liberté...

Elle se retrouva ensuite les bras liés, couchée sur la paille et, les yeux fermés, elle dut supporter Plotzerenke, haletant plus fort que jamais. Elle se mordit les lèvres pour ne pas crier et resta sous lui comme un morceau de bois. Cette passivité ne gênait nullement son ravisseur qui, en s'en allant, lui laissa toute une tablette de chocolat, qu'elle arriva à saisir et à porter à sa bouche. Mais en dépit de ses efforts, elle ne pouvait pas atteindre ses pieds, eux aussi attachés. Son unique espoir, trancher la gorge de l'homme d'un coup de dents, s'envolait peu à peu. A aucun moment, il ne cessait d'être sur ses gardes. Quand elle avait avancé la tête, elle avait reçu une gifle. Toujours content de lui, il l'avait prévenue :

— Une fois suffit ! Ne recommence plus, petite charogne ! Dis-moi, elles sont toutes comme toi en Sibérie ?

La nuit était tombée, et Plotzerenke était revenu près d'elle, apportant cette fois une gamelle pleine de soupe aux haricots et un morceau de gâteau aux raisins de Corinthe que le sergent Senkler venait de recevoir de chez lui. Le vaguemestre avait apporté des lettres et des paquets d'Allemagne, et les heureux bénéficiaires avaient lu leur lettre, montré des photos, partagé tout ce qui pouvait se manger et se boire. Et cette nuit-là, ils rêvaient d'autant plus de l'Allemagne, de la prochaine perm, du retour chez eux, de la paix.

Dehors, venant du Donetz, les tireuses d'élite approchaient, rampant toujours.

Plotzerenke ne soupçonnait pas que la mort rôdait autour de lui dans l'herbe haute de la steppe. Il avait préparé une sorte de table, installé un réflecteur à piles dont la lueur indirecte était assez douce, puis il avait ôté sa veste d'uniforme pour s'asseoir près de Janna en bras de chemise. Les yeux à demi fermés, elle se demandait comment le maîtriser. A l'idée de ce qui se passerait après le repas, elle sentait sa gorge se nouer.

Mais Plotzerenke s'était aussi intéressé à autre chose. Le matin, il avait déjà pansé sa blessure. En dépit des soins de Galina Rouslanovna, elle s'était infectée légèrement ; des lèvres gonflées et rougeâtres, le pus menaçait de couler. Or, Soia Valentinovna avait refusé violemment de la laisser partir à l'arrière où l'on avait les moyens et les médicaments nécessaires pour la soigner définitivement, prétextant qu'il n'y avait pas de blessé dans son unité, qu'aucune de ses filles ne s'était laissé maîtriser par un Allemand qui, généreusement, lui avait laissé la vie. *Cela ne pouvait pas être !* Galina Rouslanovna s'était tue comme toutes les autres, bien qu'elle fût médecin. Elle connaissait le sentiment de l'honneur qui animait ces unités féminines. Son premier poste dans cette guerre, elle l'avait occupé à contrecœur. Dans ce camp, des prisonniers allemands, nus jusqu'à la ceinture, avaient défilé sans cesse devant elle tandis qu'elle répétait d'une voix neutre : « Bon pour le travail. » C'était envoyer beaucoup d'entre eux à la mort. Heureusement, on l'avait affectée à une compagnie où l'on formait des femmes pour les combats futurs, comme fantassins. Elle y avait appris le code d'honneur des bataillons de femmes : « Soyez meilleures que les hommes, plus courageuses, plus dures, plus résistantes ! Mourez sans vous plaindre ! Rien ne compte pour vous, sinon votre patrie ! »

En arrivant chez la Baïda, elle était donc totalement préparée à ce qui l'attendait. Les femmes y étaient seulement plus dures, plus fanatiques, mais aussi plus humaines pour avoir souvent vu la mort en face. Ce n'était pas seulement pour des raisons personnelles que Soia Valentinovna fermait les yeux sur leurs rapports avec des officiers. Mais en ce qui concernait la discipline du combat, aucun compromis n'était possible. Pour Janna Ivanovna, le rachat avait été fixé à dix cadavres d'Allemands, tous tués d'une balle au milieu du front. Qu'importait sa blessure ! « Qu'est-ce qu'elle a donc ? » s'était étonnée Soia Valentinovna. « S'est-elle égratignée contre un mur ? Pourquoi tout ce bruit ? »

En changeant le bandage pour la première fois, Plotzerenke avait été frappé par le mauvais aspect de la plaie. En même temps que la soupe aux haricots et le gâteau aux raisins secs, il avait apporté une dose de poudre sulfamidée, non sans mal.

— Pour quoi faire ? avait demandé le caporal-chef infirmier.

C'était un médicament dont on manquait souvent et que le service pharmaceutique ne délivrait que contre ordonnance d'un médecin auxiliaire.

— Pourquoi ? avait hurlé Plotzerenke... Certainement pas contre la transpiration de mes pieds ni d'ailleurs ! Allons, sois gentil. Disons que c'est pour une chaude-pisse !

— Alors tu veux te poudrer ton petit camarade ? Mais c'est une injection qu'il te faut !

Finalement, le caporal-chef avait cédé. Cette poudre servirait-elle à quelque chose ? Comment le savoir ? Mais ne disait-on pas que les sulfamides guérissaient toutes les infections ?

— Viens ici, ma douce amie, et ne me regarde pas comme si tu voulais me bouffer...

Il résista à l'envie de lui caresser les seins et lui montra le paquet de bandes stérilisées et la boîte de poudre.

— Je veux seulement t'aider, petite fille. Je la trouve vraiment moche, ta blessure. Tu dois avoir mal, n'est-ce pas ? Dommage que nous ne puissions pas nous comprendre. *Nix ponnimei germanski,* hein ? Regarde ça, c'est de la poudre, de la poudre, poudre pour blessure, comprends-tu ?

— *Poudra,* dit Janna en hésitant, *Poudrénitsa... ?*

Transporté de joie, Plotzerenke claqua des mains :

— C'est ça ! *Poudra ! Poudra,* très bonne pour ça !

Du doigt, il toucha avec précaution l'épaule de Janna.

— *Rana,* dit-elle encore.

— *Rana* autant que tu veux, j' comprends pas. Contre les infections...

Elle fit un signe de tête, mais elle regardait l'Allemand d'un air de plus en plus étonné :

— *Saraza... Likhoradka* (fièvre).

— Mais c'est merveilleux, ma fille. Quoi que tu dises, je te donne raison !

Elle ne bougea pas quand Plotzerenke lui déroula son pansement. Janna tourna la tête pour considérer sa blessure. Depuis des jours, elle avait senti dans son épaule un rongement, une douleur sourde, des battements. « C'est bien, avait dit Soia Valentinovna. Cela te rappelle constamment que tu dois tuer dix Allemands ! »

En poudrant cette plaie presque purulente puis en la recouvrant d'une nouvelle bande stérilisée, Plotzerenke oublia un instant que sa gorge approchait dangereusement des dents de Janna. Mais elle ne bougea pas. Il m'aide, pensait-elle avec stupeur. Pour une Baïda, une telle pensée à elle seule eût constitué un crime. Oui, ce n'est qu'un salaud, il me viole, il me confirme dans ma haine inépuisable de tout ce qui est allemand mais il m'aide. Il combat ma fièvre, ma douleur. Il s'occupe de moi comme un amant, comme un mari. Et pourtant, à chaque heure qui passe, la mort, celle que je lui donnerai de mes mains, est plus proche de lui...

— Et voilà ! dit Plotzerenke, toujours très satisfait. Nous allons faire ça environ deux fois par jour, et chaque fois, le cher garçon que je suis aura droit à sa petite récompense. Mais mangeons d'abord notre gâteau typiquement IIIe Reich : fait avec de la poudre d'œufs et de la couleur jaune ! Avant, chez nous, on employait de vrais œufs, une douzaine d'un coup ! Mais tu ne comprends pas. Viens, mangeons !

Il lui délia les mains, déposa le gâteau sur les genoux de Janna, et se mit à manger à la cuiller sa soupe aux haricots. Elle avait refroidi et était pleine de grumeaux. Mais il fallait bien manger ! Bien manger, bien boire, bien baiser ! La vie est simplifiée en temps de guerre. A un homme menacé par la mort, toute autre conception de la vie paraît malsaine. Et le bien-être absolu que ressentait Plotzerenke à ce moment précis ne pouvait que le confirmer dans sa conviction que l'être humain est en fin de compte un mécanisme fort simple, et que tout ce qu'on appelle métaphysique et éthique est une complication parfaitement inutile.

Janna le regardait. Il claquait du bec en mangeant, léchait sa cuiller de fer blanc, raclait sa gamelle. Pour se dégager l'estomac, il lâcha trois rots retentissants. Elle avait porté à sa bouche un petit morceau du gâteau, l'avait longuement humidifié avec sa salive avant de se résigner à l'avaler. « C'est une capitulation pensa-t-elle. Mais non, tu as avalé cette bouchée uniquement pour conserver tes forces et pouvoir te venger. Ce n'est qu'une ruse de guerre. Il faut que tu sois forte pour l'anéantir. » Elle mangea aussi le reste du chocolat de l'après-midi. Maintenant, l'heure du « dessert » de Plotzerenke allait suivre, cette effroyable humiliation qu'il ne pourrait payer que de son sang. Il retirait déjà son pantalon. Elle serra les dents et sa respiration s'accéléra. Mais, étonnée, elle le vit s'asseoir près d'elle, et ses membres, qui tiraient déjà sur les cordes qui l'attachaient à des poteaux, se détendirent peu à peu. Et elle l'écouta parler :

— J'ai tant de choses à te dire, mais tu ne comprends pas l'allemand, et je suis trop bête pour apprendre le russe. Je sais que tu veux me tuer, mais toi, tu ne sais pas que je suis très attiré par toi ! Ce n'est pas du bla-bla-bla, petite. J'ai bien une femme chez moi, plus en chair que toi, je te le dis, et chez elle il y a de quoi s'accrocher... Mais quelque chose d'aussi délicat, d'aussi jeune que toi, cela, je ne l'avais jamais eu avant. Oui, rien que du genre matrone ! Tu ne me croiras pas, mais je suis tombé amoureux de toi, oui, de toi. C'est de la connerie, hein, de tomber amoureux d'une tueuse, et on risque gros à la baiser ! Mais je n'y peux rien. Et de te voir là impuissante, ça me déchire le cœur. Et puis, je me pose des questions : que vas-tu faire de la petite si la guerre continue ? T'envoyer en captivité, ce serait encore plus de folie. Le Service de Sûreté te pendrait tout de suite haut et court ! Ils n'aiment pas beaucoup les tireuses d'élite. Tu te rends compte, quelqu'un d'aussi joli que toi, pendue...

Il s'allongea près d'elle dans la paille, et là, Janna eut l'occasion de se jeter sur lui et de le tuer. Mais elle ne bougea pas et continua à l'écouter, bien qu'elle ne comprît pas.

Encore une fois, Plotzerenke avait de la chance. Le détachement de Stella Antonovna, au lieu d'obliquer sur la gauche, s'était dirigé vers un groupe de bâtiments plus à droite : un rayon de lumière filtrait de l'une des fenêtres au rideau mal fermé. La section des mitrailleuses s'était installée dans ce qui avait été une petite ferme et d'où l'on avait une vue splendide sur le fleuve. Si les Soviets attaquaient à cet endroit, ils courraient tête baissée à la mort, sous une formidable concentration de feu.

La section des mitrailleuses s'était laissé gagner, elle aussi, par l'inertie des trois derniers mois. Après avoir bien aménagé la position, ces hommes avaient vécu comme assoupis, et la possibilité d'une attaque de l'unité féminine d'en face ne les avait pas tirés de leur torpeur. L'arrivée à la compagnie de deux tireurs d'élite venus de l'École spéciale de Posen n'avait rien changé à leurs habitudes.

L'adjudant Hermann Busch n'avait mis qu'un homme de garde dehors, comme de coutume, et celui-ci s'était organisé un bon lit de paille dans une auge et dormait paisiblement. Les Russes, quand ils attaquent, se font toujours annoncer par une bonne préparation d'artillerie, n'est-ce pas, et on les voit venir de loin, courant abrités derrière leurs chars. Des Russes attaquant seuls ou par petits groupes, ça n'existe pas ! La sentinelle de garde en était convaincue.

Le détachement de Stella Antonovna, étonné, découvrit l'homme dans son auge, allongé sur le dos, la bouche à demi ouverte, ronflant doucement avec un léger sifflement à la fin de chaque respiration.

Stella leva le pouce : pas de coup de feu ! A l'intérieur, les autres s'éveilleraient. Elle indiqua du doigt Tamara Fillipovna, une fille de l'Oural, qui fit oui de la tête et prit le couteau accroché à son ceinturon.

Ce fut un coup parfait, juste à la gorge. On n'entendit qu'un râle sourd. Un jet de sang s'éleva pour retomber aussitôt. Le caporal Wilmsen ne sentit même pas qu'il mourait : un cerveau endormi ne réagit pas aussi vite.

Il en fut de même de l'adjudant Busch et de son détachement, surpris en plein sommeil dans la pièce centrale où ils reposaient sur de la paille et des couvertures. Stella Antonovna et ses camarades se glissèrent sans bruit à l'intérieur du bâtiment. Une lampe à pétrole, sur une table, fumait un peu, prête à s'éteindre ; c'était cette faible lueur qui, à cause d'un rideau mal fermé, avait attiré l'attention de Stella.

Il n'y eut pas de combat, une simple exécution en série. Neuf dormeurs pour six femmes bien éveillées. Entre eux, un nouveau tireur d'élite arrivé récemment de Posen, l'adjudant Theodor Krahneburg.

— Je ne sais pas pourquoi elles sont si tranquilles de l'autre côté du fleuve, lui avait dit Hesslich. Cela ne me plaît pas. Qu'en penses-tu, Theo ?

— « Calme comme la nuit, grand comme la mer, ainsi soit ton amour... »

— Mais ce n'est pas normal !

— Ce l'est pour moi. Tant que je n'aurai pas à tirer sur une femme, je serai content. Qu'elles soient tireuses d'élite ou non, ce sont des femmes. Pour tirer dessus, il faudra que je me botte le cul, et ce n'est pas facile...

Il n'en eut jamais l'occasion. Après les trois Allemands assommés d'un coup de crosse, Theodor Krahneburg et les cinq autres furent tués proprement par balle. Pour terminer, les femmes achevèrent les trois premiers. Les coups de feu avaient résonné dans cette grande pièce, mais l'épaisseur des murs était telle que ce fracas avait à peine retenti au-dehors. Malgré tout, les femmes étaient immédiatement sorties pour se jeter dans l'herbe. Tout s'était passé sans un commandement, sans un signe. Elles s'étaient dispersées en courant dans la nuit pour former un demi-cercle parfait : pénétrer dans ce piège, c'était n'avoir aucune chance d'en sortir.

L'ouïe d'un combattant réagit au moindre bruit suspect. Plotzerenke, surpris au milieu de ses ébats avec Janna, leva brusquement la tête. Janna elle aussi avait entendu. Son cœur se mit à battre follement, ses muscles se tendirent, et ses yeux soudain grands ouverts se fixèrent au-dessus d'elle sur la poutre noircie.

Les voici, se dit-elle. Elles me cherchent. Ce sont Stella et Lida, Marianka et les autres. Qu'elles viennent, vite, vite ! Puis elle aperçut Plotzerenke qu'elle ne sentait plus en elle. Il avait roulé sur le côté et, un genou à terre, il chargeait sa mitraillette non sans maugréer :

— Quelle saloperie que cette guerre ! On ne peut même plus baiser tranquillement. Tu as entendu, petite fille. C'étaient des coups de feu, hein, et pas loin d'ici.

Le ton de sa voix, son expression déçue et impuissante, malgré l'arme qu'il tenait, incitèrent Janna à se retenir. A quoi bon crier ? D'un coup de crosse, il la ferait taire. Et si c'était Stella, de toute façon, après cette fusillade, elle n'avait plus le temps de continuer ses recherches, même si elle appelait à l'aide. Plotzerenke, toujours agenouillé près d'elle, écoutait les murmures indistincts de la nuit. Son front était couvert de sueur ; à chaque inspiration, sa poitrine se soulevait violemment. Lui aussi avait peur de la mort, se dit-elle, et subitement, elle se sentit très calme. Nous avons tous peur de mourir. C'est mentir que de prétendre le contraire. Nous ne sommes des héros qu'occasionnellement, parce qu'on nous a enseigné qu'il faut l'être, mais n'est-on pas plus heureux de vivre, et de vivre en paix ?

— Le calme est revenu, dit enfin Plotzerenke en déposant son arme près de lui sans la décharger. Avec un petit rire, il se jeta sur le dos dans la paille, près de sa prisonnière.

— Tu vois, toute ma gloire s'est évanouie. Eh oui, mon désir s'est envolé, tu es contente, hein ?

Il lui caressa encore les seins, puis tout le corps, et se redressa enfin en vérifiant le bandage :

— Tout va bien ! Dors maintenant, petite fille.

Il lui attacha une fois de plus les mains et les pieds, posa ses lèvres sur chacun des deux grands yeux noirs qui le regardaient, souffla la lampe et quitta la maison. Debout devant la porte, il scruta un instant la rive du fleuve.

Vraiment, Plotzerenke était né coiffé. Le détachement de Stella Antonovna avait décrit un arc de cercle qui l'éloignait considérablement de la 4ᵉ compagnie. Sans que personne les découvrît, elles atteignirent leur îlot artificiel. Elles attendirent d'être au milieu du fleuve, nageant nues autour du radeau, pour échanger quelques paroles. Stella Antonovna dit fièrement :

— Voilà un bon coup de main ! Le camarade général Koniev sera mis au courant de notre fait d'armes. Vous serez toute décorées, sûrement...

Dix Allemands morts, juste le compte imposé à Janna pour redevenir digne de la communauté des femmes, pensa-t-elle avec quelque amertume...

Au P.C. allemand, l'irritation était à son comble.

Dix morts sur un front où régnait un calme absolu. Neuf portaient la signature des tireuses d'élite : un trou rond dans le crâne. Ce qui était inquiétant, c'est qu'un détachement aussi important de femmes ait pu franchir le Donetz et s'aventurer sur le glacis allemand, tirer même des coups de feu, sans que personne ne l'intercepte.

Plotzerenke s'était bien gardé de faire part de ses observations, car c'eût été pour lui la fin de Janna. Peter Hesslich fut convoqué au bataillon, puis au régiment, et finalement à la division pour y faire un rapport. Après avoir attendu deux heures, il se présenta au général règlementairement, avec casque d'acier, masque à gaz, musette et bidon, mais sans son fusil à lunette qu'il avait dû abandonner au planton de service.

Les sourcils froncés, le général le toisa longuement avant de prendre la parole :

— Comment un tel désastre peut-il avoir lieu ? Dix hommes liquidés régulièrement ! On nous envoie des spécialistes de Posen, et que se passe-t-il ? Des Soviétiques, des filles, passent le Donetz sous vos yeux et nous infligent cette véritable gifle ! Je veux une explication ! Est-ce que vous dormez tous à l'avant ?

— C'est un fait que le détachement Busch dormait quand il a été attaqué, mon général. La sentinelle a d'abord été surprise...

— Un Allemand de garde *n'est jamais surpris !*

— Me permettez-vous de vous rappeler l'enlèvement des hommes des avant-postes dans le secteur de la VIIIᵉ Armée italienne...

— Qu'est-ce que cela veut dire, adjudant ? Voulez-vous me faire admettre que mes hommes ont la même réaction que des Italiens devant une jupe de femme ?

— Ce sont des combattantes parfaitement entraînées, mon général. Elles connaissent tous les trucs.

— Mais vous aussi, d'après ce qu'on m'a dit.

— Cette action ne s'est pas déroulée dans mon secteur, mais dans celui de l'adjudant Krahneburg qui y était affecté, et qui en a été victime.

Le général s'était mis à marcher de long en large, les mains croisées derrière le dos.

— C'est une honte, et j'espère que vous la ressentez vous aussi. Votre commandant de compagnie m'a exposé la situation. Nous allons rendre à ces filles la monnaie de leur pièce, mais pour une telle entreprise, je tiens à ce qu'on sacrifie le moins de vies possible. Cela, c'est votre affaire, adjudant. C'est pour ces histoires de combats individuels et de tireurs d'élite que vous avez été affecté à cet endroit du front.

Il se retourna brusquement pour regarder Hesslich :

— Avez-vous une proposition à me faire ?

— Mon général, je vais essayer de jeter la pagaille chez ces femmes...

— Aha ! Vous allez essayer ! Que c'est gentil ! Me voici tout à fait tranquillisé ! Et comment allez-vous vous y prendre ?

— Je vais traverser le fleuve...

— Seul ?

— Deux camarades me serviront de couverture. Je préfère travailler seul...

— Travailler... Quelle expression ! Je croyais que vous combattiez pour le Führer et la patrie. Vous avez passé votre bachot, Hesslich. Pourquoi n'êtes-vous pas officier quand vous portez déjà la Croix de Fer de première classe et la médaille d'or du combat rapproché ? Vous avez refusé, paraît-il ? Pourquoi ?

— Je ne suis pas un bon soldat, mon général. Je fais mon devoir, rien de plus. A la fin de la guerre, je me remettrai avec joie en civil.

— Votre franchise pourrait vous coûter cher, Hesslich. Il est bon d'être aussi franc, mais le plus souvent c'est de la bêtise ! Mais au moins, je sais maintenant ce que je peux attendre de vous. Vous voulez vous promener dans les lignes soviétiques comme un loup solitaire...

— Exactement, mon général.

— Et si je vous envoie quand même dans une école d'officiers ?

— Je ne pense pas que ce serait avantageux pour l'armée, et je crois que c'est l'essentiel, mon général.

— Foutez-moi le camp d'ici, adjudant !

Et comme Hesslich claquait des talons, il ajouta :

— Je vous souhaite beaucoup de bonheur avec vos diablesses au fusil à lunette ! Et que le diable vous emporte si vous vous laissez une fois de plus surprendre par elles !

Au retour, à chaque échelon, il dut subir les railleries de tous. Le lieutenant-colonel Maltzahn le félicita de la couleur de sa peau mais lui demanda si les bains de soleil étaient le fin du fin de sa formation à Posen. Le commandant Bernstein déclara : « Manifestement, vous ne faites pas partie des armes secrètes avec lesquelles nous devons gagner la guerre, Hesslich... »

Seul Bauer III, qui connaissait mieux que quiconque la situation, l'accueillit avec pitié :

— Tout le monde vous a engueulé, hein, Hesslich ? Comment vous sentez-vous, Peter ?

Hesslich avait ôté son uniforme et se trouvait en pantalon et en maillot de corps.

— Ils ont tous été très aimables, mon lieutenant, du vrai sirop d'orgeat...

Il prit le verre de cognac que Bauer III lui tendait et se mit à le réchauffer dans sa main, sans se presser.

— Cette nuit, ça va barder en face. Le général veut de l'action. Il faudrait que deux hommes me couvrent à partir de la rive.

— Et combien d'autres avec vous, Peter ?

— Combien ? Mais pas un seul, pour l'amour de Dieu ! Il me faut simplement une couverture. Je passerai seul le fleuve.

— C'est de la folie, Peter !

— Les filles viennent de nous montrer qu'une piqûre de guêpe peut bouleverser toute une division.

— C'était une troupe de choc.

— Mais je suis bien plus mobile tout seul... A minuit précis, j'aurai besoin de dix hommes, mais seulement pour garder la rive.

— Ils se présenteront à vous à l'heure dite, avec trois mitrailleuses légères et un mortier. On ne sait jamais ce qui peut arriver.

— Surtout, pas de tapage ! J'ai besoin aussi de silence ! Mille mercis, mon lieutenant.

— Je m'appelle Franz, dit Bauer III en lui tendant la main.

— Merci, Franz.

— Et dresse bien l'oreille, Peter !

Ils se séparèrent en s'administrant quelques bonnes tapes sur l'épaule, sachant que leur amitié subsisterait après la guerre, s'ils en réchappaient.

Quand les dix hommes se présentèrent à lui, Hesslich était en « tenue de travail » : son visage était couvert de terre, il portait son bonnet de laine, des demi-bottes très souples aux épaisses semelles de caoutchouc, un ceinturon en tissu auquel étaient suspendues deux cartouchières, et une blouse de camouflage. Dallmann, à part le bonnet de laine, était vêtu comme lui. Un casque d'acier de camouflage, qui ne reflétait pas la lumière, lui protégeait la tête. Hesslich s'adressa à l'un des dix hommes, l'adjudant Plinner.

— Je n'ai pas prévenu le lieutenant, mais il se peut que je reste là-bas plus longtemps que prévu...

— Quand devrons-nous commencer à nous inquiéter ? demanda Plinner.

— Disons après quatre jours. Alors, c'est qu'il se sera passé quelque chose...

— Quatre jours ! ronchonna Plinner. Mais on va moisir sur place, nous autres !

— Il faut bien que vous fassiez quelque chose pendant que je travaille, dit Hesslich en riant.

Une heure plus tard, il abordait la rive soviétique.

Quelle joie quand Stella Antonovna avait annoncé réglementairement : « Dix Allemands anéantis ! » Soia Valentinovna l'avait embrassée, pressée contre elle, puis avait fait le tour des autres filles pour les féliciter chaudement en les appelant « mes braves petites sœurs ! ». Et Ougarov avait déclaré fièrement :

— Je vous jure que mon rapport remontera jusqu'au camarade général Koniev ! Il y a longtemps qu'on n'avait pas entendu parler d'un tel fait d'armes. Nous pourrons oublier que les Allemands ont tué Miranski, sa chère épouse Praskovia et notre camarade Daria Allanovna. Stella, tu nous as rendu l'honneur !

— Pour l'instant, nous ne savons pas encore où se trouve Janna et ce qu'ils ont fait d'elle...

Soia Valentinovna était redevenue très grave. Le problème de Janna Ivanovna continuait à la préoccuper. Pour important que fût le succès de Stella et de ses camarades, tant que le sort de Janna ne serait pas éclairci, il n'y aurait pas de véritable joie pour elle.

Bien entendu, cela n'empêcha pas de fêter l'événement. L'orchestre qui s'était constitué joua des airs endiablés de danse. Ougarov avait téléphoné au cuistot pour commander une quantité de *koulebiaki,* de grandes barquettes que l'on replie comme une enveloppe et qui sont pleines de choses délicieuses. Sur le moment, le camarade cuisinier avait cru que le sous-lieutenant était tombé sur la tête. Très ironiquement, il avait répondu :

— A vos ordres, monseigneur ! Nous avons également de l'esturgeon bouilli et, si cela ne vous suffit pas, des canards rôtis au beurre, des *pelmenis* tout ce qu'il y a de délicieux et des pâtés de lièvre à s'en lécher les doigts. Ou voudriez-vous plutôt que je vous fasse parvenir du jambon d'ours fumé « à la sauvage » et garni de racines d'acore confites ? C'était le plat préféré de la Grande Catherine. On peut vous servir tout cela en perruque poudrée et en tenue de laquais...

— Écoute, espèce de grande gueule. Nous fêtons aujourd'hui une victoire qui sera portée à la connaissance du camarade général Koniev lui-même. Pendant que tu baises les putains du village, ici, on se bat ! Ne me dis pas que tu n'as rien en stock. Le défunt commissaire Miranski m'a fort bien renseigné sur ce que tu gardes en réserve dans tes petits recoins. J'attends de toi un vrai festin !

L'après-midi, la voiture de ravitaillement apporta non seulement des *koubeliaki* à l'odeur délicieuse mais quelques bouteilles d'alcool russe de Samogonka, une bonbonne de vin de fruits et deux bouteilles de liqueur d'airelles rouges. Ougarov, fort satisfait, appela le camarade cuisinier pour le remercier ; ce dernier avait déjà entendu parler de la prouesse nocturne de l'unité féminine et félicita chaudement le sous-lieutenant.

Il ne faut jamais s'endormir sur ses lauriers ni sur trop de vin. Cette nuit-là, les Soviets eux aussi oublièrent la règle d'or du combattant : l'ennemi peut être partout.

Soia Valentinovna ne garnit que trois avant-postes pour permettre aux autres de continuer à festoyer dans le grand bunker de commandement, chantant et dansant, mangeant et buvant. Un seul obus bien placé aurait pu anéantir la plus grande partie de son unité. Un peu avant minuit, les filles se séparèrent, chantant toujours, pour aller cuver dans leurs abris respectifs leur vin, leur liqueur et l'effroyable samogonka qui n'est que de l'alcool de bois. Soia Valentinovna, Ougarov et quatre autres poursuivirent leur fête jusqu'après minuit, comptant sur les avant-postes installés dans les ruines du village. D'ailleurs, pourquoi les Allemands viendraient-ils ? Ils avaient reçu une bonne leçon, il leur fallait quelque temps pour lécher leurs plaies. Quand Peter Hesslich aborda la rive soviétique, la plupart des filles, la capitaine Baïda et Ougarov dormaient, incapables dans leur ivresse de faire deux pas de plus. Pour gagner leur abri, Soia et son beau sous-lieutenant avaient dû se soutenir mutuellement.

Seule l'héroïne du jour, Stella Antonovna, sans s'abstenir de boire, l'avait fait modérément. D'ailleurs, elle n'aimait pas l'alcool sec, et sa boisson préférée, le vin doux de bouleau, manquait à la fête. En retournant seule à son abri, elle distingua dans la nuit les contours étranges des ruines dont les silhouettes s'élevaient vers le ciel, et décida de visiter les filles qui devaient veiller aux avant-postes.

Et là, Stella Antonovna commit une erreur impardonnable : elle négligea d'aller chercher son fusil et se dirigea sans armes vers le village abandonné.

Entre-temps, Hesslich avait atteint les premières ruines et s'était allongé dans l'un des jardins derrière un amoncellement de vieilles poutres. C'était le premier stade de sa « chasse à l'aveuglette ». Le tout était désormais une question de patience, de calme absolu, d'attente du moindre bruit. Un cliquetis d'armes, un tossotement contenu, un traînement de pieds ou un éternuement étouffé seraient suffisants. Ou encore et même mieux, la relève de la garde.

Ce fut ainsi qu'il découvrit d'abord Dounia Alexandrovna, une fille d'Oulan-Bator au large visage rieur et aux yeux obliques, mais magnifiques. Dounia lui facilita la tâche. Convaincue comme la plupart de ses camarades que les Allemands étaient trop heureux quand on les laissait en paix, elle quitta un moment l'abri de la vieille maison incendiée qui lui servait de repaire pour se promener tranquillement à la lueur diffuse du ciel couvert d'étoiles. La nuit était chaude, tout était si calme, pas un souffle de vent. Au loin, le clapotis des vagues était très doux.

Elle avait mis son fusil en bandoulière pour se rafraîchir le visage des deux mains dans l'eau d'un tonneau. Sans un bruit, Hesslich cala son fusil sur une poutre et visa Dounia. Il la voyait de profil. Comme lors de sa rencontre avec Janna, son cœur se mit à battre. Mais il pensa aussitôt que cette fille était peut-être une de celles qui avaient tué ses camarades surpris dans leur sommeil.

Lentement, il replia l'index jusqu'au point de détente. Il ne voulait pas l'atteindre à la tempe, mais entre les deux yeux, un pouce au-dessus de la racine du nez. Ce serait un avertissement aux autres : me voici, et je tire au moins aussi bien que vous ! La roue a tourné, jeunes filles !

Après s'être bien rafraîchi le visage, Dounia Alexandrovna se releva, se retourna. Son large visage d'Asiate apparut juste dans la croix de la lunette de visée. Serrant les dents, bloquant son souffle, Hesslich replia encore le doigt.

La détonation retentit dans le silence de la nuit. Dounia, sans un cri, tomba en arrière dans les tournesols déjà à la moitié de leur croissance. Simultanément, Hesslich, bondissant sur ses épaisses semelles de caoutchouc, gagna une autre maison incendiée et se jeta derrière un mur à demi détruit.

Stella Antonovna s'arrêta, pétrifiée, au moment où le coup de feu retentissait près d'elle. Mais son saisissement ne dura qu'une seconde : elle aussi se retrouva étendue à plat ventre, à l'écoute de ce qui allait venir. Un sixième sens, celui du danger, lui disait qu'il ne s'agissait pas d'un geste maladroit dû à l'ivresse. L'homme au bonnet de tricot, pensa-t-elle immédiatement. Une bouffée de chaleur lui traversa tout le corps en s'apercevant qu'elle était désarmée, précisément en face de ce démon qui devait ramper quelque part, cherchant une nouvelle victime. Mais sur qui avait-il tiré ?

Elle se retourna comme un serpent et se mit à ramper elle aussi, progressant lentement, s'arrêtant souvent pour tendre l'oreille. De l'endroit où il était caché, Hesslich ne pouvait l'apercevoir, et le cadavre de Dounia était lui aussi dissimulé par un mur. A Posen, le commandant Molle avait mille fois répété : si possible, changer de position après avoir tiré ; ne pas renseigner l'ennemi sur sa nouvelle cache ; ne jamais se mouvoir en ligne droite, toujours suivre un arc de cercle. Penser comme l'adversaire, et faire juste le contraire. La surprise, c'est ce qui décide de ta vie ou de ta mort. Le combat individuel, c'est le règne de l'imagination et, pourquoi pas, de la poésie ! Ainsi parlait C. M., le commandant Molle !

Quand Stella découvrit le corps de Dounia parmi les tournesols, elle s'approcha lentement de lui. En se penchant sur le visage, elle s'aperçut qu'il était encore mouillé et que des gouttes d'eau parsemaient la racine de ses cheveux plats et noirs. Et juste au-dessus de la racine du nez, il y avait un petit trou d'où suintait un mince filet de sang.

Laissant reposer sa tête sur la poitrine de la morte, Stella ferma un instant les yeux. C'est lui, oui, c'est lui, l'homme au bonnet. Il n'y a que lui à qui l'on puisse attribuer un coup pareil, en pleine nuit, avec si peu de lumière et dans une position pareille. Je l'avais bien prévu : il est revenu. Elles se sont toutes moquées de moi, comme Ougarov : « Stella rêve de cet Allemand ! Je suis sûr qu'elle voudrait bien le tenir à côté d'elle, dans son lit ! Je propose qu'on installe un haut-parleur près du fleuve pour l'appeler : Viens vite avec ton bonnet tricoté. Stella Antonovna n'arrive plus à dormir à cause de toi... »

Que dirait-il maintenant, le beau Victor Ivanovitch ?

De la main, elle abaissa les paupières de Dounia sur ses yeux morts, lui retira le fusil du dos et vida ses deux cartouchières. Enfin, elle avait une arme, un vrai fusil à lunette de visée. Ce n'était pas le sien, certes, mais elle n'était plus sans défense contre l'ombre invisible qui rôdait dans les ruines du village. Elle arma son fusil. C'était un bruit presque imperceptible, mais il devait l'avoir entendu. Aussi rapide qu'un chat, elle roula sur le côté et s'immobilisa à plusieurs pas de là.

Mais Hesslich n'entendit rien. En revanche, Flora Victorovna perçut ce bruit caractéristique. De son poste de garde, elle avait entendu la détonation, et elle arrivait maintenant, le corps courbé en avant, sautant de ruine en ruine et de poutre en poutre avec la grâce et la légèreté d'une gazelle, vers le jardin où elle croyait retrouver Dounia.

C'était une fille de Gorki, grande, très élancée, avec des muscles d'acier qui avaient fait d'elle une championne junior de saut en hauteur. Elle riait volontiers et aimait raconter sa première histoire d'amour. C'était après une fête sportive, dans la salle des agrès du stade, où elle était seule avec son premier amant, un jeune lanceur de marteau. Alors qu'ils se séparaient, il s'était aperçu qu'elle saignait. Alors, éclatant en sanglots, ce magnifique athlète avait pris ses jambes à son cou et elle ne l'avait jamais revu. En racontant cette histoire, elle se tordait littéralement de rire.

Hesslich s'était agenouillé derrière ce qui restait d'un mur. Flora venait droit sur lui pour atteindre le jardin où se trouvait le corps de Dounia.

Stella, en l'apercevant, eut le pressentiment de ce qui allait arriver. Elle jeta un cri strident :

— Couche-toi ! Alerte ! Alerte ! Couche-toi...

Surprise en plein élan sur un terrain découvert, Flora se jeta en avant dans un bond gigantesque vers une cheminée tombée du toit et qui pouvait lui servir d'abri. Le cri de Stella avait surpris Hesslich, mais il avait immédiatement recouvré son sang-froid, le compagnon de toujours des moments les plus difficiles, celui grâce auquel rien n'est impossible. Il leva son arme. La tête de Flora se trouva juste dans sa ligne de mire alors qu'elle tentait son bond désespéré. Sous le choc de la balle, elle leva les bras comme pour s'accrocher aux étoiles, les doigts crispés. Puis elle s'effondra la tête en avant, le visage contre le sol.

Impuissante, Stella avait assisté à la mort de sa camarade. L'Allemand était caché en dehors de son champ de tir. Mais elle savait désormais où il se trouvait. Du moins le croyait-elle. Car, sans un bruit, Hesslich courait déjà sur ses épaisses semelles de caoutchouc, décrivant un nouvel arc de cercle jusqu'à une grange incendiée où il se tapit, à l'affût de la femme qui avait crié. Du regard, il chercha dans la charpente un recoin d'où il avait devant lui un espace libre, y prit position et ne bougea plus.

Stella Antonovna avait oublié Flora Victorovna. Elle savait que rien ne pouvait aider la dernière victime de son adversaire. Elle était seule contre lui, son égal, comme elle le souhaitait depuis si longtemps. Elle avait espéré un instant que les deux coups de feu, et son cri peut-être, tireraient de leur torpeur quelques-unes de ses camarades. Mais elles étaient trop loin, avaient trop bu, et Soia Valentinovna comme Ougarov n'étaient plus capables d'entendre quoi que ce fût et de donner un ordre. La prochaine relève aurait lieu dans quatre heures, et sur les trois sentinelles disposées par Baïda dans les avant-postes, deux déjà étaient mortes. Il était logique que la troisième, la plus lointaine, vînt à son tour s'enquérir de la cause des deux coups de feu.

Encore une fois, le hasard servit Peter Hesslich. Il aperçut soudain une ombre qui se déplaçait rapidement à travers les ruines. L'art avec lequel ces filles profitaient des ténèbres, disparaissant après chaque bond en avant, était vraiment fascinant. A côté d'elle, le fantassin ordinaire de la Wehrmacht n'était qu'un hippopotame ! Quelle grâce, quelle rapidité, quelle adaptation au terrain... ! Fantastique, pensa-t-il.

Marianka Stepanovna Dudovskaia, la mignonne boulangère de Kalouga, avait presque l'air d'une enfant sans son uniforme. Mais cette première impression était trompeuse. C'était elle qui avait un jour aperçu Plotzerenke à la lunette d'approche et s'était réservé le plaisir de tirer le « petit taureau » dès qu'elle le rencontrerait. L'intuition de Hesslich était bonne : elle avait fait partie du détachement qui avait liquidé la section des mitrailleurs de la 4e compagnie, et elle avait enregistré deux nouveaux Allemands dans son livret de tir, soit trente-deux en tout. Elle était déjà décorée de la médaille de la Bravoure.

Hesslich ne quittait pas des yeux l'ombre du mur où elle avait disparu après son dernier bond. Il tenait son fusil à la main, prêt à épauler, à viser et à tirer. C'était sa spécialité : les trois actes se confondaient en un seul, il n'avait même pas besoin de lunette, l'œil suffisait.

Sans un bruit, Stella Antonovna avançait de jardin en jardin. Tout comme Hesslich, elle décrivait un arc de cercle autour de l'endroit où s'était trouvé l'Allemand afin de l'approcher d'un autre côté. Mais depuis longtemps, Hesslich en était parti. Accroupi derrière un tas de décombres, il se retrouvait maintenant à cinq mètres à peine du cadavre de Dounia. Il avait décrit un cercle et se dissimulait presque à l'endroit où Stella s'était cachée quand il avait tiré pour la première fois. Sans le savoir, ils étaient une fois de plus face à face, avec, entre eux, les corps de Dounia et de Flora. Il ne quittait pas des yeux la zone d'ombre où Marianka s'était évanouie. Elle n'avait pas encore reparu. Dans l'esprit de Hesslich, il s'agissait de la fille qui avait crié.

C'était une attente éprouvante. Marianka, qui ne pouvait voir ni Dounia ni Flora, se demandait ce que pouvaient signifier ces deux coups de feu à plusieurs minutes d'intervalle. L'idée qu'un Allemand solitaire ait traversé le Donetz pour les tuer avec une précision de machine lui paraissait absurde. Certes, Janna était tombée sur un éclaireur qui, affirmait-elle, était seul, mais elle avait ri comme les autres quand Stella affirmait que l'homme au bonnet gris reviendrait.

— Dounia, appela-t-elle à voix basse. Dounia, c'est moi. Est-ce toi qui a tiré ? Était-ce un lièvre ? Dounia...

Hesslich, le fusil haut, cherchait à percer les ténèbres. La voix venait de là, claire, très jeune. Allons, viens, pensa-t-il. De nouveau, son cœur s'était mis à battre très vite, alourdissant sa respiration. Un pas hors de l'ombre, cela me suffit. Avait-elle fait partie du détachement qui avait tué dix hommes ? Son cœur à elle, avait-il battu plus vite, comme le sien ? Peut-être... Allons, sors de là, jeune fille...

— C'est alors que retentit de nouveau un cri :

— Ne bouge pas, Marianka ! Un Allemand !

Comme frappée par un éclair, Marianka était retombée sur le sol et y demeurait confondue avec lui. Hesslich, surpris, se mordit les lèvres. Ainsi, elles étaient deux... Celle qui avait crié était juste en face de lui, là même où il s'était trouvé trois minutes plus tôt. Elle avait donc repéré l'endroit d'où il avait tiré la seconde fois. Formidable, cette fille-là !

Sans bouger, il lui fallait maintenant surveiller deux directions à la fois ; Marianka était toujours cachée dans sa zone d'ombre, et l'autre fille attendait sans doute qu'il commît une faute...

Essayons un vieux truc, se dit-il, celui des films de Tom Mix, du temps que j'étais gosse. Un truc d'Indien, que tout le monde connaît, mais qui dans un moment de tension nerveuse peut provoquer une réaction fatale pour l'adversaire qui se cache.

Il ramassa sans bruit une pierre et la jeta par-dessus le corps de Dounia. De l'autre côté du jardin, il y eut un bruit de tôle. Quelle chance, pensa-t-il, j'ai atteint un seau ou quelque chose de semblable. Il était déjà prêt à tirer là où il apercevrait l'éclair d'un coup de feu.

Mais la réaction prévue n'eut pas lieu. Marianka demeura couchée à terre et elle leva à peine la tête. Stella Antonovna ne tressaillit même pas, et ses lèvres se plissèrent dans un mauvais sourire.

— Cela, c'est une faute, pensa-t-elle. Maintenant, nous savons que tu es tout près de nous. Ainsi, tu jettes des petits cailloux. Crois-tu que nous soyons si sottes ? Tu devrais savoir que nous tirons seulement quand nous sommes sûres de faire mouche, quand nous avons l'objectif au centre de la croix de notre lunette de visée. Nous pouvons attendre...

Hesslich haussa les épaules. Pardon... c'était une erreur. Vous n'avez vraiment pas de nerfs, et on ne peut guère vous surprendre. Les braves fantassins allemands ne voient encore en vous que la jolie femme dont ils rêvent. Aucun d'eux ne vous connaît vraiment, ne sait combien vous êtes impitoyables, froides, cruelles, dès que vous tenez un fusil en main.

Un mélange de haine et de colère le souleva. Prudemment, il s'allongea derrière un tas de décombres et s'apprêta à attendre le lever du soleil, le moment où la situation deviendrait critique tant pour lui que pour les deux femmes. En cherchant, on peut aussi être vu, et celui qu'on voit peut être considéré comme mort.

Marianka avait cru devoir utiliser l'ombre qui l'entourait pour ramper lentement autour du mur. Là, elle se redressa, dégrafa de son ceinturon son pistolet-signaleur et tira vers le ciel nocturne une fusée éclairante. D'un seul coup, une lumière d'une blancheur éclatante inonda le village détruit. Hesslich, pressé contre un reste de mur, baissa encore plus la tête. Il savait désormais où se cachait l'une de ses ennemies. Dans son ascension vers le ciel, la fusée éclairante avait trahi la position de Marianka.

Stella Antonovna jura entre ses dents. Quelle imbécile que cette Marianka ! Pourquoi ne pas attendre ? Pourquoi cet éclairage subit ? Qu'as-tu vu de plus ? Crois-tu que ce démon allemand va te faire un grand signe de la main en pleine lumière ? Marianka, Marianka, tu nous compliques la tâche...

La fusée éclairante revenait vers la terre pour s'abîmer dans l'herbe de la steppe. Après cette clarté aveuglante, l'ombre était devenue impénétrable, et Stella profita de ces quelques secondes où l'œil doit s'adapter de nouveau à l'obscurité. Bondissant en avant, elle courut dans la direction où elle estimait que l'Allemand se cachait, c'est-à-dire vers la ruine la plus proche. Mais en même temps, Hesslich avait changé de position lui aussi, et ils passèrent une nouvelle fois l'un près de l'autre avant de se jeter à terre et de se confondre avec le sol. Seule, Marianka était restée immobile. Le mur derrière lequel elle s'abritait était isolé et, tout autour, le terrain était mortellement découvert.

La maison atrocement démolie où se trouvait Hesslich était pleine à craquer de décombres et de poutres calcinées. A peine s'était-il glissé derrière un tas de pierres qu'il distingua devant lui une silhouette qui courait. D'un seul coup, son fusil était remonté à son épaule, et la tête de la femme s'encadra dans la lunette de visée. Elle s'était immobilisée, debout, collée à un chariot fracassé, regardant droit devant elle, ignorant la mort qui la menaçait à trente pas à peine derrière elle.

Stella Antonovna avait avancé un peu la tête, dans l'attente d'un bruit. Elle avait l'impression aiguë d'un danger tout proche. Collée au chariot, elle tenait à deux mains le fusil de Dounia. Deux ou trois fois, elle regarda en arrière et, pendant ces quelques secondes, Hesslich vit distinctement le visage grossi par la lunette de visée, un beau visage à l'expression franche, entouré de boucles blondes. Pour la première fois, il put contempler son ennemie mortelle. Il avait souvent essayé de se faire d'elle une idée exacte. Les prisonniers soviétiques parlaient de cette tireuse d'élite qui avait abattu plus de cent Allemands et dont le nom resterait immortel. Elle était jolie, blonde, bouclée, avec une fossette seulement à la joue gauche. Dans un quotidien de l'armée soviétique, il avait même aperçu un mauvais portrait d'elle, flanqué de l'éloge d'un général...

Peter Hesslich tenait ce visage en joue. C'est elle ! pensa-t-il. Des boucles blondes, la fossette à la joue gauche. Et son doigt se bloqua sur la détente au moment même de tirer. Il éprouvait soudain pour elle une telle admiration qu'il en demeurait paralysé. A peine prenait-il conscience de ce retard impardonnable qu'elle avait disparu de son champ de tir. Laissant lentement retomber son fusil, il se cacha au milieu des décombres.

Son hésitation dans ces secondes décisives l'avait tellement bouleversé qu'il préféra mettre fin à l'opération de cette nuit. Il ne faudra pas que cela recommence, se reprocha-t-il. Pour toi, elle ne doit pas être une femme. Ton moment d'éblouissement t'aurait coûté la vie si elle t'avait aperçu. Car elle n'aurait pas hésité, elle, à recourber l'index. Oui, ton hésitation va se payer demain par la mort de plusieurs de tes camarades, et tu seras responsable de leur mort.

Il se terra sous une montagne de débris. Jamais il ne s'était senti aussi misérable. Ne pense plus à cela, Peter Hesslich. Tu feras mieux la prochaine fois, même si le visage est entouré de boucles blondes et porte une fossette à la joue gauche...

Il demeura trois jours et trois nuits dans le camp soviétique. Il changeait constamment de place, surgissait comme un fantôme aux endroits les plus inattendus pour disparaître tout aussi rapidement. Et chaque fois, il laissait derrière lui un ou deux cadavres, neuf en tout au cours des trois nuits.

En vain la Baïda, furieuse, avait-elle crié et pleuré, lancé toutes les femmes à la chasse du meurtrier. Mètre par mètre, elles avaient ratissé le terrain. Ougarov avait demandé l'appui de l'aviation et, le troisième jour, un « moulin à café » avait survolé lentement, très bas, la rive soviétique du Donetz et les ondulations du paysage. Terré dans un trou d'obus qu'il avait recouvert d'un buisson, Hesslich avait échappé aux patrouilles qui battaient la région. Il avait plusieurs fois entendu leurs voix de femmes, le piétinement de leurs bottes, tandis qu'il retenait son souffle. Il réapparaissait la nuit tombée, pour tuer. Une fois, une seule, l'une d'elles l'avait aperçu : Dacha Borisovna avait pu se sauver d'un bond désespéré et se cacher dans un chaos de poutres calcinées tandis qu'à son côté Marina Paclovna s'effondrait, un trou au milieu du front.

« C'est lui, avait-elle bégayé ensuite en tremblant de tous ses membres. Je l'ai vu tout à fait distinctement, l'homme au bonnet gris... C'est le diable... le diable... le diable... » Et elle avait continué à crier et à se débattre, devenue presque folle. Galina Rouslanovna avait dû lui administrer un puissant somnifère. Complètement abattue, Soia Valentinovna avait finalement veillé ses neuf mortes, les yeux vides, sans comprendre comment on n'arrivait pas à découvrir cet homme qui allait et venait seul, à son gré eût-on dit, dans le secteur défendu par la meilleure des unités féminines.

— Où est Stella Antonovna ? avait-elle demandé une fois. Pourquoi ne la vois-je plus ?

— Elle est dehors depuis trois nuits et deux jours. Elle ne parle plus à personne. Elle est comme une tigresse.

La nuit suivante, Peter Hesslich revint sur la rive allemande. Comme ses adversaires, il traversa le Donetz en nageant, tout nu, poussant devant lui un petit radeau en caoutchouc sur lequel il avait mis tout son équipement et qu'il avait ensuite camouflé sous un buisson. Sur la rive soviétique, Stella Antonovna, abandonnant brusquement la chasse à l'homme, s'était mise en embuscade. C'était trop tard de quelques minutes. Dans ses jumelles, elle avait vu soudain apparaître Peter Hesslich qui sortait de l'eau, nu. Il avait pris son fusil et son uniforme sur le radeau camouflé. Puis il avait ôté son bonnet de laine tricoté et l'avait longuement secoué et tordu...

Il était trop loin, la lumière était défavorable. A cette distance, personne au monde n'aurait pu l'abattre. Alors, Stella Antonovna s'assit sur la rive, se cacha le visage entre ses mains et se mit à sangloter. Un instant plus tard, elle se rejeta en arrière dans l'herbe, frappant le sol de ses bras et de ses jambes, sanglotant toujours, criant sa détresse à un ciel rempli d'étoiles scintillantes.

Cinq jours durant, Fritz Plotzerenke avait pu cacher Janna, sa prisonnière, mais il se rendit finalement compte que la situation devenait critique.

Malgré un renouvellement constant des bandages et de nouvelles applications de poudre de sulfamide, l'état de l'épaule de Janna ne faisait qu'empirer. Les lèvres de la blessure s'étaient gonflées comme une pâte pleine de levain et étaient devenues rouges et vitreuses. Le quatrième jour, le pus se mit à couler, accompagné d'une forte fièvre.

Prudemment, Plotzerenke s'enquit près du sergent-infirmier de l'évolution possible d'une blessure par balle. La liste était interminable : cela allait d'une simple suppuration à la gangrène en passant par la septicémie. L'intérêt que Plotzerenke portait soudain à la médecine stupéfia l'infirmier :

— Pourquoi ces questions ? Serais-tu resté suspendu par le trou du cul à un clou rouillé ?

— Je suis en train de lire un livre où il est question d'une blessure qui s'enflamme.

— Bon Dieu, mais que se passe-t-il ! Plotzerenke lit un livre ! Un vrai livre ?

— Trou du cul toi-même ! Pour qui te prends-tu ? Tu n'es quand même pas un Einstein ! Oui, dans mon livre, il est question de gangrène. Ça ne te dit rien, ça ?

— Si. A quelle page du livre es-tu ?

— Environ 150, répondit Plotzerenke en levant sur l'infirmier un regard voilé.

— Eh bien, si l'auteur ne raconte pas trop de conneries, à la page 200, ton bonhomme à la gangrène sera mort. Tu n'as qu'à continuer à lire...

Une sorte de panique s'était emparée de Plotzerenke. Jamais il n'avait connu de nuits et de jours aussi beaux que ceux qu'il passait avec Janna, malgré sa passivité. Il savait maintenant comment elle s'appelait. En se montrant de l'index, il avait dit : « Fritz ». Inclinant la tête, elle avait répondu : « Janna Ivanovna ».

— Janna... Ça, c'est un joli nom, petite, et qui te va si bien...

La grande question, celle de savoir ce qu'il ferait d'elle quand la guerre de position prendrait fin, le laissait encore indifférent. Mais il ne pouvait ignorer sa blessure. Elle va me crever entre les mains, car c'est la gangrène, pensa-t-il. Que faire ? Mon Dieu, inspirez-moi une bonne idée ! Vous savez tout, vous voyez tout... Aidez-moi ! Rappelez-vous, j'ai servi la messe pendant trois ans, et j'aimais bien balancer l'encensoir. Et puis quoi, je suis un bon chrétien...

Il avait beau se torturer le cerveau, il arrivait toujours au même résultat. Janna n'éviterait pas la mort. Ou bien elle mourrait de sa blessure, ou, s'il la livrait, on la collerait à un mur au plus tard quand elle arriverait à l'échelon du régiment ! Pensez donc, une de ces tueuses !

Et pourtant, à son propre point de vue, tout allait si bien. Janna ne lui crachait plus dessus quand il lui glissait le nœud coulant autour du cou et la conduisait « faire ses besoins » derrière la maison, comme un petit chien en laisse. Et malgré sa haine et son désespoir, elle n'essayait plus de lui déchirer la gorge d'un coup de dents. Il s'était efforcé de lui prouver, à force de petits détails, qu'il l'aimait et qu'elle était plus pour lui qu'un simple plaisir physique. Et comme la communication verbale était défaillante, il avait recouru à un moyen d'expression universel, la musique.

Il avait quelque expérience à cet égard. Par trois fois, au cours d'un pique-nique en pleine forêt de sapins, dans une clairière ensoleillée, le son de son harmonica avait balayé les dernières résistances de ses compagnes consentantes, mais timides et un peu trop prudes.

Pourquoi ne pas essayer sur Janna ? Le caporal-chef Rumpe possédait justement un vieil harmonica tout bosselé qui avait fait avec lui la retraite des steppes du Don. C'était un instrument si bon marché que Plotzerenke avait jusqu'alors jugé que l'emprunter était au-dessous de sa dignité. Rumpe lui-même s'en servait rarement. Il le gardait surtout par piété filiale : sa mère le lui avait envoyé huit jours avant de mourir de tuberculose.

Plotzerenke l'emprunta en laissant en dépôt son briquet ; à peine Rumpe se demanda-t-il quelques secondes pourquoi ce camarade, brusquement, aimait tellement l'harmonica. Le soir, Plotzerenke essaya sur Janna interdite le charme de ses mélodies berlinoises. Pour la première fois, elle sourit et l'expression de haine disparut de ses deux grands yeux noirs.

La soirée suivante allait être totalement artistique. Elle vit son geôlier apparaître avec une mandoline empruntée au sergent Hammacher du détachement des sapeurs. Non seulement Plotzerenke allait jouer, mais chanter en s'accompagnant. Janna le regarda pétrifiée, et comprit que ce démon à la stature d'ours, à la force colossale, qui la violait sans remords, était vraiment tombé amoureux d'elle et faisait tout pour lui plaire.

Après avoir plus grondé que chanté « Je t'offre ces roses rouge sombre, belle Madame... », il se pencha sur elle comme pour lui dire : « Alors, ça te plaît, petite... »

— Mais j'ai encore quelque chose de beaucoup plus beau. Connais-tu « Lili Marleen » ?

Et comme elle ne répondait pas, il reprit sa mandoline et commença à chanter :

An der Kaserne
Vor dem grossen Tor
Stand eine Laterne
Und steht auch noch davor.
Bei der Verdunklung brennt kein Licht.
Ein Mädchen hatt' ich rumgekriegt.
Es hiess Lili Marleen... Es hiess Lili Marleen...

(A la caserne — devant la grande porte — se dressait un réverbère — et il s'y dresse encore... — Lors du blackout, aucune lumière — Là, je lui ai fait changer d'avis — Elle s'appelait Lili Marlène — Elle s'appelait Lili Marlène.)

Et il y avait les autres couplets, une vraie chanson de route, à la fois mélancolique et grossière, que les Anglais eux aussi devaient adopter et qui parlait au cœur de chaque troupier perdu dans les sables des déserts d'Afrique ou les plaines de l'immense Russie. Dans un dernier accord, Plotzerenke mit fin à la mélodie.

— *Schön?* C'est beau, demanda-t-il. Et il entendit Janna lui répondre avec un effroyable accent russe :

— *Sehr schön!* Très beau...

Elle ferma les yeux parce que Plotzerenke s'était penché sur elle pour l'embrasser. Il faut que je le tue, pensa-t-elle alors. De toute façon, je le tuerai, peu importe qu'il m'aime et me soigne. C'est mon devoir. Sinon, je ne pourrai jamais redevenir Janna Ivanovna, celle que l'on a décorée de l'ordre de Souvorov en bronze...

Elle avait d'ailleurs la tête brûlante de fièvre, sa blessure avait terriblement enflé et il en coulait un pus verdâtre qui puait. Ses forces décroissaient sans cesse.

Plotzerenke préféra ne pas la violer. Elle était trop faible pour le supporter, et il le comprit. Il s'acharna à nettoyer la plaie de son pus, il la poudra une fois de plus, et il lui rafraîchit d'abord le front, puis la nuque, puis tout son corps qu'agitait un tremblement convulsif. Mais il savait que c'était en vain.

La nuit suivante, Plotzerenke se rendit une fois de plus chez Janna, presque décidé à l'empêcher de souffrir en l'achevant d'une balle quand tout irait si mal qu'il n'y aurait plus d'espoir. Il rencontra alors Helge Ursbach, le médecin auxiliaire, qui revenait du village détruit où il avait rendu visite à Peter Hesslich. Les deux hommes avaient sympathisé, et il allait souvent rejoindre Hesslich dans son « nid » près du Donetz pour discuter des problèmes du monde. Ils étaient tombés d'accord : tout était perdu.

En le voyant, Plotzerenke ferma les yeux, soulevé par un dernier espoir insensé. Mon Dieu, faites que cet homme soit un homme... un médecin, ça ne peut être un officier national-socialiste ! Il y a ici une mourante. Oui, c'est une de ces filles d'en face, une tueuse ! Mon Dieu, faites qu'il soit seulement un médecin !

— Monsieur le médecin auxiliaire !

Il avait claqué des talons comme en présence d'un général. Sa voix était rauque et tremblante.

— J'ai quelque chose à vous demander... quelque chose d'énorme. J'ai lu qu'un médecin est obligé de garder un secret. Est-ce que c'est valable aussi en temps de guerre ?

Ursbach le regarda, stupéfait :

— Êtes-vous malade, Plotzerenke ? Si vous avez attrapé une saloperie, à quoi bon le taire ? Et s'il s'agit d'une syphilis, eh bien, cela aussi, il faudra que je le signale. En temps de guerre, c'est presque un honneur. Où avez-vous mal ?

— C'est une question de vie ou de mort, monsieur le médecin auxiliaire...

— Allons, allons, vous n'avez pas l'air aussi malade que ça !

— J'ai confiance en vous...

La peur qu'il ressentait pour Janna était plus forte que tout, même que le conseil de guerre, même que sa propre mort.

— Vous êtes mon dernier espoir. Il n'y a que vous qui puissiez faire quelque chose, si ce n'est pas déjà trop tard. Il s'agit d'une gangrène...

— Vous êtes fou, Plotzerenke ! Où avez-vous la gangrène ? Au cerveau, peut-être !

Plotzerenke lui tendit brusquement la main... elle tremblait :

— Donnez-moi votre parole, monsieur le médecin auxiliaire, votre parole de médecin, et non pas celle de soldat.

Ursbach fit oui d'un grand signe de tête. Plotzerenke n'était plus le même, tout le monde s'en était aperçu. Il lui tapota l'épaule, l'entraîna dans un recoin de tranchée comme si c'était un confessionnal et dit :

— Bon, allez-y ! Qu'est-ce qui vous inquiète ?

— Parole d'honneur, monsieur le médecin auxiliaire ?

— Parole d'homme ! Parole d'honneur !

— J'ai... j'ai caché un blessé...

Il avait parlé si bas qu'Ursbach le comprit difficilement. Et même si Plotzerenke avait hurlé, la chose était si énorme qu'il l'aurait fait répéter.

— Quoi ?

— J'ai d'abord pensé que cette blessure n'était pas si moche... seulement une balle qui avait traversé l'épaule. Mais maintenant, le pus coule, la plaie est toute rouge, boursouflée. J'ai peur...

— Plotzerenke, avez-vous de la fièvre ? Qui est blessé ? Vous l'avez caché, dites-vous ? Qui avez-vous caché ?

Tête basse, comme un chien battu, Plotzerenke leva les yeux vers le jeune médecin :

— C'est... c'est une femme.

— *Quoi ?*

— Une fille du bataillon de femmes d'en face. Je voulais attraper un porc, mais elles m'ont surpris. J'ai fait une prisonnière et je l'ai ramenée ici. Je l'ai cachée dans une grange. Il y a six jours...

— Plotzerenke !

— Je l'aime, monsieur le médecin auxiliaire...

— Vous avez caché une de ces maudites tueuses ?

— Elle est blessée... et ça a bien l'air de la gangrène.

— Mon Dieu, vous vous rendez compte de la situation où vous me mettez, Plotzerenke ?

— Vous m'avez donné votre parole d'honneur. Vous m'avez promis de penser en médecin. C'est une femme malade, rien de plus. Elle a besoin de vous. Sans vous, elle va crever.

— Si c'est la gangrène, je ne peux rien faire, Plotzerenke. Pas ici ! Il faut la transporter à l'hôpital...

— Mais elle sera fusillée avant : c'est une des femmes au fusil à lunette !

— Peut-être...

Au-dessus de Plotzerenke, Ursbach laissa son regard errer sur la rive du Donetz. Pour lui, pensa-t-il, c'est le conseil de guerre et la mort ! Il a caché une de ces tueuses pour se servir d'elle comme maîtresse. Ce n'est pas possible !

— Qu'avez-vous pensé, Plotzerenke ?

— Rien !

— Et qu'avez-vous pensé faire d'elle ensuite ?

— Rien !

Ursbach haussa les épaules.

— Allons voir votre fille, dit-il d'une voix rude. Je vous ai donné ma parole d'honneur, Plotzerenke.

— Merci.

— Mais je vous préviens : si c'est la gangrène, je ferai ce que vous exigez de moi en tant que médecin : j'envoie cette fille à l'hôpital. J'obéis à ma conscience de médecin.

— Y a-t-il un espoir si c'est la gangrène ?

— Un bien petit espoir, Plotzerenke.

— Alors, pourquoi la livrer au peloton d'exécution ?

— Voulez-vous la laisser crever sur la paille ?

— Si rien ne peut la sauver, qu'importe où elle mourra. Quand ça deviendra trop moche, alors moi je peux... je peux...

Il avala sa salive et tourna la tête.

— On y va, monsieur le médecin auxiliaire ? J'ai ce qu'il faut là-bas, des pansements, de la poudre aux sulfamides, de l'onguent pour les blessures...

Ils sortirent de la tranchée et se mirent en route. En arrivant aux premières ruines, Plotzerenke s'arrêta à l'ombre d'un mur :

— Ça fait plusieurs jours que je pense à ça. Et si je disais que c'est une paysanne qui a voulu revenir en secret dans son village pour rechercher quelque chose dans sa maison. Je l'ai aperçue et j'ai tiré... on pourrait me croire, n'est-ce pas ?

— Elle est en uniforme.

— Oui. Mais il doit bien y avoir des effets civils quelque part à l'arrière à l'échelon du régiment ou de la division. Vous pourriez peut-être...

— Vous voulez faire de moi votre complice, Plotzerenke ?

— Seulement comme médecin...

— Cela n'excuse pas tout ! Admettons, des vêtements de paysanne. Et alors ?

— Alors, il n'y a plus de tireuse d'élite et le Service de Sûreté n'a plus rien à y voir.

— Mais vous ne savez même pas si elle acceptera de se mettre en civil !

— Mais naturellement, elle veut vivre ! Tout le monde veut vivre !

Il y avait dans le regard de Plotzerenke une telle expression naïve de stupeur qu'Ursbach secoua la tête :

— Avec ce genre de femmes, je n'en suis pas aussi sûr que vous. Il faut d'abord que je la voie.

Ils traversèrent les ruines du village avec des précautions de patrouille pour éviter toute rencontre importune. Une fois à l'intérieur de la grange, Plotzerenke alluma sa lampe électrique, puis la lampe à pétrole.

Janna était couchée dans la paille, recouverte de deux couvertures. Ses yeux étaient grands ouverts. En proie à une violente attaque de fièvre, elle tremblait de tous ses membres. A chaque respiration, elle avait l'impression qu'une lance lui traversait l'épaule, et cette douleur se répercutait jusqu'à la pointe de ses pieds comme un fer rouge. Elle gémissait. Plotzerenke, agenouillé près d'elle, la découvrit avec précaution et la détacha. Ursbach toussota. La jeunesse et la beauté de Janna le saisissaient à la gorge. Il n'éprouvait aucun désir, non, mais de la compassion au sens propre du mot, comme lorsqu'on voit souffrir un enfant.

— Était-ce nécessaire de l'attacher ? demanda-t-il d'une voix étranglée.

— Elle se serait sauvée autrement...

— Elle ne partageait donc pas votre amour... De toute façon, cela n'aurait rien changé.

Le premier moment d'émotion était passé. Ursbach voyait désormais Janna et l'ensemble de la situation de façon réaliste. Il avait devant lui une tireuse d'élite, une tueuse qui était tombée blessée entre les mains de Plotzerenke et qu'il n'avait pu dominer que provisoirement. Une saloperie que tout ça, pensa-t-il. Il s'assit à côté d'elle et abaissa sa blouse militaire pour dégager l'épaule. Malgré la douleur, elle lui jeta un regard hostile.

Ursbach secoua la tête ; il sourit, se montra du doigt :

— *Niet ! Ya vratch... Doktor... Ya rana proveriat...*

Plotzerenke se passa les deux mains dans les cheveux, rayonnant de joie :

— Vous parlez russe !

— On ne peut pas dire que je le parle. Quelques mots seulement, j'espère qu'elle me comprend.

Janna s'était détendue. Elle prononça deux ou trois paroles qu'Ursbach ne comprit pas. Il lui dénudait déjà l'épaule. Au premier coup d'œil, il comprit que seule une opération pouvait la sauver. Aucun médicament ne suffirait, du moins de ceux dont on disposait en première ligne.

— C'est... c'est la gangrène ? bégaya Plotzerenke.

— Pas encore. Mais sans une intervention rapide, vous pouvez en être sûr. Le trou qui traverse l'épaule n'a pas été nettoyé. Il va falloir découper là-dedans. Et je ne peux pas le faire ici, Plotzerenke. Il s'agit d'une vraie opération, avec anesthésie complète et tout ce que cela comporte.

— J'ai vu pourtant opérer en première ligne, monsieur le médecin auxiliaire, chaque fois qu'on avance ou qu'on bat en retraite. J'ai vu amputer des bras et des jambes, rechercher au milieu des tripes des éclats d'obus. J'en ai vu un dont tout le dos était ouvert, et on l'a recousu devant moi. Elle n'a qu'une toute petite blessure. Je vous en prie, essayez...

Ursbach continuait à examiner la blessure, souriant chaque fois que Janna soupirait ou serrait les dents.

— *Ya xotchou pomotch* (je veux t'aider)...

Elle comprit et hocha la tête. Il poudra la plaie, que pouvait-il faire d'autre ? Il la pansa de nouveau.

— *Saftra ya pritti* (je viens demain)...

Il montra à la blessée ses mains longues et minces et remua les doigts :

— *Operatzia...*

Cela, Plotzerenke le comprit lui aussi.

Avec précaution, Ursbach recoucha Janna dans la paille, la recouvrit. Avec un sourire engageant, Plotzerenke montra à la blessée tous ses trésors : du pain, du chocolat, de la marmelade de quatre fruits dans du papier parcheminé, un morceau de fromage, deux boîtes de bière. Mais elle secoua la tête et ferma les yeux.

— Elle ne peut rien manger... elle avale difficilement, dit Ursbach.

— Demain matin, je lui apporte un potage.

— Comment allez-vous faire ?

— J'ai de la farine, du lait en poudre. Je préparerai tout dans l'abri. Si je manque de lait en poudre, j'irai en chercher à la roulante.

Avec trois histoires bien dégueulasses, le cuistot me donnera ce que je veux ! Ce ne sera pas la première fois.

— Surtout, n'attachez plus cette fille, Plotzerenke. C'est vraiment de la torture !

— Et si elle se sauve ?

— Où cela ? Elle ne peut pas traverser le fleuve. Elle est même trop faible pour se traîner jusqu'à la rive.

Plotzerenke contempla un instant sa prisonnière. Son visage encadré de boucles noires était devenu encore plus mince, plus enfantin. Qu'elle est belle, pensa-t-il. Quelle sale guerre ! Mais sans la guerre, je ne l'aurais jamais connue, évidemment. Ah ! si la paix pouvait revenir tout de suite. Pour toi, Janna, je me tuerais au travail. Tu aurais une bonne vie avec moi. Tu ne manquerais de rien, je te le jure, je n'ai pas peur de mettre la main à la pâte. On vivrait si bien tous les deux. Nous aurions notre jardin, notre petite maison. Je suis capable d'en construire une, Janna, que les autres en pâliront d'envie ! Tu apprendras l'allemand et moi le russe, enfin ce qui est le plus facile pour nous deux ! Il n'y a que cette guerre de merde qui nous sépare.

Il se pencha sur elle pour poser ses lèvres sur ses yeux, sur son front. Puis il souffla la lampe à pétrole. Dehors, le long du mur de la grange, Ursbach saisit brusquement le bras de Plotzerenke :

— Vous rendez-vous compte que c'est votre condamnation à mort qui est là, à l'intérieur, si on la découvre ?

— Si vous ne dites rien, personne ne la découvrira.

— Et si je ne peux pas la secourir ?

Plotzerenke leva les yeux vers le ciel qui était très pâle. C'était une de ces nuits de velours comme il n'y en a qu'en été, chaudes, d'une noirceur laiteuse, où l'on n'a plus envie de dormir, mais de marcher au hasard.

— Alors, je la tuerai. Je ne veux pas qu'elle souffre autant et que ça continue trop longtemps.

Le mieux serait qu'elle disparût au cours de la nuit, pensa Ursbach. Je l'ai lu dans son regard : elle ne fait pas partie de celles qui acceptent leur destin. Elle se battra jusqu'au bout tant qu'elle le pourra. Plotzerenke l'aime, mais il ne possède d'elle qu'un corps sans défense. La douceur de sa peau est superficielle, elle ne pénètre pas cette fille d'un seul millimètre ! Mais cela, il ne le comprend pas. Il faut qu'elle s'évade, même si c'est pour mourir comme un chien, dans un coin enfin tranquille...

Lentement, ils regagnèrent la position. Quand un homme de garde accroupi derrière un petit mur cria réglementairement : « Halte-là... le mot de passe ! », Plotzerenke répondit : « Trou du cul au carré ! » Tout le monde savait qu'une telle réponse ne pouvait venir que de lui, et tous deux descendirent dans la tranchée sans se soucier des récriminations de la sentinelle. Ursbach tendit la main à Plotzerenke, promit de revenir le lendemain soir avec son coffret d'instruments et tout ce qui était nécessaire, puis il se dirigea vers le P.C. de la compagnie.

Le sous-lieutenant Bauer III, l'adjudant-chef Pflaume et l'aspirant Lorenz von Stattstetten, assis à une table, jouaient à l'écarté. Cette nuit de velours les empêchait de dormir, eux aussi. Stattstetten ne jouait qu'à contrecœur, et Bauer III avait dû lui envoyer une ordonnance pour le faire venir. Il se sentait des dons de poète et écrivait des vers à sa petite Ukrainienne de la compagnie de propagande. Jusqu'alors, il n'avait reçu d'elle qu'une seule lettre très brève. Le détachement dont elle faisait partie, celui des haut-parleurs, était constamment en service et allait et venait sur le front. Les Soviets répondaient par un déluge d'obus et de bombes qui causait chez les Allemands des morts et des blessés. Aussi les unités de propagande étaient-elles peu animées ; les commandants de compagnie s'opposaient à leur engagement dans le secteur qu'ils défendaient, mais tous leurs efforts étaient vains. Le commandement suprême de la Wehrmacht tenait à sa « guerre psychologique », d'où la création à Berlin d'un nouveau service au nombreux personnel de « planqués ».

Dans sa lettre, l'Ukrainienne disait : « Il me reste peu de temps pour écrire... Mais tu écris si joliment. Je t'aime, mon amour. O Dieu, pourvu que nous survivions à cette guerre... »

Lorenz von Stattstetten avait fait venir un paquet de mille feuilles de papier et composait dans son abri de longues poésies, odes et sonnets, en hexamètres de modèle grec ou en vers libres :

Toi qui es le soleil et l'étoile
Qui se succèdent jour et nuit,
Immensité qui est le pouls de toute vie,
Tu es en moi atome et espace infini...

Il en était fort content, bien que Bauer III, après avoir lu deux de ces poèmes, lui ait dit :

— Lorenz, à quoi bon tout cela ? Tu ne reverras jamais cette fille, et comme poètes, Goethe, Schiller, Hölderlin et les autres ont fait beaucoup mieux que toi. Allons, viens plutôt jouer à un bon écarté des familles...

Ursbach se débarrassa de son ceinturon et de sa veste et s'assit à la table. Bauer III avait une chance insolente et accumulait pli sur pli. Il éclata de rire :

— Enfin, te voici, espèce de rebouteux ! Mais où étais-tu ? On t'a cherché partout. Il faut que tu remplaces notre aspirant. Il joue à l'écarté comme s'il avait les yeux bouchés !

— J'étais près du Donetz, dit Ursbach en relevant ses manches de chemise. Quel calme, quelle immensité ! Il m'était difficile d'imaginer que nous sommes en guerre devant tant de beauté...

— Jésus-Marie-Joseph ! s'écria Bauer III. Mais c'est une épidémie ! Lui aussi fait de la poésie !

Il jeta à Ursbach le paquet de cartes en se frottant les mains :

— A toi de mêler, médecin de mes fesses ! Tu vas voir ce que deviendra ta sentimentalité quand les Rousskis entreront dans la danse...

Cette nuit-là, Janna Ivanovna réussit un coup d'éclat.

Tour à tour frissonnante et brûlante de fièvre, elle parvint à se traîner hors de la grange. Entre ses dents, elle tenait l'anse de la lampe à pétrole et, à chacun de ses efforts, le pétrole, débordant de la mèche, coulait sur ses lèvres. Le goût en était atroce, mais elle était prête à tout endurer. Ne supportait-elle pas l'horrible souffrance qui lui rongeait le corps ?

Je dois partir, pensait-elle, sortir, passer seulement la porte. Et là, j'allumerai la lampe et je ferai des signaux. Elles verront, il faut qu'elles voient. Elles ne peuvent pas m'avoir oubliée. Elles sauront que c'est moi ! Chères, chères camarades, je suis là !

Les larmes inondaient son visage, mais elle parvint enfin à sortir de la grange, à ramper, l'anse de la lampe entre les dents, jusqu'au moment où elle put s'écrouler, pleurant toujours et tremblante de fièvre, sur les pavés de la cour. Là, elle se retourna sur le dos et vit les étoiles du ciel.

Elle resta sans bouger une bonne demi-heure avant d'avoir la force de se soulever. Elle tenait dans sa main la boîte d'allumettes que Plotzerenke avait laissée près de la lampe.

Si elles me voient, elles viendront demain, Stella, Marianka, Lida et les autres... et elles seront impitoyables, Fritz. Elles te tueront. Je serai triste. Tu m'as soignée, tu m'as apporté à manger et à boire, tu as joué et chanté pour moi. Mais tu es au fond une bête sauvage, tu m'as déshonorée et je me suis juré de me venger. Tu es un loup qui lèche les blessures de sa proie avant de la dévorer. Oui, je serai un peu triste, mais ce n'est pas avec de la tristesse que nous anéantirons l'Allemagne. Staline nous a ordonné de vous anéantir, et j'obéirai. Je sais que tu m'aimes, mais il n'y a pas de place pour l'amour. Mon sang coule parce que tu m'as blessée. Tu m'as violée malgré mes larmes. Ce sang, ces larmes, il faut que tu les paies. Et devant la Russie éternelle, que pèses-tu, Fritz... ?

Elle frotta une allumette, l'approcha de la mèche, alluma la lampe. Gémissant de douleur, dans un effort surhumain, elle se mit à genoux, et là, elle commença à balancer la lampe vers la rive, à la balancer sans cesse, sans cesse, sanglotant à haute voix, les lèvres déchirées par ses propres dents quand elle tentait d'étouffer ses cris, n'en pouvant plus de douleur.

Du côté soviétique, un bref éclair lui répondit, un éclair d'une seconde, rien de plus. Janna Ivanovna souffla la lampe, la posa près d'elle et s'effondra sur place.

Elles m'ont vue ! Elles viendront me chercher demain ! Elles savent que Janna Ivanovna Babaieva vit encore. Mes chères sœurs, c'est près de vous que je veux mourir...

Aux toutes premières lueurs de l'aube, elle se traîna jusqu'à sa place dans la grange, toujours avec l'anse de la lampe entre les dents. Là, elle se coucha dans la paille, remit sur elle les couvertures, claquant des dents sous une nouvelle attaque de fièvre malgré l'incendie qui ravageait son corps.

Vers sept heures, Plotzerenke arriva avec le petit déjeuner : du thé, des biscuits et du miel artificiel. Il s'assit comme toujours près d'elle, lui baisa le front en souriant largement. Ses lèvres à elle se détendirent faiblement : tu n'as plus pour longtemps à vivre, pensa-t-elle, et tu ne le sais pas.

— Cette nuit... le docteur vient...

Avec les doigts, il fit le geste de couper les chairs, d'ouvrir.

Elle répondit d'un signe de tête, mangea un biscuit avec du miel et but un gobelet de thé. Elle était si faible que Plotzerenke lui soutenait la tête tout en parlant :

— C'est un bon médecin... *Doktor dobro...* comprends-tu ? *Dobro...* Et puis merde ! A partir de demain, je me mets au russe, Janna. Demain, la fièvre envolée, pfuitt !

Janna Ivanovna sourit encore... mais oui, au fond, tu n'es pas un mauvais bougre. Mais tu es un fasciste allemand, et il n'y a pas de bon Allemand. Cela, c'est vous qui nous l'avez appris...

Péniblement, elle mangea un second biscuit, tandis que Plotzerenke la regardait avec des yeux éclaircis par le bonheur.

Il ignorait qu'Ougarov, à l'aide d'une forte lunette d'approche, l'avait vu arriver à la grange. Désormais, les compagnes de Janna savaient où elle se trouvait.

C'était Vanda Alexandrovna, alors de garde, qui avait aperçu un signal sur la rive allemande. Elle s'était servie de la ligne téléphonique qui reliait les avant-postes à la tranchée. Soia Valentinovna avait immédiatement mis son uniforme et s'était dirigée en compagnie d'Ougarov vers l'endroit d'où l'on voyait une lumière qui se balançait. Une dizaine de filles étaient déjà sur place, discutant de l'origine et de la cause de cet événement insolite. La doctoresse Galina Rouslanovna observait à la lunette la rive opposée.

— Que peut-on voir ? demanda Soia Valentinovna essouflée en lui prenant la lunette.

— Pas grand-chose. Une lampe qui se balance près du sol. Quant à qui la balance, il est impossible de le distinguer.

— Croyez-vous que c'est Janna ?

La lueur continuait à se balancer au-dessus d'une tache plus claire qui pouvait avoir l'air d'un morceau de tissu, d'une blouse d'uniforme. Au-dessus, une autre tache claire pouvait être une tête.

— Pourquoi n'éclaire-t-elle pas son visage, si c'est elle ? demanda

Baïda. C'est peut-être un piège. Ce démon au bonnet tricoté en est bien capable. Il nous fait signe de venir, nous traversons le fleuve et nous sommes reçues à coups de fusil.

— Et si c'est quand même Janna Ivanovna ? demanda Ougarov qui examinait de son côté la rive allemande.

— Après six jours ? Où aurait-elle été pendant six jours ?

— En captivité ?

— Impossible ! mes filles ne survivent pas à un jour de captivité ! Il n'y a aucune circonstance qui puisse les empêcher de se soustraire à l'interrogatoire des autorités allemandes ! N'est-ce pas, Victor Ivanovitch ?

— De toute façon, il faut répondre...

— Soit ! Cela ne nous fait pas de mal. Et si c'est un piège, ils croiront que nous allons venir.

Ougarov prit sa lampe de poche, l'alluma, compta jusqu'à trois, puis éteignit. Immédiatement, le feu qui se balançait sur la rive allemande s'éteignit lui aussi.

— Elle nous a compris ! dit Ougarov, vraiment heureux.

Soia Valentinovna le regarda de côté :

— Pour toi, c'est Janna, n'est-ce pas ?

— Peut-être est-ce elle...

— Qui ira la chercher ? De toute façon, ce seront des volontaires, et pas plus de trois ! Nous avons eu déjà trop de pertes avec le bonnet tricoté.

— J'y vais, dit Marianka Stepanovna Dudovskaia... Janna est ma meilleure amie.

— Moi aussi ! Lida Ilianovna avait levé la main. J'ai vraiment pitié d'elle...

Soia Valentinovna rejeta ses cheveux en arrière en se servant des deux mains :

— Les faibles ne méritent pas de pitié ! De toute façon, il faudra l'interroger si c'est elle. Pourquoi vit-elle encore après six jours de captivité chez les fascistes ? Notre honneur est en jeu, camarades ! Elle vient de notre unité, une unité d'élite ! Ne l'oubliez pas ! Si c'est elle, il vaut mieux la laisser sur place !

Elle avait grimpé sur le rebord de la tranchée pour mieux se faire entendre :

— Réfléchissez bien ! Avant de ramener Janna, vous lui demanderez comment elle a pu franchir le fleuve avec un Allemand. Si elle ne peut répondre, il est meilleur pour elle qu'elle reste là-bas, où elle a l'air de se trouver mieux que chez nous !

Toutes savaient ce que Soia Valentinovna voulait dire : pour une tireuse d'élite coupable de lâcheté devant l'ennemi, il n'y avait qu'un châtiment...

— Il faudra d'abord l'écouter, dit calmement Ougarov.

Soia Valentinovna redonna la lunette à Vanda Alexandrovna.

— L'opération aura lieu dans la nuit de demain. Ce n'est pas un ordre, camarades, mais une simple indication.

Elle s'éloigna rapidement, constatant avec quelque dépit qu'Ougarov restait en arrière. Il faut que je sois ainsi, pensa-t-elle. Dans la vie que nous menons, la discipline est tout. Le courage est insuffisant, comme l'amour de la patrie. Pour gagner cette guerre, nous devons nous cuirasser d'acier afin qu'aucun sentiment ne puisse toucher notre cœur. Naturellement, j'ai pitié de Janna, mais personne ne doit le savoir !

Avant de suivre sa maîtresse, Ougarov avait eu le temps de dire :

— Si c'est Janna, rapportez-la. C'est un être humain, et l'on transforme un peu trop les êtres humains en machines. Ce qu'elle a dans les veines, c'est du sang, et non de l'huile de graissage... Ramenez-la surtout, camarades !

La vie est ainsi, et on s'en rend vite compte : quand on a vraiment besoin de quelqu'un, il n'est jamais là. Cette nuit, Uwe Dallmann était seul parmi les osiers, près du fleuve. On avait convoqué Hesslich à l'échelon du régiment. Ou pour être plus précis, on lui avait demandé de raconter son expédition solitaire. Après un bon repas, Hesslich, assis parmi les officiers, expliquait comment il avait liquidé les avant-postes ennemis. Un commandant d'aviation intervint :

— Qu'est-ce qui se passe donc dans la tête de ces filles ? Je n'arrive pas à me l'imaginer. D'où tirent-elles cette volonté de tuer, ce sang-froid inhumain, contraire à tout ce qu'on nous a appris à penser d'une femme ?

— De la haine. Elles vivent de haine !

Hesslich prit le cigare que lui tendait le commandant du régiment dans un petit coffret de luxe. Eh oui, il y avait encore de tout à l'arrière, du moins suffisamment de cigarettes, de cigares, de cognac, de liqueurs, et de bon rôti.

— Il n'y a pas d'autre explication possible. Et on n'arrive pas à tirer autre chose de ces filles. Les quelques prisonnières que nous faisons observent un silence de fer jusqu'au moment où elles sont fusillées ou pendues. Alors, la corde au cou, elles crient : « Vive l'Union soviétique ! Vive la patrie ! Vive le camarade Staline ! Mort aux occupants ! » Et les occupants, c'est nous !

Il se laissa donner du feu par un lieutenant, aspira avec plaisir la première bouffée de tabac et regarda se dissiper le nuage de fumée bleue. Les officiers le contemplaient en silence. Pour eux, cet adjudant était une sorte de monstre, une machine de mort à l'apparence humaine. Malgré la guerre et son massacre quotidien, il était un étranger assis à la même table qu'eux et, dans la chaleur de la pièce, il semblait se dégager de lui un souffle glacial. Tous considéraient comme légitime de tuer en attaquant et en se défendant. Mais attendre l'ennemi calmement, dissimulé au fond d'une cache, et le supprimer d'une balle tirée avec art juste au milieu du front, c'était autre chose. Il fallait pour cela des nerfs plus forts que sa conscience.

Il se renfonça dans son fauteuil. Il ne comprenait pas bien pourquoi on l'avait invité pour la sixième fois à ce dîner délicieux que couronnaient une timbale de fraises à la crème fraîche et un gâteau au chocolat. Une décoration ? Il avait déjà la Croix de Fer de 1re classe, il attendait la Croix allemande ; quant à celle de chevalier, on ne pouvait quand même pas la lui décerner pour le meurtre de sang-froid d'hommes de garde aux avant-postes. Le nommer adjudant-chef ? On ne célèbre pas un simple avancement par un festin pareil.

— Au fond, pourquoi font-elles cette guerre ? Pourquoi la faisons-nous, nous les tireurs d'élite allemands ? On peut se le demander. Des combattants individuels n'ont jamais emporté la décision finale. Et il faut que je vous l'avoue, Messieurs, je hais ce que je fais. Je suis garde-chasse, et je préférerais de beaucoup me promener cet été dans une forêt en observant les bêtes, l'écureuil qui fait du trapèze de branche à branche, un bourdon qui volette de fleur en fleur, la femelle d'un oiseau en train de couver ses œufs. Je pars du principe que vous pensez de même. Mais il se passe chez nous un phénomène que nous ne pourrons analyser peut-être que longtemps après cette guerre, si nous en sortons vivants. On nous met en uniforme, on nous donne un ordre, et il se produit dans notre cerveau un débrayage qui nous permet de faire ce que nous n'aurions jamais voulu faire autrement. Nous voici en Russie, et nous nous étonnons parce que les Russes nous en veulent. Nous leur avons pris leur terre, nous l'incendions en battant en retraite, et nous ne comprenons pas qu'ils nous haïssent. Franchement, Messieurs, est-ce que ce n'est pas extraordinaire ? Lorsque nous nous débarrasserons de l'uniforme, il faudra que nous devenions conscients de l'énormité de cette contradiction. Tant que nous serons en uniforme, toute argumentation logique ruissellera sur nous comme de l'eau sur une toile cirée...

Le commandant du régiment dit aimablement :

— Adjudant, vous avez mérité au moins trois fois la peine de mort depuis que vous parlez ! Enfin, cela prouve que vous n'avez peur de rien ni de personne.

— Je voulais seulement expliquer pourquoi je suis tireur d'élite. Au début, il y a eu un ordre. On a découvert chez moi une faculté exceptionnelle. Cette réputation de tireur d'élite m'a précédé partout : les recommandations ont précédé mes affectations successives : j'ai pensé me dégager, prétexter une crispation nerveuse de l'œil qui m'aurait rendu impossible tout tir sur un être humain.

Alors, on a employé avec moi le truc qui réussit aussi sur les tueuses d'en face : on m'a montré des photos, des photos de camarades morts, abattus avec précision, au millimètre près, d'une balle dans la tête, exactement sous le casque d'acier, ou en plein cœur. « Voici ce que font les tireurs sibériens, m'a-t-on dit. Nous perdons ainsi des milliers d'hommes. Nous ne nous en tirerons que si nous avons des tireurs aussi bons qu'eux. Homme contre homme : c'est une forme particulière de guerre. » Voilà comment je suis devenu ce que je suis devant vous ! Croyez-moi, j'ai souhaité ne jamais tenir un visage de femme dans ma ligne de mire. Tuer une femme ? Impossible ! Mais j'ai vu photos sur photos. Je n'aurais jamais cru que je pouvais seulement penser : c'est un ennemi, rien d'autre ! Et aussi : « Sois plus rapide et tire mieux qu'elles ! » Eh bien, depuis la liquidation de nos dix camarades de la section mitrailleuses, c'est cela, et cela seulement, que je pense !

Son cigare était éteint. Il le posa dans un cendrier de verre et regarda autour de lui.

Le commandant du régiment se leva :

— Je vous ai proposé pour le grade d'adjudant-chef, Hesslich !

Hesslich se retrouva debout, au garde-à-vous :

— Je vous en remercie vivement, mon commandant.

— La signature du général n'est qu'une formalité. Vous pouvez déjà porter votre nouveau grade.

— Bien, mon commandant.

— Vous êtes en permission jusqu'à demain matin. Nous avons un camion-ciné. On y donne ce soir un film avec Heinz Ruhmann et Anny Ondra. Pour une fois, quelque chose de drôle au milieu de toute cette saleté ! Amusez-vous bien !

Quand Hesslich se fut éloigné, un capitaine soupira :

— C'est une chance que nous n'ayons pas eu de SS ce soir parmi nous. Personne ici n'aurait pu le sauver ! Mais peut-être faut-il que ce genre de gars aient une grande gueule pour pouvoir viser aussi calmement. Mais je vous le dis franchement : il me fait froid dans le dos.

Ce soir-là, Hesslich assista à la représentation cinématographique assis par terre devant l'écran de toile. Trois cents soldats, dont des blessés légers venus des postes de soins les plus proches, se tordaient de rire devant les aventures de Heinz Ruhmann, employé de la compagnie du gaz, mais incapable d'éteindre la petite flamme qui sortait d'un tuyau. Le sens profond de la comédie, l'impuissance de l'homme moyen devant un univers incompréhensible, leur échappait complètement.

Le reste de la nuit, Hesslich le passa à la cantine d'une compagnie du génie, à s'enivrer avec de l'eau-de-vie russe. Il y avait une ligne téléphonique directe entre le P.C. et le détachement de sapeurs affecté à la 4ᵉ compagnie. L'un des sous-officiers qui lui tenaient compagnie lui dit :

— Vous ne vous embêtez pas, vous autres ! Vous avez des femmes juste en face ! Pourquoi n'en ramenez-vous pas une ou deux de temps en temps ?

Hesslich regardait droit devant lui :

— Tu peux essayer. Elles ont des idées très différentes.

— On n'a qu'à avancer le pantalon ouvert et flamberge au vent pour qu'elles courent à notre rencontre !

Hesslich se leva brutalement, furieux :

— Vous êtes une bande de trous du cul ! Venez donc à l'avant pour qu'on vous retrouve avec un trou au milieu du front.

En s'allongeant sur un sac de sable, il pensa à la jeune fille soviétique aux cheveux blonds, celle qu'il avait tenue au centre même de la croix de sa lunette de visée... et il n'avait pas tiré. Il se souvint alors d'un cerf dont la beauté l'avait fasciné à tel point qu'il avait posé son fusil pour le regarder à la jumelle... il était alors garde-chasse.

Oui, c'était un bel animal que cette fille blonde. Elle avait bénéficié d'un délai, mais il savait qu'il lui faudrait la tuer à leur prochaine rencontre.

Il s'endormit. Dans son rêve, il la tenait dans ses bras, contre lui, et ce corps féminin était gonflé de désir. Mais une fois qu'il eut satisfait le sien, ce corps soudain s'affaissa, et il n'embrassa plus qu'une morte qui, d'un seul coup, se dissolvait, et il n'eut plus sous lui qu'une flaque d'eau.

Cachées derrière leur radeau camouflé en îlot flottant, Marianka, Lida et Vanda traversèrent le Donetz et abordèrent à un endroit où la rive était plate, au nord des ruines où elles supposaient retrouver Janna. Là, elles ne prirent sur elles que leur blouse et leur slip et se recouvrirent les pieds d'épaisses chaussettes de laine. C'était un spectacle vraiment extravagant que celui de leurs longues jambes nues au-dessus desquelles la blouse d'uniforme était serrée à la taille par un ceinturon d'où pendaient leurs cartouchières. Elles avaient planté leur calot sur leurs cheveux mouillés et noirci leur visage à la suie. En rampant, elles tenaient au creux de leurs coudes un fusil de précision au long canon, le Moisin-Nagant 1891/30, chargé de lourdes cartouches.

Le sous-lieutenant Ougarov avait fait un croquis du village en indiquant exactement la grange où il avait vu entrer Plotzerenke. « Mais c'est mon gars à la queue de taureau ! » s'était alors exclamée Marianka folle de joie. Rappelez-vous, vous me l'avez promis... »

En approchant, elles remarquèrent une faible lueur qui filtrait à travers les fissures des planches. Marianka, qui rampait en avant des deux autres, leva la main. Elles s'arrêtèrent, armèrent leur fusil. La porte, à dix mètres d'elles, était entrouverte. A l'intérieur, quelqu'un jouait de la mandoline et chantonnait d'une voix rauque. Une voiture aurait pu s'arrêter là en faisant tourner son moteur sans que cet homme pût l'entendre.

Marianka se leva et fit un signe de la main. Lida et Vanda quittèrent elles aussi l'abri des hautes herbes et avancèrent debout, le fusil à la hanche. Elles progressaient sans bruit, l'une derrière l'autre, se touchant presque. Des gouttes d'eau du Donetz coulaient encore de leurs cheveux sur leurs visages tendus.

— Je connais ce qu'il chante, chuchota Lida.

Elle était étudiante, avait derrière elle quatre trimestres d'études dentaires, et elle serait devenue une excellente dentiste à Gorki si l'on n'avait pas découvert chez elle un coup d'œil d'une justesse invraisemblable. La Grande Guerre Patriotique avait moins besoin de dentistes que de tireurs d'élite, qu'on employait alors sur tous les fronts. Après quatre semaines de formation accélérée, elle avait rejoint une unité féminine. Elle avait enregistré trente-sept Allemands abattus sur son livret de tir. Toutes étaient fières d'elle.

— Ça s'appelle « La Lorelei ». Et le premier vers dit : « Je ne sais pas ce que cela signifie... »

— Il va le savoir tout de suite, dit Marianka en souriant.

Trois pas seulement les séparaient de la porte entrouverte.

Dans la grange, le médecin auxiliaire Ursbach était agenouillé près de Janna. Il avait déjà disposé sur une serviette ses instruments de chirurgie et nettoyé la blessure dont l'aspect était vraiment effrayant. La seringue à injection était pleine de produit anesthésiant. Janna était assise à même le sol de la grange, appuyée contre un tonneau vide. Elle avait entre les dents un morceau de bois qu'elle mordrait si la douleur devenait trop forte.

Devant eux, tournant le dos à la porte, Plotzerenke, assis sur un billot de bois, chantait en s'accompagnant de la mandoline.

— La musique fait des miracles, avait-il expliqué à Ursbach. Dans une étable, les vaches qui entendent de la musique donnent plus de lait, les porcs engraissent plus vite, et les poules donnent plus d'œufs ! Si je chante, Janna sera plus calme et aura moins peur. D'accord ?

— D'accord, avait grommelé Ursbach. Mais quand j'en aurai assez, je vous fous dehors à coups de pied dans le cul !

Janna, les dents serrées sur le morceau de bois, regarda soudain la porte. Son instinct aiguisé par sa vie près du lac Baïkal et plusieurs mois de tireuse d'élite, cette sorte de fourmillement que provoque l'approche d'un danger, lui disaient que le moment était venu. Elle avait ressenti la même chose quand un aigle menaçait un de ses agneaux ou qu'un loup se glissait entre les rochers pour atteindre son troupeau.

— « Et paisible coule le Rhin », chantait Plotzerenke en fixant sur Janna un regard amoureux.

Marianka, Lida et Vanda étaient debout, de l'autre côté de la porte.

Quelques secondes d'attente encore...

Les yeux de Janna s'agrandirent étrangement. Ursbach qui, la seringue en main, se penchait sur elle, ne remarqua rien. Et Plotzerenke finissait la première strophe : « dans le reflet du couchant... »

Quand Marianka ouvrit la porte, Janna, qui pourtant s'y attendait, eut une réaction qu'elle n'avait jamais prévue. Des deux mains, elle repoussa violemment Ursbach agenouillé devant elle. Surpris, il bascula en arrière et se retrouva sur le dos, tenant toujours à la main la seringue d'anesthésique. Et en même temps, Janna s'entendit crier, malgré elle d'une voix stridente :

— Fritz !

Plotzerenke avait des années de guerre derrière lui. A la seconde même où Marianka et Lida tiraient, il se laissa rouler sur le côté. Vanda, qui était entrée derrière elles, faute de place, tira deux secondes plus tard.

La balle destinée à Ursbach avait passé au-dessus de lui et s'était enfoncée dans la paille à côté de la cuisse droite de Janna. En revanche, Plotzerenke, touché deux fois, se souleva un instant, le corps tendu comme un arc. Puis il s'effondra, agité de soubresauts désordonnés. Dans le silence soudain, les cordes de la mandoline, effleurées par la balle de Lida dans sa trajectoire vers Plotzerenke, rendirent un son plaintif.

Après cette première salve, Marianka, Lida et Vanda s'étaient jetées derrière une charrette à foin, ignorant que les deux Allemands étaient seuls. En face d'elles, Janna était demeurée assise, et le soldat qu'elle avait repoussé commençait à se relever. Elles virent alors distinctement le brassard qu'il portait, avec sa croix rouge. Debout, il leur montra sa seringue.

— Liquidons-le, dit durement Vanda. Médecin ou non, l'ennemi demeure l'ennemi.

Marianka secoua la tête et s'adressa à Lida :

— Toi qui parles l'allemand, demande-lui s'ils sont seuls.

Lida retint son souffle. Les yeux écarquillés, elle regardait Ursbach qui écarta les bras dans un geste de résignation, comme s'il voulait dire : « Oui... je suis sans armes... je n'ai que ma seringue à la main et là, à côté de Janna, ce sont mes instruments de chirurgie. Vous pouvez tirer sur moi comme sur une cible. Je sais que vous aimez placer votre balle juste au milieu du front... »

Il entendit derrière lui Plotzerenke qui gémissait et se retourna. Bon, ce sera une balle dans la nuque, pensa-t-il. Je dois m'occuper du blessé.

— *Stoï!* cria Lida en sortant de son abri. Effrayées de ce manque de précautions, Marianka et Vanda sursautèrent et se tinrent prêtes à tirer.

Lentement, Ursbach fit demi-tour, les bras encore écartés. En apercevant Lida qui marchait sur lui, il eut l'impression d'avoir devant lui un être venu d'un autre monde. La blouse d'uniforme, le slip qu'elle laissait entrevoir, les deux longues jambes et les chaussettes de laine, le calot planté de travers sur les cheveux humides, le tout, ensemble, devenait fantastique.

— Personne d'autre ici ? demanda-t-elle d'une voix dure.

Ursbach secoua la tête.

— Service de santé ?

— Médecin.

Lida Ilianovna fit un pas de plus vers lui. Elle était maintenant en pleine lumière. Elle était belle, très belle. Seule la dureté de son regard détonait. Il nota malgré lui que son visage avait un ovale d'une pureté idéale et que ses cheveux étaient châtains. Marianka et Vanda, sur un signe de Lida, s'étaient levées elles aussi. Tenant toujours leurs armes braquées sur Ursbach, elles crièrent à Janna quelque chose que le médecin ne put comprendre. Mais Janna demeura immobile, toujours assise sur le sol, le visage caché par ses mains.

— Viens vite! lui avaient-elles dit. Est-ce que tu ne peux pas bouger ?

Ursbach intervint, reconnaissant à peine sa propre voix tant elle était rauque :

— Je suis ici pour aider votre camarade blessée. Et sa blessure a un aspect effroyable. Elle est pleine de pus. Il faut que je l'opère.

Il abaissa les bras et regarda Lida, les sourcils froncés :

— Pour l'instant, vous avez tiré sur mon camarade, et c'est de lui que je dois m'occuper. Janna peut attendre, comprends-tu ?

Il se tournait déjà vers Plotzerenke quand la voix de Lida l'arrêta net :

— Reste là ! Tu ne peux plus rien pour lui.

— Ça, c'est moi qui en décide !

Le canon du fusil de la Soviétique s'était levé et menaçait directement sa poitrine.

— Tu ne peux décider de rien.

— Je suis médecin !

— Et c'est seulement pour cela que tu vis encore. C'est seulement parce que tu es médecin que tu peux encore nous voir.

— Ce qui veut dire que vous n'avez pas encore décidé si je vais être abattu ou non. Eh bien, mettez-vous d'accord là-dessus, nous verrons ensuite...

Il tenait encore à la main droite la seringue pleine d'anesthésique.

— Moi, je dois faire mon devoir. Fais-le tien.

Il se tourna calmement vers Plotzerenke qui râlait, s'agenouilla près de lui. Les deux balles avaient touché les poumons, et l'écume sanglante, qui, à chacune de ses respirations, débordait de ses lèvres pour lui recouvrir le menton et couler encore plus bas, constituait un diagnostic inexorable.

Plotzerenke n'avait pas perdu connaissance et ses yeux grands ouverts fixaient Ursbach. Il voulut parler, mais aucun son ne sortit de sa bouche. Ursbach désirait le retourner sur le ventre pour repérer le point de sortie des balles dans le dos, mais Plotzerenke était trop lourd. Pourquoi ne tirent-elles pas ? se dit soudain Ursbach, et il sentit que les cheveux de sa nuque se dressaient et qu'un frisson glaçait sa peau. Est-ce cela, le code d'honneur des tireurs d'élite, dont a parlé Peter Hesslich : ne jamais tirer dans le dos ? Elles attendent de me regarder les yeux dans les yeux. Quelle perversion que cette guerre ! Ainsi, tuer d'une balle en plein front, c'est bien, et l'on peut être fier de soi. Est-ce vraiment cela que pensent ces filles... mon Dieu !

A chaque respiration, Plotzerenke s'affaiblissait. Une teinte jaune remplaçait la pâleur de son visage. Ses poumons travaillaient désespérément, un sifflement accompagnait désormais chacun de ses râles. Hémorragie interne. Ursbach lui caressa le visage dans un geste d'adieu. Le mourant comprit. Ainsi lui, l'homme fort qui avait toujours résolu ses difficultés à la force du poignet, était maintenant totalement impuissant. Même le médecin n'y pouvait rien, il l'avait caressé comme on caresse un chien qui, après l'injection mortelle, continue à fixer son maître de ses grands yeux fidèles et pleins d'amour...

La tendresse du dernier adieu.

Il crut qu'il parlait encore :

— Où est Janna ? demandait-il. Elles ne l'ont pas tuée, n'est-ce pas ? Occupez-vous d'elle, monsieur le médecin auxiliaire... Vous, ces filles-là vous laisseront vivre, et c'est bien, hein ? Ça sert à quelque chose, ce brassard à la croix rouge ! Occupez-vous de Janna. Moi, je ne souffre pas, pas du tout. J'ai seulement froid... terriblement froid... surtout aux jambes...

Derrière lui, Ursbach entendait les voix étouffées, mais excitées, des trois femmes. Elles entouraient Janna qui, la tête appuyée contre Marianka, pleurait doucement.

— Peux-tu marcher ? demandait Lida... Juste un mot... nous aurons le temps plus tard de parler ! Pas d'explications. Nous allons te porter.

— C'est Soia Valentinovna qui vous envoie ?

— Non. Nous nous sommes portées volontaires. Même après ton signal, elle a refusé...

— Je suis chassée du groupe, n'est-ce pas ?

Comme le râle de Plotzerenke devenait soudain plus fort, elle se boucha les oreilles des deux mains :

— Je vous en ai livré au moins un, n'est-ce pas ? Un sur dix... Mais tuez-le donc ! Pourquoi vit-il encore ? Que va-t-elle penser de vous, Soia Valentinovna ? Il vit encore...

Lida Ilianovna se releva et s'adressa à Marianka et à Vanda :

— Emportez-la. Je vous suis. Je m'occupe de ce qui reste à faire ici.

Soutenue par Marianka et Vanda, Janna se tenait à peine debout. Malgré sa faiblesse, elle fit deux pas vers Plotzerenke pour le regarder, sans un mot. Elle vit son visage jauni, un visage comme rétréci, l'écume sanglante qui lui recouvrait le menton et le cou, sa poitrine découverte, sanglante elle aussi, avec les deux orifices où les balles avaient pénétré. Et comme Plotzerenke détournait les yeux de ceux du médecin, il la vit, et sa bouche se tordit dans une grimace effrayante qui n'était rien d'autre qu'un sourire d'adieu, un sourire de bonheur. Elle vit, elle vit, et elle est venue à moi. C'est bien, Janna... Tu m'as seulement averti un instant trop tard. Merci, Janna...

Elle continuait à le regarder, toujours muette. Ses grands yeux noirs eux aussi lui disaient adieu, peut-être même demandaient-ils pardon ?

— Allons-nous-en, dit-elle en s'appuyant sur Marianka. Est-ce toi qui l'as touché ?

— Oui, et la seconde balle était de Lida...

— Tu te rappelles... tu voulais te le réserver, le « taureau ». Tu l'as eu maintenant.

Ses deux camarades la traînèrent vers la porte. Après un moment d'attente pour s'assurer que tout était tranquille, elles quittèrent la grange. La nuit était toujours chaude et paisible, personne n'avait entendu les coups de feu. Des oies criaillaient dans le bâtiment voisin.

— Est-ce que Lida va liquider le médecin ? demanda Janna.

— Quand elle le fera, nous l'entendrons. Mais toi, tu ne peux pas marcher, Janna ?

— Non.

— Nous allons te transporter jusqu'au fleuve sur une couverture...

Marianka la laissa glisser jusqu'à terre. Janna se mit soudain à gémir doucement et à claquer des dents.

— L'Allemand voulait t'opérer ?

— Oui.

— Mais cela, Galina Rouslanovna peut aussi le faire. Tu peux avoir confiance, Janna, maintenant tu es sauvée.

Dans la grange, Ursbach avait pris la décision d'administrer à Plotzerenke l'injection qui l'endormirait pour toujours, et Lida, debout près de lui, le regardait faire. Pendant un instant, il prit conscience de la nudité de ses longues jambes, du slip sur lequel retombait la blouse d'uniforme et, à travers le tissu léger du slip, du triangle plus sombre du sexe. Elle tenait son fusil pressé contre la cuisse.

— Qu'est-ce que tu peux faire pour lui ?

— Rien. C'est-à-dire que je l'aide à mourir sans souffrir.

Il retira l'aiguille de la veine et se débarrassa de la seringue.

— C'est l'affaire d'une minute...

— Et ensuite ?

— Ensuite ? Ensuite, tu pourras me tuer ! Puisque vous tuez tous ceux que vous rencontrez.

Plotzerenke se calmait. L'anesthésique agissait. Il ne souffrait plus, n'avait plus froid. Tout était devenu si calme, si paisible. Son regard reconnaissant s'attacha encore sur le médecin, puis il aperçut près de lui les jambes nues de Lida Ilianovna et, sous leur écume sanglante, ses lèvres dessinèrent un sourire crispé. Avant de sombrer dans l'éternité, il eut le temps de distinguer le slip étroit de la Russe, ce fut sa dernière impression.

Lida s'agenouilla à côté d'Ursbach, prit une poignée de paille et essuya le bas du visage de Plotzerenke. Elle attendit un instant : plus aucune formation de bulles rouges. De la paume de la main, elle abaissa les paupières du mort.

— C'est fini, dit-elle. Est-ce lui qui a capturé Janna ?

— Oui. Et il l'a soignée. Il l'a cachée ici parce qu'il savait que le Service de la Sûreté la supprimerait.

— Et tu dis que nous tuons tout le monde ?

Toujours agenouillée, elle posa son fusil près d'elle sur le sol. Devant ses yeux, là où Janna avait mangé, les instruments de chirurgie étaient disposés sur une serviette blanche. Ursbach aurait pu s'emparer, d'un coup, de son fusil. Avec une lenteur provocante, il avança la main, la posa sur la culasse de l'arme. Lida ne fit rien pour l'en empêcher. Elle ne bougea même pas et se contenta de fixer sur lui un long regard interrogateur.

— N'as-tu pas peur ? demanda-t-il.

— De toi, non. Autrement... oh oui, j'ai peur. Nous ne serions pas des êtres humains si nous n'avions pas peur.

— Des êtres humains ? Quelle sorte d'êtres humains êtes-vous donc ?

— Des femmes, des jeunes filles, qui aimons notre pays, qui vous haïssons, vous autres fascistes, parce que vous avez envahi notre terre. Que venez-vous faire ici ? Pourquoi es-tu ici dans une maison de paysan au bord du Donetz et non pas dans un hôpital quelque part en Allemagne ? Que ferais-tu si j'étais à Berlin en face de toi ?

— Je vais essayer de me le représenter. C'est la paix...

— Non ! La guerre !

— C'est la paix, et tu es à Berlin. Par un été comme celui-ci. Le vent est chaud et joue dans tes cheveux. Tu portes une robe à fleurs, très légère, et tu ris, et tu me dis : « Eh bien, me voici. Alors, que vas-tu faire de moi ? » Et moi, je ne réponds rien, je te prends simplement dans mes bras et j'approche mes lèvres de tes lèvres...

— Eh oui, la paix... Mais c'est la guerre, et nous nous haïssons !

Elle étendit la main et reprit son fusil :

— Dans un an, j'aurais été dentiste si vous n'étiez venus.

Ursbach se pencha sur Plotzerenke pour lui recouvrir le visage de sa chemise tachée de sang, puis il se remit debout. Elle aussi se releva. Elle était presque aussi grande que lui. Sans un bruit, elle se déplaçait sur ses épaisses chaussettes de laine. Il y avait en elle quelque chose d'aérien, d'ailé. Arrivée à la porte, elle s'arrêta, se retourna :

— Est-ce qu'il y en a un parmi vous qui porte un bonnet tricoté quand il se livre à la chasse à l'homme ?

Ursbach hésita. Ce doit être Hesslich, pensa-t-il. Je l'ai vu en bonnet. Cela fait partie de son équipement.

— Oui, répondit-il prudemment. Pourquoi ?

— Tu peux l'avertir. Nous le haïssons toutes, et surtout Stella Antonovna.

— Qui est Stella Antonovna ? Toi peut-être ?

— Non, je m'appelle Lida Ilianovna.

— Et moi Helge Ursbach...

— Ton nom m'est indifférent.

Son ton était glacial, hostile, mais ses yeux bleus semblaient dire le contraire.

— Et qu'y a-t-il avec cette Stella Antonovna ?

— Elle est la meilleure tireuse d'élite de l'Union soviétique. Elle s'est jurée de triompher de l'homme au bonnet.

— Je lui ferai la commission.

Il avança de quelques pas vers elle. Elle leva brusquement son arme vers le ventre de l'homme.

— Halte ! cria-t-elle. Stoï !

Mais sa voix, malgré sa dureté, demeurait incertaine, vacillante.

— Tu ne tireras pas...

— Comment peux-tu en être si sûr ? Tu me menaces. Nous tuons aussi les médecins quand ils nous menacent...

Debout devant elle, il écarta d'une main le canon du fusil et, de l'autre, lui caressa doucement les cheveux, les joues. Elle sentit ses muscles se durcir, son corps entier semblait s'être pétrifié. Ses lèvres étaient serrées, ses yeux lançaient des éclairs. Une fois de plus, il lui caressa le visage, suivant les contours de ses yeux, de son nez, de sa bouche, de son menton. Il s'arrêta à son cou, n'osant descendre jusqu'à ses seins. Il retira sa main, fit un geste du pouce vers le mort :

— Il s'appelait Fritz Plotzerenke. Il a vraiment aimé Janna. A sa manière, naturellement. Il a fait pour elle tout ce qui était humainement possible, et il est mort pour elle. Janna pensait autrement. Elle était une prisonnière dont il a abusé. Le monde qui nous entoure est devenu fou. Nous sommes tous plus ou moins ses victimes. Mais nous faisons partie de ce monde de folie. De ton côté comme du mien, des millions d'êtres humains meurent et mourront demain sans se poser la question : pourquoi ?

— Nous savons pourquoi. Nous mourons pour sauver notre patrie.

Mais sa voix était comme étranglée et ses lèvres remuaient à peine.

— Lida, fermons un instant les yeux, un tout petit instant, pour ne plus voir que nous-mêmes, deux êtres humains isolés de toute réalité...

— Pourquoi ? Pourquoi fermer les yeux ? Je n'ai pas confiance en toi.

— Ferme les yeux et pense : c'est l'été, l'été à Moscou. Je suis couchée sur la rive de la Moskova, le soleil est chaud, l'eau clapote contre la rive, un bateau de vacances tout blanc passe devant moi, on entend de la musique et des chants joyeux, et il te vient un profond regret, un désir d'épanouissement, d'intimité, d'amour. Et moi aussi, je ferme les yeux et je me vois allongé sur le sable d'une plage dorée de la Baltique. La mer est bleue sous un ciel sans nuages. Et je tends la main et j'ai près de moi tes cheveux, ta peau, les courbes de ton corps, et je ressens un tel bonheur que je ne veux plus ouvrir les yeux pour demeurer dans cet état de rêve. Essayons de fermer les yeux, Lida, Lida Ilianovna...

Ce qu'il tenait dans ses bras, c'était une statue taillée dans la pierre, hostile des pieds à la tête. Mais elle avait fermé les yeux et seules ses narines tremblaient dans son visage immobile. Il avait pris sa tête entre ses mains et elle n'avait pas bougé, ses lèvres demeuraient serrées et ses mains continuaient à étreindre son arme.

Ce fut un long baiser. Il sentait contre lui la chaleur de sa bouche, celle de son corps, la caresse du souffle qu'elle retenait et qui, malgré elle, sortait de ses narines dilatées. Enfin, il se sépara d'elle.

Au même moment, Lida lâcha son fusil d'une main qu'elle abattit avec force contre la tête d'Ursbach, avec un bruit semblable à celui d'un linge mouillé contre du bois.

— Fasciste ! dit-elle d'une voix sourde. Sale fasciste ! Tu voudrais être heureux, et c'est l'enfer que tu mérites comme tous les autres Allemands ! Je te maudis, toi et tous les tiens !

Elle fit brusquement demi-tour, ouvrit la porte en grand et se précipita dehors. Là, elle vit Vanda qui faisait le guet. Marianka, accroupie, soutenait la tête de Janna. Vanda leva les yeux :

— Je n'ai rien entendu. Vit-il encore ?

— C'est un médecin...

— C'est un Allemand. Attends, je vais en finir avec lui...

Elle ne put achever. Lida l'avait ramenée en arrière par sa blouse et se dressait devant elle, les yeux étincelants, le corps tremblant d'excitation :

— J'ai décidé qu'il vivrait, du moins aujourd'hui. Ne t'oppose pas à moi. Qui commande ici ? A-t-il voulu sauver la vie de Janna ou non ? Vite, au fleuve ! Nous devons encore le passer.

— Soia Valentinovna nous a ordonné de tuer tous ceux qui nous voient.

— J'en prends la responsabilité. Allez, vite, on retourne par le même chemin. Couchons Janna sur un sac. Vanda, prends les devants et assure-toi que la route est libre. Moi, je vais chercher le sac.

Une fois dans la grange, elle referma la porte derrière elle, le fusil haut et prêt à tirer. Ursbach s'était agenouillé près du corps de Plotzerenke et tentait de lui remettre sa veste d'uniforme. Elle se dirigea vers la couche de Janna, tira à elle une des couvertures.

— Pourquoi ne donnes-tu pas l'alarme ?

— Vous avez une blessée avec vous.

— Mais c'est moi qui ai tué ton camarade. L'une des balles est de moi.

— C'est la guerre. Un jour, l'un des nôtres te tuera peut-être.

— Tu t'en réjouiras, hein ?

— Non. Je serai très triste.

Il était toujours à genoux quand elle s'approcha de lui, et il revit à ses côtés les longues jambes nues, ce triangle sombre que dissimulait mal un slip étroit, et au-dessus la blouse d'uniforme couleur de terre, le ceinturon et ses cartouchières et le fusil de tireur d'élite avec sa lunette de visée. Une fois de plus, la démence de cette situation le frappa. Puis il ressentit un léger coup de crosse tandis qu'une voix inexorable disait : « Lève-toi ! »

Il obéit. Mais à peine était-il debout que la main gauche de la tueuse s'abattait sur sa nuque, le prenait aux cheveux, l'attirait vers elle, et que des lèvres brûlantes se pressaient contre sa bouche. Cela dura quelques secondes à peine, mais assez longtemps pour que ces lèvres aspirent violemment les siennes tandis qu'une langue dure s'écrasait contre ses dents. Puis il se retrouva rejeté en arrière contre une poutre de soutien :

— Chien ! Chien de fasciste ! dit-elle d'une voix rauque. Ce baiser coûtera la vie à cinq des tiens, note-le bien ! C'est toi qui les auras tués !

Elle jeta la couverture sur son épaule et se précipita dehors.

Vanda était déjà descendue vers le fleuve pour assurer leur retraite. Lida et Marianka couchèrent Janna sur la couverture et la portèrent en courant à travers la steppe. A mi-chemin, Lida se retourna un instant. Il lui sembla apercevoir une ombre élancée dans l'embrasure de la porte de la grange. Elle ne voulait pas s'arrêter, elle le fit pourtant. Marianka crut qu'elle voulait simplement changer de prise, mieux saisir les coins de la couverture.

Helge Ursbach, pensa-t-elle. Un médecin allemand. Que ta vie soit bonne, ou plutôt que ta mort soit douce ! Tu es de ceux qui meurent dans une guerre, elle prend toujours les meilleurs. Une belle minute, n'est-ce pas, celle que nous avons vécue sur les rives de la Moskova et les bords de la Baltique... Tu ne sauras jamais que j'ignorais encore ce qu'une femme ressent quand sa langue s'ouvre de force un passage entre les lèvres d'un homme...

Le Donetz coulait paresseusement. Revenu de ses débordements causés par la fonte des neiges, il se reposait agréablement dans son lit de toujours. Un léger courant emporta le radeau un peu en aval du village détruit, dans une baie où l'eau était si basse que les trois femmes firent les derniers mètres à plat ventre. Le talus était bas lui aussi, et elles le gravirent sans grand effort.

C'est alors qu'Uwe Dallmann les aperçut. Il était seul dans sa cache, car on fêtait Hesslich au régiment. Vers minuit, après qu'un coup de téléphone de l'aspirant von Stattstetten lui eut assuré que trois sentinelles de la 4e compagnie veillaient aux avant-postes, il s'était endormi.

Vers 3 heures du matin, comme d'habitude, il s'était réveillé pour satisfaire un léger besoin. Il s'était approché d'un cerisier et s'était soulagé en bâillant. De là, il voyait parfaitement une partie de la côte soviétique, où la steppe était plate comme un billard, sans le moindre abri. Il suivit un instant des yeux un îlot couvert de verdure qui se rapprochait de la rive opposée. Et stupéfait, il vit surgir soudain autour de l'îlot trois jeunes femmes nues qui, semblables à l'Aphrodite antique née de l'écume des vagues, sortaient des eaux du Donetz.

Dallmann, qui tenait toujours entre le pouce et l'index l'appareil qui lui servait d'arrosoir, fit un pas autour du cerisier pour mieux distinguer ces beautés nues. La lumière était trop faible et la distance trop grande pour les voir en détail, mais indiscutablement, il y avait là du sein, du ventre et de la cuisse. Puis deux d'entre elles se courbèrent en tendant vers lui leur postérieur pour aller prendre dans l'îlot leur uniforme et leur fusil, et Dallmann put ainsi admirer quatre rondeurs semi-sphériques fort réjouissantes.

— Pas possible ! dit-il vraiment ému. Me faire ça à moi après six mois sans permission ! Seigneur, mais ce sont de vraies femmes !

Il fit demi-tour pour regagner la maison et y chercher ses jumelles et son fusil et, sans même prendre le temps de rajuster son pantalon, il revint en courant à son cerisier. Deux de ces filles avaient déjà revêtu ce qui lui parut être une moitié d'uniforme, et elles gravissaient le talus en portant une forme humaine dans une couverture. La troisième fille, c'était Vanda Alexandrovna, s'affairait toujours autour de l'îlot, nue toujours, pour l'attacher au rivage. Ses seins bien développés et ronds se balançaient comme des cloches qu'on eût repeintes en blanc.

Au moment où elle reprit son fusil en se tournant vers Dallmann, ce dernier comprit enfin qu'il assistait à la fin d'une opération dirigée contre ses camarades. Et sans qu'il ait entendu quelque chose, elles avaient dû rencontrer un adversaire puisque l'une d'elles était blessée et que les autres devaient la porter.

Dallmann saisit son fusil, respirant difficilement à la pensée qu'il y avait eu des morts peut-être. Ses cheveux se dressèrent sur sa nuque comme les poils d'un chien humilié et furieux qu'on vient de piétiner. Il leva son arme, mit Vanda Alexandrovna en joue, mais ce fut pour la voir disparaître au même instant derrière les buissons de la rive, comme si le dos de cette fille s'était dissous au milieu des branchages.

Dallmann laissa retomber son fusil. La tête basse, il retourna dans sa maison et hésita longtemps avant d'appeler le P.C. de la compagnie. Un sous-officier endormi lui répondit par une bordée d'injures :

— C'est toi, espèce de trou du cul ! Quelle idée de me réveiller en sursaut ! Qu'est-ce qui se passe ?

— Rien. Et chez vous ?

— Des détonations au bunker n° 6...

Dallmann retint son souffle :

— C'est grave ?

— Le caporal Putlang a pété quatre fois. Seuls les spécialistes ont été capables de s'y reconnaître : on croyait à un tir de barrage.

— Idiot ! Rien d'autre ?

— Si. Dix-neuf hommes ont percé dix-neuf trous dans le haut de leur toile de tente. Ils rêvaient de Lili Marlène...

Dallmann raccrocha. Ainsi, le calme absolu, pas de morts, même pas une petite escarmouche. Mais d'où venaient donc ces femmes avec leur blessée ? Il reprit son fusil, ressortit, rampa jusqu'à la rive, examina longuement les positions soviétiques avec ses jumelles de nuit. Rien ne bougeait dans l'obscurité. Dans les ruines du village, il le savait, les femmes avaient pourtant leurs avant-postes...

Il prit la résolution de ne rien dire de sa découverte. Tenir sa langue, c'est la meilleure autodéfense quand on est soldat. On n'interroge jamais longuement celui qui ne sait rien. Au contraire, trop d'intelligence éveille tous les soupçons, du moins chez les militaires. Chez eux, la sagesse des trois singes — ne rien dire, ne rien entendre, ne rien voir — est le résultat d'une longue expérience.

Il revint se terrer dans sa maison, mais sans pouvoir s'endormir. Qu'aurait fait Hesslich à ma place ? se demandait-il sans cesse. Aurait-il vraiment envoyé une balle juste dans la jolie fente d'une paire de fesses ? Aurait-il pu viser entre deux seins de femme avec la même insensibilité qu'entre deux yeux ? Est-il ce morceau de glace qu'il prétend être ? Je voudrais bien le savoir...

Vers midi, Peter Hesslich revint. Mais Dallmann était déjà au courant. Il avait été convoqué au P.C. de la compagnie. Là, il avait joué l'idiot, fidèle à sa tactique. Bauer III lui avait demandé si rien, même des coups de fusil, n'était capable de le réveiller. Il s'était tu. L'affaire aurait pu tourner plus mal.

Hesslich lui jeta en entrant une bouteille de cognac qu'il avait ramenée de l'échelon du régiment :

— Plotzerenke est mort...

— Je sais, dit-il sans lever les yeux. Il lui était impossible de soutenir le regard de Hesslich.

— Personne n'a rien entendu. J'ai appelé vers 3 heures le planton de garde, qui n'a eu que des cochonneries à me servir !

— Deux balles dans les poumons ! On l'a retrouvé dans une grange en plein secteur des sapeurs. Et eux non plus n'ont rien entendu.

Hesslich s'assit sur une chaise rafistolée et commença à bourrer sa pipe.

— Tout cela est très étrange.

— Comment cela ?

Dallmann avait débouché la bouteille et buvait le cognac au goulot comme de la limonade.

— Pourquoi Plotzerenke se trouvait-il dans le secteur des sapeurs ? Que faisait-il dans cette maison abandonnée ? Et cela en pleine nuit ! On a trouvé des restes de nourriture, rien d'autre. Mais ces restes prouvent que Plotzerenke venait souvent à cet endroit. Pourquoi ?

— Et qui a trouvé Plotzerenke ?

— Les sapeurs. Il était couché sur la paille. Il portait sa veste d'uniforme mais sa chemise déchirée recouvrait son visage. Est-ce que ce n'est pas de la folie ?

Dallmann avala encore une longue gorgée de cognac avant de reboucher la bouteille. Quand il parla, sa voix était un peu rauque :

— Je sais à qui tu penses, Peter. A nos tireuses d'élite...

— A l'une d'elles seulement. Il n'y a que celle-là qui est capable de brouiller ainsi les pistes...

Il tint longtemps les yeux fixés sur les planches du sol avant d'ajouter :

— Je l'ai vue.

— Quoi !

— Elle est blonde, très belle, une taille moyenne, de grands yeux un peu étonnés, le nez mince, la bouche étroite, etc. Et j'ai reçu son regard droit dans ma lunette de visée.

— Et tu t'es senti faiblir et tu l'as laissée courir...

— Non. J'avais deux secondes de retard.

— Parce que tu l'as regardée pendant ce temps-là.

— Si l'on peut dire... Je la crois tout à fait capable d'avoir surpris Plotzerenke et de lui avoir réglé son compte par-derrière. Je souhaite de la rencontrer une fois de plus.

— Et une fois de plus, tu perdras deux secondes à la regarder !

— Ce serait courir un gros risque qui tournerait mal pour moi.

— Donc, tu la tueras ?

— Oui.

Ce oui était clair et toute autre question eût été superflue. Dallmann haussa les épaules comme s'il frissonnait. Maintenant, je sais, pensa-t-il. Lui, il aurait tiré sur ces filles nues. Il n'aurait même pas regardé leurs seins ni leurs cuisses, il n'aurait vu que l'objectif à atteindre... A Posen, il semblait prêt à pleurer chaque fois qu'il faisait mouche entre les deux yeux. Et il s'agissait de silhouettes en carton et de poupées de paille !

— Demain, nous enterrons Plotzerenke, dit Hesslich d'une voix sourde. Nous aussi, nous tirerons la salve d'honneur. Il faut nous convaincre que nous devons faire abstraction de tout sentiment en visant. Et rien ne peut mieux nous aider que de voir la fosse grande ouverte d'un de nos camarades.

Chez les Soviets, Galina Rouslanovna reçut le détachement des filles. L'état de la blessure de Janna était vraiment inquiétant et, comme Ursbach, elle se prépara immédiatement à opérer. Entretemps, Marianka rendait compte à Soia Valentinovna du succès de l'expédition. Quand elle avait frappé à la porte du bunker, la capitaine lui avait ouvert enveloppée dans une sortie de bain couleur lie de vin, qui appartenait à Ougarov.

— Succès complet, camarade ! avait-elle déclaré en riant de toute la largeur de son visage... Le taureau est mort !

— Et Janna Ivanovna ?

— Elle était sa prisonnière. Nous l'avons délivrée et ramenée.

— Prisonnière ! (On eût dit qu'elle crachait le mot.) Et vous l'avez ramenée ! Pourquoi ne l'avez-vous pas égarée en chemin ? Cela eût été mieux pour elle.

Elle claqua la porte en la refermant avant de se débarrasser de la sortie de bain et de s'allonger nue sur la couverture de lit.

— Qu'y a-t-il, ma petite colombe ? demanda Victor Ivanovitch.

Soia Valentinovna avait replié les jambes sur son corps comme si elle souffrait de crampes atroces dans le bas-ventre :

— Janna est de retour ! Elle était prisonnière des fascistes ! Je me demande comment je vais pouvoir survivre à cette honte...

La mort de Plotzerenke ne fut jamais éclaircie, et Dallmann se tut comme, de son côté, le médecin auxiliaire Ursbach. Le bataillon entier se livra à de folles spéculations. On racontait par exemple que Plotzerenke s'était établi dans la grange avec un camarade inconnu pour s'adonner aux jeux de hasard. Évidemment, Plotzerenke avait été un artiste dans le genre de ces joueurs du Far West américain, capables de tirer six as de leur manche et qui finissaient pendus ou tués à coups de revolver. Son partenaire l'aurait liquidé, mais par surprise, puisqu'il n'y avait aucune trace de résistance de sa part. Ce camarade inconnu aurait voulu le soigner. N'avait-on pas découvert la marque d'une piqûre dans une veine du bras. Était-ce possible ?

Le médecin auxiliaire Ursbach avait dû poursuivre l'enquête, d'abord par ordre du bataillon, puis à l'échelon régimentaire. Finalement, le médecin-chef lui fit comprendre entre hommes qu'il était encore jeune et qu'il avait beaucoup à apprendre avant de pouvoir maîtriser une situation aussi critique :

— Il n'y a pas eu de piqûre, Ursbach, seulement une mort héroïque ! Voilà comment on conclut une telle affaire, mon jeune collègue. Qu'est-ce que vous allez tirer de tant d'honnêteté ? Rien que du travail, des ennuis et vous aurez gaspillé je ne sais combien de papier, qui nous manque. Pendant ce temps-là, le pauvre Plotzerenke attendra d'être enterré comme le héros qu'il a été, et tous les gens, à tous les échelons, qui devront s'occuper de l'incident, se diront au fond d'eux-mêmes : « Mais qu'est-ce qu'il fout donc, ce médecin auxiliaire ! Si quelqu'un a cru voir une piqûre, il est tout qualifié pour affirmer le contraire... » Il peut y avoir tous les jours des milliers de morts, c'est normal et on enregistre simplement les pertes. Mais qu'on ne puisse expliquer un seul de ces cas, et voilà toute la bureaucratie en branle ! Dites-moi, Rusbach, cette injection, vous êtes bien sûr qu'elle a eu lieu ?

Ursbach avait avalé plusieurs fois sa salive, ce que le médecin-chef avait pris pour un symptôme de timidité :

— Je pense... la vérité...

— La vérité est que le caporal-chef Plotzerenke est mort pour le Führer et la patrie parce qu'il a reçu deux balles dans les poumons. Est-ce que cela ne correspond pas à la vérité ? Bon ! Alors, que faisons-nous ?

— Nous l'enterrons avec tous les honneurs militaires.

— Voilà, mon jeune camarade. Quant à la question de savoir qui l'a tué, cela regarde le commandant de sa compagnie. Évidemment, il aura des ennuis. Comment expliquer qu'un détachement soviétique ait pu pénétrer dans son secteur pour faire une injection à Plotzerenke, le tuer, et recouvrir son visage de sa chemise sans lui ôter sa veste d'uniforme ?

— C'est inexplicable, monsieur le médecin-chef.

Uwe Dallmann continua à se taire. Il avait bien envie quelquefois de se confier à Hesslich, mais au dernier moment, il reculait toujours. Il ne savait pas comment Hesslich réagirait devant la vérité. Ils se connaissaient pourtant depuis longtemps, mais Peter Hesslich demeurait pour lui une énigme. Pensez donc. Un homme qui va au théâtre au lieu de se rendre au bordel alors qu'il vient d'apprendre qu'on l'envoie le lendemain au casse-pipe, un homme incapable de tordre le coup à un poulet mais qui abat froidement une femme d'une balle envoyée entre les deux yeux avec une précision d'horloge ! Tout cela, pour Dallmann, n'allait pas ensemble.

Plotzerenke fut enterré dans un jardin à côté du P.C. du bataillon. Une croix de bouleau couronnée par son casque d'acier lui fit un tombeau simple, mais beau. Bauer III prononça le discours d'usage. Douze hommes, dont quatre tireurs d'élite saluèrent la disparition de leur camarade d'une dernière salve. Un peu à l'écart, les mains croisées et très grave, le médecin auxiliaire Ursbach assista à la cérémonie.

Avant de s'en aller, le médecin-chef prit son jeune collègue à part :

— Tout est bien qui finit bien, dit-il d'une voix sèche. Le patron voulait s'y opposer. Une salve d'honneur pour un tricheur au jeu ! Il en a presque eu une attaque de fièvre. Mais je lui ai alors mis sous les yeux quelque chose à quoi vous n'aviez pas pensé, cher Ursbach : les deux balles, celles que j'ai trouvées dans les poumons en faisant l'autopsie...

Ursbach le regarda bouche bée :

— Elles étaient dans son corps ? Mais nous avons vu les trous de sortie des balles dans son dos, des trous effroyables, gros comme le poing...

Le médecin-chef retint un petit rire :

— Eh oui, il s'est passé quelque chose d'extraordinaire au point de vue balistique. Les deux balles ont dû être tirées à bout portant. Elles ont traversé la poitrine de Plotzerenke et, vraisemblablement, elles ont rebondi sur le sol pour se reloger dans sa poitrine. Tout s'explique : les deux trous de sortie étaient aussi des trous de rentrée ! Phénoménal, hein, Ursbach ? J'ai donc pu montrer les deux balles, indiscutablement soviétiques. Qu'en dites-vous ?

— Rien...

— Tout comme le patron, il en est resté muet ! Voilà pourquoi il a autorisé cette cérémonie en l'honneur d'un héros. Pour le commandant de la compagnie, l'affaire a été chaude. Plotzerenke a été abattu par des Soviétiques dans nos lignes, et personne n'a rien vu ni entendu. Mais enfin, tout s'arrangera...

Ursbach hocha la tête en silence et se dirigea ensuite vers le mess des officiers de l'échelon bataillon où l'on avait préparé du vin et des cigares. On vivait encore bien sur ce front où tout était si calme. Un capitaine raconta qu'à Kharkov on lui avait servi un dîner de fête comptant vingt-six plats, de l'eau-de-vie du Caucase, du champagne français, toutes sortes de vins, sans compter un ballet de filles en uniforme tcherkesse. Et pour dissiper les doutes, le capitaine exhiba les photos qu'il avait prises de ce « dîner »...

Dallmann, qui recherchait son ami Hesslich, le retrouva debout devant la croix de bouleau de Plotzerenke, perdu dans la contemplation de la terre aplanie sous laquelle reposait le caporal-chef.

— Allons, viens ! On ne peut pas dire qu'il était vraiment de tes amis !

— J'ai appris qu'on avait retrouvé les balles à l'autopsie...

— Et alors ?

— Pourtant, personne ne les a vues avant le médecin-chef.

Il regardait toujours la tombe, fixement.

— S'il pouvait parler... Car enfin, il n'était pas seul dans la grange ! Surtout de nuit ! C'était une bête de troupeau, il lui fallait toujours des gens autour de lui. Pourquoi se serait-il retiré seul dans une grange quand il pouvait trouver des joueurs d'écarté dans les abris ? Et s'il n'était pas seul, où sont les autres ? Pourquoi se cachent-ils ? Et il ne manque personne... Si les filles d'en face l'ont tué, pourquoi ont-elles laissé les autres en vie ? Leur livret de tir est leur Bible...

Il regarda pensivement Dallmann.

— Que s'est-il réellement passé, Uwe ?

— Crois-tu que je sois Hanussen, l'astrologue et clairvoyant ? De plus, personne n'exige que tu résolves cette énigme...

— Ce qui m'inquiète, c'est le silence absolu dans lequel s'est passée cette affaire. De la façon dont cela a eu lieu, ces filles peuvent très bien nous surprendre.

— C'est l'heure d'aller à la cuisine et de nous en mettre plein la panse. Menu : goulasch et nouilles ! Et un dessert par la suite.

Son ton joyeux sonnait faux. Hesslich s'éloigna du tombeau. Avant de le suivre, Dallmann gonfla ses joues et fit doucement : « Ouf ! »

Galina Rouslanovna avait opéré Janna exactement comme Ursbach l'aurait fait. Elle avait élargi le trajet des balles, coupé les chairs infectées et arrosé les deux blessures d'une puissante solution désinfectante. Pour l'instant, elle ne pouvait rien faire de plus, du moins dans une tranchée.

Elle savait qu'en Amérique on fabriquait maintenant en série un médicament miraculeux, la pénicilline, et que les médecins soviétiques en recevraient bientôt dans le cadre de l'assistance américaine. Galina avait déjà lu à ce sujet une communication scientifique qui faisait état de guérisons vraiment extraordinaires. Il s'agissait d'un champignon qui détruisait et digérait simplement toutes sortes de bactéries. Mais la pénicilline n'était pas encore parvenue sur les rives du Donetz, et il ne pouvait en être question pour sauver Janna.

La capitaine Baïda apparut dès le lendemain matin en grand

uniforme dans le poste des premiers soins. Janna était encore plongée dans le sommeil qui suit l'anesthésie. Galina s'était déjà lavé les mains et les avant-bras et endossait sa blouse blanche. Le visage de Janna, aminci, paraissait encore plus enfantin, une véritable figure de poupée entourée de cheveux noirs. Et son expression avait déjà quelque chose qui n'était plus de ce monde.

Soia Valentinovna s'approcha du lit, se pencha sur la blessée et la considéra longuement sans mot dire. Galina Rouslonovna, derrière elle, se préparait du thé pour se remettre d'une nuit éreintante. Lida Ilianovna, restée sur place pour aider à l'opération, s'était effondrée sur un châlit pour dormir, mais s'était réveillée lors de l'entrée bruyante de sa supérieure. Une infirmière faisait bouillir les instruments de chirurgie nécessaires.

— Qu'a-t-elle dit ? demanda soudain Baïda d'une voix dure.

— Rien. Elle est trop faible.

— Comment va-t-elle ?

— Misérablement. Il faut l'envoyer immédiatement à l'hôpital.

— Tu sais bien que c'est impossible...

Elle se redressa et fit deux pas pour s'asseoir sur le bord du lit de Lida en serrant ses mains croisées entre ses genoux.

— Officiellement, Janna Ivanovna n'est pas blessée.

— On peut trouver une explication...

— Je ne donne jamais d'explications, mais des comptes rendus nets et clairs. Que sait-on de plus au sujet de sa captivité ?

— Le fasciste que Marianka avait appelé le « taureau », et qui a caché Janna pendant six jours, a été liquidé par Lida et Marianka.

— Et elle ? Elle lui a servi de putain ? Comment s'exprimer autrement ?

— Nous n'en savons rien...

Galina ébouillantait son thé. En première ligne, il n'y avait pas de samovar...

— Je ne le crois pas.

— Mais elle est restée six jours avec lui.

— Elle était de plus en plus faible.

— Si faible qu'elle n'était plus maîtresse d'elle-même ?

— Elle a espéré que nous allions la chercher. Elle nous a fait des signaux, n'est-ce pas ? C'est grâce à elle que le « taureau » est mort. Il devrait figurer sur son livret de tir. Ce serait justice.

— Ce qui est justice, c'est de lui poser cent questions et de la condamner cent fois...

Galina s'était versé une tasse de thé et commençait à boire lentement, par petites gorgées, prudemment :

— Soia Valentinovna, pourquoi es-tu si impitoyable ? Je sais, on dit partout qu'aucun chef n'est aussi redouté que toi...

— Et je m'en réjouis ! (Elle n'avait pas encore changé de posture.) Et il ne peut pas en être autrement. Finalement, nous sommes la meilleure unité de l'Armée Rouge ! Grâce à notre discipline ! Et elle (elle eut un mouvement de tête vers Janna), elle m'a trahie. Elle était une des meilleures. Elle allait être héroïne de l'Union soviétique ! Je le sais ! Tout comme Stella et Lida ! Et peut-être Marianka et Vanda ! Jamais une unité n'en a compté autant ! Et cela pose des exigences, n'est-ce pas, Galina Rouslanovna ?

— Pourquoi dis-tu « elle allait être » ? Elle vit encore, et si on l'envoie dans un hôpital, elle vivra ! Elle ne t'a pas trahie, elle ne t'a pas humiliée. Pense à son effort, aux souffrances qu'elle a subies pour te faire ces signaux de lumière. Que pouvait-elle faire d'autre ?

— N'être pas prisonnière !

— Cela peut arriver à chacun de nous. A toi aussi...

— Vous avez peur de moi et vous me connaissez pourtant bien peu. A l'école de guerre de Frunse, nous avons appris beaucoup de choses, étudié les stratèges allemands, même lu des poètes allemands. Au temps des tsars, beaucoup de nos généraux et de nos hommes d'État étaient allemands. Mais c'est un poète allemand qui a eu une phrase qui m'est allée jusqu'au fond du cœur. J'ai soudain compris pourquoi les Allemands ont toujours gagné leurs batailles contre nous jusqu'à Stalingrad, bien qu'ils nous aient été dès le début inférieurs en hommes et en matériel. Ce poète allemand, Walter Flax, tu ne le connais pas, naturellement, qui donc le connaît aujourd'hui ? Il est tombé au cours de la Première Guerre mondiale. Et il a dit : « Être officier, c'est précéder ses hommes dans la vie... Les précéder dans la mort n'en est qu'une partie. » C'est cela, mon exigence, aussi pour vous, aussi pour Janna. Voilà pourquoi elle m'a trahie, Galina Rouslanovna. Elle n'est pas morte au moment où elle le devait. Elle est restée six jours avec un Allemand. Comment pourra-t-elle me l'expliquer ?

Elle se leva, tira sur sa veste d'uniforme pour la rectifier et parut soudain plus grande. Puis elle sortit en faisant claquer contre les planches du sol les talons de ses bottes et refermant d'un coup la porte derrière elle, aussi bruyamment qu'elle était entrée.

— Que faisons-nous alors ? demanda l'infirmière d'une voix plaintive en montrant ses instruments qui bouillaient.

— Je ne le sais pas encore. Mais elle ne peut pas me donner d'ordres. Je suis médecin. C'est moi qui déciderai de ce que je dois faire avec Janna ! Mais ce sera dur, très dur. Il n'est pas question ici de poètes allemands, mais d'une de nos camarades. Cela, il faudra que je le lui fasse comprendre !

Jusqu'à la fin de l'après-midi, Janna demeura inconsciente, du moins en apparence. Car elle était déjà réveillée au moment de la visite de Baïda et l'avait entendue. Dans ces heures pénibles, cette inconscience simulée était sa meilleure défense. Il s'agissait de gagner du temps, pour pitoyable que fût ce peu de répit, sans questions, sans interrogatoires, sans reproches ni humiliations. Le temps de reprendre des forces et de prévoir les suites.

Qu'allait-elle répondre à ces accusations qui résonnaient dans son crâne comme autant de coups de marteau ? Oui, j'ai servi de putain à l'Allemand, il m'y a forcé plusieurs fois par jour et la nuit aussi. J'ai bien essayé de lui trancher l'artère carotide d'un coup de dents, mais je n'ai pas réussi. Oui, depuis quelque temps, j'ai tout raté ! Et j'étais trop faible pour pouvoir me défendre, je suis restée sous lui comme un morceau de viande dans lequel il pénétrait. Chaque fois, j'ai eu l'impression qu'il me déchirait à l'intérieur, vous l'avez vu... vous l'appeliez le « taureau », n'est-ce pas ? Mais que pouvais-je faire avec ma blessure à l'épaule, ma fièvre qui me faisait trembler de froid ou me brûlait ? Chaque fois, il m'a lié les jambes et les mains, et ensuite il m'a donné à manger et à boire, il a chanté des chansons, joué de l'harmonica et de la mandoline. Il n'était plus un monstre, mais un tout jeune homme, très grand et très fort.

Mais je vous l'ai livré, n'est-ce pas ? Il est mort. Que me reprochez-vous vraiment ? Que pendant six jours et six nuits il soit entré en moi comme une barre de fer rougie au feu sans que je puisse lui échapper ? Que je ne me sois pas tuée ? Oui, mais comment ? N'avais-je pas les pieds et les mains liées ? En refusant de respirer, de retenir mon souffle ? Montrez-moi donc comment on fait ? C'est impossible : on ne peut pas s'empêcher de respirer ! On peut se pendre, s'étrangler, quand on a les mains libres ? Ah Soia Valentinovna, avec ton poète allemand et ses préceptes, comment te serais-tu tuée ?

Les heures passèrent. Galina Rouslanovna apparaissait de temps à autre, lui prenait le pouls, auscultait son cœur, mesurait sa fièvre. Puis elle était de nouveau seule.

Depuis des heures, Galina savait que sa patiente n'était plus inconsciente ; elle avait renoncé à lui parler pour lui laisser croire qu'elle pouvait tromper tout le monde. Mais quel était le pourquoi de cette ruse ? Qu'attendait-elle ? Pensait-elle échapper à un interrogatoire ?

Vers midi, elle lui administra une nouvelle piqûre contre la fièvre et réprima un sourire quand Janna tressaillit au moment où l'aiguille trouvait son chemin dans la veine.

Et Janna se retrouva seule, s'interrogeant et s'interrogeant sans cesse, incapable de trouver une réponse. Quand la piqûre commença à agir, elle glissa dans une sorte de somnolence, l'instant présent s'élargit à l'infini et, avec une émotion extraordinaire, elle se retrouva au bord du lac Baïkal, poussant devant elle un énorme troupeau de brebis que ses chiens entouraient en aboyant. Des nuages blancs dérivaient paresseusement, en formations serrées, dans un ciel au bleu profond. Elle s'allongea dans les hautes herbes, croisa les jambes. Trois vautours se mirent à tournoyer au-dessus du troupeau, et elle les menaça du poing, puis de son fusil. C'était la vieille pétoire au canon interminable qui n'acceptait qu'une cartouche à la fois... Janna se demandait toujours si elle n'allait pas lui éclater dans les mains. Et pourtant, pas un oiseau du ciel, pas un rongeur sur terre, pas un renard, pas un des loups qui hurlent l'hiver ne pouvaient lui échapper.

Hé, n'est-ce pas là Gamsat Vadimovitch, le fils du pêcheur ? Hé, Gamsat, je suis là ! Je t'ai vu hier, ton filet était bien gonflé. Viens t'asseoir près de moi ! Et ne prends pas cet air nigaud en me regardant ! Mes jambes nues ? Tu les connais, non ? Mes seins sous cette blouse si mince ? Regarde de côté, s'ils te dérangent ! Et ta main sur mon ventre, Gamsat, tu n'as pas honte ! Quoi ? Qu'est-ce que tu dis ? Que j'ai quinze ans et que je dois savoir ce que veut un garçon quand il voit une belle fille couchée dans l'herbe ? Gamsat, Gamsat, attention ! J'ai une pierre à la main. Je frappe, espèce d'idiot !

Alors, tu saignes maintenant. Je t'avais averti. Retourne donc à tes poissons et laisse-moi tranquille. Tu peux me rendre visite tous les jours si tu le veux, mais sans dégrafer ta ceinture pour baisser ton pantalon ! Je ne suis pas une chienne. Va-t'en ! Ça vaut mieux. Tu peux m'appeler de tous les noms, dire qu'on m'a cousu tout le reste pour que j'aie une plus grande gueule ! Si tu es plus calme, reviens demain. Et dis-toi bien que lorsque j'aurai besoin d'un homme, c'est moi qui irai le chercher ! Et ce sera peut-être toi... peut-être !

Le lac Baïkal... Comme il reluit sous le soleil du soir. D'abord de l'or, puis du rouge, puis du violet, et le ciel se dissout en une explosion de raies flamboyantes, et entre ces raies on peut apercevoir l'éternité. Et ce vent chaud. Les rochers noircissent, les arbres se métamorphosent en découpages de carton qui se dressent contre la lumière du ciel. Que tu es beau, mon lac. Que tu es énorme et incompréhensible, Sibérie. Jamais, jamais, je ne voudrais m'éloigner de toi, c'est ici, sur le rivage, que je mourrai un jour, j'aimerais m'abandonner à toi. Je t'aime, je n'aime que toi, ma Sibérie... Je n'aime rien d'autre au monde.

Il fait sombre à présent, mais le lac brille encore. Il brille de l'intérieur, dirait-on, comme un reflet des profondeurs mystérieuses. Oui, ta peau légèrement ondulée a des reflets d'argent, et les rochers eux aussi se reflètent dans ton éclat. Ô lac Baïkal, je t'adore...

L'après-midi, Janna se retrouva seule dans le poste des premiers soins. Elle se leva, chancelante, et se mit à chercher. Finalement, sous un amas de manteaux, elle découvrit l'étui de cuir qui contenait le pistolet Tokarev, calibre 7.62, de Galina. Elle en retira l'arme, considéra un instant l'étoile rouge qui ornait la crosse, s'assura que le pistolet était chargé et revint avec lui vers sa couche.

Une fois allongée, elle tenta d'engager le canon dans sa bouche, trouva le goût désagréable et manqua s'étouffer. Elle appuya alors l'orifice de l'arme contre sa tempe droite. Elle s'y reprit à plusieurs fois jusqu'à trouver la bonne position. Fermant les yeux, elle appuya sur la détente. Elle ressentit encore comme un coup assourdi. Puis son cerveau devint totalement insensible.

On appela immédiatement Soia Valentinovna Baïda.

— Elle était digne d'être des nôtres, dit-elle.

Elle se pencha sur Janna pour caresser sa tête ensanglantée, s'essuya ensuite la main à la blouse blanche de Galina, sans vouloir entendre les sanglots de celles qui l'entouraient.

— J'aurais été vraiment très triste si je m'étais trompée sur elle, ajouta-t-elle seulement.

Le sous-lieutenant Ougarov prit un drap et en recouvrit la morte.

Deux jours plus tard, Soia Valentinovna annonça officiellement la mort de Janna Ivanovna Babaieva, tuée au cours d'une patrouille par un tireur d'élite ennemi. Ce tireur, on le connaissait même : c'était ce maudit Allemand au bonnet tricoté.

Janna fut enterrée aux côtés de Daria et de Miranski. La cérémonie fut solennelle, comme celle de Fritz Plotzerenke. Certes, on ne tira aucune salve d'honneur, mais un chœur de jeunes filles entonna une chanson du lac Baïkal. Beaucoup pleurèrent, même Soia Valentinovna, malgré sa dureté, ce qui fut considéré comme un miracle, car jusqu'alors seul Ougarov avait vu des larmes perler à ses yeux, et encore était-ce de jalousie et de rage. Que la capitaine Baïda pût pleurer, c'était vraiment un événement imprévu et qui, à lui seul, les bouleversa toutes.

Deux jours plus tard, la VIIe Armée de la Garde envoyait l'ordre de Souvorov en bronze promis depuis si longtemps à Janna Ivanovna. Le général Koniev en personne, commandant en chef du Front de la Steppe, avait écrit et signé la lettre d'accompagnement : « Vaillante camarade Janna Ivanovna Babaieva... »

La capitaine Baïda lut cette lettre sur la tombe de l'héroïque et suspendit la décoration au petit bloc de pierre tiré du fleuve, qui ornait la sépulture.

Le même courrier apporta à Stella Antonovna Korolenkaia sa nomination de sergent, accompagnée d'éloges officiels. Toutes tinrent à l'embrasser, et Soia Valentinovna prononça quelques paroles pleines de pressentiment :

« Attendons toutes, mes chères. Stella doit aussi nous débarrasser de ce sale individu au bonnet tricoté. Notre unité recevra alors l'ordre du Drapeau Rouge, et nous serons les seules à le porter parmi tous les bataillons de femmes ! »

Tout comme Hesslich sur la tombe de Fritz Plotzerenke, Stella était demeurée longtemps seule devant le monticule de terre sous lequel reposait sa camarade suicidée. Elle avait emporté avec elle un secret qui remplissait tout le bataillon de malaise. Certes, la communication officielle de Soia Valentinovna avait rejeté toute la responsabilité de cette perte sur l'homme au bonnet tricoté, et nulle n'en discutait la nécessité. Mais faire de cet Allemand le meurtrier, et par conséquent le vainqueur, de Janna, prouvait à quel point Soia Valentinovna Baïda redoutait cet adversaire au plus profond de son cœur.

Stella connaissait une partie de la vérité, celle que lui avait confiée Lida. Elle était au courant du rôle joué par le médecin allemand qui portait le nom imprononçable de Helge Ursbach. Lida lui avait avoué qu'il l'avait embrassée et qu'elle lui avait rendu son baiser. Invraisemblable ! Stella en était restée pétrifiée, tandis que les yeux de Lida brillaient à l'évocation de ce souvenir, comme si elle parlait de son bien-aimé. Finalement, Stella put articuler d'une voix contenue :

— Et qu'a-t-il répondu quand tu lui as donné mon nom et que tu lui as dit que je voulais supprimer ce chien au bonnet de laine ?

— Qu'il lui ferait la commission. Maintenant, ce démon sait à quoi s'en tenir !

— Et tu n'as pas honte de t'être laissé embrasser par un fasciste ?

— Non. Je pense toujours à lui.

— Lidouchka, es-tu devenue folle ?

— Oui...

— Mon Dieu ! L'aimes-tu vraiment ?

— Je ne sais pas. Je ne peux pas l'oublier.

— Et si tu le rencontres de nouveau ?

— Il est médecin, je ne tirerai donc pas sur lui. Alors, je ferai l'amour avec lui...

Cela, c'était vraiment trop. Stella Antonovna s'étreignit les mains :

— Demande à changer d'affectation, Lida. Fais-toi transférer ailleurs, loin d'ici. Nous trouverons une raison ou une autre. Ici, tu es désormais une charge pour nous toutes. Mais qu'est-ce qui se passe dans cette unité ? Les Allemands nous ont-ils transmis un bacille qui nous rend folles ?

Le soir, Stella Antonovna s'avança au-delà du dernier jardin du village en ruine et regarda longuement l'autre rive du fleuve. A cette distance il fallait compter sur le hasard pour faire mouche, et cela est au-dessous de la dignité d'un tireur d'élite.

— La voici ! s'exclama Peter Hesslich. C'est elle, ma belle blonde...

Il était couché près du clapotis du fleuve, au milieu des osiers, avec Dallmann. Ils la tenaient en plein dans leurs jumelles.

— Et elle n'est pas armée. C'est donc une visite !

Avant que Dallmann ait pu intervenir, il s'était dressé, avait fait un pas en avant, retirait son bonnet de la poche de son pantalon, l'enfonçait sur ses cheveux blonds.

— Peter, tu es fou !

Il se tenait debout sur la rive du Donetz. Et il étendit les bras en croix, s'offrant à l'ennemie. Dallmann, tremblant d'angoisse, avait mis son fusil en joue, essayait de tenir Stella dans sa lunette de visée.

En voyant l'homme se lever, avancer vers elle, mettre son bonnet de laine, et étendre les bras, Stella avait ressenti comme un coup de chaleur. Il lui sembla que le battement de son cœur remontait jusqu'à sa gorge, l'étouffait. Son sang devint un torrent de feu dont le grondement la rendait sourde à tout autre bruit.

Ils restèrent ainsi face à face, séparés par toute l'étendue du fleuve, sans armes, inaccessibles et cependant si proches dans la clarté sereine du soir qu'ils eurent l'impression de se toucher.

Et alors, ils se saluèrent.

Ce fut Stella Antonovna qui, la première, leva très haut vers le ciel son poing fermé.

Peter Hesslich lui répondit d'un geste du bras, comme à un ami.

Ce sera toi ou moi... Désormais, les dés étaient jetés.

Deux jours plus tard, de la voiture d'intendance du bataillon, sortit un nouveau membre du détachement Baïda. Un coup de téléphone avait averti Soia Valentinovna quelques heures plus tôt. Elle courut aussitôt à Ougarov qui, vêtu seulement d'un slip de bain et assis au soleil, trompait son ennui en taillant dans le bois des figures d'animaux très grossières, inexactes au point de vue anatomique, mais reconnaissables malgré tout : lièvres, chevreuils, souris et renards. Excitée, furieuse, elle se mit immédiatement à crier :

— Qu'est-ce que cela veut dire ? On m'appelle du bataillon pour m'annoncer du renfort. Parfait, camarades, je peux les employer. Cette guérilla nous a coûté quelques vies, comme vous le savez. Alors, combien sont-elles ?

Et qu'est-ce qu'on me répond : « Chère Soitchaka, qu'espérez-vous donc ? Nous ne vous envoyons pas de femmes, mais un homme. Et un bon ! Après la mort de notre cher Miranski, vous avez besoin d'un soutien puissant ! Vous aurez l'un des meilleurs tireurs d'élite de la VIIe Armée de la Garde... »

Ougarov s'était levé, le couteau au poing, prêt à couper en deux le monde entier. Après avoir repris haleine, Soia Valentinovna continuait :

— Et voilà ! Un homme ! Et impossible de protester ! Le camarade général a été formel. Victor Ivanovitch, nous avons eu tellement d'ennuis avec Miranski et ses critiques perpétuelles. Est-ce que ça va recommencer ?

Ougarov voyait s'abattre sur lui bien d'autres difficultés. Un homme nouveau — de quoi avait-il l'air, comment se comporterait-il et quel effet produirait-il sur les filles ? — signifiait d'abord un péril pour la paix domestique qui régnait entre lui et Soia. L'arrivée d'une nouvelle femme, la doctoresse, avait failli tourner au drame. Enfin tout s'était arrangé... Alors, un homme... Comment savoir d'avance s'il serait compréhensif et surtout s'il ne témoignerait pas à Soia une amitié par trop poussée ? Cet homme allait se retrouver au milieu de soixante-neuf femmes plus ou moins belles, mais toutes assoiffées d'amour. Et s'il s'agit d'un bel homme, jeune, fort, capable, quel danger pour moi... Ainsi pensait Victor Ivanovitch Ougarov.

— Je vais lui parler tout de suite, déclara-t-il sombrement.

— Il ne faudrait même pas qu'il arrive ici ! reprit Soia Valentinovna. Qui sait ce qu'il est ? Un espion peut-être, l'œil de l'état-major, ces planqués de l'arrière. Je vois d'ici son premier rapport : « La capitaine Baïda et le sous-lieutenant Ougarov partagent le même lit et vivent comme mari et femme... ! »

— Je l'abattrai comme un chien, dit Ougarov d'une voix sourde. Je l'abattrai si je découvre qu'il est l'espion des planqués de l'arrière ! Nous avons de la chance d'avoir en face de nous l'Allemand au bonnet tricoté... ce sera un mort de plus qu'on portera à son actif...

Tout cela, évidemment, n'était que de la théorie qui ne pouvait donner aucun résultat concret. Ougarov téléphona bien au bataillon où on répondit froidement qu'il s'agissait d'une décision du général. Voulait-il la critiquer, lui, un simple sous-lieutenant ?

Insister, c'était se mettre mal avec l'état-major de la VIIe Armée de la Garde, et c'était justement ce qu'il voulait éviter. Il fit part de son insuccès à Soia Valentinovna :

— Laissons-le d'abord arriver. Après la réception que je lui réserve, ses intestins feront du bruit plusieurs nuits de suite...

Ce ne fut pas la seule nouvelle alarmante de la journée. En même temps que l'annonce du « renfort », Stella Antonovna reçut l'ordre de revenir à l'arrière avec la voiture qui apporterait le nouveau camarade. Ses yeux noirs lançant encore davantage de flammes, Soia Valentinovna se mit à hurler dans l'appareil téléphonique :

— Quoi ! Est-ce qu'il s'agit d'un échange ? Est-ce qu'on veut m'enlever ma Stella ? Camarade, je proteste ! Oui, j'irai jusqu'au camarade général Koniev, oui, j'irai moi-même ! Qu'a-t-on à nous reprocher ? Sommes-nous une unité d'élite ou une gare de triage où l'on déplace sans cesse les wagons ?

Impossible de l'arrêter ! Le chef du bataillon raccrocha en soupirant et comme la sonnerie du téléphone se faisait entendre aussitôt après, il jeta un regard suppliant à son officier d'ordonnance :

— Si c'est encore elle, je vous en prie, cher ami, écrasez-la avec les pires insultes et grossièretés que vous connaissez. Je vous couvre. C'est la seule chose qu'elle comprenne ! Moi, je capitule devant cette furie ! Comment ce pauvre Ougarov tient-il le coup ? Rien que pour cela, on devrait le décorer...

Stella Antonovna reçut calmement l'ordre qui la concernait.

Depuis quelques jours, elle avait changé. Elle était plus réservée, pensive, répondait aux questions en peu de mots. Elle allait s'asseoir seule dans les ruines du village, ratissait les betteraves ou, couchée au bord du Donetz, observait la rive allemande.

Évidemment, on ne peut que changer quand on a fait signe au démon. On ne peut que réfléchir et se dire qu'après tout, on pourrait bien perdre. Ce serait une mort honorable, certes, après un duel acharné, mais finalement peu importe la façon dont on est mort une fois qu'on l'est.

Jamais Stella Antonovna n'avait autant et aussi intensément pensé à la mort. Jamais elle n'en avait eu peur. Si de telles pensées l'effleuraient, elle les chassait aussitôt, pleine d'optimisme et de confiance en soi : « Je suis plus rapide et tire mieux. Je gagne toujours. Personne ne m'aura jamais ! »

Brusquement, tout avait changé. L'homme au bonnet tricoté l'avait saluée d'un geste du bras. En souriant. Et elle ne pouvait pas oublier ce sourire. Quoi qu'elle fît et où qu'elle fût, elle y pensait sans cesse. C'était comme une fièvre pernicieuse qui avait pris possession d'elle, dominait toute sa vie avec une violence irrépressible. Qu'elle fût couchée dans l'herbe les yeux perdus dans l'immensité bleue du ciel d'été, ou s'occupant au jardin, ou assise à table avec les autres filles toujours prêtes à chanter et à danser au son du bayan, ou seule, montant la garde la nuit à l'écoute des bruits de la steppe, la pensée de cet homme ne la quittait pas, il était toujours là, près d'elle. Elle revoyait son geste qu'on eût dit amical, son sourire rayonnant, et surtout ces deux bras qui s'étaient ouverts comme pour l'inviter : « Viens ! Passe donc le fleuve ! Je suis prêt à t'accueillir... »

Il faisait désormais partie intégrante de son destin, elle en était sûre. Sa vie passerait obligatoirement par lui, que ce fût pour continuer par la suite ou pour arriver à son terme. Et cela la rendait très calme et rêveuse.

Le soir, elle se mit en uniforme et, le fusil en bandoulière, attendit la voiture de l'intendance. Ougarov, Soia Valentinovna et un grand nombre de camarades s'étaient assis autour d'elle pour connaître enfin l'homme qu'un ordre du général envoyait dans cette cage de tigresses.

Soia Valentinovna s'était un peu calmée. Ougarov avait réussi à parler à l'officier adjoint au chef de bataillon, qui avait répondu, étonné, à ses questions :

— Avec ses bagages ? Mais qui vous a ordonné de nous envoyer Stella Antonovna avec tous ses bagages ? Mais qu'est-ce qui se passe chez vous ? Est-ce le soleil qui vous dessèche la cervelle ? L'ordre dit : « Stella Antonovna se présentera au bataillon... » Rien de plus ! Si elle devait venir avec tous ses bagages, l'ordre l'aurait spécifié. Victor Ivanovitch, ne vous laissez pas paralyser par Soia Valentinovna...

Tout en criant très fort que cet officier était un ignoble bouc, la Baïda s'était tranquillisée. Restait l'arrivée de l'inconnu, le meilleur tireur d'élite homme de la VIIe Armée de la Garde. Ougarov s'était promis de le mettre immédiatement au pas. D'abord en le désarçonnant par une question inattendue : « Avant d'avoir le droit d'obtenir ne serait-ce qu'un lit chez nous, expliquez-moi donc, camarade, pourquoi Lénine portait un bouc comme barbe ! »

Évidemment, il n'y avait pas de réponse possible, et l'homme resterait interdit. Il aurait l'impression d'être un idiot sans culture, et rien ne démolit plus l'assurance d'un homme que lorsqu'il sait qu'on le considère comme un pauvre type. Du coup, le nouveau venu serait définitivement mis hors de combat.

A la tombée de la nuit, on vit apparaître le véhicule de l'intendance, un camion camouflé d'une couleur brun de steppe striée de raies plus claires, avec un moteur qui crachotait et semblait tourner à vide. Vraisemblablement, il s'agissait du plus vieux véhicule qu'on ait pu trouver sur l'ensemble du front. Dans un grincement épouvantable de freins, il parvint à s'arrêter. Ougarov tapota l'épaule de Baïda pour la tranquilliser et se dirigea vers le camion.

De la cabine du chauffeur, un homme sauta à terre, fit trois flexions de genoux et se redressa dans un garde-à-vous impeccable pour saluer le sous-lieutenant :

— Sergent Bairam Vadimovitch Sibirtzev... A vos ordres, mon lieutenant !

C'était donc lui. Non seulement il venait de Sibérie comme on le voyait aussitôt à ses yeux obliques, rusés, couleur vert-de-gris, mais il en portait le nom. Il était de taille moyenne et solide, avec de larges épaules, des jambes courtes et épaisses et des hanches rondes. Un vrai coureur des bois de la taïga, éleveur de rennes et trappeur de lynx, capable de dormir la nuit dans un trou de terre et de se nourrir de racines. Il avait l'air plein d'espoir en souriant et en regardant du côté des filles. Ses cheveux noirs étaient couverts de la poussière de la steppe, et il portait son fusil en bandoulière comme Stella Antonovna qui attendait à côté de Soia Valentinovna. Comme Ougarov ne lui avait pas répondu immédiatement, il observa un garde-à-vous rigoureux.

Ouf, se dit Ougarov, aucun danger pour moi ni pour Soïtchka ! Cet homme ressemble à un singe. C'était là une appréciation très subjective, car Sibirtzev avait quelque chose d'attirant. C'était l'homme-type de la taïga, que rien, ni tempête de neige, ni marais, ni vent contraire, ne peut fatiguer. Et aucun autre homme n'était capable de lui faire plier le genou, comme on avait pu le constater lors de sa formation spéciale à Oulan-Oude. Il avait traversé une maison de tolérance comme un feu dévastateur. En la quittant, il sifflotait une chanson des plus gaies tandis que les prostituées éreintées se reposaient couchées sur leur lit ou recherchaient des draps un peu frais. En le regardant bien, on pouvait comprendre une semblable histoire à la largeur de son torse, à l'épaisseur de sa nuque, à ses muscles qui saillaient sous sa veste d'uniforme.

Ougarov, convaincu que Bairam Vadimovitch n'était pas du goût de Soia, prit néanmoins un ton de commandement pour poser sa fameuse question :

— Repos, sergent ! Vous allez appartenir à une troupe tout à fait particulière. Pour y mériter un lit, vous devez d'abord me dire pourquoi Lénine portait un bouc comme barbe...

Sibirtzev prit une position plus commode, et avec un grand sourire répondit immédiatement :

— Il avait remarqué qu'en portant la barbe entière, la moitié de sa soupe restait accrochée aux poils...

Ougarov demeura muet de saisissement. Derrière lui, la Baïda applaudit bruyamment en criant : « Bravo, sergent ! » Pour lui serrer la main, Bairam Vadimovitch claqua une nouvelle fois des talons : finalement, c'était elle « la » capitaine, son rang était bien plus élevé que celui du sous-lieutenant. La tête rentrée entre les épaules, il avait l'air d'une statue dressée sur la place du Marché de Novozelitza : « L'homme du combat rapproché ! »

— Allez chercher vos bagages ! hurla Ougarov lorsque la main de sa maîtresse se dégagea de la large patte de Sibirtzev. Il devait s'avouer qu'il n'aurait jamais répondu aussi vite et aussi juste à une telle question. Dangereux, ce gaillard !

— De quelle peuplade êtes-vous ?

— Je suis Evenke, répondit Sibirtzev en jetant un nouveau coup d'œil sur les filles qui s'étaient réparties en petits groupes et riaient sous cape en le regardant.

— Mais j'ai été élevé chez un oncle à Oulan-Oude. Il était confiseur. A quinze ans, je me suis joint aux chasseurs de la taïga. Je ne supportais pas de vendre des craquelins au beurre et des bâtons de miel à côté de la mosquée.

— C'est bien ce que je pensais, dit Ougarov en jetant un regard furieux vers Soia qui se tordait de rire en projetant en avant ses seins comme s'ils pouvaient fusiller Sibirtzev.

— Et vous a-t-on confié une mission spéciale ?

— Je dois vous soutenir. Vous avez des problèmes avec les Allemands.

— Aucun que nous ne puissions résoudre nous-mêmes. Nous avons chez nous la meilleure tireuse d'élite de l'Union soviétique.

— Je sais. Stella Antonovna Korolenkaia. Est-elle ici ?

— Me voici.

Stella avait avancé d'un pas et le regardait froidement.

— Tu as une grande renommée, camarade.

Il lui tendait la main, mais Stella négligea de la prendre. Dès le premier moment, Bairam Vadimovitch lui avait été antipathique. Ce n'était ni son aspect, ni son comportement qui la gênaient, mais sa présence même. Son instinct lui disait que cet homme allait tenter de lui prendre l'Allemand au bonnet. Il n'est venu que pour cela, je le sens. C'est cela, l'ordre qu'il a réellement reçu. Le général Koniev n'a pas confiance en moi, il l'envoie ici pour m'aider à liquider le démon.

— Combien d'entrées as-tu dans ton livret de tir ? demanda-t-elle d'un ton glacial.

Sibirtzev retira sa main. Il sentait brusquement à quel point cette femme lui était hostile : chacun de ses mots faisait mal comme un coup de poing.

— Trente-trois...

— Lamentable !

Elle avait tourné la tête vers Soia Valentinovna et poursuivait d'un air méprisant :

— La plus mauvaise de nous aurait honte d'un tel tableau de chasse !

Sibirtzev jeta un rapide coup d'œil sur Ougarov dont le rire le confirma dans ses craintes : ici, Bairam Vadimovitch, tu n'es pas le bienvenu. On va t'assaisonner de toutes les manières. Elles vont te faire mener une vie misérable.

D'un seul coup, il arracha son fusil de son dos. Et tout aussi vite, il l'eut devant les yeux et tira presque aussitôt. La fleur d'un petit tournesol s'envola dans un nuage de poussière. Mais au moment où il avait mis en joue, le long canon du fusil de Stella était déjà en position de tir. Et une seconde plus tard, une seconde détonation retentissait. Là-bas, ce qui restait de la fleur et volait encore fit un nouveau bond en l'air.

Sibirtzev n'attendit pas les applaudissements des filles. Il posa son fusil à ses pieds sur l'herbe de la steppe et tendit les deux mains, les paumes ouvertes vers le ciel, dans un geste de soumission totale. Stella Antonovna, très calme, s'adressa à lui :

— Bairam Vadimovitch, la moitié de ta soupe reste sûrement collée à ta barbe. Tu pourras t'attaquer à moi quand tu mangeras ta soupe convenablement...

Une vague de bonheur souleva Ougarov. Il aurait pu prendre Stella Antonovna dans ses bras et la couvrir de baisers. Ainsi, cette grande gueule de Sibérien venait de recevoir une leçon dont il se souviendrait. Il arrive ici comme s'il s'agissait de tirer des lièvres blancs de son pays ! Il sera heureux de repartir très vite là où on a été le chercher. Il prit sa voix la plus sèche pour jeter des ordres :

— Allons, déchargeons le ravitaillement ! Et vous, camarade sergent, attrapez tout de suite vos bagages ! Et ensuite vous me signerez le rapport que je vais rédiger : « Usage abusif d'une arme et gaspillage de munitions pour une raison étrangère à la guerre ! » Allez ! Sautez !

Sibirtzev claqua des talons et se mit à l'œuvre.

Attendez un peu, se dit-il ensuite, bouillonnant de rage contenue. Vous me connaissez mal. Vous voulez me botter le cul, mais j'ai les fesses comme un matelas et je supporterai tout. Vous faites les fières, mais je vais me transformer parmi vous en un boisseau de morpions !

Il vit de loin Stella Antonovna. Assise à l'écart, elle attendait le départ du camion.

Qu'a-t-elle contre moi, pensa-t-il ? Pourquoi cette haine ? Je lui dis que je l'admire, et elle me crache presque à la figure. Pour quelle raison ? Je tombe dans une drôle d'unité où tous et toutes se tiennent les coudes. Bairam Vadimovitch, tu resteras toujours un étranger ici...

Deux heures plus tard, le camion repartit vers l'échelon du bataillon. Stella était assise à côté du conducteur, à la place même qu'avait occupée Sibirtzev à l'aller. La Baïda avait pris congé d'elle comme si elle ne devait jamais revenir. Le conducteur était un tout jeune soldat de l'Armée Rouge, au visage couvert d'acné.

— Est-ce que Sibirtzev a parlé de ce qu'il venait faire chez nous ? demanda-t-elle.

— Absolument pas camarade. Il a raconté des histoires de la taïga... et aussi des putains qu'il a connues à Oulan-Oude...

Le visage de l'adolescent avait rougi de honte. Bien qu'elle n'eût que vingt ans, Stella se sentit soudain très maternelle et posa sa main sur son avant-bras :

— Eh oui... Des hommes comme celui-ci ne vivent que pour connaître ce genre d'aventures.

Ce fut le chef de bataillon lui-même qui la reçut et l'aida à descendre de la cabine. Il était joyeux et très excité :

— Tu vas avoir une surprise, Stella Antonovna ! Tu fais vraiment partie des élues. Non, ne me questionne pas, Stella ! Je ne dirai rien ! Laisse-toi simplement guider par moi. Nous sommes tous fiers de pouvoir te donner une telle surprise.

La table était ornée comme un autel.

Elle était couverte d'une nappe blanche que bordait un parterre circulaire de fleurs. A l'arrière-plan, il y avait une photo du généralissime Staline. Au milieu, elle vit un nouveau fusil.

Interdite, Stella Antonovna s'arrêta devant cette présentation solennelle. Derrière elle, le chef de bataillon attendait sa réaction en se raclant légèrement la gorge. Elle avait espéré une décoration, une lettre personnelle de Staline, quelque chose d'extraordinaire. Et c'était un fusil, d'un modèle nouveau, certes avec une lunette de visée différente, un canon relativement court incorporé à une crosse taillée dans le bois, et au bout du canon un silencieux comme elle n'en avait jamais vu. Le chef de bataillon lui adressa soudain la parole d'un ton solennel :

— Demain, le colonel Starostine du Centre de Recherches de l'Armement arrivera spécialement pour parler avec toi. Et même le camarade général Koniev s'est promis de te recevoir. N'est-ce pas un grand honneur ?

— Et que dois-je faire ? demanda Stella Antonovna.

Le chef de bataillon s'approcha et la prit par l'épaule :

— Que doit-elle faire ? Notre vaillante camarade est émue, mais on le serait pour moins que cela. Eh bien, prends ce fusil !

Elle se pencha sur la nappe blanche pour le prendre. Il n'était pas plus léger que son vieux Moisin-Nagant, mais mieux équilibré. Avec lui, on gagnerait quelques fractions de secondes, un temps ridiculement réduit, mais qui peut décider de la vie ou de la mort d'un homme.

— Ce que tu as en main, c'est le nouveau Tokarev SVT, étudié spécialement pour nos tireurs d'élite. Demain, le colonel Starostine t'expliquera son mécanisme ; et tu pourras ensuite l'essayer et le garder...

Stella Antonovna emporta le fusil avec elle. Après un excellent dîner arrosé de vin de Crimée en compagnie de tous les officiers, elle s'enferma dans sa chambre et déposa l'arme sur son lit. Et une fois seule, les pensées qu'elle n'arrivait plus à chasser reprirent leur vol...

C'en est fait de toi, homme au bonnet ! Elle avait beau fermer les yeux, elle le voyait encore, les bras écartés. J'ai maintenant le meilleur fusil du monde...

Pendant deux heures, elle s'exerça avec le nouveau Tokarev. Elle se laissait tomber sur le parquet, se retrouvait à l'abri de la table, du lit, des chaises, tirant à partir des positions les plus invraisemblables et croyant entendre chaque fois la détonation encore inconnue de son arme tandis que, là-bas, la balle atteignait son but.

Une fois au lit, le merveilleux fusil à côté d'elle, elle s'endormit pour rêver du fleuve. Elle courait çà et là sur la rive, attendant que l'homme au bonnet apparût pour... Mais il ne venait pas. Le paysage était vide, l'eau du Donetz coulait à peine, paresseuse et lourde comme du plomb, la steppe était desséchée, brune et grisâtre, le ciel si pâle qu'il en était menaçant. Tout était mort autour d'elle, elle était seule vivante et ses appels résonnaient dans un silence et une solitude infinis.

Rien n'était agréable dans ce rêve, mais elle ne pleurait pas, ne gémissait pas. Elle s'accrochait au fusil, le pressait contre sa hanche, le canon reposait sur sa poitrine, la lunette de visée contre le creux du ventre, et une sorte de calme l'envahissait.

Le lendemain, vers midi, le colonel Léonid Nikolaievitch Starostine fit son apparition accompagné de trois officiers. Stella Antonovna l'attendait à la Kommandantura. Le fusil, cette fois chargé et prêt à fonctionner, était posé sur une table.

Un vrai petit cygne, pensa Starostine, enthousiasmé, en l'apercevant. La photo qu'il avait vue était déjà impressionnante, malgré la maladresse du photographe. Ainsi, c'était donc cela, la véritable Stella Antonovna Korolenkaia, la jeune fille qui gravissait les derniers échelons si durs qui allaient faire d'elle une héroïne de l'Union soviétique. Une beauté ! Et l'air d'une fillette que tout père de famille serait heureux de compter parmi ses enfants.

Très rapidement, Starostine devait changer d'avis. Il commença par un petit exposé sur la mise au point de ce fusil en expliquant en détail son mécanisme et son fonctionnement. Ce Tokarev SVT permettait de tirer trois fois plus de cartouches à la minute que son vieux Moisin-Nagant, car on n'avait plus besoin de faire fonctionner la culasse pour le recharger. Comme dans une mitrailleuse, l'explosion des gaz engageait automatiquement une nouvelle cartouche dans le canon. A la sortie de l'arme, la vitesse de la balle était de huit cent vingt-neuf mètres par seconde, la hausse était calculée pour mille cinq cents mètres, à cinq cents mètres, il était impossible, pour un bon tireur, de manquer l'objectif. La lunette de visée était munie d'un dispositif pour le combat de nuit et, jusqu'à mille quatre cents mètres, l'agrandissement vous restituait avec précision tous les contours de l'objet visé. C'était le meilleur fusil jamais fabriqué en Union soviétique.

Après quoi, Starostine démonta, puis remonta l'arme. Puis il la tendit à Stella en disant doucement :

— Et maintenant, à vous de l'essayer, camarade Korolenkaia.

Stella commença par démonter une fois de plus le fusil, lança au colonel stupéfait un regard de défi, puis le remonta tout aussi vite. C'était le résultat de ses exercices de la veille. On ne maîtrise totalement un fusil que lorsqu'on connaît la plus petite de ses vis, tout comme un médecin doit apprendre l'anatomie pour soigner convenablement un malade.

Sur le champ de tir, le colonel Starostine allait avoir une seconde surprise.

Stella tira dix fois de suite. Le Tokarev était un chef-d'œuvre, il avait ses particularités, comme tout être vivant. Avec lui, tout était une question de coup d'œil et de calme dans la prise de l'arme. A chaque cible nouvelle, elle atteignit le centre. Les bouteilles volaient en éclats, des fleurs jetées en l'air et balancées par le vent éclataient en plein ciel. Et pour terminer, Stella Antonovna répéta la prouesse qui avait pétrifié la colonelle Olga Petrovna Raboutina à l'École spéciale de Vechniaki. Rapidement, elle tira cinq fois sur une poutre qui, à deux cents mètres de là, soutenait un appentis couvert de chaume. A la vérification, on n'y découvrit qu'un seul trou. Starostine, embarrassé, crut bon d'excuser cet échec :

— Il nous arrive à tous d'être fatigués, Stella Antonovna. Vous n'avez rien à vous reprocher.

Mais, éclatant de rire, Stella montra l'orifice du doigt.

— Prenez donc un couteau, camarade colonel, et creusez un peu. Avez-vous vraiment cru que j'allais gaspiller une seule cartouche ?

Starostine eut l'impression que ses cheveux se dressaient sur son crâne. Il fit élargir le trou devant lui pour dégager les cinq projectiles, l'un au-dessus de l'autre. Quand il les eut au creux de sa main, il dit d'une voix sourde :

— C'est incroyable ! Comment expliquer cela au point de vue scientifique ? C'est une contradiction à la loi physique selon laquelle une chose n'est jamais exactement semblable à une autre, même si elle en a l'air. Stella Antonovna, vous bouleversez les lois de la nature. Comment faites-vous ? Vous devez être un peu magicienne.

— Je ne sais pas, camarade colonel. J'avoue que c'est même désagréable. Je ne fais rien d'autre que ce que font mes camarades. Je vise et je recourbe l'index...

— Cette prouesse mérite un procès-verbal officiel. Vous êtes tous témoins, camarades.

Une fois de plus, il considéra les cinq balles aplaties qu'il tenait toujours au creux de sa main, secoua la tête, puis se dirigea vers la Kommandantura.

Le soir, Stella Antonovna reprit le chemin du fleuve. On l'y reçut avec des guirlandes de fleurs, des embrassements, des baisers. L'officier adjoint au chef de bataillon avait téléphoné pour faire part de l'événement. Soia Valentinovna Baïda bouillait de fierté et d'émotion :

— Tu leur as montré ce que tu peux faire, hein, ma fille, s'exclama-t-elle en la pressant contre le rempart imposant de ses seins. Ils en ont ouvert de grands yeux, comme des vaches qui regardent passer un train. J'aurais voulu être sur place. Voilà comment nous sommes, aurais-je dit à toutes ces huiles...

Sibirtzev la félicita lui aussi. Jaune d'envie, il contempla le nouveau fusil avant de lever sur elle le regard mauvais de ses yeux obliques et de dire haineusement :

— Maintenant, nous sommes sûrs de gagner la Grande Guerre Patriotique. Stella, une fois à Berlin, va raser la moustache de Hitler d'une seule balle...

On rit beaucoup de la plaisanterie, mais un peu plus tard, Ougarov confia à Stella dans un chuchotement :

— Il a quelque chose de répugnant, ce Bairam Vadimovitch. Je suis patriote et bon communiste, certes, je hais les fascistes. Mais en ce qui concerne Sibirtzev, je serais content si ceux d'en face tenaient sa tête au centre de leur lunette de visée. On m'a rapporté comment il a surnommé ma Soïtchka : « Soia-les-grosses-mamelles » et

« Soia-les-jambes-écartées » ! Il est à tuer, à décapiter d'un coup de sabre !

Cette nuit-là, Stella ne rêva pas. Son sommeil fut celui d'un enfant harassé qui dort, sa poupée dans son bras.

Cette poupée, c'était le nouveau Tokarev SVT.

On pouvait dire de Sibirtzev ce qu'on voulait, qu'il était haïssable, répugnant, on pouvait lui souhaiter mille morts, mais il était impossible de l'accuser de lâcheté. Aucune bête sauvage ne l'avait jamais effrayé, et l'ennemi d'en face était désormais pour lui celle qu'il devait poursuivre et abattre.

Il était depuis deux jours en première ligne quand les Allemands s'aperçurent eux aussi qu'il y avait quelque chose de changé dans le secteur et que la vie paisible qu'ils menaient cet été au bord du beau Donetz avait définitivement pris fin.

Sibirtzev avait simplement liquidé deux sapeurs allemands qui se baignaient dans le fleuve. Il avait tranquillement attendu qu'ils s'écartent par trop de leur rive et arrivent ainsi à portée de son fusil. Couché au bord même du fleuve sous un buisson d'osiers, il avait alors refermé ses petits yeux obliques jusqu'à ce qu'ils ne soient plus que deux fentes étroites, puis retenu son souffle pour viser à coup sûr.

Le premier Allemand, atteint à la tête, sombra immédiatement sans émettre le moindre son. Le second, désespéré, tenta de rejoindre au plus vite la rive allemande, mais le crawl possède la particularité fatale de laisser hors de l'eau le haut de la nuque et l'arrière du crâne, tandis que la tête ouvre un sillage qui allait encore faciliter le tir de Sibirtzev. Autour de la seconde victime, l'eau se teinta de rouge et Sibirtzev attendit de voir le sang se diluer vers l'aval avant de revenir dans la tranchée pour demander à Ougarov de bien vouloir inscrire deux coups au but dans son livret de tir.

— Avez-vous des témoins ? demanda Ougarov.

Il savait parfaitement qu'il posait là une question particulièrement vile. Comment un tireur d'élite, le plus souvent solitaire, pouvait-il avoir des témoins ? Sa parole suffisait. Sibirtzev regarda Ougarov d'un air incrédule, avala plusieurs fois sa salive et répéta :

— Des témoins ?

— Est-ce que je vous connais, camarade ? Quand Vanda ou Marianka ou tout autre de mes femmes m'annonce qu'elle a abattu un Allemand, c'est entendu, je le porte à son compte. Mais vous, vous êtes un bizut ici ! Vous partez tout seul et vous revenez me dire tout simplement : inscrivez deux coups au but dans mon livret, et certifiez ! Moi, naturellement, je me pose des questions...

Sibirtzev respira fortement :

— Camarade lieutenant, j'ai mon honneur. Beaucoup d'honneur ! Et vous ne me l'enlèverez pas facilement...

Il parlait d'une voix douce, et Ougarov sentit qu'il ne pouvait pas aller plus loin. D'ailleurs, il avait atteint son but : Sibirtzev bouillonnait de rage. A force de piqûres d'aiguilles comme celle-ci, il perdrait un jour son sang-froid et commettrait une bêtise. Un bon rapport suffirait, et il serait rappelé à l'arrière.

— Personne n'en veut à votre honneur, Bairam Vadimovitch. Donnez-moi votre livret, je vais inscrire vos deux Allemands.

Mais il s'attarda encore longuement à le feuilleter. Sibirtzev faisait partie des commandos volants. Ces hommes surgissaient là où l'on avait besoin d'eux et disparaissaient dès que la situation était assainie. Consciencieusement, Ougarov inscrivit la date et le lieu de l'événement et rendit le livret au Sibérien.

La mort des deux sapeurs déchira comme un éclair le ciel idyllique sous lequel les Allemands croyaient encore vivre. Celle de Plotzerenke n'avait donc été qu'un avertissement. Bauer III doubla les gardes aux avant-postes. Dans le village détruit où vivaient Hesslich et Dallmann, il fit installer deux mitrailleuses lourdes. Sur la rive même du fleuve, on creusa une chaîne de trous d'hommes où sept tireurs se succédèrent jour et nuit, dont l'aspirant von Statstetten, le rêveur, qui continuait à écrire élégies et poèmes à sa lointaine Ukrainienne de la compagnie de propagande. En revanche, le secteur de la 2e et de la 3e compagnies, malgré la présence de quelques tireurs sibériens, demeurait calme. Seul celui des sapeurs était menacé par les harpies de Soia Valentinovna, dont le groupe couvrait une étendue qui débordait celle de la 4e compagnie de Bauer III.

De l'autre côté du Donetz, on observa en détail les efforts des Allemands, avec pour conséquence une adaptation des plans soviétiques. Les « moulins à café », ces avions de reconnaissance exaspérants par leur lenteur et le cliquetis de leurs moteurs, recommencèrent à survoler les lignes allemandes, photographiant à loisir mètre par mètre, sans se soucier de la chasse de la Luftwaffe clouée au sol sur ordre : économies de carburant ! Pour abattre un de ces « moulins à café », il aurait fallu dépenser quelques centaines de litres d'essence, ceux dont on aurait besoin le jour J, celui de la grande offensive prévue par le Führer et qu'il avait dû retarder sans cesse. Alors, les armées allemandes nettoieraient le saillant de Koursk, anéantiraient le dispositif central soviétique que commandait le général Rokossovski et le front de Voronej du général Vatoutine. Et après la chute de Koursk, le front du général Koniev devrait reculer précipitamment jusqu'au Don, puis dans l'immensité de la steppe, et, pourquoi pas, abandonner même Stalingrad que l'on reprendrait alors pour toujours.

La IXe Armée du général Model et la IVe Armée blindée du général

Hoth constitueraient le fer de lance de cette offensive destructrice. Derrière, la IIe Armée nettoierait le saillant de Koursk, mais elle ne comptait encore que neuf divisions d'infanteries affaiblies, incapables d'attaquer. La situation serait surtout critique dans le territoire du Donetz. Là, le groupe tactique Kempf renforcé par le Ier corps blindé SS devrait écraser au sud de Kharkov, sur toute la longueur du secteur allant de Bielgorod à Tchougouiev, la LIIIe et la LXIXe Armées soviétiques et la VIIe Armée de la Garde, qu'il prendrait de flanc.

C'était un plan insensé si l'on s'en tenait au rapport des forces en présence. Et évidemment, il était voué à l'échec. Le commandement soviétique, renseigné par le réseau d'espionnage « Luzy » qui opérait en Suisse, connaissait dans tous leurs détails les plans de l'état-major du Führer, le chiffre exact des avions, des chars, des canons, de tout le matériel et des hommes dont les Allemands disposaient et qu'ils amassaient péniblement. Dans une telle fièvre, allait-on se préoccuper des « moulins à café », gaspiller des munitions, perdre un temps précieux... Non, le jeu n'en valait pas la chandelle.

Ougarov et Soia Valentinovna étudiaient les photos aériennes qu'on leur envoyait agrandies convenablement. Ce fut par elles que Stella Antonovna découvrit le repaire de l'homme au bonnet tricoté : une maison paysanne avec un poulailler et un beau jardin potager, la dernière avant le morceau de steppe qui descendait jusqu'au Donetz.

Sur l'une des photos, on voyait distinctement un homme nu couché sous un cerisier en plein soleil, manifestement indifférent au manège de l'avion de reconnaissance soviétique qui passait juste au-dessus de lui.

— Je voudrais avoir cette photo, demanda Stella du ton le plus neutre qu'elle put. Le village y apparaît très clairement. Je voudrais l'étudier à fond.

— Garde-la ! dit Soia Valentinovna avec un grand geste de la main, tandis qu'Ougarov, surpris, avait levé les yeux.

Mais le soir, alors que les deux femmes étaient seules dans la tranchée, la Baïda ne put s'empêcher de dire :

— Dis donc, toi, tu es une drôle de fille ! Tu as voulu cette photo parce qu'on y voit un gars à poil, hein ? Alors, ça te démange entre les jambes de temps en temps ? Je n'aurais jamais cru ça de toi !

Stella eut une moue méprisante :

— Vraiment, tu ne penses qu'à ça...

— Sans blague ! Et à quoi d'autre as-tu pensé ?

— S'il est nu, c'est par hasard. Mais c'est *lui,* comprends-tu. Et maintenant, je l'ai en photo. Et je la garde constamment sur moi pour qu'elle me dise à tout instant : « Tant qu'il vivra, tu n'as pas le droit de veiller... »

— Découpe-le et colle-le-toi entre les seins ! Ma parole, on pourrait croire que la guerre se résout uniquement à un duel entre vous deux.

— Presque !

Stella Antonovna contempla longuement le ciel. Des nuages pesants traînaient sur la terre obscurcie.

— Cette nuit, je m'installerai à proximité du fleuve. Je veux essayer cette nouvelle lunette qui permet de mieux voir dans les ténèbres. Ne me cherche pas...

Soia Valentinovna la prit par l'épaule et la fit tourner sur elle-même pour la regarder bien en face :

— Tu espères qu'il sera là. Si je ne te connaissais pas, je croirais qu'il s'agit de l'homme que tu aimes... Allons, sois prudente.

— C'est moi qui ai la meilleure arme.

Elle sourit et embrassa Soia Valentinovna comme une sœur.

— Et je sens l'ennemi. Je le flaire par tous les pores de ma peau. Ne crains rien pour moi, Soïtchka...

Serrant sous son bras le nouveau fusil, elle grimpa hors de la tranchée. Quelques mètres plus loin, elle disparut dans l'ombre de la nuit qui tombait.

Cette nuit-là, Hesslich et Dallmann patrouillèrent ensemble le long de la rive, le plus près possible du fleuve. On avait retrouvé à deux cents mètres de là les corps des deux sapeurs, rejetés par le courant. Leur chef, un capitaine, les avait longuement regardés en secouant la tête :

— Ces saloperies de femmes ! Pourquoi notre artillerie ne les efface-t-elle pas une fois pour toutes de la surface de la terre ? Eh oui, il y aurait un duel d'artillerie, et nous devons économiser nos munitions ! Plus cette guerre dure, plus nous nous enfonçons dans la merde !

Hesslich s'était demandé où il pouvait le mieux se poster. Que pensaient-elles, là-bas, de l'autre côté du fleuve ? La même chose que nous à leur place, sans doute : aucune opération à craindre à l'endroit même où les deux sapeurs ont été abattus ! C'était la leçon de l'expérience...

Mais il ne faut jamais se fier aux idées ancrées chez les hommes par une longue habitude. Surtout en temps de guerre. Quand Hesslich finalement déclara qu'il voulait passer la nuit là où les sapeurs avaient été surpris, Dallmann le regarda, étonné, avant de dire :

— Parfait ! Au moins, on sera tranquille !

— Il va falloir faire très attention, Uwe.

Dallmann eut un grand sourire :

— A cet endroit, on va pouvoir danser la ronde jusque dans l'eau !

Et avec une nuit pareille ! Les filles d'en face n'ont pas des yeux de chouette pour y voir dans les ténèbres.

— Et si cela était !

Dallmann, cette fois, éclata de rire :

— Peter, ne fais pas l'idiot ! Depuis que tu as vu la poulette blonde frétiller du cul, ta braguette s'ouvre toute seule. Mais elle ne viendra pas pour te proposer : on y va, petit ! C'est un trou dans la tête qu'elle te destine !

— Voilà pourquoi j'attends que nous soyons l'un en face de l'autre.

— La tigresse et le chasseur.

— Ou la chasseresse et le loup. Tout dépend du point de vue... As-tu remarqué la façon dont elle m'a menacé du poing ? C'était une promesse.

— Tu veux dire une idiotie...

Il prit dans sa poche un morceau de chocolat et le brisa en deux :

— Tu en veux ?

— Non merci.

— Alors, une petite pilule de pervitine ?

Troublé, Hesslich regarda son ami :

— Uwe, tu prends de la pervitine ?

— C'est la quatrième nuit que je roupille à peine. La pervitine vous tient les yeux ouverts mieux que des bouts d'allumette.

— Mais comment as-tu ces pilules ?

— Par un cousin qui est aviateur, chasseur de nuit. Ils s'en servent pour ne pas s'endormir. J'en ai toute une boîte.

— Et tu en prends depuis longtemps ?

Dallmann s'appuya contre les pousses d'osier. Ils s'étaient installés sur la berge même du fleuve, parfaitement camouflés :

— Dis donc, mais c'est un interrogatoire !

— Pourquoi pas ?

— Écoute, bon apôtre ! J'en prendrai tant que je devrai me servir de ce fusil à lunette. Et ne t'évanouis pas de saisissement ! J'en ai besoin ! Ce petit granule blanc, c'est ce qui fait que ma main est solide comme un roc.

— Tu tremblerais donc sans pervitine ?

— Disons-le...

— Mais tu es intoxiqué, Uwe. Mon Dieu...

— Ah ! Ne dis pas de conneries !

Son regard se porta plus loin que Hesslich, vers la rive soviétique presque invisible dans ces ténèbres. Comment viser et tirer dans cette purée de pois ?

— Toxicomane, moi ? Écoute, j'ai lu un jour qu'une chanteuse s'envoyait un gars chaque fois qu'elle devait entrer en scène. Autrement, couic, pas de voix ! Elle rechargeait ses batteries par en bas ! Eh bien, chez moi, c'est la même chose ! L'effet psychologique, quoi.

— Et le commandant Molle s'en est aperçu ?

— Est-ce que tu n'as pas une question encore plus conne à me poser ? A Posen, on s'emmerdait assez. On était surveillé vingt-quatre heures sur vingt-quatre. Allons, oublie ce que je t'ai dit. Je n'aurais pas dû t'en parler, mais tu es mon seul ami, vraiment le seul. On change de crèche ?

En silence, ils s'approchèrent de l'endroit où Sibirtzev avait surpris les deux sapeurs. A quelques mètres du rivage, ils disparurent dans l'herbe et rampèrent jusqu'au bord de l'eau. La berge était plate et sablonneuse, une vraie petite plage large d'à peine cinq mètres, où ils se couchèrent l'un à côté de l'autre. Les deux sapeurs avaient dû trouver cet endroit très agréable avant de s'aventurer dans le fleuve. Sur la rive d'en face, les eaux basses avaient découvert un long ruban de sable blanc qui, dans cette obscurité, évoquait le dos pâle et légèrement voûté d'une tortue. Normalement inondé, il était dénudé, sans un brin d'herbe.

Ce banc de sable était trop plat et nu pour intéresser Hesslich et Dallmann. Si la rive soviétique était plongée dans les ténèbres, ils distinguaient de faibles lueurs à l'horizon. Là, les états-majors des Soviets et les services de l'intendance s'éclairaient sans se gêner. La Luftwaffe était bien trop heureuse de planquer ses avions jusqu'à la grande offensive. Les combats aériens au-dessus de l'Angleterre, de la Manche, des pays occupés et de l'Allemagne coûtaient cher à l'aviation allemande et les bombardements compromettaient le ravitaillement des troupes qui stationnaient en Russie, parfois à des milliers de kilomètres.

Stella Antonovna, en atteignant la rive, s'était dissimulée derrière ce qu'elles appelaient toutes le « dos de la tortue ». Là, elle avait creusé dans le banc de sable une sorte de cuvette étroite au fond plat dans laquelle elle s'était enterrée comme un phoque ou un pingouin. C'était, pensait-elle, l'endroit le plus indiqué pour faire l'essai de son nouveau fusil. Non loin de là, Sibirtzev avait surpris les deux nageurs. Et comment les Allemands pourraient-ils imaginer qu'un adversaire allait ressurgir, se mettre à l'affût ?

Au même instant, sur l'autre rive, Hesslich tenait exactement le même raisonnement. Le destin commençait à tresser entre eux des liens indissolubles.

Pour l'instant, ils ne se voyaient pas encore. Hesslich était couché à plat ventre en retrait de la plage, et Stella blottie dans sa cuvette de sable. Seul le canon de son fusil dessinait un trait plus sombre sur le « dos de la tortue ». La nouvelle lunette à forte intensité lumineuse était totalement invisible. Elle constituait pour Stella un avantage énorme : avec elle, elle distinguait les particularités de la rive allemande beaucoup mieux que ne pouvaient le faire Hesslich et

Dallmann, avec leurs jumelles normales, en scrutant la berge soviétique.

Le colonel Starostine n'avait pas exagéré : tout ce qu'il avait dit du nouveau fusil était exact. Le Tokarev SVT, un développement du SVT 1938, existait depuis 1940, mais il n'avait jamais réussi à s'imposer dans l'armée à cause de la trop grande délicatesse du fonctionnement automatique de sa culasse. Il suffisait d'un grain de sable pour la bloquer, aussi l'arme préférée du fantassin soviétique était-elle toujours le bon vieux Moisin-Nagant 1891/1930, ou encore la carabine M 1938.

Les constructeurs du Tokarev s'étaient naturellement acharnés à la tâche, et ils avaient en fin de compte mis au point une merveille qui alliait la robustesse à la précision : puissance du feu, charge des gaz, force formidable de pénétration et, pour compléter ce chef-d'œuvre, une lunette de visée grâce à laquelle Stella, aujourd'hui, voyait la rive allemande comme baignée dans une douce lumière indirecte.

Devant elle, les Allemands. Dans certaines ruines, elle entrevoyait de minuscules reflets de lumière qui filtraient çà et là. La distance était trop grande, mais comme le chasseur qui sait que seule la patience peut mener au succès, elle attendait calmement l'instant propice, indifférente à l'horreur de ce guet, à ce qu'il y avait de satanique dans ce meurtre commis de sang-froid. C'était la guerre, l'ennemi était en face, et toute autre considération lui était étrangère.

Et d'ailleurs, lors de la dernière soirée de formation politique, Ougarov avait fait état de documents saisissants. Dans le secteur du sud de Borissov où opéraient d'importantes bandes de partisans pour saboter les lignes de communication de l'ennemi, les Allemands avaient surpris un groupe de cent trente-quatre braves, hommes et femmes, et même des enfants. Les SS étaient ensuite intervenus, pendant les hommes et les femmes, puis décapitant les gosses. Aucun d'eux n'était resté vivant. D'une voix tremblante, Ougarov avait ensuite récité le poème : « Dans les yeux des enfants se reflétait l'image de leur mère... »

Elles avaient toutes pleuré et, une fois de plus, la haine avait rempli leur cœur. Être à l'affût de l'Allemand, ce n'était pas préparer un assassinat. C'était l'une des innombrables pierres marquées du patriotisme le plus pur et avec lesquelles on construisait déjà la Russie de demain, libérée, plus belle...

Uwe Dallmann se gratta la racine du nez, donna un coup de coude dans les côtes de Hesslich et dit, sans aucune précaution, à voix très haute :

— Alors, qui avait raison ? Il se passe plus de choses dans mes intestins que sur toute la rive du Donetz.

— Ferme-la ! chuchota Hesslich.

— Les Russes n'ont pas encore inventé les poissons qui pourraient nous tirer dessus. Peter, mon vieux, avoue-le où sont-ils donc, tes cosaques ? La surface du fleuve est aussi lisse que la peau des fesses d'une femme, ce banc de sable, en face, ressemble à une cuisse de gonzesse, on aurait envie de mordre dedans...

— Je n'ai pas confiance, Uwe...

— Voyons, Peter ! On ne nous voit pas plus de là-bas que nous ne les voyons. Regarde un peu !

Avant qu'Hesslich ait pu intervenir, il avait mis son calot au bout de son poing et l'agitait en l'air. L'excitation de la pervitine, pensa Hesslich. Il essaya de lui rabattre le bras, mais Dallmann, riant de plus belle, s'était écarté pour se mettre hors d'atteinte.

— Espèce d'idiot, reviens vite, Uwe...

Hesslich s'aperçut qu'il avait bégayé et qu'il claquait des dents...

Au loin, embusquée derrière son banc de sable, Stella Antonovna avait sursauté : elle avait cru percevoir un mouvement là-bas, en face d'elle. C'était plus un pressentiment qu'autre chose. Avec sa lunette de visée, elle vérifia mètre par mètre le talus qui lui semblait suspect et, brusquement, un bonnet de police allemand s'inscrivit au centre même du verre ; entre les quatre bras de la croix, ce bonnet, comme ensorcelé, dansait seul dans la nuit. Lentement, du pouce, elle repoussa le cran de sûreté de son arme. Le calot disparut dans les hautes herbes. Elle en profita pour s'installer encore plus commodément dans sa cuvette de sable, la crosse calée contre son épaule, tout son corps tendu derrière la ligne de visée.

Là où il y a un calot, il y a aussi un soldat. S'il apparaît une seconde, il n'y aura plus de soldat, plus d'homme. Comme toujours, Stella éprouvait une sensation de vide intérieur, de vide total. Elle ne faisait plus qu'un avec le fusil, et c'était elle-même qui allait accompagner le projectile, le guider jusqu'à son but.

Dallmann, de plus en plus excité, se moquait ouvertement de Hesslich :

— Est-ce que je me trompe ? Est-ce que ça sent mauvais par ici ? Peter, où sont-ils, tes Russes ?

— Allons-nous-en, et vite ! Et une fois à l'abri, je te jure que tu vas recevoir...

— Quoi donc ? Pour cela, on sera deux, ne l'oublie pas, Peter...

Il prit dans sa poche du chocolat et leva la main droite pour le montrer. Stella aperçut immédiatement cette tache qui semblait refléter la lumière.

— Un morceau, Peter ?

— Ne fais pas le con, Uwe !

— Un nègre, debout à l'orée d'un bois, tenait sa queue à la main. « Oh, quel beau morceau de chocolat », dit la jeune fille qui le regardait de loin... Hop !

Il s'était soulevé un instant, le temps d'une seconde, pour jeter à

Hesslich, toujours en riant, le chocolat qui lui avait inspiré sa dernière plaisanterie. Et pendant cette seconde, sa tête surgit au milieu des herbes.

Très calmement, Stella Antonovna recourba l'index.

Avec le silencieux, la détonation s'entendit à peine. On eût dit le joyeux claquement de fouet d'un postillon. Le morceau de chocolat retomba dans le sable à côté d'Hesslich. Uwe Dallmann roula sans bruit et se retrouva allongé sur le dos. Il ne riait plus. Une bille de fer brûlante lui avait traversé le cerveau.

A la seconde même où le chocolat était retombé près de lui et tandis qu'Uwe Dallmann roulait sur le sol, Hesslich était demeuré comme paralysé. Puis quelque chose explosa en lui, comme s'il se désintégrait en flammes de rage et d'impuissance. Déjà il tirait sur le banc de sable, et en effet, juste devant la cuvette qui la protégeait et où elle se renfonça aussitôt, Stella vit s'élever un petit geyser de terre. Et alors elle entendit sa voix, une voix qui résonnait dans les ténèbres et que le vent léger de la nuit déformait un peu :

— Putain ! Espèce de sale putain ! Je t'aurai, je te le jure ! Je t'aurai, espèce de charognarde ! Charognarde ! Charognarde !

Elle ne comprenait pas les mots, mais cette voix était chargée d'une telle haine qu'elle frissonna de la tête aux pieds. Et elle s'enfonça encore plus profondément dans son abri tandis qu'autour d'elle les balles continuaient à soulever des orages de sable. Trois... quatre... cinq... il change de chargeur... six... sept...

Il devient fou, pensa-t-elle en tremblant. Il ne voit rien, et il tire cependant, et juste. Elle se laissa glisser en arrière, franchit en pataugeant le petit bras de fleuve qui isolait le banc de sable de la rive, choisit un angle mort pour monter à terre. Là, elle se mit à courir dans la nuit noire et se laissa tomber derrière l'une des premières ruines du village, tenant le Tokarev pressé contre sa poitrine.

Hesslich avait continué à tirer. Peu lui importait de s'offrir ainsi en cible. Pour se protéger, il roulait sur le sable à droite et à gauche, faisant feu dès qu'il était en position. Derrière lui, des silhouettes étaient sorties du village et accouraient, rampaient pour faire les derniers mètres.

— Elle a tué Dallmann !

Il criait, et les autres le crurent atteint de folie.

— Elle doit être encore sur le banc de sable. Vite, des fusées éclairantes ! Nous allons l'avoir ! Elle ne pourra pas regagner la rive quand tout sera éclairé. Allons, pressez-vous, où sont vos fusées ?

Deux fusées montèrent dans le ciel, et une clarté froide et rayonnante inonda le Donetz et ses deux rives. Suspendues à leur parachute, elles commencèrent à dériver lentement, emportées par le vent. Maintenant, tous concentraient leur feu sur le banc de sable, quinze hommes déchiquetaient ainsi le « dos de la tortue » d'où s'élevaient comme de l'eau des jets de sable. Quand la troisième fusée s'éleva en sifflant, Hesslich se jeta dans le fleuve pour gagner le banc de sable. Il nageait puissamment, et son gauleiter d'autrefois aurait applaudi à ce spectacle : enfin, ce paresseux montrait ce qu'il pouvait faire pour le Führer et la patrie !

Comme une bête de proie, il se jeta sur l'îlot d'où était venu la mort. Et, automatiquement, il appliqua toutes les techniques du combattant isolé. Tandis que les balles de ses camarades couvraient son avance, il tenait dans son poing le couteau de tranchée à deux tranchants.

Les mâchoires serrées, il fit en même temps deux découvertes : la cuvette de sable et la douille de la cartouche qui avait frappé Dallmann et qu'il empocha. Puis il s'étendit avec son uniforme mouillé dans la cuvette, sur le dos, suivant des yeux la dernière fusée qui s'éloignait en perdant lentement de l'altitude.

Je te le jure, espèce de démon femelle : Je refuse de continuer à vivre si je ne parviens pas à te liquider. Et s'il y a un Dieu quelque part, qu'il m'entende : il faut que je la tue ! *Il le faut !*

Il resta longtemps dans cette cuvette où Stella était restée couchée, et il lui sembla qu'un courant invisible, mystérieux, s'établissait d'elle à lui. Il avait l'impression que ce sable avait gardé quelque chose d'elle et que ce contact le remplissait d'une énergie nouvelle, étrangère, inouïe, dont on ne trouve peut-être l'équivalent que dans l'infini de l'espace.

Ses camarades ne tiraient plus. Ils l'avaient perdu de vue et attendaient, ne sachant que faire. Ils surent que l'opération avait échoué quand ils le virent se redresser, puis patauger dans l'eau et revenir enfin à la nage.

Personne n'avait encore touché à Dallmann. Il le regarda longuement tandis que l'eau de ses cheveux et de son uniforme s'égouttait sur la poitrine du mort. La balle avait perforé le front au-dessus de la racine du nez, ce qui allait presque de soi. Les yeux de Dallmann trahissaient un étonnement sans bornes, et Hesslich pensa à une montre dont les aiguilles se sont brusquement immobilisées. L'une de ses mains serrait encore un morceau de chocolat quelque peu écrasé et ramolli. Et les coins de ses lèvres riaient encore. La mort était venue si vite qu'elle n'avait pas effacé ce dernier signe de vie.

Je ne pourrai jamais plus voir ni sentir de chocolat, pensa Hesslich. Il faut que j'aille vomir, et vite. Avant de se relever, il ferma doucement les yeux de Dallmann.

Le corps fit son retour à la 4ᵉ compagnie sur une charrette à bras du génie. Tous les hommes étaient rassemblés et saluèrent en silence. Bauer III était bouleversé, son visage était celui d'un vieillard : il avait reçu du bataillon l'ordre d'expédier le cadavre à l'arrière sans l'ensevelir dans le cimetière général des héros...

— Eh bien, je vais l'accompagner, déclara Hesslich d'une voix sourde.

Dès le début de l'après-midi, Dallmann avait parcouru tous les stades de son dernier trajet. Un camion l'emporta à la division dans l'un des quatorze cercueils que l'on avait trouvés à l'échelon du régiment, chose explicable car son état-major s'était installé dans la meilleure maison de l'endroit, une menuiserie. Le général reçut Hesslich et écouta son rapport. Quand il prit la parole, son ton était amer :

— Ces femmes sont plus rapides et meilleures que vous. C'est ce que je vous ai dit à votre dernière visite, adjudant-chef. C'est une engeance diabolique que ces filles. Si j'en avais l'autorisation, je ferais donner l'artillerie pour les anéantir. Mais nous restons là le fusil au pied à attendre le grand jour décidé par le Führer. Et ce jour est proche...

— Puis-je vous demander de m'accorder un congé, mon général ?

Le général regarda Hesslich, interdit.

— Je voudrais quitter la 4e compagnie.

— Mais vous êtes devenu fou ! Qu'est-ce que vous dites là ?

— Puis-je vous rappeler, mon général, que je suis porteur d'un pouvoir spécial établi par le haut commandement de l'armée ?

— Si vous quittez un corps, c'est pour être intégré dans un autre.

— Je ne vois aucune raison d'attendre de ce côté-ci du Donetz. Je passe chez les Soviets.

Le général respira fortement :

— Hesslich, la mort de votre camarade vous trouble l'esprit.

— Je désire vivre entre et derrière les lignes russes pour remplir la tâche que je me suis fixée. Il se peut que vous n'entendiez plus parler de moi. Je vous prie dans ce cas de bien vouloir annoncer ma mort, officiellement. Pour moi, il n'est pas question d'autre chose : je reviendrai ou je serai mort.

— Vous devenez de plus en plus fou, Hesslich ! Mais je ne peux pas vous retenir.

— A partir de maintenant, je suis donc en mission spéciale. Puis-je me retirer, mon général ?

— Que Dieu vous protège...

La voix du général était devenue plus douce.

— ... et revenez-nous, Hesslich.

Il lui tendit la main et hocha brièvement la tête. Hesslich fit un demi-tour réglementaire et quitta la pièce.

Le soir même, Dallmann reçut la Croix de Fer de 1re classe à titre posthume. On la colla sur le couvercle de son cercueil et elle fut enterrée avec lui. Le pasteur évangéliste de la division dit une prière. Une trompette fit retentir la sonnerie « Aux morts ».

Deux jours plus tard, par une nuit noire comme du jais, Hesslich traversa le Donetz sur un petit radeau. Il emportait deux boîtes à pain et un étui de masque à gaz rempli de munitions. Toutes ses poches étaient bourrées de cartouches. Et rien d'autre sinon son bonnet tricoté.

La moitié de la compagnie se rassembla pour le voir s'éloigner. Le sous-lieutenant Bauer III lui serra longuement la main.

Lorsque Hesslich eut disparu dans la nuit, il hocha la tête :

— Voici un homme que nous ne reverrons jamais. Nous pouvons rayer son nom de notre registre.

Sibirtzev avait appris à se taire, à se comporter modestement et à laisser les filles en paix, sans pour cela gagner la sympathie d'une seule d'entre elles. Quand elles se lavaient, la plupart dans de grandes cuves de bois, elles pataugeaient bien entendu dans le plus simple appareil, sans textiles inutiles. Elles s'étaient habituées à Ougarov, Miranski était mort et le sous-officier armurier, après quatre mois de service, avait capitulé et demandé son changement en pleurant presque. Affecté à un atelier de la division, il avait remercié Dieu de sa bonté et baisé la photo où figurait sa femme avec ses sept enfants. Et il avait aussitôt écrit à sa grosse Maroussia : « Enfin, me voici délivré de ces diablesses. Fais en grand secret brûler un cierge et offre-le à saint Démétrios ! Si j'étais resté plus longtemps dans ce chaudron de sorcières, à moins de mourir à la guerre, je serais revenu chez nous en ayant perdu mon âme ! Deux cent trente-neuf femmes sauvages ! Personne n'a jusqu'ici décrit ce qu'est véritablement l'enfer. » Il avait été remplacé par un sous-officier femme, elle aussi spécialiste de l'armement. L'inspecteur du bataillon, une fripouille, sournois et lâche, évitait toute rencontre directe et ne correspondait avec Baïda que par le téléphone de campagne. On ne l'avait vu que trois fois dans les tranchées, et il en était reparti pour l'arrière, blême de peur. Quand il avait voulu leur faire part de nouvelles dispositions contraignantes, les filles, sans se gêner, lui avaient craché au visage. N'avait-il pas osé demander pourquoi chacune d'elles avait besoin de deux soutien-gorge ? Il s'était vu environné par cent vingt-trois harpies déchaînées qui, déchirant leur blouse, lui avaient montré leurs seins nus. Triomphante, Soia Valentinovna s'était écriée : « Est-ce qu'un courageux défenseur de la patrie doit ainsi se balader à demi nu quand le seul vêtement qu'il porte est au blanchissage ! Nous sommes propres, nous autres. Nous ne sentons pas comme des boucs et nous n'avons pas besoin d'asphyxier les Allemands pour les tuer ! »

Ainsi, en dehors d'Ougarov, Sibirtzev était le seul homme à vivre parmi deux cent trente femmes (leur nombre exact changeait continuellement pour cause de maladies, de permissions ou de morts). Elles n'avaient aucune envie de changer de vie parce qu'il portait un petit appendice entre les deux jambes et se comportaient donc comme si Sibirtzev n'existait pas. En entrant dans un abri, il pouvait se trouver au milieu d'un groupe de femmes nues — il faisait très chaud cet été-là — qui se frottaient, lisaient, cousaient ou faisaient de la musique, sûres d'elles-mêmes et du fait que les Allemands n'attaqueraient pas, car ils n'avaient pas fini de concentrer leurs forces.

Il fallait à Sibirtzev une maîtrise de soi invraisemblable pour ne pas tendre la main quand une forme rebondie allait et venait devant lui, mais il savait que la Baïda n'attendait que ce faux pas pour envoyer à l'arrière un rapport des plus dramatiques. Quant au sous-lieutenant Ougarov, tout entretien avec lui était un supplice pour Sibirtzev. Jusqu'alors, il n'avait pas échangé avec lui un seul mot raisonnable. Leurs rapports se bornaient à des pointes d'épingles, des regards méchants et des pincements de lèvres significatifs. Mais qu'ai-je donc fait ? se demandait-il, touché jusqu'au fond du cœur. Je suis un brave soldat qu'on envoie ici pour vous aider, je vous démolis immédiatement deux Allemands, et comment me remercie-t-on ? En me traitant comme si je n'existais pas. Il s'était adressé à Ougarov :

— Écoutez-moi, camarade lieutenant. Vous vous trompez si vous pensez que je vois trop de choses. Je ne vois rien ! Nous faisons partie de la même unité, et il n'y a que cela qui compte. Je ne suis pas un espion de la division ou de ce que vous pouvez imaginer...

Là aussi, il était mal tombé. Ougarov avait couru chez Soia Valentinovna, rempli d'amertume : « C'est un chien visqueux que ce type. Il m'a dit qu'il ne voyait rien. Donc il voit quelque chose ! Attention ! »

Mais ce jour-là, Sibirtzev fit une découverte importante. A la lisière du village détruit, il aperçut soudain un homme. Or, en dehors de lui et d'Ougarov, il n'y avait plus d'homme dans le coin. Et cet étranger avait un aspect curieux, on eût dit qu'il portait un bas de femme rembourré à la place de la tête ! Sibirtzev, sans hésiter, voulut le mettre en joue, mais l'homme avait déjà disparu. Prudemment, Sibirtzev alla de ruine en ruine, se mit à l'affût comme un chat qui guette une souris. En vain. Quand il fit son rapport à Soia Valentinovna, elle ordonna immédiatement de patrouiller sur l'ensemble du secteur, mais non sans ajouter :

— Êtes-vous bien sûr que c'était un homme, Bairam Vadimovitch ?

— Suis-je donc un idiot ? demanda Sibirtzev, blessé.

— C'est à voir, répondit Ougarov. Et portait-il un uniforme ?

— Non. En tout cas, aucun de ceux que je connais.

Ougarov s'amusait beaucoup :

— Camarade Sibirtzev, je vais vous faire apporter une bonne paire de lunettes avec le prochain ravitaillement.

Sibirtzev s'éloigna en grinçant des dents et en traitant Ougarov de tous les noms.

Mais trois heures plus tard, la situation changea du tout au tout. En plein après-midi, on découvrit dans un petit jardin les corps de Maria Petrovna et d'Amalia Fiedorovna. On avait bien entendu dans les tranchées deux détonations sèches, mais quand la patrouille accourut, c'était trop tard. Les deux filles gisaient au milieu des betteraves fraîchement ratissées, avec chacune un trou au milieu du front.

Bouleversée, Soia Valentinovna contempla les deux mortes. Sibirtzev jeta un regard de côté sur Ougarov, qui se mordait nerveusement la lèvre inférieure. Alors, vas-tu encore m'offrir des lunettes, espèce de singe savant déguisé en officier ? Oui, l'Allemand portait un blouson quelconque, mais ce qui m'a surtout frappé, c'est qu'il n'avait pas de vraie tête. Cela, je ne te l'ai pas dit, Ougarov. Tu aurais été capable de faire un rapport en m'accusant de voir partout des fantômes. Taisons-nous, Bairam Vadimovitch. Savoir se taire, c'est la sagesse...

Le soir, on découvrit Lydia Ivanovna dans une grange. Elle était couchée comme si elle dormait, mais le petit trou sanglant qu'elle portait au front ne s'accordait guère avec ce tableau autrement idyllique. Cette grange était située à l'extrémité du secteur contrôlé par l'unité de Baïda, ce qui prouvait que l'Allemand s'était promené de gauche à droite, devant les tranchées et tous les postes de garde, sans être aperçu.

Soia Valentinovna rassembla tous les cadres de l'unité et tempêta vingt minutes de suite, témoignant ainsi d'une connaissance inégalable des innombrables jurons et insultes que compte la langue russe. Puis, armée comme l'une de ses filles, elle prit la tête des recherches. Le sous-lieutenant Ougarov demeura seul sur place avec la radiotéléphoniste-télégraphiste et la doctoresse Galina Rouslanovna. Et ce fut Galina qui posa enfin la question qu'Ougarov n'osait formuler :

— Crois-tu que ce soit l'Allemand au bonnet tricoté ?

— Je n'en sais rien. Et si cela est, restons calme ! Stella Antonovna et quarante camarades sont au moins ses égales, et même supérieures à lui. De plus, ce serait de la folie ! Un homme seul ! Que veut-il faire ?

— Il peut paver nos routes de morts... n'est-ce pas assez ? Trois en un jour ! Et il sème partout le trouble...

— Il a profité du premier moment de surprise. Maintenant, nous l'attendons. Nous allons le débusquer et le liquider...

Au cours de la nuit, il se passa quelque chose d'encore plus inimaginable. Entre l'unité de Baïda et l'échelon du bataillon, c'est-à-dire derrière la première ligne, cinq soldats de l'Armée Rouge furent abattus alors qu'ils transportaient du matériel à bord d'une camionnette vers une position d'artillerie. Quatre heures plus tard, à un endroit tout à fait différent, deux Soviétiques, qui revenaient de visiter leurs camarades d'une batterie légère de D.C.A., moururent eux aussi d'une balle à la tête. Et à l'aube, un lieutenant, qui rejoignait en motocyclette l'état-major de son bataillon, fut la huitième victime de la nuit.

Effondrée, Soia Valentinovna, assise sur un escabeau, regardait le mur droit devant elle. Victor Ivanovitch Ougarov essayait en vain de la consoler.

— Il a disparu de chez nous. Il erre maintenant loin derrière, comme un loup affamé qui attaque tous ceux qu'il rencontre.

— Mais c'est de chez nous qu'il est venu. Il a franchi notre système de tranchées sans que personne le voie. Il s'est infiltré ici vers l'arrière. Comment pourrais-je le supporter ? As-tu entendu ce qu'a osé me dire le chef du bataillon ? « Vous devriez vous occuper un peu plus de l'ennemi et un peu moins de vos soutien-gorge ! » Nous ne sommes plus considérées comme une troupe d'élite ! On se moque de nous ! Écoute Radio Erivan : « Question : Les jeunes filles sont-elles de bonnes combattantes au corps à corps ? Réponse : En principe, oui... Cela dépend toujours de leur partenaire homme... ! Victor Ivanovitch, j'ai envie de me faire sauter la cervelle !

Le jour suivant, vers midi, juste à l'arrière du détachement de Baïda, un soldat du groupe de mortiers n° II fut abattu alors qu'il cueillait des baies sauvages. Un camarade qui, à quelque distance de là, se livrait à la même distraction, avait vu le tireur disparaître en se glissant comme un chat à travers les fourrés. Et quand, revenu de son émotion, il put donner plus de détails, on apprit que l'homme portait, abaissé sur son visage, un bonnet gris tricoté.

Soia Valentinovna ne sut la nouvelle que le soir. Elle écouta sans un mot le récit du chef de bataillon et dit simplement pour terminer : « Ce détail est très important, camarade... » A la lenteur avec laquelle elle raccrocha l'écouteur, on eût dit qu'il pesait plusieurs kilos. Avec des yeux voilés de larmes, elle se tourna vers Ougarov :

— C'est lui... oui, c'est ce démon au bonnet ! Et il est vraiment seul. Oui, c'est Satan en personne. Il nous a lancé un défi, Victor. Donc, il nous appartient. Convoque nos meilleures tireuses, surtout Stella. N'oublie pas Sibirtzev. S'il nous échappe, ce sera un miracle.

Dans la nuit, ils se séparèrent par petits groupes pour passer le secteur au peigne fin. Marianka Stepanovna et Lida Ilianovna prirent chacune la tête de deux détachements plus importants, chacun de dix femmes. Tous les autres groupes comptaient seulement quatre tireuses. Il n'y avait que deux isolés : Stella et Sibirtzev. Au dernier moment, Stella s'adressa à lui :

— Je vais te demander quelque chose...

— Quoi donc, Stellinka ?
— Si tu le vois, blesse-le seulement.
Et comme il la regardait, stupéfait, elle ajouta :
— Je veux lui parler...
— Lui parler ?
— Il ne doit pas mourir comme cela, en une seconde. Non, il doit sentir que sa mort s'approche, qu'elle est en lui. Seconde après seconde, minute par minute. Et avant de mourir, il faut que l'angoisse, la peur le rongent. Bairam Vadimovitch, apporte-le moi vivant, comme une bête qui souffre. Je t'en prie... promets-le moi.
La gorge serrée, Sibirtzev promit :
— Si c'est possible, ce sera fait.
— Merci !
Elle salua réglementairement et, serrant son nouveau fusil sous le bras, elle disparut dans la nuit. Son allure, pensa Sibirtzev, était celle du fauve qui suit sa proie à l'odeur. Il se secoua pour se débarrasser d'un frisson. Quelle haine ! Avoir cette femme pour ennemie, c'était avoir déjà un pied dans la tombe.
Après avoir réfléchi un instant, il s'éloigna en trottinant dans la direction opposée. Logiquement, le démon au bonnet avait quitté depuis longtemps les secteurs où il avait tué. Quelques minutes plus tard, Sibirtzev se retrouva seul dans la steppe où il n'y avait rien d'autre que des fermes isolées et incendiées, de lentes ondulations, des bois et des ruisseaux étroits dont les eaux murmurantes descendaient vers le Donetz.
Stella Antonovna progressa lentement, pendant une heure, jusqu'au bois. Comme on commençait déjà à distinguer les contours des arbres, elle fit la dernière partie du chemin en rampant dans les hautes herbes de la steppe. Ce fut alors qu'elle entendit six coups de feu sur sa gauche.
Oh non, pensa-t-elle, et elle ressentit comme une véritable douleur. Non... personne ne sait que j'ai prié en secret, oui, prié ce Dieu étrange qu'invoquait ma mère devant le coin de l'icône avec la lampe qui brûlait éternellement. Oui, en priant je lui ai demandé s'il existait réellement. Si tu existes, Dieu, prouve-le moi en me le livrant entre les mains. Alors, je croirai à toi comme Mamitchka, comme l'oncle Ivan et la tante Sofia et tous ceux que j'ai surpris une fois rassemblés dans une étable pour le service de Dieu, agenouillés au milieu de moutons. Cette fois-là, je me suis moquée de ces imbéciles, comme nous disions chez les Jeunesses Communistes. Maintenant, je te le promets : que ce démon tombe entre mes mains, et je crois en toi !
Elle resta couchée à la lisière du bois, à l'écoute des bruits qui auraient dû suivre, mais en dehors du vent dans les arbres et des

gémissements des branchages, plus rien ne vint troubler le calme de la nuit.

Désormais, il n'y a plus qu'à attendre, pensa-t-elle. Attendre et ne compter ni les minutes ni les heures. Si Sibirtzev ou une de nos filles ne le tue pas, c'est par ici qu'il doit passer tôt ou tard. Il va venir à moi.

Son cœur battait plus vite et elle sentait le sang affluer à sa tête. Un son étranger la fit soudain sursauter : elle avait eu peur du grincement de ses dents.

La trace sanglante que Peter Hesslich laissait derrière lui devait naturellement le mettre en danger. Mais il avait consciemment décrit une série de détours tels que cette blonde redoutable, du moins l'espérait-il, prévoierait son prochain mouvement et se mettrait à sa poursuite. Cela jusqu'à ce qu'il voie enfin se dessiner son visage dans la lunette de visée de son fusil.

Le cueilleur de baies avait été sa dernière victime. Il avait négligé tous les autres objectifs qui s'étaient présentés à lui dans le cours de la journée. Et pourtant, qu'ils étaient faciles ! Des soldats qui se promenaient sans souci dans la forêt, s'asseyaient contre un arbre, se couchaient dans l'herbe, fumaient une cigarette qu'ils roulaient eux-mêmes entre leurs doigts ou encore la pipe. Pourquoi pas ? Le front était loin. Certes, l'artillerie allemande aurait pu canonner les arrières soviétiques, mais elle n'en avait jamais rien fait. C'était presque la paix, une paix dont il fallait jouir avant le déclenchement de la grande offensive d'été.

Hesslich, bien dissimulé sous un groupe de buissons embroussaillés, regardait autour de lui. L'un des soldats s'était assis presque à portée de sa main sur une souche et découpait dans un gros morceau de bois ce qui devenait peu à peu une isba russe. Hesslich vit s'accomplir sous ses yeux le miracle de ce regret passionné d'un village lointain, de cet amour d'une parcelle de terre familière...

Oui, tes doigts dirigent ton couteau de poche et transmettent ton amour à ce morceau de bois que tu transformes en une maison aux murs que le vent a inclinés et que surmonte un toit de chaume. Et derrière toi, la mort te regarde faire. Mais n'est-ce pas là le destin de chaque homme que la mort suit tout au long de sa vie jusqu'à ce qu'elle frappe ? Pour l'instant, parce que tu portes un autre uniforme, je dois te tuer. Quelle folie, n'est-ce pas, camarade ? Nous devrions être frères, marcher du même pas, épaule contre épaule, essayer d'embellir notre vie. Et que faisons-nous ? Si je t'appelle, tu vas te détourner et seul le plus rapide de nous deux continuera à vivre. Et personne ne viendra me traiter d'assassin. Pourquoi ? Oh, je connais les réponses... Quand donc deviendrons-nous vraiment des hommes ? Quand comprendrons-nous que l'homme ne peut survivre que si tous les hommes sont frères ?

Après deux heures, le jeune sculpteur sur bois se leva pour regagner son unité. Hesslich sortit de sa cachette, fit plusieurs flexions des jambes et des bras et reprit sa route dans la forêt, prudemment, en se glissant d'arbre en arbre.

Des bruits étranges et presque joyeux l'obligèrent à battre en retraite jusqu'au bois. Debout derrière un gros bouleau, à l'abri des ombres du soir, il put voir non sans amusement un sous-lieutenant soviétique s'ébattre avec une grosse paysanne. Elle avait relevé sa jupe et lui rabaissé son pantalon d'uniforme, et tous deux, ne faisant plus qu'un, s'étaient durement affrontés sur le sol recouvert d'herbe jusqu'au moment où la grosse femme avait soupiré, totalement détendue : « *Prekraznii... Prekraznii...* » ce qui équivaut à : « Ce que c'est bon... ce que c'est bon... » La vie conservait ses droits, rien n'était perdu.

Peter Hesslich revint à sa cache précédente, où il était en sécurité. Il s'allongea sur le dos, le fusil près de lui, et son regard se perdit dans le feuillage des buissons et des arbres. La nuit tombait, le vent soufflait dans les branches, et il demeura à l'écoute, interprétant chaque bruit.

Un bois trop calme, pensa-t-il. La guerre en a chassé les bêtes. Seules quelques corneilles y criaillent encore. Dans mon premier secteur forestier, il y avait des animaux partout : des chevreuils dont la robe rayonnait dans la brume du matin et qui traversaient lentement les clairières, des buses aux larges ailes qui survolaient sans bruit leur territoire de chasse, des renards qui ronronnaient dans l'herbe humide de rosée, et des belettes qui se nettoyaient, assises sur une pierre. Que le monde était beau, alors... Et me voici maintenant sur le Donetz. Si l'on m'avait dit que je chercherais un jour à tuer une femme sans que mes mains tremblent, sans que mon cœur se serre, sans regret !

Il s'assoupit. C'était un sommeil léger, inquiet. Il sursautait à chaque craquement de branche, à chaque souffle un peu plus fort du vent. Ses nerfs réagissaient au moindre bruit comme le plus sensible des récepteurs électroniques. Même endormi, son corps demeurait comme recouvert d'antennes ultrasensitives.

A trois cents mètres à peine, Stella Antonovna avait atteint la lisière du bois. Elle s'assit, appuyée à un arbre. Son fusil était placé en travers de ses cuisses, prêt à tirer, ses mains étaient croisées sur la culasse.

Attendons maintenant, pensa-t-elle. Attendons ! Il viendra. Non, il est déjà ici, quelque part, tout près...

Pendant deux jours, ils demeurèrent à l'affût, aux aguets, sans se voir. On ne soupçonne pas à quel point un bois relativement petit peut être grand. Les soldats soviétiques y avaient cessé leurs promenades après que tout le secteur eut été déclaré zone interdite, et il le resterait tant que le mystérieux Allemand au bonnet tricoté ne l'aurait pas quitté, mort ou vif.

Mais on eût dit que la terre l'avait englouti. Ou bien était-il reparti comme il était venu. Pour atteindre les lignes allemandes, il avait dû traverser une fois de plus les postes avancés soviétiques et franchir le Donetz à la nage. Et aucune patrouille ne l'avait aperçu ! Capitaine Baïda, vos filles forment-elles vraiment une unité d'élite ? Du régiment et du bataillon, les appels téléphoniques se succédaient, et elle répondait chaque fois ce qu'elle disait aussi à Ougarov :

— Il est encore ici ! Je ne peux pas vous expliquer comment j'en suis sûre. Si je vous dis que c'est parce que Stella Antonovna n'est pas encore revenue, et que je fonde là-dessus ma certitude, vous allez me prendre pour une folle, n'est-ce pas, camarade ?

A cela vint s'ajouter que Sibirtzev commit une erreur, et laquelle ! Dans un village abandonné, il aperçut soudain une silhouette qui se détachait dans la nuit. Il tira aussitôt.

Un maître coup, mais qui atteignit une paysanne innocente, Natalia Filippovna Chmelkhova. Elle s'était glissée en grand secret dans son ancienne maison pour tenter de récupérer un sac de millet dissimulé sous le plancher, et de le ramener à l'arrière.

C'était une affaire pénible, mais comme le village faisait partie de la zone interdite et que personne ne devait y pénétrer, Sibirtzev put à bon droit soutenir qu'il n'avait fait que son devoir en tirant sur une forme suspecte. Au fond de lui-même, il était terriblement vexé. Le sous-lieutenant Ougarov ne manqua pas de lui signaler qu'il y avait des petits lapins dans le village, et qu'il lui fallait épargner la maison aux volets bleus : là se trouvaient deux porcs dans l'étable, héritage du bon Miranski qui avait su organiser pour le détachement de Baïda un système de rations supplémentaires.

Grinçant des dents et maudissant cet Allemand au bonnet tricoté qui se moquait de tout le monde, Sibirtzev disparut une fois de plus dans les alentours.

Sur l'autre rive du fleuve, du côté allemand, une nervosité évidente se faisait jour. Le système des tranchées s'était empli de troupes fraîches. De longs convois de chemin de fer et des colonnes interminables de camions déversaient vers l'avant les approvisionnements indispensables, des chars se concentraient aux endroits choisis d'avance. Désormais, les « machines à coudre » des Soviets n'osèrent plus prendre l'air après la perte de trois des leurs, abattues par une D.C.A. bien fournie. Les Soviets n'avaient plus besoin d'avions de reconnaissance pour savoir que l'offensive allemande était imminente. Les positions soviétiques, échelonnées sur une énorme profondeur, reçurent un complément de garnison, les brigades blindées, soigneusement dissimulées, furent mises en état d'alerte, et l'artillerie se tint prête à intervenir. Très loin dans la steppe, le gros des troupes d'assaut soviétiques attendait entre l'Oskol et la petite ville de Korotcha. Depuis longtemps, le général Koniev connaissait les plans des Allemands. Ils allaient attaquer le saillant de Koursk à la fois du nord et du sud. Impassible, il attendait ce choc insensé. Trois armées allemandes, dans l'esprit de Hitler, devaient anéantir quatorze armées soviétiques et leurs réserves. Au Kremlin, parfaitement informé par le réseau d'espionnage « Luzy », on en restait muet de stupeur. Le général Kokosovski, qui commandait le front du Centre, avait déclaré simplement lors de la dernière réunion à Moscou : « Laissons-les venir à nous. »

La peur des offensives allemandes avait disparu. Stalingrad avait touché l'ennemi en plein cœur. Comment ne comprenait-il pas que chaque nouvel effort le saignait à blanc ? Et toutes les forces disponibles des Allemands allaient s'engager dans la percée du front du Donetz, entre Voltchansk et Bielgorod, pour foncer sur Korotcha, là où les Soviétiques, infiniment supérieurs en nombre et matériel, les attendaient de pied ferme.

L'offensive allemande, de toute sa puissance, allait se déchaîner d'abord contre le détachement de Baïda. Le général Koniev n'avait pas la possibilité de modifier ses dispositions. Sur ce point précis, il n'y avait plus que des soldats, qu'importait leur sexe, dont la résistance allait déjà ralentir l'élan des assaillants. Tandis que Stella Antonovna demeurait à l'affût à l'orée du bois, attendant que Dieu exauce sa prière, les Russes avaient continué à accumuler du matériel et des montagnes de munitions jusqu'à leurs premières lignes. Le terrain s'était hérissé de mitrailleuses, de mortiers, de canons antichars et contre-avions, d'artillerie lourde. Trois millions cent mille soldats soviétiques allaient recevoir comme il convenait la dernière, la suprême offensive de Hitler.

De tous ces préparatifs, le haut commandement des armées allemandes ne savait rien, ou fort peu. Un seul homme avait voulu avertir le Führer, l'amiral Canaris, mais il était considéré comme un trouble-fête auquel il ne fallait accorder aucun crédit. Hitler balayait de la main les renseignements qui venaient de l'amiral et de ses services secrets. De toute façon, Hitler, à force de le répéter, n'était-il pas convaincu qu'un Allemand valait dix Russes et que ces derniers étaient épuisés ?

La bataille de Koursk, « l'Opération Citadelle », pouvait commencer. C'était jouer le tout pour le tout sans avoir en main une seule carte gagnante.

Peter Hesslich rampait çà et là dans son bois. Il se demandait de plus en plus s'il était raisonnable de poursuivre son attente. Il semblait bien que la trace sanglante qu'il avait laissée derrière lui n'avait pas été suivie, comme il l'espérait, par son ennemie. Devait-il, pour signaler sa présence, liquider encore une série de soldats et de « soldates » ? Effrayé soudain de la froideur avec laquelle il envisageait de tuer, il se calma en pensant que ces femmes étaient justement dressées pour tuer et qu'elles en étaient fières.

Au fond de sa cache, il jouissait de l'air épicé de la forêt, de son calme. Les scarabées rampaient entre les tiges d'herbes, et une petite araignée brune tissa devant lui une toile merveilleuse entre deux branches. Il découvrit même un faisan qui avançait majestueusement, et qui, s'immobilisant, le fixa sans appréhension pour s'éloigner ensuite en trottinant dans la steppe. Dans une telle paix, comment penser aux six mille chars qui s'apprêtaient à livrer la plus grande bataille de blindés de la guerre ?

Le soir, il prit enfin le parti de quitter le bois la nuit venue et de reprendre le chemin du Donetz. Son plan avait échoué. Retirons-nous, se dit-il, et espérons que le hasard replacera cette femme démoniaque au bout de mon fusil. J'aurais pourtant juré que nous allions nous retrouver face à face...

Il attendit le crépuscule pour sortir de sa cachette, le soleil s'était couché mais teintait encore de rouge et d'or l'ensemble du paysage. Le fusil sous le bras, prêt à tirer, il se glissa le long de la lisière du bois pour atteindre les ondulations du terrain derrière lesquelles la plaine s'étendait jusqu'aux tranchées les plus reculées de la toute première ligne. Comme toujours, il avait enfoncé son bonnet jusque sur ses sourcils et enduit son visage de terre brunâtre. Arrivé devant un groupe de buissons, il prit le parti de le contourner. Mais comme il se mettait en branle pour pouvoir, le cas échéant bondir en avant, aussi rapide que l'éclair, et se réfugier sous les couverts, il se heurta à quelqu'un qui, tout aussi silencieusement que lui et sans se douter de rien, venait à sa rencontre de l'autre côté des buissons.

Sous le choc, immédiatement et sans presque une seconde de surprise, ses mains se levèrent et saisirent l'inconnu à la gorge. Mais son adversaire n'avait pas hésité lui non plus : des griffes lui déchirèrent les joues, cherchant ses yeux, tandis qu'un genou tentait de le frapper entre les jambes, mais ce premier coup s'écrasa contre la crosse de son fusil.

Une vague de chaleur fit frissonner le corps de Peter Hesslich et, de son côté, Stella Antonovna sentit que sa respiration se bloquait. Tous deux firent en même temps un pas en arrière. Ils étaient trop près l'un de l'autre pour tirer, et toujours en même temps, retournant leur arme, ils se retrouvèrent prêts à se battre à coups de crosse.

La crosse de Stella fut détournée par celle de Hesslich et, avant qu'elle ait pu se remettre en position, Hesslich frappa. Pour éviter de lui écraser le crâne, il visa l'épaule et retint un peu son coup si bien qu'il atteignit, à hauteur du bras, la main qui tenait l'arme. Stella s'était déjà baissée pour reprendre son fusil de l'autre main. Mais ce fut pour recevoir un second coup à la hanche. Tombant à genoux, elle roula aussitôt sur elle-même pour s'éloigner. Aussi rapide qu'elle, Hesslich redoubla son coup, cette fois à l'épaule. Étouffant une plainte sourde, Stella, la blouse et la peau déchirées, roula une fois de plus sur elle-même en tirant de la ceinture de son pantalon couleur terre un petit pistolet, le Tokarev TK que seuls portaient les officiers d'état-major et les membres du KGB. Mais une fois de plus, Hesslich fut sur elle, la pressant contre le sol, lui arrachant son pistolet.

En vain tenta-t-elle d'atteindre son visage, ses yeux. Il lui avait saisi les bras, l'écrasait contre l'herbe de tout le poids de son corps. Elle essaya encore une fois de se servir de ses jambes, de ses genoux. Tremblante de rage, les poings crispés, elle voulut aussi le frapper de la tête, mais il évita cette dernière réaction en enfouissant la sienne dans le cou de l'ennemie.

Jusqu'alors ils n'avaient pas dit un mot. Leur combat s'était déroulé dans un silence qui s'achevait en un halètement passionné. Stella avait finalement fermé les yeux, les ailes de ses narines frémissaient encore. Et elle serrait les dents si fort que ses mâchoires lui faisaient mal.

C'est lui, se disait-elle, je le sens, je sens son odeur. Son corps m'écrase comme s'il était l'homme que j'aime. Et il porte ce bonnet affreux, ridicule ! Non, Dieu, tu n'existes pas ou alors tu m'as trompée : tu l'as bien amené en face de moi, mais tu lui as permis de gagner...

Elle avait cessé de vouloir le frapper du crâne. Ses muscles se relâchaient malgré elle, ses poings s'ouvrirent. Lentement, elle leva les paupières et regarda son vainqueur. Il était couché sur elle, levant maintenant la tête si bien qu'elle vit son visage frotté de terre brunâtre et sur ses cheveux l'effroyable bonnet. Mais ce qu'il y avait de plus atroce, c'était le dernier reflet rouge du ciel qui semblait inonder ce crâne de sang. Respirant difficilement et d'une voix rauque de dégoût, elle parvint à dire :

— Morts à tous les fascistes !

— Oh ! Tu parles l'allemand !

Il se pencha un peu plus bas. Il ne fit pas un mouvement en arrière quand elle lui cracha au visage en ouvrant grand les yeux. Quels yeux ! pensa-t-il simplement. Bleu-vert et le reflet du ciel les voile de rouge...

— Tue-moi !

— Pourquoi ?

— Tu es le diable !

— Alors, nous sommes de la même famille. Toi aussi, tu es une diablesse ! Vas-tu rester tranquille ?

— *Niet !*

— Ah ! tu reparles russe. Écoute, petite fille, je ne peux pas rester couché sur toi jusqu'à ce que la guerre finisse.

Il aurait bien voulu lui libérer les bras et repousser les cheveux qui recouvraient son visage. Mais il n'osa le faire.

— Tu as tué mon meilleur ami. Le sais-tu ?

— Alors, tue-moi.

Elle ferma les yeux, incapable de combattre l'engourdissement total de son corps. Mon Dieu, ces filles tuent comme d'autres beurrent un morceau de pain. Et c'est vrai, pourquoi nous plaindre, supplier, trembler, crier ? Elle est là, couchée, et elle attend que je l'achève.

— Tu as tué mon ami, *moï droug...*

— Oui !

Elle ouvrit les yeux d'un air de défi, et maintenant ils reflétaient la teinte violette du ciel.

— Il va falloir que nous parlions de cela un peu plus longuement.

Il la lâcha brusquement tout en sautant en arrière et se retrouva hors de sa portée. Pour la première fois, il distingua son corps en entier, la chair de l'épaule sous la blouse déchirée et, sous la clavicule et un lambeau de tissu, l'amorce de sa poitrine.

— Avec le couteau ? dit-elle en levant un peu la tête.

— Quoi ? Avec le couteau ?

— Tuer. C'est bien... personne n'entendra.

En effet, il avait pris son couteau en la relâchant. Il le remit dans sa gaine et ôta son bonnet. De la main gauche, il mit un peu d'ordre dans ses cheveux trempés de sueur. Il la regarda longuement une fois de plus, puis alla ramasser le fusil qu'elle avait dû lâcher en luttant. Il l'examina de tous les côtés, regarda par la lunette de visée et demeura étonné devant tant de clarté et de puissance lumineuse. Puis il revint se poser devant elle, les jambes écartées. Elle n'avait pas changé de position, et attendait :

— Toi, tuer avec mon fusil. C'est bien... Grand honneur !

Elle acceptait calmement son sort, et l'accent russe qui change tout les accents aigus en accents graves conférait une résonance étrange à ses paroles.

— Renonce pour l'instant à ce grand honneur, ma belle amie... Me voici dans une sale situation. Je ne sais pas ce que tu en penses, mais moi il m'est en tout cas impossible de massacrer simplement une femme sans défense. Même toi, diablesse ! Combien de mes camarades as-tu vraiment tués au fusil ? Il faut tirer cela au clair. Tu as avec toi ton livret de tir. Où cela ? Dans la poche de derrière de ton pantalon ? Il faut donc que je te retourne sur le ventre, car il est clair que tu ne vas pas le faire volontairement. Alors, ce sera un nouveau round de lutte entre nous...

Il déposa près de lui le fusil de Stella. Elle le regardait, et il n'y avait dans ce regard aucune trace de peur ni de soumission.

— Tu comprends ? Pas tout, n'est-ce pas ? Essayons plus simplement.

Il se désigna du doigt :

— Moi, Peter... *Piotr* en russe !

Elle leva la tête, cracha le plus loin possible, mais n'atteignit que l'une de ses bottes, avant de dire fièrement :

— Moi, Stella Antonovna...

— Stella, l'étoile ! Il y a du vrai dans ton prénom : qui te voit voit aussi la nuit éternelle, et pour toujours. Jusqu'à toi, il y avait l'étoile du soir, l'étoile du matin, l'étoile de Béthléem... et te voici, toi, l'étoile de la mort. Tu es devant moi comme tombée du ciel... toi qui viens plutôt de l'enfer !

Il s'assit près d'elle, le fusil serré entre ses genoux, la tête appuyée contre le canon. Elle referma les yeux, bouleversée. Mon fusil dans les mains d'un Allemand. La mort n'est pas ce qu'il y a de plus terrible. D'une voix sourde, elle s'adressa à lui :

— S'il te plaît, tue-moi.

— Ah ! Assez de bêtises, Stella !

Il se pencha en avant, écarta les lambeaux de sa blouse, et immédiatement Stella tressaillit et son poing s'abattit contre lui. Puis elle demeura assise, les bras pendants, ne comprenant pas pourquoi il ne l'avait pas encore mise en joue.

Elle se sentait comme paralysée à tous les endroits où elle avait reçu des coups de crosse. Il est fort, pensa-t-elle en le mesurant du regard. Très fort, et ses épaules sont larges. Ses cheveux sont châtains. Et son visage paraît assez beau sous son camouflage de terre. Quand il parle, ses yeux brillent, on pourrait presque se fier à lui, et sa voix a un son agréable, romantique, qui n'est pas du tout celle d'un meurtrier aussi terrible.

Hesslich avait reçu le coup de poing sans se défendre ; de l'index, il montra l'épaule de Stella :

— Tu saignes... La peau a éclaté sous le choc.

Il ôta le chargeur du fusil de Stella et le lança au loin dans la forêt. Puis il déposa l'arme assez loin d'elle pour qu'elle ne puisse la saisir d'un bond.

— Souffres-tu ? Toi, *bolit ?*

Elle respira très fort et secoua la tête :

— Tu parles russe ?

— Quelques mots seulement. Tu parles mieux l'allemand.

Il ouvrit sa boîte à pain et en tira deux paquets de pansements, une plaque de taffetas gommé, des ciseaux et une petite boîte en fer-blanc pleine de cachets, tout ce que le médecin auxiliaire Ursbach lui avait fait prendre de force. « Je n'en ai pas besoin », avait-il dit alors. « Je ne serai jamais blessé, mais mort ! » Maintenant, il était fort heureux d'avoir emporté ce petit nécessaire de pharmacie. Les cachets, de la nicotine extrêmement forte, étaient contre la douleur, un véritable coup de marteau qui paralysait les sensations du cerveau. Complètement désorientée, Stella Antonovna demanda :

— Aider ? Toi, m'aider ?

— Où as-tu appris ton allemand ? Il n'est pas au point, dit-il en souriant.

— A l'école... quatre ans...

Malgré elle, elle lui avait rendu son sourire.

— Moi, pas bonne élève... mais bien tirer avec fusil...

— Et c'est justement ce qui me donne des maux de tête. Qu'est-ce que je vais faire de toi ? Je ne peux pas te traîner de force et te faire traverser tes lignes puis le Donetz. Et quant à te laisser courir... Stella, combien de mes camarades as-tu tués ? Et combien d'autres tueras-tu encore ? Je sais, je sais, c'est la guerre, on récompense ceux qui tuent, et qui ne tue pas est un lâche et d'ailleurs il est vite tué, parfois par ses propres camarades. Eh oui, les hommes sont fous. C'est cela que tu penses, n'est-ce pas, quand tu me regardes avec tes yeux bleu-vert, ces yeux si clairs, si merveilleux, qui visent si bien. Tu penses : le voici donc, l'Allemand. Il vivra encore quand il m'aura tuée et il tuera bien des soldats de l'Armée Rouge. Qu'il soit maudit ! Je ne peux pas t'en vouloir de penser de la sorte, Stella. Mais dis-moi donc ce que je peux faire de toi ? Je ne peux quand même pas te tirer simplement une balle dans la tête. Pourvu que tu ne tombes jamais entre les mains de nos détachements spéciaux, ceux de derrière nos lignes, les SS ! Ils commenceraient par te battre à te rompre les os du corps, puis ils t'interrogeraient en employant toutes leurs méthodes bestiales, puis ils te pendraient ou te fusilleraient. Jusqu'ici, aucune femme porteuse d'un fusil n'a survécu à un interrogatoire semblable. Ils agissent ainsi sur ordre spécial, le sais-tu, Stella ? Stella, dois-je te tuer pour t'éviter cela ? Ou alors, qu'allons-nous faire ?

Elle tenait les yeux fixés sur lui. Elle n'avait compris que quelques mots et attendait ce qui viendrait par la suite. Ce long discours devait avoir un sens. On ne parle pas aussi longuement pour ne rien dire.

— Écoute, si tu recommences à me frapper quand je te panse, je t'assomme... comme si c'était un anesthésique. Compris ? Je vais t'aider, *korocho ?*

Elle fit un signe de tête, se rejeta en arrière et ferma les yeux. Quand sa main la toucha pour écarter la blouse, elle se mit à trembler. Il déroula un paquet de pansements, et coupa un bout de gaze pour nettoyer le sang de la plaie. Comme il n'avait pas d'eau, il se servit de sa salive pour humecter la gaze. Elle entrouvrit à peine les yeux, regarda son front, ses cheveux, sa bouche, son menton, son cou, et sans en comprendre la raison, elle se sentit soudain en sécurité. Elle n'avait plus besoin de penser à la mort, elle ne se sentait plus disposée à la recevoir de cette main qui essuyait le sang déjà sec sur sa poitrine.

— Ça ne va pas, dit-il soudain.

Sa voix résonnait comme amortie.

— Ton soutien-gorge me gêne. Il faut que tu le retires... comprends-tu ?

Il prit la bretelle entre deux doigts, la regarda d'un air gêné, fit un mouvement de la main. Sans un mot, elle saisit l'autre bretelle et fit glisser le soutien-gorge jusqu'à sa taille. Hesslich serra les dents, cracha de nouveau sur son tampon de gaze et poursuivit son travail. A un moment, il toucha par inadvertance le bout d'un de ses seins et elle eut un grand frisson comme sous une décharge électrique.

— *Prostite*... pardon, dit-il en s'arrêtant.

Elle sourit légèrement et secoua la tête :

— Il le faut...

Hesslich remarqua très vite que ces blessures n'étaient pas aussi graves qu'il l'avait pensé. Les déchirures des chairs guériraient rapidement. Peut-être resterait-il deux ou trois cicatrices minces et plus claires mais qui ne se verraient que lorsque Stella Antonovna serait déshabillée.

Et maintenant, qu'allait-il faire ? Pour gagner du temps, il découpa lentement une bande de taffetas gommé. Trois possibilités s'offraient à lui. La laisser libre ? Cela représentait la mort de plusieurs de ses camarades. La tuer ? J'en suis incapable telle qu'elle est devant moi les seins nus, jeune et belle avec ses cheveux blonds emmêlés, ses yeux bleu-vert où flotte encore la lueur violette du soleil disparu. Quant à l'emmener de l'autre côté du fleuve, c'est absolument impossible : comment passer avec elle les lignes russes ? Et ensuite, que ferait-on d'elle une fois que je l'aurais livrée comme prisonnière ?

Stella Antonovna, lève-toi brusquement, attaque-moi, tire de quelque part un second pistolet, oblige-moi à me défendre, mon Dieu.

Il ne restait plus qu'à coller sur sa poitrine un dernier morceau de taffetas. Il le fit.

— Merci, dit-elle.

— Stella... Toi, tuer moi ?

— Je ne peux pas.

— Et si je te redonne ton fusil ?

Il indiqua de la main l'arme couchée près de lui. Elle comprit, fit oui de la tête et lui sourit comme s'il venait de lui faire un très beau compliment.

Il ne se décidait pas pourtant. Plusieurs fois de suite, il abattit son poing dans la paume de l'autre main, se leva et se mit à marcher de long en large. L'obscurité était venue. La lumière du demi-disque de la lune s'infiltrait entre les nuages lourds et serrés que le vent entraînait lentement, et elle éclairait d'une lueur douce tout le paysage. Ce que je voulais, pensa-t-il, c'est l'avoir à portée de mon fusil. Mais jamais aussi près... Car j'avais peur, oui peur de t'approcher de moins de trente mètres. Cela, tu ne le comprends pas, n'est-ce pas ? Tu peux embrasser un homme et lui planter un couteau entre les côtes. On t'a dressée pour cela, comme une bête. Mais es-tu vraiment capable de le faire ? Avec ces yeux, cette bouche, ce corps ? Es-tu vraiment une bête, Stella ? Si seulement tu pouvais comprendre ce que je dis ?

Il avait sans doute parlé à haute voix, car elle répondit :

— Je comprends... Tu crois fini les blessures ?

Elle secoua la tête, se rejeta brusquement en arrière, croisa les bras au-dessus de sa tête :

— Non... blessures pas finies... les jambes... J'ai mal...

Sa voix était douce, celle d'une toute jeune fille, sans rien d'aigu ni de perçant comme lorsqu'elle criait : « Tue-moi ! »

C'est vrai, pensa-t-il. J'y suis aussi allé à grands coups de pied quand elle est tombée. Il considéra longuement cette tête inclinée sur le côté et demeura immobile.

— Est-ce un truc, Stella ? Si je savais ce que tu penses. Je te préviens : je suis plus fort et plus rapide que toi ! Et je prévois que tu m'attaqueras par derrière. Peut-être as-tu raison ? Peut-être est-ce la seule solution entre nous ? En finir ?

Il ne pouvait détacher ses yeux de son corps, de ses bottes salies de terre aux boucles blondes si innocentes. Finalement, il secoua la tête :

— Non, je ne peux pas te tuer, et c'est là-dessus peut-être que tu joues, toi qui traînes derrière toi je ne sais combien de cadavres ; une charogne, voilà ce que tu es peut-être...

Il se pencha pour tâter ses hanches, ses cuisses. Le tissu de l'uniforme était humide, poisseux. Du sang ? Il fallait donc lui retirer son pantalon... mais il l'aurait alors devant lui complètement nue.

Elle avait l'air de penser la même chose que lui, suivant ses mouvements du regard, mais sans lever la tête.

— Prudence est mère de sûreté, dit-il enfin. C'est l'une des sages devises de notre commandant Molle. Tu ne le connais pas, mais vous avez certainement des types comme lui comme instructeurs...

Il alla ramasser le petit pistolet Tokarev et le jeta le plus loin possible dans la forêt, mais dans une autre direction que le chargeur. Puis il prit le beau fusil de précision soviétique avec cette extraordinaire lunette de visée. Une fois encore, il ne put s'empêcher de l'essayer et demeura muet de saisissement : malgré la nuit, dans une lueur fantomatique, il voyait distinctement les contours des arbres. Il comprenait maintenant comment elle avait pu tuer Uwe Dallmann. Sans pitié, il s'approcha d'un tronc de bouleau, leva l'arme haut au-dessus de sa tête et l'abattit de toute sa force, de tout son poids.

— *Niet !* cria Stella.

Sa voix redevenue aiguë aurait réduit en miettes un verre de cristal.

— *Piotr, niet ! Tchiort ! Tchiort !* (Démon ! Démon !).

La crosse s'était brisée en deux à sa partie la plus mince. Au second coup, ce fut le tour de la charnière et le canon tordu lui resta seul dans les mains, tandis que la culasse et la lunette de visée retombaient assez loin dans l'herbe.

En deux bonds, Stella Antonovna s'était retrouvée près de Peter Hesslich. Comme une chatte en furie, elle s'était accrochée à ses épaules. Mais ce n'était pas l'attaque qu'il désirait pour pouvoir la tuer. Elle restait suspendue à lui, pleurant à haute voix, se lamentait la bouche ouverte, et les gémissements qui sortaient de sa gorge ressemblaient aux geignements d'un jeune chien abandonné :

— Piotr... Je te hais ! Oh, puisses-tu mourir en souffrant mille morts ? Pourquoi as-tu anéanti mon fusil ? Mais alors, pourquoi me laisses-tu vivre ? Tu peux tout faire avec moi, tout. Mais pourquoi n'as-tu pas laissé vivre mon beau fusil ? Je te maudis ! Je te maudis !

Elle arracha soudain ses mains des épaules de Peter Hesslich, replia ses bras en arrière, puis se laissa tomber sur le sol près de la culasse du fusil fracassé et de la lunette de visée. De ses yeux grands ouverts, elle regardait, tout près du sien, le visage de cet Allemand incompréhensible.

— Stella...

— Tu es un démon. Pourquoi ?

— Stella, je t'aime...

Il avala difficilement sa salive. Les mots qu'il venait de prononcer, il n'avait pas voulu les dire, mais ces mots usés, si souvent galvaudés, lui étaient venus simplement aux lèvres. Mon Dieu, est-ce qu'une guerre rend fous tous les êtres ? Il lui prit la tête entre ses deux mains, se pencha encore plus, baisa ses grands yeux vacillants, s'attendant à ce qu'elle réagisse en le frappant de ses deux poings. Mais elle ne bougea pas, comme paralysée, et quand elle sentit qu'il touchait sa bouche, elle ne le mordit pas.

— Je t'aime, répéta-t-il.

Elle demeura muette et immobile, même quand ses lèvres reçurent un second baiser, même quand il se mit à lui caresser le visage et les cheveux avec une tendresse qui déferla en elle comme une chaleur subite. Son cœur battit de plus en plus vite, et à chacun de ses battements, une béatitude inexprimable prit possession d'elle, de la pointe de ses pieds aux mollets, des mollets aux cuisses, de son sexe à ses seins, à son cou, à son visage. Mais cette sensation de bonheur, de chaleur, devenait de plus en plus forte, emplissait son cœur d'une sorte de désir passionné, celui d'un abandon total.

— Tu as toujours mal ? demanda-t-il.

— Oui... ici.

Pour découvrir la hanche et les cuisses, il dut ôter le pantalon, et comme il s'apprêtait à coller le dernier taffetas gommé sur la petite blessure proche du genou, elle laissa échapper un sanglot, lui prit la tête entre ses bras et la pressa contre son corps. En sentant la caresse remonter le long de ses jambes, elle eut l'impression d'éclater, comme si son sang bouillonnait et cherchait en vain une issue. Ses cuisses s'ouvrirent d'elles-mêmes. Elle le souleva presque par les épaules pour l'attirer à elle, ses jambes se refermèrent sur lui, et elle se laissa emporter par ce bouillonnement qui ne faisait que croître, par ce désir passionné qui anéantissait en elle toute pensée, qui la détachait de la terre comme du ciel... Elle s'entendit gémir, enfonça ses dents dans la poitrine de l'homme qui pesait sur elle, et elle voulut en vain crier « je meurs » au moment où il s'enfonça en elle et où sa conscience succomba définitivement sous une cascade de vagues brûlantes.

Ce n'était pas l'amour habituel, courant, c'était le souhait que seuls arrivent à formuler quelques couples élus, celui de mourir ensemble à cet instant précis, là où ils se trouvent. Avec une seule idée en tête, ne jamais s'éveiller de cet embrassement, ne jamais plus vivre dans un monde qui oblige ceux qui s'aiment à s'entre-tuer, ne jamais avoir à se poser la question effroyable : « Qu'allons-nous devenir maintenant ? » Jamais, jamais plus la réalité étouffante, celle de la guerre qui me force à admettre que tu es mon ennemi, que tu as tué mes camarades, tué Uwe Dallmann, que tu as liquidé des quantités d'hommes et de femmes de l'Armée Rouge.

Fuir, fuir ce monde, à jamais !

Le désespoir de leur amour les ressaisit de nouveau, totalement, quand ils se retrouvèrent comme dissous, étroitement enlacés, respirant profondément, leurs deux cœurs battant à se rompre, immobiles, n'étant encore qu'un corps unique soudé par une même sueur, leurs membres liés pour toujours, leur semblait-il. Puis la conscience leur revint peu à peu. Leurs doigts glissèrent le long de leur dos, leurs mains retombèrent, il approcha ses lèvres du visage dont l'expression, comme la sienne, était presque douloureuse, baisa les gouttes de sueur qui perlaient à la racine de son nez, aux commissures de ses lèvres et aux coins de ses yeux, derrière les oreilles.

Comment pourrons-nous continuer à vivre ? pensa-t-il. Qui pourra me répondre ? Et elle, de son côté, se disait : Jamais je ne serai plus Stella Antonovna. Que vais-je devenir ? Je suis finie ; un tas de cendres, voilà ce qui reste de ma vie antérieure. O Piotr, il n'existe plus de vie possible, plus de monde possible, pour nous.

Ils ne s'étaient pas séparés. Leur souffle s'était apaisé et ils sentirent que la force peu à peu revenait dans leur corps. Leurs baisers redevinrent plus longs, plus véhéments, leurs mains recherchèrent des voies nouvelles, et sans un mot ils s'abandonnèrent à cette vague de chaleur qui les pénétrait et qui emportait loin d'eux toutes leurs angoisses et toutes leurs questions.

Quand elle sentit que Piotr, pour la deuxième fois, se laissait aller en elle, ce fut comme si un coup de vent déchirait le voile de brouillard dans lequel elle avait erré jusqu'alors. Elle regarda sa tête, sa bouche à demi ouverte, elle sentit l'étreinte de ses mains d'homme contre ses seins, ce corps tremblant d'où la vie coulait en elle. Ce tableau, ses grands yeux épouvantés l'absorbèrent à jamais. Oui, il fallait en finir. Brusquement, elle replia les bras en arrière, et elle repoussa Piotr de toute sa force en refermant ses mains sur sa gorge.

Elle criait en même temps, criait devant ce visage interdit, devant ces yeux qui s'élargissaient, et elle ne criait que son nom : « Piotr ! Piotr ! Piotr ! » Ses doigts s'étaient crispés autour de ce cou, de cette pomme d'Adam dans laquelle s'enfonçaient les ongles de ses pouces ; les muscles de ses bras, tendus à l'extrême, lui faisaient mal, et elle ressentait cette crampe dans tout son corps jusqu'au fond de son ventre où il était encore, car elle avait refermé les jambes derrière son dos et il n'arrivait pas à se dégager. Et elle continua à crier jusqu'au moment où il abandonna toute résistance. Elle desserra alors les doigts et, sans connaissance, il s'effondra sur elle tandis que sa tête frappait durement le sol.

Mécaniquement, sans émotion apparente, elle se leva, remit son pantalon, enfila sa blouse déchirée par-dessus sa tête, enfonça sa casquette sur ses cheveux et boucla son ceinturon.

Elle prit ensuite le fusil de Hesslich, fit jouer le cran de sûreté puis, revenant vers le corps toujours inanimé, elle appuya le canon de l'arme contre sa tempe en tenant la crosse serrée contre sa hanche.

Il était couché sur le côté, les poings fermés, la bouche ouverte, les yeux vitreux. Son corps nu et puissant luisait au clair de lune. Elle se pencha pour mieux examiner l'homme qui maintenant lui appartenait et dont la survie dépendait d'elle, absolument. Elle vit les marques bleues de ses propres ongles.

— O Piotr, dit-elle doucement... Nous vivons, et pourtant nous sommes morts, nous sommes finis, liquidés...

Elle ne tira pas. Elle alla droit à l'arbre contre lequel Hesslich avait fracassé le nouveau fusil de précision mis au point par les Soviets. A son tour, elle frappa cinq fois de toutes ses forces pour séparer l'arme de Hesslich en trois parties. En les réunissant aux restes de son propre fusil, elle eut l'impression d'une sorte d'union supplémentaire. Puis elle revint à Peter Hesslich pour s'agenouiller près de lui.

Il était profondément inconscient et respirait faiblement. Elle recouvrit le corps nu de ses vêtements et glissa sous sa nuque la boîte à pain comme un oreiller. Elle approcha ses lèvres de celles de

Hesslich, baisa aussi ses yeux fixes, caressa le visage où le camouflage laissait des traces de terre brune.

— *Do svidaniya,* dit-elle doucement en continuant de l'effleurer de sa bouche. *Vsevo Khorochevo...* (Au revoir... Que tout aille bien pour toi.)

Lentement, elle entra dans le bois, se retourna pour voir une fois de plus la silhouette plus claire étendue à plat sur le sol. Puis elle se mit soudain à courir comme si on la poursuivait, droit devant elle, vers des hommes qui seraient tous différents de Piotr, vers un monde où elle devrait dissimuler le ciel qu'elle portait en elle et qu'elle n'oublierait jamais.

Après une demi-heure, un ordre bref retentit à une dizaine de mètres d'elle : « *Stoï !* »

Elle leva aussitôt les deux bras, reprit fortement son souffle, leva la tête : au-dessus d'elle, les nuages épais continuaient à voguer emportés par le vent, la demi-lune répandait çà et là des bandes irrégulières de lumière et un trou dans les nuages permettait de distinguer une étoile solitaire. Sa voix claire, habituée à donner des ordres, retentit :

— Je suis Stella Antonovna Korolenkaia, sergent de l'unité Baïda ! Retour d'une mission spéciale ! Je vous remercie, camarades.

Mais dans son ciel intérieur, elle continuait à se dire : merci, Piotr, merci pour tout. Je t'aimerai toujours.

Elle baissa les bras, avança vers le poste de garde où elle serra six mains de suite pour ajouter ensuite sur le même ton dur :

— Je dois immédiatement voir votre chef. Il m'est arrivé quelque chose d'inouï. J'ai de la peine à m'exprimer tant la chose est incroyable. Qui est le grand chef ici ?

— Le commandant Samioutine, 2ᵉ bataillon de mortiers. Nous vous accompagnons, camarade.

La guerre était déjà compliquée à cause des mensonges des hommes. Si les femmes elles aussi font la guerre, on ne s'y reconnaîtra plus.

Le commandant Samioutine fut le premier à recevoir le choc. C'était en effet inouï, incroyable, mais on ne pouvait en douter. La blouse déchirée de Stella Antonovna constituait une preuve suffisante de son récit :

— Quatre soldats de l'Armée Rouge m'ont attaquée par-derrière dans le bois...

Ses poings étaient fermés, et elle haletait véritablement d'indignation.

— Ils m'ont jetée au sol ! Je me suis défendue de toutes mes forces, mais que peut-on faire contre quatre hommes ?

— Quoi... que vous est-il arrivé, camarade Korolenkaia... ?

Le commandant Samioutine, malgré sa discrétion, ne pouvait

détacher son regard de la blouse déchirée qui ne cachait plus qu'une partie du soutien-gorge et découvrait les meurtrissures de l'épaule droite.

— Camarade, pardonnez-moi si je pose la question. Vous a-t-on... je veux dire, ces hommes ont-ils abusé de vous ?

— Vous voulez dire : comme femme ?

— C'est cela.

C'était décidément un homme très timide que ce Samioutine.

— Je me suis tellement défendue... Non !

— Je respire, camarade !

— Moi pas. On m'a volé mon fusil...

— Quoi ? Qu'a-t-on fait ?

Il s'était penché en avant. L'affaire devenait de plus en plus monstrueuse.

— Mon nouveau fusil de tireur d'élite. Une arme spéciale dont il n'existe que six exemplaires en Union soviétique, et c'est moi qui avais eu l'honneur de m'en servir la première ! Et ce sont des soldats de l'Armée Rouge qui m'ont attaquée et me l'ont volée...

Le commandant Samioutine eut l'impression qu'une avalanche d'enquêtes était suspendue au-dessus de sa tête et qu'elle allait rendre la vie difficile non seulement à lui mais à tout ce secteur du front. Désespéré, il demanda :

— Je ne sais vraiment que dire, camarade.

— Vous n'avez rien à dire, camarade commandant. Cette affaire ira jusqu'au général Koniev.

— Je le crains fort...

— Dans ce secteur, qu'y a-t-il en dehors de votre bataillon ?

— De l'artillerie, de la D.C.A., une troupe de renseignements, une boulangerie et le 3e escadron de chars...

— Eh bien, nous avons du pain sur la planche ! Commandant Samioutine, nous devons retrouver les quatre voleurs. Il faut que je récupère mon fusil...

On imagine l'excitation de Soia Valentinovna quand, au cours de la nuit, un coup de téléphone du commandant Samioutine lui apprit que la célèbre Stella Antonovna s'était réfugiée chez lui et qu'elle lui faisait l'effet d'être assez perturbée. On lui avait volé son fusil, et elle était elle-même dans un état de choc tel qu'on préférait la laisser seule, car pour l'instant il suffisait qu'un homme s'approchât d'elle pour déclencher en elle une réaction de haine...

A bord d'une jeep — du programme d'aide des États-Unis — et à grands coups de klaxon, Soia Valentinovna et le sous-lieutenant Ougarov se précipitèrent chez Samioutine.

— Mon petit oiseau ! s'écria Soia en apercevant Stella qu'elle pressa aussitôt contre sa poitrine plantureuse... Mon pauvre petit cygne tout misérable ! Quatre hommes ! Qui aurait pu résister ? Ces salauds ! Et ils ont volé le fusil ! Ha, il va y avoir une enquête ! Je ne laisserai pas dormir l'affaire ! Même si je dois écrire personnellement au camarade généralissime Staline.

Le commandant Samioutine s'abstint de tout commentaire. Les paroles de Soia le choquèrent, mais comment ce brave homme habitué à commander une unité normale eût-il compris le ton et le vocabulaire qui régnaient dans l'unité de Baïda ? Ougarov lui aussi tempêta, et ne voilà-t-il pas que Stella, criant plus fort que les autres, jura à son tour qu'elle se serait bien moquée d'être violée quatre fois, et même huit ou seize fois de suite, pourvu qu'on lui laisse son fusil... Si Samioutine n'eût pas été un athée convaincu, il se serait signé trois fois quand, aux premières lueurs de l'aube, Baïda, Stella Antonovna et Ougarov reprirent le chemin de leurs positions.

La nouvelle avait déjà atteint l'échelon de la division : la Korolenkaia attaquée par quatre soldats de l'Armée Rouge ! Le nouveau fusil disparu ! Une chose pareille ne *doit* pas arriver dans une armée. Par conséquent, sous aucun prétexte, le général Koniev ne devait être mis au courant de l'incident. Un colonel de l'état-major de la division appela Soia Valentinovna au téléphone. D'une voix chuchotante, il commença : « Ma chère, ma très bonne Soïtchka... »

Aussitôt, elle sut qu'elle allait gagner sur toute la ligne.

— Non ! dit-elle avant que le colonel ait pu poursuivre... Non ! Je ne retire rien, camarade, et je vous prie d'en prendre note : Soia Valentinovna Baïda ne pense toujours qu'à la vérité, et il est totalement inutile de vouloir l'en détourner par la force !

Le colonel se gratta la gorge très dramatiquement :

— Ma très chère... Korolenkaia va recevoir un fusil du même modèle.

— Ce n'est pas cela qui lui rendra l'ancien, et les coupables continueront à vivre en paix.

— Il s'agit du moral de la troupe.

— C'est exactement ce que je pense.

— Et ce moral doit être bon chez tous... en particulier celui de notre général Koniev ! Nous sommes à la veille d'une bataille décisive. Quatre hommes ne sont pas toute l'armée. Il y a toujours des poux quelque part...

— Dans mon unité, il n'y en a pas, on les enfume ! Je veux une enquête !

Le colonel soupira comme un grand-père habitué aux soucis :

— Très bien ! Camarade Soia Valentinovna, nous attendons d'abord votre rapport écrit et nous discuterons à fond les déclarations de Stella.

Tandis que Baïda téléphonait dans le poste de commandement, Stella était assise dans un baquet de bois du poste de secours. Elle se lavait, couverte de mousse de savon. Devant elle, assise sur un escabeau, Galina Rouslanovna la regardait.

— Tu es imprudente, dit brusquement la doctoresse.

Stella, le visage plein de savon, cligna des yeux pour la voir :

— Que veux-tu dire ?

— Quatre soldats de l'Armée Rouge t'ont attaquée ?

— Tu le sais comme tout le monde.

— Étrange, tout ce qui a dû se passer dans cette nuit...

Le ton de la doctoresse Opalinskaia était très calme.

— Sur ta poitrine et sur ton épaule, il y a des pansements allemands...

Avec une petite terrine en fer blanc, Stella Antonovna, sans rien perdre de la régularité de ses mouvements, continua à verser de l'eau propre sur son corps pour en ôter le savon. Puis elle plongea jusqu'au menton dans l'eau chaude du baquet et attacha sur Galina Rouslanovna un regard pensif :

— J'ai trouvé ces pansements dans le bois...

La doctoresse hocha plusieurs fois la tête :

— Je sais ! Les Allemands, en plus des bombes, nous jettent de l'équipement médical du haut de leurs avions. Et tu as trouvé ces pansements dans le bois, n'est-ce pas ? Quel hasard ! Et tu t'es fait toutes ces blessures en rampant vers l'ennemi, à travers les broussailles. Pauvre Stella !

— Que veux-tu ? demanda Stella, toujours immergée dans l'eau jusqu'au menton.

— Rien. Je dis seulement que tu es imprudente. Soia Valentinovna pourrait peut-être reconnaître l'origine de ces pansements, elle aussi.

— Je te remercie, Galia...

— De quoi ?

La doctoresse se pencha en avant :

— Tu l'as donc rencontré ?

— Qui ?

— Ne fais pas l'idiote avec moi, Stella. Celui à qui tu as pensé jour et nuit : l'homme de mort au bonnet tricoté.

— Oui.

— Et il vit encore ?

— Oui.

— Et tu es Stella Antonovna, notre grand exemple, l'héroïne dont on donnera le nom, gravé dans le marbre, à des rues, à des places, à des stations de métro, la Korolenkaia ! Qui peut arriver à comprendre une chose pareille ? Certainement pas moi !

— Si cela t'arrange, dénonce-moi à Soia Valentinovna !

Elle se leva, très droite dans le grand baquet, affrontant la doctoresse de toute sa nudité dégoulinante d'eau mais triomphante, et commença de s'essuyer en passant précautionneusement la serviette de toilette sur les endroits où le sang affleurait à sa peau. Galina lui prit la serviette pour les tamponner, ôter d'un coup sec le taffetas gommé, et les recouvrir de crème antiseptique et de sparadrap, russe cette fois.

— C'est cela la confiance que tu as en moi ?

— C'est ton devoir de patriote. Ce que j'ai fait mérite la mort, n'est-ce pas ?

— Ne parle pas de la sorte, Stella... Mais tu as au-dessus des seins et ailleurs quelques marques qui ne ressemblent guère aux autres et que Soia Valentinovna reconnaîtrait facilement. Il lui arrive souvent d'avoir les mêmes. A-t-il au moins de belles lèvres, de belles dents, en dehors de son bonnet tricoté ?

— Il s'appelle Piotr, dit Stella à mi-voix. Je devrais avoir honte, n'est-ce pas, Galina ?

— D'après notre code d'honneur, tu devrais te tuer.

— Je l'aime.

— Il a tué je ne sais combien de nos soldats, de nos amies.

— Moi aussi, j'ai tué beaucoup de ses camarades. Cent vingt-trois jusqu'à présent.

— Mais nous combattons pour la liberté de notre patrie, et lui...

— Lui aussi ! On a dû lui raconter la même chose. Et il l'a peut-être cru, au début du moins. La plupart des gens croient ce qu'on leur dit, ce qu'ils entendent, ce qu'ils lisent. Et s'il y en a qui découvrent finalement la vérité, c'est trop tard, il faut qu'ils suivent. Quant à moi, je connais mon devoir, et je le ferai, Galina.

Debout devant le baquet, elle laissa retomber les bras le long du corps et attendit que la doctoresse eût fini de recouvrir de sparadrap soviétique les endroits blessés et les autres, encore plus suspects, ces marques laissées par l'amour.

— Tu es belle, Stella. Le sais-tu ?

— Peut-être trop de muscles... Il y en a de plus belles que moi. Janna Ivanovna était plus belle, par exemple...

— C'était une chatte, un félin noir. Quand on te voit, on pense à notre terre russe, si féconde ; à l'infini de nos champs de blé ; aux ondulations des herbes de notre steppe dont l'argent brille au soleil...

— C'est un amant qui a le droit de parler ainsi, et non pas toi...

Elle passa ses doigts dans ses cheveux courts, fit retomber sur son front leurs boucles blondes. Puis elle se retourna vers son uniforme qu'elle avait jeté sur un tabouret :

— Y a-t-il encore d'autres endroits qui ont besoin de sparadrap ?

— Y a-t-il encore d'autres endroits suspects ? répondit la doctoresse Opalinskaia, dont le regard s'abaissa pour se fixer sur le triangle de l'entrecuisse. Stella sentit que son visage s'empourprait.

— Je ne pense pas que Soia Valentinovna exprime le désir de pousser si profondément son enquête. Puis-je me rhabiller ?

— Oui.

Elle remit dans la boîte le sparadrap inutilisé, la referma d'un coup sec.

— Que comptes-tu faire, si tu le rencontres de nouveau ?
— Je ne sais pas. Mais c'est ce dont j'ai peur.
— Pourrais-tu tirer sur lui ?
— Peut-être, s'il tire le premier...
— S'il tire le premier, tu n'as plus aucune chance de le toucher. Il n'y aura plus de Stella Antonovna, et ce sera tout.
— Ne serait-ce pas la meilleure solution ?
— Et tu crois pouvoir te battre avec cette paralysie de ton cœur et de ton cerveau ?
Elle attendit que Stella eût mis son soutien-gorge et son slip pour poursuivre :
— Quand tu verras son bonnet tricoté, tu seras devant lui comme un petit lapin devant un serpent.
— Il ne le portera jamais plus.
— Il te l'a promis ?
— Non, mais il ne l'a plus.
Elle fouilla dans la poche gauche de son pantalon et en tira le bonnet gris pour l'agiter comme un petit drapeau devant Galina interdite.
— C'est moi qui l'ai ! Je le lui ai pris !
Galina Rouslanovna toucha le bonnet du bout des doigts comme s'il s'agissait de quelque chose de fragile, de précieux, d'irremplaçable. Elle était médecin, étrangère à tout ce qui était mystère et mystique, et pourtant, l'apparition de cet emblème de mort la fit soudain frémir d'appréhension.
— Il avait perdu connaissance quand je l'ai quitté. Je l'ai presque étranglé, après... Autrement, je n'aurais jamais pu me séparer de lui. Il m'avait vaincue, mais il ne savait plus que faire. Cela doit t'aider à comprendre, n'est-ce pas ?
— Je comprends que je dois comprendre une quantité de choses inadmissibles. En plein milieu de notre Grande Guerre Patriotique, tu aimes un ennemi mortel de notre pays. On ne peut qu'en trembler.
— C'est pourtant ainsi. Dis-moi, Galina Rouslanovna. Tu es si intelligente, tu as étudié, tu es médecin et tu connais l'âme humaine. Comment puis-je continuer à vivre avec cet amour ?
— Il n'y a que deux possibilités, Stellinka. La première, c'est de te faire transférer dans un autre secteur. Tes relations à Moscou et l'estime que te porte le général Koniev te le permettent. Tu n'as qu'à dire que tu supportes mal la camarade Baïda.
— Ce serait déclencher aussitôt une enquête contre Soia Valentinovna. Non, c'est impossible !
— Deuxième solution : nous devrions prier pour que ce Piotr, comme tu l'appelles, soit tué le plus rapidement possible.
— Tu es cruelle, Galina Rouslanovna.
Stella mit le bonnet dans la poche de son pantalon, hésita un instant, puis l'en tira pour le fourrer dans son décolleté. Elle

boutonna ensuite sa blouse jusqu'au dernier bouton du col. La doctoresse fit la moue :

— Ton cœur ne sera plus jamais complètement russe. Tu seras désormais malade, pour toute la vie, sans guérison possible. Jette ce bonnet au fond d'un trou d'obus, déchire-le. De toute façon, détruis-le. Mais ne vis pas avec lui. C'est la mort que tu presses contre tes seins, et il n'y a pas de quoi être heureuse...

— Je tremble de bonheur, Galina.

— Tu es un monstre !

— Pour la première fois, je me sens vraiment une femme.

— Et c'est l'œuvre d'un Allemand, d'un agresseur...

— C'est l'œuvre de l'homme que j'aime. Peu m'importe d'où il vient. Mais je sais maintenant ce qu'est l'amour. Il vient de l'Allemagne nazie, soit, et moi de la Russie soviétique. Franchement, Galina, que signifient ces appellations ? Nous nous sommes embrassés, et nous nous sommes reconnus : nous étions des êtres humains. Cela ne suffit-il pas ? N'est-ce pas là le sens véritable de la vie ? Toi qui es médecin, tu dois sauver cette vie, n'est-ce pas ?

— Oui, je sauve la vôtre pour que vous puissiez toutes continuer à tuer. Drôle de métier !

Elle écarta les bras et les laissa retomber.

— Où as-tu perdu ton fusil ?

— Il l'a fracassé contre un arbre ; ensuite, j'ai fracassé le sien.

— Presque un symbole ! Et ton pistolet ?

— Il l'a jeté au loin dans le bois.

— Et ton couteau ?

— Je l'ai encore.

Elle hésita avant de poursuivre :

— Je sais ce que tu vas dire : j'aurais pu, j'aurais dû le tuer. Mais toi, l'aurais-tu fait ? Il est couché près de toi, tu sens la chaleur de son corps, ta peau absorbe sa sueur, tu entends sa voix, tu vois ses yeux, son souffle passe sur ton visage, partout et pour toujours il n'y a plus que lui, il est le monde, l'espace et le temps. Et tu vas prendre un couteau et le frapper par-derrière, droit au cœur ? Pourrais-tu le faire, Galina Rouslanovna ?

— Il n'y a jamais eu d'homme qui ait pris à tel point possession de moi, dit la doctoresse d'une voix hésitante. Et il n'y en aura jamais.

— N'as-tu jamais aimé ?

— Peut-être ?

Son regard fixait le mur de terre de l'abri.

— Pas comme tu le dis, Stellinka. Moi aussi, je me suis sentie comme possédée, et quand un homme m'a plu, quand il était intéressant, quand j'avais envie de lui dans mon lit, eh bien, je l'ai pris, tout simplement. Souvent, c'était comme un pari : tu vois celui-là, avec les boucles brunes ? Il s'appelle Abdulkhan, il vient de l'Azerbaïdjan, il étudie les hautes fréquences, il veut construire des fusées... eh bien, ce soir, il couche avec moi! Et Constantin, qui voulait être chimiste. Il avait des yeux pleins de mélancolie et de musique, un visage comme dessiné, un petit membre. Sais-tu que les hommes petits et délicats sont les meilleurs amants, les plus endurants, les plus acharnés? Le genre géant et taureau s'épuise vite et sue sang et eau à pleins seaux. Les petits fluets sont comme des hélices qui continuent à tourner quand le moteur est arrêté depuis longtemps? Deux jours et trois nuits, nous sommes restés couchés ensemble... Oui, c'est toujours comme cela. Celui que je veux, je me l'envoie! Tout comme celui qui me veut, quand je suis bien disposée...

Elle leva les yeux sur Stella qui s'était appuyée au mur, près de la porte de l'abri après avoir enfoncé son calot sur ses boucles blondes.

— Dis-moi, Stella, ce genre d'amour, est-ce de l'amour?

— Non! dit Stella Antonovna à voix haute... Je le sais maintenant!

Elle s'éloigna du mur, se tint très droite :

— Tu préviendras Soia Valentinovna que je suis revenue avec le corps plein de pansements allemands...

— Où y a-t-il ici un seul pansement allemand?

— Comment te remercier, Galia?

— Je n'ai pas besoin de remerciements. Mais je me fais du souci à ton sujet. A chaque Allemand que tu mettras désormais en joue, tu vas penser : « N'est-ce pas Piotr? » Et tu hésiteras, ta main tremblera, tes yeux se brouilleront. Qu'est-elle devenue, la grande Korolenkaia?

— Je le sais...

Stella Antonovna ouvrit la porte.

— Ne suffit-il pas que je le sache?

La doctoresse Opalinskaia haussa les épaules et étreignit la serviette mouillée avec laquelle Stella s'était longuement séchée.

— Cet amour qui est le tien, c'est peut-être cela, l'amour dont on parle. Il serait réservé à quelques-uns, très rares. Mais je ne t'envie pas...

Sa voix était devenue très rauque :

— Non, jamais je ne voudrais ressentir quelque chose de semblable... J'aurais peur.

Elle attendit que Stella eût quitté le poste de secours. Puis elle lança la serviette sale dans un coin, donna un grand coup de pied dans le baquet d'eau, et se promit, contre toute raison et malgré son amitié superficielle avec Soia Valentinovna, de renverser une fois le beau sous-lieutenant Ougarov sur son sac de paille. Là aussi, il s'agit de tirer et de faire mouche, pensa-t-elle. C'est cela, mon livret de tir à moi! Pourquoi épargnerais-je Ougarov?

Quand Stella Antonovna entra dans le poste de commandement, Soia Valentinovna et Ougarov s'y trouvaient. En y mettant beaucoup de temps et d'énergie, Ougarov avait calmé un peu sa maîtresse si bien qu'elle recommençait à parler presque raisonnablement en s'abstenant d'accompagner chaque mot d'un effroyable juron. En voyant Stella, elle se remit à crier :

— Ils veulent nous faire observer un silence de mort, mon petit cygne. Ils en pissent dans leur froc, à l'état-major de la division ! Pourvu que le général Koniev n'en sache rien ! Et que le ciel nous protège si le département politique de Moscou s'en empare... il faut faire preuve de prudence dans une telle affaire ! Ainsi, quatre soldats soviétiques attaquent notre Korolenkaia et lui volent son fusil, et il ne faut en parler qu'en chuchotant au fond d'un puits ! Le même colonel Koskanian qui jetait feu et flamme en me promettant de prendre lui-même cette affaire en main et de restituer à Stella son honneur de soldat et de femme, est le premier à murmurer : « Ma chère camarade... » Sa chère camarade, moi !

Ougarov tenta de l'interrompre non sans quelque réprobation, mais Soia Valentinovna avait déjà repris son souffle :

— Tous veulent se taire ! Stella a reçu un nouvel appel de la division : « Ton nouveau fusil arrive après-demain ! » Mais moi, je veux la justice ! La justice pour Stella, mon petit cygne ! Je vais faire venir ici le général de la division, et il faudra qu'il présente lui-même ses excuses à ma Stella...

Très calme, Stella l'avait écoutée en tenant les yeux fixés quelque part sur le mur, au-dessus de la tête de la capitaine :

— En réalité, nous devons nous tenir tranquilles et régler cette affaire entre nous. On peut aussi présenter cette histoire de façon tout à fait différente : comment, Stella est à la recherche d'un Allemand dangereux qui se promène dans nos lignes, et elle n'a pas entendu les quatre soldats de l'Armée Rouge qui l'ont attaquée ! Mais alors, on l'a jusqu'ici surestimée ! Comment peut-elle vaincre un ennemi si elle est à moitié sourde ? Voilà ce que l'on peut dire, Soia Valentinovna.

Ougarov saisit l'occasion au vol, non sans jeter à Stella un regard de reconnaissance :

— Stella a raison. D'abord, le nouveau fusil va arriver. Deuxièmement, la guerre continue ! Notre seul objectif, c'est d'entrer en vainqueurs à Berlin ! A mon point de vue, c'est cela qui compte le plus !

— Avec de la logique, on peut prouver que nous marchons la tête en bas, dit amèrement Soia Valentinovna. Je m'incline devant ce grand objectif. Mais je vais les laisser mijoter un peu... Il est bon que tout le monde sache à la division qu'il est dangereux de se frotter à moi.

Deux heures plus tard, Sibirtzev revint lui aussi, déçu et grognon.

Non seulement, il n'avait pas découvert d'Allemand, mais une jeune paysanne qui travaillait dans son jardin et dont il s'était approché pour la saisir par derrière, avec précision, sous la jupe, loin de pousser des cris d'allégresse et de tourner vers lui des yeux reconnaissants, lui avait asséné un grand coup de pied dans le tibia, puis un magnifique coup de manche de pelle en pleine poitrine. Et pourtant, cette prise par derrière lui avait toujours réussi en Sibérie ! Pour une fois, elle avait eu l'effet contraire. Bref, la malchance sur toute la ligne. Ce fut d'une voix maussade qu'il rendit compte de son premier insuccès :

— J'ai abandonné mes recherches. L'ennemi est certainement sorti de notre secteur.

Soia Valentinovna murmura quelque chose d'incompréhensible, congédia Sibirtzev et inscrivit dans le journal de la compagnie à la date du jour : « Retour de la dernière patrouille sans avoir obtenu de succès. »

Près du poste de secours, le Sibérien rencontra Stella Antonovna :

— Te voici de retour, toi aussi ! Je n'ai pu t'apporter ton Allemand comme je l'aurais voulu. Il a disparu comme un fantôme.

Elle le regarda d'un air indifférent :

— De toute façon, nous le rencontrerons un jour ou l'autre. Il accomplit la même tâche que nous. Tôt ou tard, nous nous retrouverons face à face...

Reste sur l'autre rive, Piotr, pensait-elle en même temps. Fais-toi porter malade, ou lève la main gauche, je saurai que c'est toi et je te blesserai pour qu'on t'expédie en Allemagne. La guerre suivra bien son cours sans toi. Peut-être aurons-nous gagné la guerre dans quelques mois, et tu lui auras survécu ! Il faut que tu vives longtemps, longtemps, longtemps... Ne joue plus au héros, Piotr. A quoi cela te servira-t-il ? Vous avez perdu, et on ne vous l'a pas encore dit. J'espère que tu ne feras pas partie des centaines et des centaines de milliers d'Allemands qui mourront encore à cause de ce mensonge...

Après avoir reçu son dîner, elle s'assit dans un recoin de tranchée éclairé par le soleil couchant pour manger tranquillement en compagnie de Lida Ilianovna, Marianka Stepanovna et de la grosse Naïla Tahirovna. Ensemble, elles étendirent sur leur pain de la marmelade, burent de la vraie limonade russe, cette boisson délicieuse qui, l'été, en temps de paix, fait concurrence dans les rues des villes aux glaces et aux gaufres que vendent les marchands.

— J'ai entendu quelque chose, dit soudain Lida Ilianovna en se penchant en avant comme s'il s'agissait d'un grand secret. Ougarov et Soia Valentinovna en discutaient à voix haute. Les mois de calme sont finis. Notre artillerie est prête, notre aviation aussi. Et les Allemands vont attaquer...

Que vas-tu dire aux tiens, Piotr, à ton retour, pensait Stella.

Comment vas-tu expliquer la perte de ton fusil ? Et ton bonnet ? T'en feras-tu tricoter un autre ?

Elle respira profondément pour sentir le frottement de la laine entre ses seins et serra les lèvres pendant quelques secondes avec l'impression que sa main, sa main à lui, glissait, s'insinuait, la caressait.

Je t'en supplie, Piotr, sauve-toi. Nos armées vont écraser la tienne... Ne joue plus au héros, Piotr...

Quand Peter Hesslich sortit enfin de son évanouissement, il était trop tard pour prendre le chemin du Donetz. A l'horizon pointaient les premières traînées du jour, la nuit était grise et pâle, il ferait complètement clair dans une demi-heure.

Malgré la chaleur de l'été, il eut soudain froid, fit quelques mouvements rapides et se rhabilla. Il s'approcha du gros bouleau, regarda les débris des deux fusils et les jeta au loin, en pleine forêt. Il regarda partout autour de lui pour retrouver son bonnet et, après plusieurs minutes de recherche, dut admettre qu'elle l'avait emporté.

Il s'assit à la lisière du bois pour contempler le disque laiteux du soleil qui ne se teinta de rose qu'après avoir franchi la ligne de l'horizon. Du sol de la steppe, des bancs de vapeur commencèrent à se dégager, des nuages sortirent du Donetz, aspirés eux aussi par le soleil.

Je vis, pensa-t-il. Comment aurais-je pu le prévoir au moment où elle m'a enfoncé ses deux pouces dans le larynx, sans que je puisse résister ? Lorsque j'ai compris ce qui m'arrivait, c'était trop tard. C'est entendu, tu m'as laissé vivre, Stella, mais là tu as commis une faute. Qu'avons-nous gagné, toi et moi, en continuant à vivre ? Le problème demeure insoluble : nous sommes condamnés à nous tuer. Mais cela nous est-il possible ? Moi, je ne le peux plus. Il est arrivé cette nuit quelque chose de fantastique. Je sais que cela a l'air exagéré, sentimental, etc. On peut dire tout ce que l'on veut : le fait est que je ne suis plus seul. Tu vis en moi, tu respires chaque fois que je reprends mon souffle...

Là où l'herbe était le plus foulée par leurs deux corps, il aperçut un petit morceau de taffetas gommé qui s'était décollé sans doute au cours d'un embrassement passionné. Sur le petit coussin de gaze, il y avait une tache de sang. Il le porta à ses lèvres puis l'enfouit dans son portefeuille à côté de la photographie de ses parents, une photo jaunie et craquelée où le professeur de géographie et de français et sa femme étaient assis sur la plage de galets de Nice avec, à l'arrière-plan, la Promenade des Anglais. Pensez donc, à une telle époque, un professeur allemand avait osé s'offrir deux semaines à Nice, chez l'ennemi héréditaire dénoncé par Hitler ! Et c'est peut-être pour cela qu'il souriait face à l'appareil photographique au lieu de lui jeter le regard amer et dur d'un hitlérien.

Peter Hesslich demeura toute la journée caché dans son bois. L'activité qui se déployait partout autour de lui et surtout dans les airs le frappa d'abord, puis l'inquiéta. Jamais il n'avait encore vu dans ce secteur autant d'avions soviétiques. Ils ne survolaient plus les lignes allemandes, mais se contentaient de les surveiller d'une très grande hauteur. Quelques chasseurs allemands apparurent soudain vers midi, la D.C.A. soviétique tonna pendant une demi-heure, puis avions allemands et russes se séparèrent sans pertes.

Curieux, se dit-il. En général, la Luftwaffe du « Gros », comme on nommait Goering, demeurait au sol, paralysée par le manque de carburant, les pertes sévères encaissées pendant la bataille d'hiver pour ravitailler Stalingrad, et les difficultés croissantes d'approvisionnement.

De l'autre côté du bois, de grandes colonnes d'hommes et de chars défilaient sans cesse, et le vent apportait ce grondement jusqu'aux oreilles de Peter Hesslich. Cela dura jusque dans l'après-midi. Par trois fois, il dut se réfugier dans sa cachette, d'abord à cause de deux batteries d'artillerie légère, puis d'une colonne de voitures blindées, et enfin de trois groupes hippomobiles de D.C.A. La poussière qu'ils soulevaient retombait sur les arbres, pénétrait partout, rendait la respiration difficile. Et Hesslich continuait à penser.

Où es-tu maintenant, Stella ? Es-tu toujours sur la rive du Donetz, prête à tuer ? Notre situation est désespérée, n'est-ce pas ? Impossible d'échapper à notre destin. Pourtant, notre Terre est si grande, mais il n'y a de place ni pour toi ni pour moi. C'est incompréhensible : cinq cent dix millions de kilomètres carrés, dont cent quarante-neuf millions de terre ferme, et même pas un mètre carré où nous puissions nous rejoindre. Nous n'avons pas le droit de nous aimer, de vivre, parce que Hitler et Staline nous l'interdisent ! Comment les hommes supportent-ils cette folie sans crier leur révolte ?

Stella, serions-nous moins que la poussière qui retombe sur moi ? Elle a au moins une place où elle peut se poser. Nous, nous n'en avons aucune...

Dès que l'obscurité noya la forêt et la steppe, il prit le chemin du retour, suivant le terrain accidenté, évitant les positions de l'artillerie légère et des mortiers, contournant les ateliers, les unités en réserve avec leurs stocks de matériel, leurs installations radio et leurs chars soigneusement camouflés. Cette concentration inhabituelle de troupes le stupéfia. Quelques jours plus tôt, quand il avait pénétré à l'intérieur des lignes soviétiques, la situation était loin d'être aussi menaçante.

Au milieu de la nuit, il atteignit le secteur le plus critique : l'étendue de steppe toute plate qui bordait le Donetz avec ses villages détruits et ses granges et ses hangars incendiés. Le sol était creusé de trous d'obus, et il s'aperçut que la ligne des avant-postes était renforcée, plus dense qu'à son arrivée. Ce qui le frappa surtout, ce fut le système des tranchées qui constituaient la ligne principale de défense et dont les quatrième et cinquième chaînons étaient supérieurs à tout ce que Hesslich avait connu jusqu'alors. Il compta jusqu'à sept échelons : ainsi les récits des prisonniers et des déserteurs étaient exacts. Même si les Allemands submergeaient les trois ou quatre premières lignes, comment pourraient-ils éviter un échec décisif devant la chaîne des sixième et septième positions ? Et derrière cette série effrayante d'obstacles, les Soviets avaient massé tout leur potentiel, brigades d'artillerie et de chars, réserves d'infanterie prêtes à intervenir. A cela s'ajoutait l'immensité de ce pays : allait-on s'y enfoncer une fois de plus comme à Stalingrad, du Donetz au Don, du Don à la Volga ? Mais de l'autre côté de la Volga, c'était encore la steppe infinie qui aboutissait à la Sibérie du Sud, aux territoires des Kalmouks et des Kirghiz, au bassin gigantesque du Kazakhstan. Comment conquérir tout cela, comment l'occuper ? C'était vouloir saisir l'insaisissable...

Hesslich mit trois heures pour traverser les lignes avancées des Soviets. Ce fut en rampant qu'il atteignit le fleuve. Là, il se laissa glisser dans l'eau et, dans un crawl puissant, gagna la rive allemande. Il demeura quelques minutes dans l'eau avant de grimper la pente douce du talus. Il allait se secouer comme un chien mouillé quand une voix dure l'interpella :

— *Stoï !* Allez, les nageoires en l'air, Ivan !

— N'appuie surtout pas sur la détente espèce de trou du cul, répondit Hesslich du ton le plus agréable qu'il put. Je suis l'adjudant-chef Hesslich, commando spécial... Je veux parler à votre chef, et vite ! Je reviens d'une mission derrière les lignes soviétiques. Et pressez-vous un peu, c'est urgent...

Une demi-heure plus tard, il se retrouvait au P.C. du régiment et téléphonait à la division. Ses informations semblèrent si importantes qu'on alla tirer le général du lit. On n'oublie pas facilement un homme comme Hesslich, et le général prit aussitôt l'appareil :

— Alors, vous avez réussi et vous êtes revenu sain et sauf. Personne ne croyait plus à votre retour...

— Moi non plus, mon général...

En fermant les yeux, il revoyait l'immense concentration des troupes soviétiques.

— Mon général, je dois vous dire que les Soviets ont massé dans notre secteur de fortes unités de canons antichars, et que des troupes nouvelles occupent un système de tranchées qui compte jusqu'à sept échelons.

— Nous le savons tout comme le haut commandement de l'armée. Et le quartier général du Führer ne l'ignore pas lui non plus.

— Puis-je vous poser une question, mon général ?

— Allez-y, Hesslich.
— Comment allons-nous nous frayer un chemin à travers tout cela ?
— Comme toujours, Hesslich. A force de courage et de combativité !
— Contre des chars et des armes antichars appuyées par une D.C.A. qui est meurtrière dans les combats terrestres ?
— Hesslich, est-ce que cela est *votre* affaire ? Racontez-moi plutôt dans l'ordre tout ce que vous avez vu. Et demain, présentez-vous à la division. Je veux que vous me confirmiez votre rapport par écrit.
Dans le rapport que fit Hesslich au téléphone et qu'un sténographe nota grâce à un second écouteur, sa rencontre avec Stella Antonovna ne fut pas mentionnée. Quand il eut terminé de parler, le général intervint :
— Vos informations sont précieuses, Hesslich. Demain, venez signer votre rapport. Notre reconnaissance aérienne a déjà fait des observations à ce sujet. Merci.
Il raccrocha, laissa pensivement sa main reposer sur l'appareil puis se tourna vers son premier officier breveté chargé des opérations, le colonel von Foubelais, qui le regardait fixement ; dans le silence qui suivit, le colonel dit d'une voix changée :
— Dans notre secteur, nous disposons de mille quatre-vingt-un chars répartis entre les quatre armées du général Hoth et le groupe d'armées Kempf. Ce nombre comprend deux cents chars « Panther » et quatre-vingt-dix nouveaux « Tigre » lourds. Dans le secteur Bielgorod-Tomarovka et Bielgorod-Voltschansk, nous avons six chasseurs de chars « Ferdinand ». Ce sont des fortifications roulantes qui pèsent soixante-dix tonnes, presque indestructibles, mais qu'on ne peut guère employer pour le combat rapproché. Nous avons ensuite une centaine de chars nains « Goliath » téléguidés, et des chasseurs de chars avec leur calibre 128 mm. C'est tout. D'après nos plans, après une préparation massive d'artillerie soutenue par la flotte aérienne n° 4, on compte surtout sur les chars pour submerger le système des tranchées soviétiques. Viendront ensuite l'infanterie et l'artillerie légère et l'artillerie anti-aérienne. Sous cette cloche de feu, le génie lancera sur le Donetz des ponts de bateaux...
Le colonel von Foubelais respira fortement :
— Mais la situation semble totalement différente. Tout nous porte à croire que les Soviets ont édifié un système de défense élastique. Ils vont nous laisser pénétrer dans leurs lignes pour éliminer ensuite ce fer de lance en l'attaquant de tous les côtés au moment où nos succès apparents nous auront attirés trop loin...
Le général était aussi amer que lui :
— Essayez donc de faire comprendre cela au Führer ! Manstein nous a raconté ce que Hitler lui a dit, à lui comme à von Kluge, lors de leur dernière visite à son Q.G. Il leur a exposé ses vues sur les

Russes, sur leur valeur militaire, sur leur combativité ! Je vous le dis, Foubelais, c'est invraisemblable. Invraisemblable, mais fascinant ! Ce qui fait sa supériorité dans les discussions, c'est que tout paraît possible, réalisable, quand il parle ! Même quand c'est de la folie pure !

Il reprit le téléphone :

— Passez-moi le groupe d'armées... oui, le maréchal lui-même. Je dois parler *immédiatement* au maréchal von Manstein...

Après trois minutes d'attente, il raccrocha :

— Il est parti pour Bucarest... Une ruse de guerre : les Soviets doivent croire que nous ne pensons pas encore prendre l'offensive ! De toute façon, c'est trop tard. Le jour J demeure fixé pour après-demain. C'est l'ordre du Führer. Et le fer de lance, c'est nous...

Le surlendemain, c'était le 5 juillet 1943. L'opération « Citadelle », la bataille de Koursk, la plus grande bataille de chars de tous les temps, allait commencer.

Trois millions deux cent mille soldats soviétiques étaient prêts à infliger à l'armée allemande une défaite écrasante.

Vers le matin, Peter Hesslich revint à la 4e compagnie. Une motocyclette conduite par un caporal-chef le ramena vers l'avant.

Le sous-lieutenant Bauer III embrassa Hesslich, et l'adjudant-chef Pflaume ordonna immédiatement de lui servir une tranche de rôti aux nouilles, et de l'eau-de-vie bien entendu.

— Tu fais des miracles, s'exclama Bauer III. Personne n'aurait osé parier un pfennig sur ta peau. Étais-tu loin derrière leurs lignes ?

— Assez loin... Nous allons nous retrouver en pleine merde... Ils sont prêts, Franz ; la vérité, c'est qu'ils vont nous laisser avancer un peu, puis nous liquider en attaquant de tous les côtés à la fois. C'est incroyable ce qu'ils ont concentré comme forces ! Des montagnes de matériel...

— Nous allons démolir tout ça...

Épouvanté, Hesslich regarda le sous-lieutenant :

— Franz, tu ne crois pas ce que tu dis !

Bauer III esquissa un sourire de travers :

— Mais si, Peter, mais si ! Pour attaquer, il faut un moral de fer, n'est-ce pas ? Or, nous attaquons après-demain...

Tout commentaire était superflu.

La perte de son fusil, qu'il avait dû lâcher en nageant dans le Donetz pour ne pas être entraîné par le courant (c'est du moins ce qu'il expliqua), lui causa moins d'ennuis qu'à Stella Antonovna. En inscrivant cette perte sur son rapport pour le transmettre à l'arrière, l'adjudant-chef Pflaume leva vers lui un regard admiratif :

— Tu as une chance de cocu ! Et tu les as vues de près, les gonzesses d'en face ?

— De près, et suffisamment. Ce sont des filles dangereuses, Richard. Très dangereuses. Fanatiques jusqu'à la mort.

— Des filles comme ça, ce doit être formidable au lit ! A tout hasard, mon fusil d'assaut personnel est fin prêt, et celui-là ne me lâchera pas au milieu du fleuve !

— Tu les verras après-demain, mon gros...

Il roula une cigarette en puisant dans la blague à tabac de Pflaume et demeura un instant rêveur, les yeux fixés au plafond de l'abri.

— Tu vas être drôlement étonné, dit-il enfin, sur un ton très calme. Vous allez tous être étonnés. Je sais que nous mettons tous nos espoirs dans notre nouveau char, le « Tigre ». Mais ceux de l'autre côté du fleuve sont prêts à nous recevoir...

Le 4 juillet, la veille de l'offensive, des centaines de bombardiers soviétiques accompagnés de chasseurs Rata et d'avions d'assaut porteurs d'armements lourds déferlèrent sur les lignes allemandes. En même temps, l'artillerie lourde de l'ennemi ouvrait le feu, écrasant les positions des Allemands à l'arrière. Avant que ces derniers aient pu réagir, avant que la 4e flotte aérienne eût pris l'air avec trois pauvres petites escadrilles de Stukas, deux escadrilles et ses deux groupes de combat, un déluge de bombes s'abattit sur les positions de départ des troupes, bouleversant toute la structure du dispositif prévu pour l'offensive du lendemain. Grâce à la centrale d'espionnage « Luzy » installée en Suisse, le Kremlin, les maréchaux Rossokovski et Vatutine et le général Koniev ne s'étaient pas laissé prendre au piège du voyage de von Manstein à Bucarest. Ils savaient que l'offensive allemande était fixée pour le 5 juillet, qu'environ mille cinq cents chars allemands y prendraient part. Si les « Tigres », les « Panther » et les « Ferdinand » leur inspiraient du respect, ils ne les redoutaient plus.

Au moment où le tonnerre des canons et de l'armée de l'Air soviétique s'abattit sur les lignes allemandes, le maréchal Vatutine, commandant du front de Voronej contre lequel allait d'abord déferler la grande offensive de Koursk, prenait connaissance des dernières nouvelles provenant des lignes avancées en buvant une tasse de thé.

— Et ils vont attaquer malgré tout, dit-il enfin. On ne sait ce qu'il faut admirer le plus, leur courage ou leur bêtise...

Dans son train de commandement dissimulé près des armées qui allaient se sacrifier, le maréchal von Manstein lui aussi parcourait les informations venues du front. L'officier d'état-major chargé des opérations et celui qui dirigeait la section logistique se tenaient penchés sur la grande carte. Ce dernier dit à son compagnon sans que Manstein pût l'entendre :

— Il y a eu des fuites. Les Soviets connaissent donc la date de notre offensive, le 5 juillet.

— Ça, c'est vous qui le dites...

De l'index, il suivait sur la carte les points d'impact des bombes et des obus soviétiques, que signalaient déjà les premiers rapports téléphoniques : le poste de commandement du 3e corps blindé était anéanti. On comptait vingt-neuf avions soviétiques abattus... Dans le secteur du 2e corps blindé SS, forte activité de l'artillerie... La 320e division d'infanterie subissait un violent bombardement.

— Mais comment expliquer autrement cette action préventive ? demanda l'officier chargé de la logistique.

— C'est peut-être un hasard...

— Depuis longtemps, je ne crois plus au hasard quand il s'agit des Russes... Tout cela sent leur résistance, l'espionnage derrière nos lignes...

— Rien n'a plus d'importance maintenant ! Demain, nous allons changer la face du monde...

Dans le secteur de la 4e compagnie, le long du Donetz, le déluge de bombes et d'obus s'était lui aussi abattu. De l'autre côté du fleuve, comme partout ailleurs sur ce front, les femmes de Baïda, en état d'alerte, contemplaient l'enfer de feu, de fumées, d'explosions, de geysers de terre qu'étaient devenues les lignes allemandes. Un ordre du jour du général Koniev avait levé les derniers doutes : demain, le 5 juillet, à l'aube, les fascistes attaqueront avec leurs dernières réserves. Camarades, écrasez-les partout où vous les rencontrerez ! Ce combat décidera du sort de notre peuple.

Stella Antonovna, le sous-lieutenant Ougarov et l'adjudant Sibirtzev regardaient le spectacle aux côtés de Soia Valentinovna. Les positions du détachement étaient bourrées de munitions, de grenades à main et à fusil, de grenades anti-chars, de charges explosives prêtes à être lancées. A l'arrière, les chars soviétiques n'attendaient plus que l'ordre de contre-attaquer.

Dans le P.C. de la 4e compagnie, Bauer III, Hesslich et les quatre télégraphistes étaient couchés, leur corps ne faisant plus qu'un avec le mur de terre. Le sol vacillait à chaque explosion et les éclats d'obus martelaient le toit de l'abri. Un seul coup au but, et c'en est fait de nous, pensaient-ils. Ils attendaient, condamnés à ne rien faire, à subir. Nulle part un homme ne ressent autant son impuissance que sous le tonnerre d'un tir de barrage.

— Demain, à 3 h 30, ce sera notre tour, dit Bauer III en rentrant la tête dans les épaules comme chaque fois qu'un obus explosait trop près du P.C. Les sapeurs construiront deux ponts de bateaux. Et ensuite, en avant !

Peter Hesslich ne répondit pas. Il pensait à Stella Antonovna et maudissait l'époque où ils vivaient tous deux sans pouvoir vraiment vivre.

TROISIÈME PARTIE

Chaque chef, chaque homme, doit se pénétrer de l'importance décisive de cette bataille. La victoire de Koursk doit agir sur le monde comme un fanal...

Hitler, ordre du jour n° 6 pour l'opération « Citadelle »

Les journaux américains chiffrent les pertes de l'Union soviétique, y compris celles causées par la faim dans la population civile, à environ trente millions de personnes. On peut supposer que les pertes subies par ceux qui sont capables de porter les armes se montent à environ douze à quatorze millions. Devant de tels ravages et compte tenu des difficultés de ravitaillement, l'adversaire doit forcément s'effondrer un jour, ou, comme la Chine, sombrer dans l'agonie. Mais il faut que nous disions au soldat allemand pour quoi il combat : pour l'espace vital de ses enfants et de ses petits-enfants ! Ce fut là la grande erreur de la Première Guerre mondiale : nous n'avions pas de but !

Hitler (« Entretien du Führer » du 1er juillet 1943) devant tous les chefs d'armée et les généraux commandant les unités de l'armée de Terre et de l'armée de l'Air prévues pour l'opération « Citadelle ».

Situation du front :

Le 5 juillet, aux premières heures du jour, l'Opération « Citadelle » a commencé conformément au plan dans les secteurs du groupe d'armées Kempf, de la 4e Armée blindée et de la IXe Armée...

Journal de guerre du commandement suprême de la Wehrmacht.

Le premier coup fut terrible.

Sous la cloche de feu formée par les obus de l'artillerie, parmi les mugissements des Stukas qui attaquaient en piqué et des avions d'assaut volant en rase-mottes, parmi le roulement de tonnerre des mortiers lourds et des coups directs des 88, le canon tant redouté utilisé autrement dans la défense aérienne, les sapeurs allemands lancèrent les premiers ponts de bateaux sur le Donetz. Dans la direction de Korotcha et dans celle d'Oboion, les Allemands submergèrent les deux premières lignes de la défense soviétique. Il en fut de même dans le secteur du groupe d'armées du Centre, où l'offensive réussit à briser le dispositif russe et à y pénétrer profondément. Le verrou de canons antichars qui devait contenir les nouveaux blindés « Tigre » éclata sous les coups des bombes SD et SD2, de véritables réservoirs chargés de cent quatre-vingts petites bombes de deux kilos ou de trois cent soixante bombes d'un kilo, et qui s'ouvraient un peu avant de toucher le sol.

Ni Rokossovski ni Vatoutine, ni Koniev ni les autres généraux soviétiques n'éprouvèrent cependant le moindre sentiment de panique. Dans leurs calculs, ils avaient prévu de lourdes pertes. Ils avaient acquis lentement l'expérience de l'élan furieux qui, au début, emportait les troupes allemandes. Mais ils savaient aussi qu'elles se fatiguaient plus vite. Quatre ans de guerre, d'avances à corps perdu et de retraites pénibles pesaient lourdement sur leurs épaules. Les blindés allemands n'étaient plus invincibles, la ténacité du fantassin s'était usée définitivement devant Stalingrad, et l'on arrivait même, à l'avant comme à l'arrière, à se moquer ouvertement de la Luftwaffe de Goering, cette aviation qui avait été supérieure à toutes les autres.

« Laissons-les venir », avait dit calmement le général Koniev. Le Donetz était franchi sur plusieurs points, le système des tranchées soviétiques et les fameux 88 de l'arme anti-aérienne avaient été comme submergés, et les « Tigre » et les « Panther » progressaient déjà de chaque côté de Bielgorod sur Korotcha et Prokhorovka pour y rencontrer le 2e corps blindé SS, l'autre branche d'une pince gigantesque. Le sort de la ve Armée de la Garde et de la LXIXe Armée soviétique serait alors réglé. Et la VIIe Armée de la Garde elle aussi risquait d'être encerclée. Le gros de l'offensive allemande avait porté sur la charnière du front de Voronej de Vatutine et du front de la Steppe de Koniev. Le fer de lance progressait déjà vers Koursk. Koniev demeurait calme : « Cela ne fait que commencer. Ne nous excitons pas, camarades ! Pour franchir les premiers kilomètres, ils ont eu des pertes terribles. Ils ne tiendront pas jusqu'à Koursk. Attendez seulement... »

Le détachement de Baïda se trouva entraîné dans la retraite. Il n'avait souffert que peu, le feu de l'artillerie allemande s'étant concentré sur les groupes d'armes antichars. Malgré tout, un obus s'était abattu sur le bunker n° 8, tuant dix-neuf des filles.

Le poste de secours de Galina Rouslanovna s'emplit de blessées. Elle montra alors ce qu'elle était capable de faire comme médecin, opérant en même temps sur trois tables différentes, sans un mot, sans s'énerver. A 5 h 25 du matin, les premières troupes allemandes de ce secteur avaient franchi le Donetz. La 4e compagnie s'était lancée à l'assaut, derrière quatre chars, sur le pont de bateaux construit par les sapeurs. Mais il fallut quatre heures pour arriver aux premières tranchées russes. Ce retard imprévu et la résistance acharnée de l'unité féminine furent tels que le général Breith en fit mention dans son exposé de la situation. Les quatre chars « Panther » avaient été détruits en atteignant les ruines du premier village après le fleuve, trois sous le feu des armes antichars, le quatrième volant en l'air en passant sur l'entonnoir étroit au fond duquel l'attendaient Marina, Tamara et Veronika.

Les Allemands furent alors cloués sur place par les terribles mortiers soviétiques de 120 mm. La propagande des Soviets les portait aux nues : « Un soldat allemand sur deux porte la Croix de Fer, un soldat rouge sur deux dispose d'un mortier ! » C'était exagéré, certes, mais pendant quelques heures l'avance allemande marqua le pas, le temps pour le détachement de Baïda de se replier sur ordre dans les tranchées aménagées à l'arrière. Soia Valentinovna, Ougarov et Stella furent les derniers à quitter les positions avancées. Ils contrôlèrent une fois de plus les charges d'explosifs et les détonateurs que Sibirtzev actionnerait dès que les Allemands pénétreraient dans le dédale des tranchées.

Enfin, la 4e compagnie reçut l'appui de deux nouveaux chars, un « Tigre » et un « Panther ». Mais devant eux, ce fut le vide : les groupes d'armes antichars avaient déjà reculé de quelques centaines de mètres en même temps que l'unité de Baïda. Et presque simultanément, les abris où les femmes avaient passé de longs mois d'attente sautèrent : sept hommes de la 4e compagnie disparurent, tués sur le coup, sous la retombée de geysers de terre.

— Saloperies de femmes ! hurla Bauer III. Hesslich, à côté de lui, se sentit comme soulagé : ainsi, les femmes s'étaient retirées à temps. Le sous-lieutenant fit rapidement le compte de ses hommes : douze de perdus déjà.

Mais un peu partout, les blindés allemands se montraient dignes de leur réputation, s'enfonçaient dans les positions ennemies, mettaient en pièces le système des tranchées russes, échelon après échelon. Il fallait percer à tout prix, gagner le terrain découvert, légèrement ondulé, qui s'étendait devant Prokhorovka. De là, du moins l'espérait-on à l'état-major du groupe d'armées Sud, il n'y aurait plus de résistance organisée jusqu'à Koursk. Le fanal dont avait parlé Hitler s'allumerait alors à l'horizon.

Dans son quartier général, Koniev marquait au crayon gras, sur une carte, les flèches qui symbolisaient la progression des blindés allemands. Autour de lui, les téléphones sonnaient, les radios cliquetaient. La situation était grave. Au premier soir de l'offensive, sur presque tout le front, le système des tranchées soviétiques avait été percé, le verrou constitué par les groupes d'armes antichars avait simplement sauté. Certes, les Allemands avaient payé cher ce premier succès. Ils avaient perdu de nombreux chars « Tigre » et

« Panther ». Et pour chacun de ceux qui restaient, dix T 34 russes, bien camouflés, n'avaient pas encore pris part aux combats. Ils étaient ainsi plusieurs centaines dans la boucle de Koursk. Et derrière, des milliers d'autres chars, massés sur le Don et la Volga, se tenaient prêts à intervenir. Or, Hitler venait de lancer dans la mêlée ses toutes dernières réserves. Un « Tigre » abattu ne serait pas remplacé. De plus, pensait Koniev, la Sicile déjà conquise par les Anglo-Américains était un magnifique tremplin pour l'ouverture d'un véritable second front dans le sud de l'Europe. Il en était de même dans les Balkans. Les Allemands auraient besoin de neuf armées pour s'y maintenir. Et où pouvaient-ils les prélever sinon sur le front russe ? Les poches creusées dans les lignes soviétiques par la ruée des chars allemands n'étaient au fond que des égratignures. Dans la nuit du 5 au 6 juillet, Koniev fit le point devant ses officiers ; il avait fait un bon dîner et se reposait, détendu, dans un fauteuil de bois :

— Laissons-les se féliciter de leurs succès momentanés. C'est justement ce qu'il nous faut. A partir de demain, ils vont user leurs crocs sur du granit, et dans une semaine ils souhaiteront n'être jamais nés. Laissons Manstein et Kluge s'enorgueillir de ce qu'ils croient être un début de victoire...

Mais sur ce point, Koniev se trompait. Dans le train de commandement de von Manstein, à l'état-major du groupe d'armées Sud, les visages étaient graves. Le premier rapport d'ensemble de la journée du 5 juillet montrait que les pertes subies étaient disproportionnées. La résistance soviétique, surtout dans le secteur de Bielgorod et dans celui du 2e corps blindé SS, avait ralenti l'avance allemande. Une hypothèque particulièrement lourde allait peser sur des troupes au nombre insuffisant : la maîtrise du ciel passait aux mains des Russes. Dès que des avions allemands prenaient l'air, des nuées d'appareils soviétiques se précipitaient à leur rencontre, comme des guêpes. Chez les Russes, toute perte était immédiatement comblée ; chez les Allemands, on n'arrivait plus à remplacer un avion abattu.

La situation n'était pas meilleure au groupe d'armées du Centre. Von Kluge n'avait pour attaquer que sa IXe Armée. Si à l'aile gauche et au centre, ses corps d'armée avaient enfoncé l'ennemi et progressé d'une dizaine de kilomètres, ils s'étaient heurtés à une résistance inattendue. La 102e division d'infanterie était clouée au sol, la 31e division d'infanterie se heurtait à un déluge de feu de plus en plus violent, et l'on pouvait s'interroger sur le sort de la 4e division blindée : après les pertes subies en quelques heures, serait-elle capable de reprendre le combat si les Soviétiques engageaient leurs réserves ? Et la poche creusée n'avait que dix kilomètres de large, et des armées russes se massaient déjà sur ses flancs !

L'unité de Baïda s'était retirée en bon ordre à l'est du village de Melekhovo situé sur un petit affluent du Donetz, la Rozoumnaia.

Elle s'était installée dans une tête de pont préparée à l'avance ; les femmes s'étaient enterrées sur la rive même de la rivière, appuyées par un groupe de chars et de l'artillerie montée sur chenilles.

Soia Valentinovna était grave et parlait peu : elle avait perdu trente-trois filles, dont dix-neuf mortes. Elle pouvait être fière : le régiment lui avait communiqué que les neuf kilomètres de front qu'elle avait tenus étaient ceux qui avaient arrêté le plus longtemps l'avance allemande. Elle avait inscrit le nom des mortes au « tableau d'honneur » de l'unité, sombrement...

— Bientôt, les Allemands seront ici, dit-elle à Ougarov. Nous avons l'ordre de résister aussi longtemps que possible pour permettre à la brigade blindée d'intervenir. Beaucoup d'entre nous vont mourir, Victor Ivanovitch. Moi aussi, peut-être...

— Et moi aussi, Soïtchka. Chacun et chacune de nous...

— De toute façon, tu dois savoir que je t'ai beaucoup aimé. Et que j'ai souvent songé à ce qu'il adviendra de nous après la guerre. Resterons-nous ensemble ? Certes, tu as six ans de moins que moi, mais nous avons subi l'usure de cette guerre ; les années de différence se sont effacées, il me reste la certitude que nous sommes liés l'un à l'autre. Mais que deviendrons-nous ?

— On te donnera à commander une brigade de femmes.

— Non. Après la guerre, je jette mon uniforme aux orties. Ou plutôt, je le mettrai sous verre, comme une icône. Mais je retournerai chez moi...

— A Kyzyk ?

— Oui, sur la mer Caspienne, ma mer... Mon père avait trois mille moutons, et mon frère trois bateaux de pêche. Notre maison est en pierre et a un toit de tuiles, et il y a un puits artésien dans notre jardin. Les voisins disent que nous sommes riches. Mais mon frère est tombé à Orel et mon père qui faisait une reconnaissance du côté de Taganrog n'en est jamais revenu. Tout cela m'appartient désormais, et c'est bien assez pour mener une vie sans souci, Victor Ivanovitch. Ce sera le paradis...

Elle s'arrêta un instant avant de poursuivre :

— Oui, cela fait du bien de rêver...

Baïda la Sauvage, comme on l'avait surnommée, n'avait plus la même voix, et Ougarov ressentit comme une crispation désagréable au plus profond de lui-même. Ce qu'elle venait de dire éveillait en lui une sorte de pressentiment. Ce rappel du passé lui laissait une impression d'adieu, d'angoisse profonde.

— Eh bien, nous vivrons à Kyzyk. Nous élèverons des moutons et irons à la pêche. J'aime les grandes étendues d'eau...

— Tu veux vraiment rester avec moi, mon amour ? demanda-t-elle d'une voix tremblante de bonheur.

— Comment pourrais-tu en douter ? Où trouverais-je une femme comme toi ? Que peut-on demander de plus à la vie...

Deux heures plus tard, ils entendirent les bruits qu'ils redoutaient. Les avant-postes repoussèrent les motocyclistes allemands et les obusiers de campagne soviétiques commencèrent à tirer. Les T 34 surgirent en demi-cercle, faisant feu de tout leur armement sur ce qui bougeait sur l'autre rive de la Rozoumnaia. La tête de pont de Melekhovo devait à tout prix retarder l'avance allemande, ne serait-ce que quelques heures, quelques heures où les pertes des fascistes augmenteraient d'instant en instant.

La 4e compagnie avait atteint Melekhovo vers 5 heures du matin et avait attendu dans les ruines de quelques maisons le soutien de deux « Tigre » et de trois « Panther », qui avaient aussitôt affronté les T 34 russes. Ils étaient accompagnés d'un « Ferdinand », cette forteresse sur chenilles mise au point par le constructeur génial qu'était Ferdinand Porsche, et qui portait son nom. A deux mille mètres, son canon se régla automatiquement sur un T 34, puis sur un autre, et un autre encore. Chaque fois, l'obus de 88 faisait mouche avec une précision mortelle ; chaque fois, des colonnes de feu et de terre jaillissaient des colosses soviétiques, et un nouveau nuage de fumée assombrissait la steppe.

Lorsque la 4e compagnie repartit à l'assaut, elle dépassa d'abord un « Panther » dont une chenille avait sauté, mais son équipage ne l'avait pas abandonné et l'utilisait comme bunker, soutenant l'avance de l'infanterie par le tir de son canon. Bauer III montra la rivière du doigt :

— Je suis sûr que nous pouvons la franchir à pied : il y a un gué.

— Attends que nos chars fassent le boulot, dit Hesslich.

— Non. Un « Tigre » pèse cinquante-cinq tonnes et s'embourbera dans la vase.

Bauer III leva le poing. Chaque fantassin connaissait le signal : c'était l'assaut.

— En avant, Peter ! Nous n'avons en face de nous qu'une petite unité déjà mal en point !

Ce qui se passa fut atroce. Malgré le feu des chars qui les protégeaient, à peine les hommes eurent-ils de l'eau jusqu'à la poitrine, tenant haut leurs armes pour éviter de les mouiller, que leur première rangée disparut. Bauer III les vit basculer l'un après l'autre.

— Abritez-vous ! hurla-t-il. La tête dans l'eau !

Il se jeta à son tour dans le fleuve, nageant sous l'eau pour atteindre la rive opposée, toute proche. Quatre fois, il dut reprendre rapidement de l'air.

Calmement, comme au terrain de tir, les femmes de l'unité de Baïda, bien installées dans leur trou individuel, mettaient en joue, visaient, tiraient, recommençaient à mettre en joue. Elles n'avaient jamais eu d'objectif aussi facile : les Allemands avançaient vers elles, pataugeant dans l'eau boueuse, le visage à découvert. Chaque balle touchait le milieu d'un front, conformément au code d'honneur des tireurs d'élite.

Soia Valentinovna était couchée près de Lida et de Vanda dans un entonnoir, attendant que les têtes des Allemands reparaissent au-dessus de l'eau. Plus loin, à une trentaine de mètres, Stella et Marianka faisaient de même et, à leur gauche, Sibirtzev et trois femmes faisaient eux aussi le coup de feu.

Bauer III avait atteint la rive sain et sauf et restait allongé sur le sable, tremblant de rage et d'émotion. Ma 4e compagnie, pensait-il. Ma belle 4e compagnie... c'était comme un disque rayé qui continuait à tourner, répétant inlassablement les mêmes mots.

Peter Hesslich lui aussi avait atteint la rive. Il avait eu plus de chance que ses camarades. Il se trouvait maintenant sous un buisson dont les branches s'étendaient au-dessus de l'eau et le dissimulaient. Une fois sur la rive, il jeta un coup d'œil à travers le feuillage, et son cœur battit plus vite.

Il voyait comme dans un tableau de chasse une rangée de femmes installées soit seules soit par deux dans une série de trous, protégées par un petit rempart de terre, leur fusil à lunette en joue. Les chars allemands tiraient maintenant sur leur position, tandis que les T-34 russes s'enfuyaient, pris de panique, sous le feu de l'énorme « Ferdinand ». Un obus s'abattit dans un trou, et il vit distinctement que ses deux occupantes étaient soulevées de terre et retombaient, les membres épars, sans bouger. Stella, pensa-t-il un instant, où es-tu ?

Mais déjà les doigts tremblants séchaient la culasse de son arme. Il changeait de chargeur, l'ancien étant mouillé. Puis, parcourant la rive des yeux, il aperçut cinq femmes accroupies ensemble dans une petite dépression. L'une d'elles, dont le visage rond se dessinait au centre de sa lunette de visée, tourna la tête vers lui, le vit sans doute et voulut ouvrir la bouche... Hesslich retint son souffle et pressa sur la détente.

Comme frappée par un poing invisible, Soia Valentinovna Baïda bascula en arrière. Sous la frange de ses cheveux, un trou apparut d'où jaillissait un jet de sang.

Ougarov se jeta sur elle en poussant un cri désespéré qui se transforma en un hurlement de loup :

— Non... Non... Non...

Et pourtant, il ne semblait pas encore comprendre qu'elle était morte, qu'il étreignait un cadavre, qu'il criait le nom d'une femme qui n'était plus. Une des filles courut vers le groupe de Stella et se laissa tomber près d'elle, dans son entonnoir tout en criant et pleurant :

— Soia est morte ! Juste maintenant, près de moi ! Une balle dans la tête. Les fascistes ont franchi la rivière...

Elle se courba en deux car les « Tigre » allemands recommençaient à tirer directement sur la tête de pont soviétique et leurs obus éclataient partout autour d'elles. De l'arrière, trois nouveaux T-34 accouraient pour leur livrer un combat inégal, car le « Ferdinand » lui aussi allait et venait sans se presser sur l'autre rive, invulnérable sous son épaisse cuirasse, même quand un obus de 105 l'atteignit en plein sur sa tour. Le nouveau viseur automatique continuait à prêter à son tir une précision presque parfaite.

Ce fut alors que le visage d'Ougarov apparut dans la lunette de visée de Hesslich, toujours dissimulé dans le feuillage le plus dense du buisson. Il le garda en joue pendant deux longues secondes. Les survivants de la 4e compagnie s'étaient regroupés dans l'angle mort formé par une avancée de la rive, attendant que leurs chars et le « Ferdinand » écrasent sous leur feu les positions soviétiques. Bauer III, bouleversé par la perte de tant de ses hommes, n'osait pas redonner le signal de l'attaque. Ma belle 4e compagnie, pensait-il toujours. Et ce sont des femmes qui l'ont anéantie !

Hesslich vit Ougarov lever très haut les deux bras au moment même où la balle entrait dans son œil gauche et mettait fin à sa vie. Il s'écroula à côté du corps de Soia Valentinovna, comme si le destin avait voulu les unir aussi dans la mort.

Précis, très calme, Hesslich tuait coup sur coup. D'abord une fille de l'Armée Rouge, puis une autre, puis une autre. Insensible, sans éprouver le moindre remords, le moindre dégoût de lui-même, il s'entendit compter à haute voix : douze ! Il pensait à ses camarades qui pataugeaient encore dans le fleuve, élevant leur fusil au-dessus de leur casque dans un geste d'impuissance, à ceux que ces filles avaient abattus comme des bêtes au cours d'une battue. En dehors de cela, seule le préoccupait sa propre survie. On a écrit et dit tant de choses sur les pensées d'un soldat qui attaque. Malheureusement, tous ces mots correspondent rarement à la réalité. Un homme qui attaque pense seulement : en avant, en avant, vite, vite ! Ses jambes courent, ses mains s'affairent, tirent ou assomment à coups de crosse, sa gorge s'étrangle à crier : « Hourrah ! Vive ceci, vive cela ! En avant ! » Et voici la position ennemie, il faut y arriver, et là enfin, accroupi dans un entonnoir ou derrière une ruine, on recommence à penser à soi : « Je suis vivant ! On les a eus ! Oui, aujourd'hui encore je suis sorti sain et sauf de ce merdier ! Combien de morts dans la compagnie ? Vingt-neuf ! Oui, Fritz y est resté comme Walther, avec un trou dans la tête en plein milieu d'une rivière russe, la Rouzoumnaia. Walther, qui venait de se marier... Dans la dernière lettre qu'il avait reçue, sa femme écrivait : « J'attends un enfant... je suis très heureuse. Mais maintenant j'ai doublement peur pour toi... » Et il a été tué par une autre femme...

L'héroïsme, ne serait-ce pas une qualité animale plutôt qu'humaine ?

Stella et Sibirtzev apprirent ensemble les dernières nouvelles. Ougarov était mort, le sous-lieutenant Marina Antonovna Obouchova, qui devait remplacer Baïda en cas de besoin, morte aussi. Le sergent Katia Semoinovna, morte, de même que trois gradées : Olga, Yekaterina et Vera. L'aile droite de l'unité se trouvait sous le feu d'un « Tigre ». Sur l'autre rive, on voyait arriver l'artillerie légère allemande, tirée par des chevaux, sous la protection de l'énorme et infernal « Ferdinand ». Et de plus, on avait relevé quatorze morts, avec une balle dans la tête.

Sibirtzev avait rejoint Stella dans son trou. Il saignait du front, une blessure insignifiante qu'il s'était faite en se jetant la face contre terre :

— A toi de prendre le commandement ! hurla-t-il. Il n'y a plus personne autour de nous. Plus de communications, rien ! Les Allemands avancent à droite et à gauche. Que faut-il faire, Stella ? Si nous restons, c'est la mort !

Pour lui répondre dans ce vacarme, elle dut crier à son tour :

— Pourquoi moi ? Toi aussi, tu es sergent ! Et tu es un homme...

— Vous autres, les héroïnes, vous ne m'avez jamais traité en sergent ni en homme ! Alors, agis ! Que crois-tu qu'on attende d'une Korolenkaia, hein ?

Quatorze tués par balle à la tête... C'est lui, pensait-elle, épouvantée. Oui, il a réussi à franchir la rivière. Il est là, quelque part, et il tire, tire, insensible comme une machine. Il vise avec ses yeux qui peuvent être si tendres, il tue de ses mains qui m'ont caressée. Qui donc comprendra un jour ce qu'est vraiment l'être humain ? D'une voix dure, elle s'adressa aux trois filles rassemblées autour d'elle :

— Vous allez faire la liaison avec les autres groupes. Dites-leur que Stella Antonovna a pris la tête de l'unité et que nous battrons en retraite dans une demi-heure ! Direction : Korien. Lieu de rendez-vous pour les isolés : le village de Volino-Larinsky.

Les trois filles s'égaillèrent aussitôt.

Le « Ferdinand » était à portée de tir des trois T-34 qui concentrèrent leur feu sur lui. Un coup heureux démolit une de ses chenilles ; transformé en forteresse fixe, il continua à tirer, et l'un des T-34 explosa dans une gerbe de feu. Mais les deux autres réussirent à liquider deux « Panther », et les Allemands devinrent soudain très prudents. L'artillerie légère organisa un tir de barrage, et les restes de la 4e compagnie restèrent tapis dans le recoin de la rive, sans aucune possibilité de repartir pour l'attaque.

La tête de pont de Melekhovo allait entrer dans l'histoire des deux peuples qui s'affrontaient. Les détonations des fusils redevinrent plus nombreuses. Derrière le repli de la rive, trois Allemands élevèrent leur casque d'acier au bout de leur fusil, pour les retirer aussitôt, troués chacun d'une balle. Ces maudites femmes étaient encore là.

— Quelqu'un a-t-il vu Hesslich ? demanda Bauer III.

— Non... il a disparu.

Lui aussi, pensa Bauer III, désespéré. Ces femmes l'ont eu. Elles l'ont tiré comme un lapin tandis qu'il pataugeait dans le fleuve. A quoi t'a donc servi ta formation spéciale, Peter ? On n'avait pas prévu ce cas-là à Posen... Saleté de guerre.

Et il lui faudrait expliquer longuement les causes de son échec à un chef qui n'était pas sur place. Il répondrait simplement aux questions en disant : « Nous avions le soutien de trois " Panther ", de deux " Tigre " et de trois canons de D.C.A. Et tous ont été liquidés. Moi, j'avais l'ordre d'attaquer à l'abri de ces chars. Mais je n'avais plus de soutien... »

Hesslich, toujours caché dans son buisson, abattit encore deux filles qui tiraient à la mitrailleuse en direction de l'autre rive. Dans ce vacarme, il était impossible de repérer d'où provenaient ces coups mortels. Et d'ailleurs, le temps commençait à manquer : la demi-heure était passée. Stella leva le poing et Sibirtzev, qui tenait les yeux fixés sur elle, lança la première grenade fumigène. Un brouillard jaunâtre s'étendit en rampant sur le sol, formant peu à peu une muraille impénétrable. Derrière eux, les deux T-34 qui restaient firent demi-tour et s'éloignèrent en tirant. Ils avaient rempli leur tâche. Par petits groupes, les femmes décrochaient à l'abri d'autres grenades fumigènes pour rejoindre la nouvelle ligne de défense indiquée par les chars. Elles emportaient tout ce qu'elles pouvaient traîner encore, leurs armes et leurs blessées. Sibirtzev, bousculant Stella Antonovna, s'était déjà hâté vers l'arrière. Elle jeta un dernier coup d'œil à Soia Valentinovna et à Ougarov. Marianka et une autre fille étaient revenues près d'elle :

— Nous sommes obligées de les abandonner. Mais j'ai noté où reposent leurs corps. Après la guerre, nous élèverons ici un monument en leur mémoire. Je m'en occuperai moi-même. Et maintenant, partons, vite !

Pour gagner sur leur gauche la ligne où les attendait l'un des T-34, elles se mirent à courir dans le brouillard, penchées en avant, presque accroupies. Ce qu'elles ne savaient pas, c'est qu'elles couraient ainsi droit sur Peter Hesslich.

A la première grenade fumigène, il avait changé de place. La fumée lui ôtait ce que le buisson lui avait laissé jusqu'alors de visibilité. En s'installant plus en avant, il attendrait l'arrivée des hommes de la 4e compagnie. Peut-être quelques femmes attardées croiseraient-elles sa route... Et en effet, il vit apparaître trois silhouettes humaines, le fusil en bandoulière, portant à bout de bras des caisses de munitions. Elles allaient passer devant lui, courant l'une derrière l'autre de gauche droite, exactement comme les silhouettes de carton sur lesquelles il s'était entraîné à Posen.

Il tira. Marianka Stepanovna parut trébucher en avant et tomba face contre terre. La fille qui la suivait se hâta de la dépasser, mais la troisième s'arrêta net près de ce qui avait été Marianka et la retourna sur le dos pour regarder le trou qu'elle avait au milieu du front.

Hesslich eut l'impression de recevoir un coup au cœur. Malgré les vagues de brouillard qui noyaient toutes les formes, estompaient leurs contours, il savait que la troisième femme s'était arrêtée pour lui. Incapable de bouger, il pensait seulement : cours, mais cours donc, je t'en supplie, sauve-toi ! Qu'attends-tu ? Les sapeurs sont en train de traverser la rivière avec leurs lance-flammes, et c'est la mort la plus horrible qui soit. Mais sauve-toi ! Mon Dieu, faites qu'elle s'en aille.

Stella Antonovna s'était redressée lentement, regardant autour d'elle, attendant.

Tu es là, Piotr. Je reconnais ta marque. Dans un tel brouillard, tirer sur quelqu'un qui court et l'atteindre entre les deux yeux, aucun autre n'en est capable. Je sais maintenant que nous devons porter à ton compte toutes ces mortes avec leur blessure au milieu du front. C'est la guerre, Piotr. Pourquoi hésites-tu ? Je suis ton ennemie comme Soia, comme Ougarov... Tu vois, j'attends. Ne suis-je pas une belle cible ?

Sans se presser, elle se mit à marcher, la tête haute, la nuque tendue, à travers les nappes de brouillard. Elle avait repris ses caisses de munitions. Il lui semblait que ses jambes pesaient une tonne. Son regard était fixé droit devant elle.

Mais pourquoi ne tires-tu pas, Piotr ? J'ai cent quarante-sept entrées dans mon livret de tir. J'ai tué cent quarante-sept hommes comme toi. Oui, tu as eu de la chance aujourd'hui. On va te décorer. Alors, pourquoi ne tires-tu pas ? Parce que nous nous sommes aimés, parce que nous nous sommes dit : « Je t'aime » ? Ce n'est pas une raison. Ce qu'on exige de nous, ce n'est pas l'amour, c'est de nous anéantir l'un l'autre...

Hesslich la regardait s'éloigner, paralysé, sans pouvoir même crier ce nom qu'il répétait sans cesse au fond de lui-même : Stella, cours. Sauve-toi vite ! Tu as un T-34 qui t'attend. Je t'en prie : c'est une compagnie de lance-flammes qui arrive... Il vit sa silhouette devenir incertaine, disparaître. Puis il entendit le cliquetis des chenilles du T-34 qui avait recueilli les dernières femmes de l'unité de Baïda. Il s'assit à même le sol, le fusil entre les jambes, pour attendre les premiers hommes de la 4e compagnie. Il se joignit alors à eux comme s'il ne les avait jamais quittés. Après avoir traversé les nappes de brouillard, ils s'arrêtèrent enfin.

Les blindés russes avaient disparu. Seul un nuage de poussière indiquait la direction qu'ils avaient prise. Le champ de bataille était vide. La D.C.A. et les canons anti-chars eux aussi avaient battu en retraite : seuls demeuraient sur place sept d'entre eux, renversés, entourés des morts qui les avaient servis.

Mais la tête de pont de Melekhovo avait bien rempli sa tâche : au deuxième jour de l'offensive, l'avance allemande était bloquée, et non seulement là, mais partout. Le miracle de Koursk n'avait pas eu lieu, et le fanal dont l'éclat devait paralyser la Russie ne brillerait jamais sur la victoire allemande.

Bauer III avait rassemblé sa compagnie : quarante-trois hommes en tout. Lorenz von Stattstetten était blessé, une balle avait effleuré son front et, avec son bandage ensanglanté, il était plus attirant et romantique que jamais. On eût dit une photo de l'unité de propagande sous laquelle on pourrait lire dans tous les journaux allemands : « Inébranlable, le soldat allemand attaque à l'Est. Même les blessés participent à la course vers la victoire. » Le texte, bien entendu, serait composé tranquillement à l'arrière, dans les bureaux de Berlin.

Ce fut alors que Bauer III aperçut Peter Hesslich qui sortait d'une nappe de brouillard qu'un vent léger commençait à dissiper.

— Tu es là, toi ? dit-il d'une voix traînante.

— Comme tu le vois.

Hesslich s'assit dans l'herbe. Entre-temps, deux « Panther » s'étaient risqués à traverser la rivière sans s'enfoncer dans la vase et y demeurer immobilisés, ils se hâtaient d'avancer à droite et à gauche des hommes épuisés.

— Voilà ce qu'ils auraient dû faire dès le début, dit Hesslich.

— Où étais-tu ? demanda le sous-lieutenant d'un ton raide.

— Ici.

— Personne ne t'a vu. Je t'ai fait appeler partout. Et tu n'as pas répondu.

— C'était impossible à cause de la distance. J'étais ici. Pendant que vous restiez tous à vous tremper le cul dans l'eau, je me suis installé au milieu des filles, et j'ai fait en sorte qu'elles deviennent un peu plus raisonnables.

Et comme Bauer III secouait la tête, stupéfait, encore incrédule, Hesslich ajouta :

— Mets donc à part celles qui sont mortes avec un trou dans la tête, et fais le compte. D'ailleurs, je me fous pas mal que tu me croies ou non. J'en ai marre, comprends-tu.

— Si c'est vrai... alors, tu as la croix de chevalier, Peter.

— Garde cette ferblanterie pour toi !

Il se laissa tomber en arrière pour s'allonger dans l'herbe :

— Je n'en peux plus. Je suis crevé comme un cheval de labour à la fin du jour.

Deux heures passèrent avant la reprise du combat. Le service de santé installa des postes de premiers soins pour les blessés. Les morts furent enterrés dans un nouveau « cimetière de héros » à Melekhovo, et les deux aumôniers, le protestant et le catholique, prononcèrent chacun quelques paroles bien senties pour célébrer ceux qui étaient morts pour la patrie.

— Je voudrais savoir ce que le Donetz a à faire avec la patrie...
Il y avait aussi neuf prisonnières, toutes gravement blessées.

— Les pauvres filles, dit encore Hesslich.

— Pauvres ? s'exclama Bauer III en secouant la tête. La guerre est finie pour elles.

— Ça, c'est sûr. Dès qu'elles seront à l'arrière, elles seront pendues.

Quelque temps plus tard, installés comme ils le pouvaient sur les chars, les fantassins avaient repris leur avance dans la steppe, entourés d'un nuage de poussière qui s'élevait très haut. Les Russes semblaient avoir disparu. Le prochain objectif était Korotcha. Le 3e corps blindé et le 2e corps blindé SS devaient se refermer en tenaille derrière deux armées soviétiques pour les anéantir. S'accrochant d'une main à la tourelle, Bauer III tendit à Hesslich la cigarette qu'il venait de rouler :

— J'ai donné par écrit l'ordre de compter les femmes mortes d'une balle dans la tête.

— Pourquoi ?

— Pourquoi ? Tu démolis à toi seul une tête de pont soviétique, c'est quand même quelque chose.

Hesslich aspira la fumée de sa cigarette. Pourvu qu'elle ait pu rejoindre les autres, pensait-il. Espérons qu'on va retirer maintenant ces filles des premières lignes. Quelle saloperie de les utiliser comme de simples fantassins. Et elles considèrent que c'est un honneur.

Autour d'eux, la steppe commençait à se dorer sous le soleil couchant. Et il lui sembla voir à l'horizon deux yeux bleu-vert, ceux de Stella, puis des lèvres qui s'ouvraient et sous ses doigts il sentit soudain le contact d'une peau de femme, si lisse... « Si vous saviez tous ce que je pense, oui, si vous le saviez, vous me pendriez tout de suite à l'arbre le plus proche... »

Le 10 juillet 1943, la 4e compagnie se retrouva devant le petit bourg de Novo Sloboda, sur le cours supérieur du Korien.

Partout, l'offensive allemande piétinait. Dans le nord, la IXe Armée du général Model, qui aurait dû être à Koursk, n'était pas arrivée plus loin qu'Olkhovatka et Ponyri, et ce coin enfoncé dans les lignes allemandes avait à peine la largeur d'un ongle, comparé à l'immensité de cette poche de Koursk où il fallait emprisonner et détruire les armées soviétiques.

Dans le groupe d'armées Sud, la IVe Armée blindée avait atteint le cours du Psiol, mais sans pouvoir prendre Prokhorovka. La ville d'Oboian, le but principal de von Manstein et que le maréchal, à partir des premières lignes, pouvait apercevoir de loin par temps clair, à la lunette, demeurait hors d'atteinte, défendue par quatre puissantes armées soviétiques.

Et il en était de même partout, sur tous les fronts. Koniev avait eu raison : « Laissez-les venir... » Ils étaient venus, les Allemands, et chacun de leurs fers de lance, émoussé, était pris en tenaille par des forces supérieures, et les troupes qui le composaient étaient perdues d'avance. Le « fanal » de Hitler n'avait été qu'un rêve. Seuls les haut-parleurs des unités de propagande continuaient à vanter les succès allemands. Le nombre des prisonniers était assez élevé, certes : le groupe d'armées Sud en avait rassemblé vingt-quatre mille. Cela faisait vingt-quatre mille estomacs de plus à remplir chaque jour, alors qu'on arrivait à peine à ravitailler les combattants du front. Dans le nord, pour alimenter les deux cent soixante-six mille hommes de la IXe Armée pendant dix jours, il avait fallu cinq mille trois cent vingt tonnes de vivres, soit deux cent soixante-six fourgons à charge complète. Il fallait ajouter douze mille trois cents tonnes de munitions, six cent quinze fourgons de plus. Cinquante mille chevaux participaient à l'action, soit six mille tonnes de fourrage. Et une guerre de blindés, une guerre de machines, c'est d'abord un approvisionnement régulier en carburant, en huile, en graisse : rien que pour l'armée de Model, cela signifiait quatre-vingt-deux trains de wagons-citernes pour transporter onze mille cent quatre-vingt-deux tonnes de matières liquides !

Que restait-il pour l'entretien des vingt-quatre mille prisonniers du frond Sud ?

L'aspirant von Stattstetten avait accompagné à l'arrière un groupe de blessés, et après avoir lui-même reçu les soins nécessaires, il attendait la voiture tous terrains qui allait le ramener à la 4e compagnie. Il fumait une « papirossa » russe provenant d'un transport soviétique capturé. Sa blessure s'était cicatrisée, et il portait encore un bandage aussi attirant que le précédent. Le médecin-chef lui avait offert de lui suspendre au cou un ordre de transport pour un endroit reculé :

« Naturellement, on vous renverra un jour au front, peut-être dans huit jours. Mais qui sait ce qui peut se passer pendant ces huit jours ? Ce repos, c'est une assurance sur la vie. »

Von Stattstetten avait refusé.

Le médecin auxiliaire Helge Ursbach était resté à l'avant avec la troupe. Avec deux infirmiers, il donnait jour et nuit les premiers soins, organisait le transport des blessés vers l'hôpital de campagne. Il s'occupait de la même façon des blessés soviétiques, mais cela signifiait une consommation accrue de bandages, de désinfectants, de médicaments. Le médecin-chef de l'hôpital, profitant d'une pause entre deux opérations, s'était fâché :

— Il faut expliquer la situation à mon jeune confrère : s'il enveloppe la moitié de l'Armée Rouge dans notre gaze, je n'aurai plus rien ici ! Je sais bien, un médecin doit soigner tout le monde.

Mais il est impossible de faire les poches d'un homme nu ! Moi aussi, je manque de tout... je ne peux rien lui envoyer...

Avec l'arrêt forcé de l'offensive, les unités de propagande avaient reparu près du front. Von Stattstetten sursauta en entendant derrière lui crier son nom :

— Lorenz ! Mon Dieu, c'est toi !

C'était lui, et c'était elle, l'Ukrainienne dont il rêvait. Il la tenait maintenant dans ses bras, se disant qu'on pouvait aussi mourir de bonheur :

— Olga Fedorovna... tu es donc ici...

Aucun d'eux ne faisait attention aux blessés qui jouissaient du spectacle et leur prodiguaient des encouragements du genre : « Mais vas-y donc ! Tu ne pourras jamais y arriver à travers la jupe ! »

Un peu plus tard, assis dans l'herbe, dissimulés entre deux voitures garées, ils se tenaient les mains. Pour la cinquième fois, elle demandait :

— Tu es blessé...

Et il répondait pour la cinquième fois lui aussi :

— Une égratignure... ce n'est rien...

— Mon chéri... mon pauvre chéri...

Et elle recommençait à couvrir son visage de baisers, puis s'arrêtait, le regardant avec de grands yeux d'enfant, sentant que des doigts déboutonnaient sa blouse, caressaient ses seins nus.

— Je t'aime, dit-il enfin, simplement. Oui, je t'aime.

Tout lui paraissait soudain si simple, si évident.

— Je t'ai écrit tous les jours, Olga, à ton secteur postal...

— Je n'ai rien reçu, mon chéri. Pas une seule lettre ! Qu'est-ce que tu me disais ?

— Je te parlais de Dieu et du monde, de l'enfer et du ciel. Je t'ai envoyé des poèmes, des vers. Tu étais toujours présente, toute proche de moi...

— Et je suis encore plus proche, maintenant. Dis-moi un de tes poèmes.

Mais comme il commençait à évoquer l'été et les tournesols, l'espoir d'une nouvelle rencontre, elle lui mit la main sur la bouche, l'interrompit d'un baiser :

— Ne dis plus rien, Lorenz, chuchota-t-elle. Plus un seul mot... Viens !

Ils se levèrent, firent le tour d'un camion-atelier, y grimpèrent et refermèrent la porte derrière eux. A l'intérieur, cela sentait le diesel et la graisse rance. Ils trouvèrent dans un coin une couverture visqueuse. Ce fut là qu'ils se couchèrent.

Au cours des minutes qui passèrent si vite, ce fut elle qui parla soudain de la terre et du ciel qui étaient pleins de tournesols. Et lui, le visage enfoui dans ses cheveux blonds humides de sueur, répondit : « Je ne vois plus rien, je n'entends plus rien, sauf toi. Tout le reste ne compte pas. Toi seulement, toi... »

A la tombée de la nuit, l'aspirant von Stattstetten monta dans la voiture tous terrains pour rejoindre la 4e compagnie. Il emportait deux cartons pleins de médicaments, un petit sac de la poste aux armées et tout un lot de cognac attribué spécialement à la compagnie. Le médecin auxiliaire Ursbach l'attendait impatiemment. Les patrouilles étaient tombées sur des groupes ennemis qui avançaient dangereusement, et il y avait eu échange de coups de feu. Sans un puissant soutien de l'artillerie, il était impossible de faire un pas de plus en avant, et il semblait bien que les Russes préparaient une position de départ pour leur contre-offensive. Et ce 10 juillet 1943, il régnait partout une atmosphère de catastrophe : les troupes alliées, débarquées en Sicile, ne rencontraient aucune résistance de la part des Italiens. Hitler, renonçant à défendre l'île, voulait protéger le continent. Au lieu d'envoyer à von Manstein les réserves qu'il réclamait, la division SS « Viking » et le 24e corps blindé, il avait pris la décision d'affaiblir le front russe en expédiant en Italie ces unités d'élite.

Une chose était sûre : après quelques succès au début et une progression d'environ trente-cinq kilomètres, il fallait maintenant lutter pour ne pas perdre un mètre de terrain.

Et Koursk était si loin.

Or, surgissant de l'immensité de l'espace soviétique, les réserves soviétiques accouraient. Dans le seul secteur de Prokhorovna, le général Koniev avait reçu la ve Armée blindée de la Garde et le 2e corps blindé : des troupes toutes fraîches et parfaitement équipées.

Ursbach, après avoir serré Stattstetten dans ses bras, s'étonna :

— Deux cartons seulement ?

— Et ce sont les derniers !

— Je t'en prie, ne plaisante pas, Lorenz.

— Le médecin-chef n'a plus rien : il a ordonné de laver les bandages usagés.

— Et autrement, quoi de neuf ?

— J'ai revu Olga Federovna...

Et comme Ursbach le regardait sans comprendre, il expliqua :

— Olga Fedorovna Nazarova, du troisième échelon de propagande, celle dont je t'ai parlé.

— La fille à qui tu écris des vers ?

— Oui.

— Mais elle existe vraiment ? Excuse-moi, mais je me suis toujours dit : « Laissons-le faire... » Il a peut-être besoin de ça dans les temps horribles que nous vivons. L'aimée lointaine, inaccessible, une figure de rêve...

— Tu as cru que j'étais cinglé !

— Non, je t'ai pris pour un garçon sensible. Ainsi donc, Olga existe ! Et tu l'as vue à l'arrière.

— Oui... Quand la guerre sera finie, je l'épouserai. Maintenant qu'elle a été à moi, il ne m'est plus possible de penser à quelqu'un d'autre. Un tel amour, il n'y en a qu'un dans une vie...

Ursbach prit le jeune aspirant par l'épaule :

— Mais la guerre continue, cher Lorenz. Et il faut que j'aille recueillir mes blessés...

— En pleine nuit ?

— Une balle dans les poumons, ça n'attend pas le lever du jour. Nous lancerons des fusées éclairantes pour pouvoir passer la campagne au peigne fin. Peut-être les Russes nous en seront-ils reconnaissants et viendront-ils chercher les leurs.

La 4e compagnie avait été clouée sur place après avoir occupé la moitié du village de Novo Sloboda. Les maisons, les jardins, les champs, les granges, tout était brûlé, noirci, piétiné. Chaque ruine avait été transformée en forteresse. L'autre moitié, jusqu'au fleuve, était aux mains des Russes. Et plus en arrière, un commissaire politique inconnu des Allemands, le général de brigade Nikita Khrouchtchev, avait osé désobéir à Staline. De Moscou, le généralissime avait ordonné à toutes les unités de chars de faire preuve d'esprit offensif. Khrouchtchev, pour mettre fin à l'avance allemande, avait fait enterrer les siens afin de constituer une ligne de feu massive, inébranlable, un verrou de blockhaus d'acier contre lequel s'était brisée l'attaque allemande. Sa décision allait prendre une importance historique.

Bauer III, qui avait installé son P.C. dans une grange, accueillit l'aspirant d'un air sombre. Il était en train d'écrire une lettre, une de plus :

« Chère Madame Schneider, cher Monsieur Schneider. Votre fils Franz, l'un de mes meilleurs soldats et le camarade préféré de tous, est tombé aujourd'hui à mon côté alors que nous attaquions le village de Novo Sloboda, dans l'accomplissement du serment qu'il avait prêté au Führer et à la patrie, pour la Grande Allemagne. Soyez fier de lui. Il est mort pour que nous, notre pays, nos enfants et petits-enfants, puissions vivre en paix... »

Toujours le même texte : seuls changeaient les noms des personnes et des lieux. Parfois, quand la mort avait été par trop horrible, il ajoutait : « Il n'a pas souffert. Il est mort sur le coup. Nous l'avons enterré aujourd'hui avec les honneurs militaires. Je vous enverrai à l'occasion une photographie de sa tombe de héros... »

Bauer III n'avait pas d'appareil photographique. Mais les parents du mort, sa femme ou sa fiancée espéraient, attendaient... Et quand la photo ne venait pas, ils se consolaient mieux en se disant : il n'a pas souffert, il a une belle tombe avec une croix et des fleurs. On ira la voir après la guerre. Ce qu'ils ne savaient pas, c'est que Staline avait donné l'ordre de niveler toutes les tombes allemandes dans les territoires reconquis par l'Armée Rouge. Ces armées de morts, elles aussi, ont disparu dans le néant.

— Deux morts de plus aujourd'hui, soupira Bauer III en s'arrêtant d'écrire. Et avec une balle dans la tête. Hesslich a raison : une fois de plus, nous retrouvons notre bataillon de femmes.

Ursbach pensa immédiatement à Lida Ilianovna, l'étudiante qui avait tué Plotzerenke et qu'il avait embrassée, lui, Ursbach, un Allemand. C'était de la folie, une folie excusable sans doute à cause du choc qu'il avait subi sur le moment...

— Elles tiennent la moitié du village et tirent sur tout ce qui bouge chez nous. Après la guerre, j'inventerai un jeu de société : qui-a-un-joli-trou-dans-sa-petite-tête ? Mais Hesslich est reparti dès qu'il s'est rendu compte que c'étaient ses vieilles camarades. Il ne tenait plus sur place : on aurait dit un étalon qui flaire la jument ! Et vous me demandez l'autorisation d'éclairer tout le paysage ! Imaginez cela : voici que ces filles aperçoivent Hesslich assis au milieu d'elles dans un petit jardin ! Vous le tuez sûrement.

— Hesslich n'aura qu'à se terrer quand la fusée éclairante montera au ciel. Il a l'habitude. Ce n'est pas un bleu. Il faut que j'aille chercher les trois hommes qui manquent...

Alors qu'il avançait avec deux infirmiers portant drapeau et brassards de la Croix-Rouge, Ursbach retrouva Stattstetten au dernier avant-poste. Il avait changé son bandage blanc contre un pansement presque invisible.

— Tu m'emmènes ?

Ursbach demeura interdit :

— Impossible ! Je n'ai plus de brassard.

— Du moment que je serai avec vous... Aujourd'hui, j'ai besoin de faire quelque chose, comprends-tu. Il faut que je bouge, que je cherche, que je porte un blessé peut-être... n'importe quoi qui m'empêche de penser à Olga.

— Soit. Mais tu aurais dû garder ton bandage blanc. Tu aurais eu l'air d'être hors de combat...

Ils avancèrent, tenant très haut le drapeau blanc à croix rouge, s'enfonçant dans ce qu'ils croyaient être le no man's land. Ils s'étaient engagés entre les ruines de deux maisons de paysan avec une grange et une forge attenantes. Et de ces décombres sortaient des bruits de voix étouffées, des plaintes.

Ursbach lança sa première fusée. Brusquement, une clarté aveuglante, suspendue à un parachute balancé au gré du vent, éclaira le ciel, répandant une lumière pâle sur le paysage. Ils se trouvaient dans un verger parfaitement tenu : sous des poiriers et cerisiers poussaient des légumes. Et devant eux, à une dizaine de mètres, trois femmes en uniforme couleur terre laissèrent tomber le colis qu'elles portaient et d'où s'échappa un gémissement.

Ursbach agita son drapeau, les infirmiers restaient immobiles près de lui, portant leurs brancards, et Stattstetten se mit à côté d'eux.

Lida Ilianovna reconnut immédiatement Ursbach. Elle se tenait derrière Galina Rouslanovna qui, les mains croisées, respirait fortement. A deux pas de là, Maia Semionovna, la plus jeune de l'unité, servait aujourd'hui de brancardière. Des deux cent trente-neuf jeunes femmes d'avant l'offensive allemande, il n'en restait plus que quatre-vingt-neuf que commandait désormais Stella Antonovna. Koniev et Khrouchtchev tenaient à assister personnellement à la cérémonie qui devait avoir lieu dans quelques jours, dès que l'attaque allemande serait définitivement enrayée, et où on lui remettrait l'ordre d'héroïne de l'Union soviétique. Sibirtzev était son adjoint. La plantureuse Gulnara Vadimovna, au hasard d'un bain, était devenue sa maîtresse, au grand soulagement des autres filles qui ne craignaient plus les avances du Sibérien. Depuis les pertes terribles subies en défendant la tête de pont de Melekhovo, la prudence régnait, et Stella Antonovna elle-même s'était réjouie de reprendre la guerre de position dans laquelle sa troupe était spécialisée.

Ursbach avança d'un pas et dit à haute voix :

— Je suis médecin. Je m'appelle Helge Ursbach. Parlez-vous allemand ?

— Oui...

Le mot avait claqué comme une détonation et les yeux bruns de la Russe lançaient des éclairs.

— Nous n'avons pas besoin de ton aide.

— Toi aussi, tu es médecin ?

— Oui, Galina Rouslanovna Opalinskaia. Vous nous gênez ici...

— Je cherche nos blessés.

— Il n'y en a pas. Ils sont morts.

— J'entends des gémissements dans la grange. Il faut que je me rende compte...

— Non !

Elle avait levé la main. Ses cheveux noirs soulevés par le vent flottaient autour de son visage :

— La convention de Genève... commença Ursbach.

— Elle est ridicule ! L'Union soviétique n'a pas besoin de convention de Genève ! Allez-vous nous apprendre ce que nous devons faire ? C'est nous qui pouvons vous enseigner quelque chose !

Un démon, pensa Ursbach. Et elle est médecin ! Et belle ! Et malgré toute sa dureté, sa voix, toutes ces voix de femmes russes ont quelque chose d'attirant.

— De toute façon, il faut que nous emmenions nos morts.

Elle le regardait haineusement, les yeux plissés. Depuis plusieurs semaines, il n'avait pas eu le temps de se faire couper les cheveux, et des boucles blondes dépassaient le bord de sa casquette. En tant que médecin, il pouvait faire quelques entorses à la discipline, et de plus il n'aimait guère les cheveux coupés au bol des jeunes recrues.

Comme l'infirmier, sur un signe d'Ursbach, levait son pistolet à fusée, Galina Rouslanovna hurla :

— Plus de lumière ! C'est un ordre.

— Un ordre de qui ? demanda Ursbach, étonné.

— De moi. Qui es-tu ? Un médecin, oui, mais un médecin de fascistes, qui guérit des hommes qui assassinent ensuite nos hommes, nos femmes et nos enfants. Et tu recherches tes morts pour les enterrer dans notre sainte terre russe, pour la contaminer ! Tu vois bien qu'elle est ridicule, ta convention de Genève...

Jusqu'alors, Lida Ilianovna était restée penchée sur le blessé. Elle se releva. Ursbach la reconnut immédiatement, et son cœur s'arrêta un instant de battre.

— Mon Dieu, dit-il malgré lui... Lida, est-ce toi ?

Galina Rouslanovna haussa les épaules. Elle jeta un coup d'œil sur le blessé. Trop tard, pensa-t-elle. Il mourra avant d'atteindre l'hôpital. Et je n'ai rien pour extraire un éclat d'obus mal placé.

Ursbach avait fait un pas vers Lida Ilianovna, mais brusquement la petite Maia Semionovna s'interposa, le fusil haut :

— *Stoï !*

Sa voix était encore enfantine. Lida Ilianovna n'avait pas bougé, les bras ballants, très pâle sous la lumière qui commençait à faiblir. Sans se retourner, Galina lui adressa la parole :

— Ainsi, tu le connais. Où l'as-tu rencontré ? Dans un trou d'obus peut-être, et tu t'es laissé baiser par lui, hein ? Et tu t'es ensuite essuyée avec son beau drapeau à la Croix-Rouge ! Eh oui, ça sert à tout, leur Croix-Rouge !

— Tais-toi, dit Lida sans élever le ton. Tu te salis toi-même en parlant ainsi. Tais-toi...

— Et il a des cheveux blonds...

Jamais la voix de Galina Rouslanovna n'avait été plus haineuse.

— Et ses poils doivent être blonds eux aussi ! Veux-tu que je lui demande ce qu'il en est ?

— Et toi, veux-tu que je te haïsse, Galina ?

Mais qu'est-ce qu'elles ont donc toutes ? Un ennemi, c'est excitant, n'est-ce pas ? D'abord Janna, puis Stella Antonovna, notre grande héroïne, et maintenant Lida. Un goût d'amertume emplit la bouche de la doctoresse.

Elle regarda longuement Ursbach qui faisait de nouveau signe à l'infirmier pour qu'il tire sa fusée. Mais l'homme tenait les yeux fixés sur le fusil de Maia. Je n'ai pas envie de mourir, pensait-il. Je porte mon brassard, soit, mais c'est bien incertain. Quant à cette charogne de médecin, elle est tout à fait capable d'ordonner de me tuer et de prétendre par la suite qu'elle est daltonienne et qu'elle n'a vu que du bleu au lieu du rouge.

Jusqu'alors, von Stattstetten n'avait pas bougé. Comme fasciné, il contemplait le visage convulsé de Galina Rouslanovna et comparait ses expressions sauvages avec celles, si douces, d'Olga Fedorovna. Voyant que l'infirmier hésitait, il tendit le bras presque inconsciemment pour prendre le pistolet lance-fusée.

A peine avait-il tiré que la petite Maia Semionovna tirait elle aussi. A quatre mètres de distance ! La balle atteignit l'aspirant entre les deux yeux, la gentille Maia avait bien retenu sa leçon : elle allait inscrire sa dix-septième prouesse dans son livret de tir. On la féliciterait certainement en lui promettant un grand avenir.

Lorenz von Stattstetten, rejeté en arrière par la violence du choc, tournoya un peu avant de s'effondrer. La balle avait emporté la moitié avant du crâne. Il tenait encore à la main le pistolet lance-fusée.

Comme un chat sauvage, Lida Ilianovna avait sauté sur Maia. Elle lui arrachait son fusil, la frappait à coups de poing, appuyant ses coups de tout le poids de son corps. La petite essayait en vain de se protéger la tête, mais un dernier coup sur la nuque la projeta à terre, sanglotante, tandis que Lida continuait à la bourrer de coups de bottes. Ursbach s'était aussitôt agenouillé auprès du cadavre de son ami. Son visage tremblait : il leva les yeux vers Galina Rouslanovna qui, les mains dans les poches de son uniforme, se dressait immobile entre lui et Lida. On eût dit qu'elle allait cracher de dégoût. Elle dit calmement :

— J'avais donné l'ordre de ne pas tirer de fusée. La petite n'a fait que son devoir, elle avait un ennemi devant elle, le pistolet au poing. Elle l'a tué. Arrête, Lida. Arrête !

Tout aussi calme, Ursbach répondit :

— Il était sans défense, protégé par la Croix-Rouge.

Il s'était levé et s'approcha de Galina :

— A quoi servirait de protester ? Je tiens simplement à vous dire tout mon mépris. En tant que médecin...

— Ça va !

Elle se moquait de lui, ouvertement.

— Cette déclaration nous épargne beaucoup de paroles. Mais dis-moi, il n'avait pas de brassard. Pourquoi ?

— Je n'en avais plus. Je lui avais demandé de m'aider. A partir de cet instant, il était sous la protection de la convention de Genève.

— Encore la convention de Genève ! Mais il n'était ni médecin ni infirmier. Tu as donc pris avec toi un fasciste assassin et tu prétends le protéger par la convention de Genève ! Tu t'es servi de l'immunité qui s'attache au corps médical !

Elle se tourna vers les deux infirmiers allemands :

— Vous pouvez vous en aller ! Allez-vous-en ! Vite ! Ici, il n'y a pas de travail pour vous. Foutez le camp !

Les deux hommes se tournèrent vers le médecin auxiliaire.

Ursbach regardait Lida Ilianovna qui respirait fortement, essuyant de ses mains son visage trempé de sueur. Plus loin, dans l'herbe, le blessé russe ne bougeait plus.

Le bras droit de la Opalinskaia se tendit, menaçant, vers Ursbach :

— Toi, tu viens avec nous, dit-elle à voix haute.

Lida fit deux pas en avant pour s'interposer entre Galina et l'Allemand :

— Cela, tu ne peux pas le faire. Tu sais bien qu'il a le droit de rentrer dans ses lignes.

— Qui lui a donné ce droit ? La convention de Genève peut-être ?

Elle fit le tour d'Ursbach comme un maquignon qui évalue un cheval.

— Tu viendras avec nous !

— Je n'y pense pas un instant. Je proteste...

— Il proteste !

Elle éclata d'un rire aigu et fit signe à Maia d'approcher. En passant devant Lida, la petite au visage d'enfant lui jeta un regard haineux.

— Tu es un imbécile, médecin allemand ! Moi, qui suis sur le sol de ma patrie, je t'ordonne de venir avec moi ! Et tu refuses, toi qui es l'agresseur ! Quelle bêtise !

Tranquillement, elle s'approcha des deux infirmiers, leur arracha leur brassard et les jeta derrière elle. Le fusil de Maia Semionovna était braqué sur eux, leur interdisant toute résistance.

Galina Rouslanovna se tourna vers Ursbach en souriant d'un air menaçant. Lida s'était placée à côté de lui. Un beau couple, pensa-t-elle, sous cette lumière étrange de la fusée, la tête haute et si fiers l'un et l'autre.

— Où est-elle, ta convention de Genève ? Je ne vois ici que des fascistes qui ont envahi mon pays. Comme il me serait facile de dire maintenant à Maia Semionovna : « Vas-y ! Tu inscriras aussi ces trois-là sur ton livret de tir ! Un assassinat ? Mais cette guerre n'est qu'un énorme assassinat. Que ces deux larves pitoyables foutent vite le camp, ou sinon, ils sont morts. Toi, tu restes.

D'une voix rauque, Ursbach s'adressa aux deux infirmiers ; il souriait malgré tout, mais mal :

— Allez-vous-en, les gars. Moi, je me débrouillerai. On vous enverra bientôt un nouveau médecin...

L'un des deux jeunes garçons se mit à sangloter :

— Monsieur le médecin auxiliaire, on ne peut pas...

— Foutez le camp et courez comme si vous aviez le diable à vos trousses ! C'est votre dernière chance, mes petits ! Vous n'avez plus de brassard, comprenez-vous ?

Devant lui, au garde-à-vous, ils firent un demi-tour aussi réglementaire que dans une cour de caserne et, marchant au pas, s'éloignèrent à travers le village détruit sans jeter un regard en arrière.

— Très dramatique ! Il ne manque plus que la musique ! Une marche triomphale peut-être, ou de la musique héroïque de Wagner !

— Qu'allez-vous faire de moi ? demanda Ursbach. Faire prisonnier un médecin ? Quelle action glorieuse !

— Oui, que vas-tu faire de lui ? s'écria Lida en russe. Le livrer à Maia comme cible ?

— Mais tu es bouleversée, ma chérie.

Galina s'approcha d'Ursbach, palpa ses cheveux blonds puis son index descendit sur ses yeux, le long de son nez et jusqu'à sa bouche. En le voyant frémir de dégoût, elle s'arrêta :

— Je le prends avec moi. Tu pourras ainsi l'accueillir entre tes cuisses, chère Lida. L'idée ne te plaît pas ? Et puis, on peut toujours employer un médecin, même quand on est soi-même doctoresse...

Elle fit un signe de tête à Maia qui enfonça le canon de son fusil dans le dos d'Ursbach, cracha en direction de Lida et poussa son prisonnier en avant tout en criant de sa voix perçante :

— *Davaï, davaï* (Vite, vite !)

— Viens avec moi. Viens, n'aie pas peur. Je suis avec toi.

Lida avait pris Ursbach par la hanche et marchait à côté de lui. A les voir, on eût dit que la guerre n'existait plus et qu'ils avançaient du même pas le long d'une rivière ou dans la clairière d'une forêt.

Avant d'arriver aux avant-postes, ils tombèrent encore sur trois blessés soviétiques. Seul l'un d'eux pouvait survivre. Sans un mot, Lida et Maia le placèrent sur une toile de tente, et Ursbach aida à le transporter en le soutenant par le milieu de son corps.

Après quelque temps, ils arrivèrent au P.C. que Stella Antonovna avait installé dans une maison incendiée.

— Qui est-il ? demanda-t-elle sèchement en apercevant l'Allemand.

Sans éviter son regard, Galina Rouslanovna répondit :

— Un médecin... j'ai besoin de lui.

D'un très long regard, Stella Antonovna mesura le prisonnier. Très droit, il tenait les yeux fixés sur elle, ce qui la troubla. En fait, cet homme était comme mort. Nous ne faisons pas de prisonniers... La consigne de Baïda était toujours valable. Elle se ressaisit :

— D'où viens-tu ? demanda-t-elle durement dans son mauvais allemand.

— Pourquoi le demandes-tu ? Tu connais déjà le numéro de mon unité...

— Celle de Hesslich ?

— Peter Hesslich ? Oui, c'est mon ami...

Il lui sembla voir une lueur étrange dans ses yeux. Est-ce possible ? se dit-il.

— Et vous, vous êtes peut-être Stella, Stella Antonovna ?

Devant lui, le visage de la femme était devenu écarlate, puis très pâle. Ainsi, il lui a parlé de moi, pensa-t-elle. Elle sentit peser sur elle le regard de Galina.

— Emmenez-le ! dit-elle brutalement en montrant la porte. Galina, veille à ce qu'il ne lui arrive rien.

— Il ne sortira pas du poste des premiers soins. Je vais m'occuper de lui.

Malgré elle, Galina avait adressé à Lida un regard triomphant.

Comme elle poussait Ursbach dans le dos pour le faire sortir du P.C., elle entendit derrière elle la voix aiguë de la petite Maia, au garde-à-vous devant Stella :

— J'ai abattu un Allemand, le dix-septième. Un officier peut-être. Il avait des cheveux tout blonds. Un beau garçon...

— Félicitations ! dit sèchement Stella.

Un blond... De toute façon, ce n'était pas Hesslich. Qu'aurais-je fait, si Maia l'avait tué ? J'aurais dû la féliciter, l'embrasser, comme je le fais maintenant, sur les deux joues.

Le matin, il commença à pleuvoir. Un jour gris remplaça lentement la nuit. Il pleuvait vraiment à verse. Le temps lui aussi prenait parti contre les Allemands. Le sol de la steppe devint une bouillie épaisse, et la Luftwaffe allemande fut désormais clouée au sol tandis que les fantassins pataugeaient dans leurs trous pleins d'eau. Comment attaquer dans ces conditions ?

A l'aube, Stella Antonovna entra dans le poste de secours de Galina. Il se composait de deux voitures prolongées par des tentes et d'une génératrice. Galina buvait une tasse de thé brûlant dans la tente des opérations en s'aidant de petites gorgées d'eau de vie.

— Où est le médecin ?

— Il dort dans la seconde voiture.

Elle leva les yeux pour dévisager Stella :

— Ce Peter dont il est l'ami, c'est ton Piotr, n'est-ce pas ? Tu devrais me remercier de te l'avoir amené.

— Quelle propagande pour les Allemands ! Ils vont dire que les sous-hommes soviétiques tirent même sur les médecins.

— Laisse hurler cette bande de loups. Nous, nous connaissons la vérité. Vas-tu l'expédier à l'arrière comme prisonnier ?

— Nous ne faisons pas de prisonniers, Galina. Tu le sais. Mais il faudra que je prévienne Sibirtzev. Nous profiterons d'une opération grave où l'Allemand t'aidera. Sibirtzev comprendra qu'il ne faut pas le tuer. Qu'est-ce que tu as comme blessé vraiment grave ?

— Amalia Romanovna. Une balle dans la région des poumons. Elle n'est pas transportable. Et je ne peux guère l'opérer avec les moyens dont je dispose. Avec l'Allemand peut-être. Il a l'air capable d'amputer le diable de sa queue !

— Où est Lida ?

— Elle dort devant le second camion comme un chien de garde...

— Quand vous opérerez, j'amènerai Sibirtzev pour le convaincre que le prisonnier ne doit pas être exécuté...

Elle hésita un instant :

— A-t-il encore parlé de Piotr ?

— Non.

Galina Rouslanovna leva les deux mains comme pour conjurer un malheur :

— Oublie-le, Stellinka. Oublie-le !

En courant sous la pluie pour regagner son P.C., Stella secouait encore la tête : l'oublier, comment était-ce possible ? Dès qu'elle pensait à lui, elle sentait s'allumer dans son corps un feu inexprimable.

Le matin, alors que l'artillerie allemande ne tirait plus que des coups de semonce, Ursbach s'apprêta à opérer la blessée dans la région du poumon. En regardant les instruments qu'elle préparait, il ne put s'empêcher de dire :

— Vous avez de la chance ! Tout est là. Est-ce que tous les médecins du front sont équipés de la sorte ?

— Non, seulement moi...

— Et pourquoi vous ?

— Peut-être suis-je l'une des favorites du destin ?

Elle riait franchement en le regardant de ses grands yeux brillants.

— Et de plus, j'étais l'amie du médecin général, avant que l'on m'envoie au front. Nous en profitons toutes, n'est-ce pas ?

Ses yeux, qui ne lâchaient pas ceux de l'Allemand, rayonnaient de plus en plus :

— Avec cette opération, c'est votre vie qui est en jeu, mon ami.

Son ton était tel qu'il ressentit un frisson agréable le long de sa colonne vertébrale et oublia un instant la mort de von Stattstetten.

Dix minutes plus tard, Sibirtzev, l'air méfiant, fit son entrée sous la tente où l'on opérait et se moucha en vrai chasseur de la taïga : avec ses doigts, en comprimant d'abord une narine, puis l'autre.

— Ah ! fit simplement Ursbach en lui jetant un coup d'œil rapide avant de continuer à s'occuper de la blessée. L'anesthésiant soviétique agissait. Il immobilisa aussitôt la langue avec une pince pour éviter l'étouffement.

— Il va falloir que je m'y habitue, dit-il.

— A quoi donc ? demanda Galina en contrôlant une fois de plus du regard tous ses instruments.

— A ce qu'en Russie, les porcs aient aussi accès aux salles d'opération.

Galina Rouslanovna le regarda, les lèvres soudain tremblantes :

— Tu as de la chance qu'il ne comprenne pas l'allemand.

— Fais-le sortir.

— Impossible... C'est lui qui tient ta vie entre ses mains. S'il te voit opérer, tu pourras vivre. Compris ?

— Tu veux dire que j'opère pour prouver qu'on ne doit pas me tuer ?

— C'est cela même.

Sibirtzev s'était approché de la table d'opération, fixant sur Ursbach le regard méchant de ses petits yeux bridés, puis s'immobilisant pour mieux voir le buste dénudé d'Amalia Romanovna.

— Explique-lui au moins qu'il s'agit d'une blessée grave et non d'une fille nue sur laquelle il peut se branler.

Galina Rouslanovna repoussa Sibirtzev vers la paroi de la tente :

— Si elle meurt, ce sera de ta faute. Tu es plein de bactéries. Stella Antonovna t'a prévenu : tu dois te tenir en arrière.

— Vous êtes toutes des diablesses...

Il s'assit en maugréant dans un coin et regarda Ursbach désinfecter la plaie à la teinture d'iode.

— Puis-je fumer ? demanda-t-il.

— Non !

— Pourquoi ?

— Parce que tu pues assez sans cela.

D'une voix assourdie, le Sibérien la menaça :

— Toi, je te baiserai un jour. Que tu le veuilles ou que tu ne le veuilles pas. Et tu ne pourras jamais plus te débarrasser de ma puanteur, puisque je pue.

— Tu sais bien que tu ne survivras pas à cette expérience.

— Et après ? Je mourrai, soit. Mais avant, je t'aurai baisée et baisée jusqu'à ce que tu en crèves. Tu t'en crois, hein ? Parce que tu es médecin ? Une camarade haut placée ? Devant laquelle il faut retirer sa casquette ? Avec des décorations sur la poitrine ? Une personne respectable ? Tu te trompes. Tu es comme toutes les autres femmes : un trou !

— Qu'est-ce qu'il raconte donc ? demanda Ursbach.

— Sa philosophie ! Sa conception du monde.

— Ô ciel, il a lui aussi une conception du monde !

— On discute ou l'on opère ? demanda la Opalinskaia soudain furieuse.

L'opération dura presque une heure. Finalement, Ursbach parvint à extraire la balle qui s'était aplatie entre deux côtes. Il avait fallu agir avec précaution pour ne pas déchirer la plèvre. Galina Rouslanovna l'avait assisté en silence, rapidement. Ils avaient travaillé en s'entendant parfaitement, comme une équipe dans une grande clinique.

Ce fut elle qui recousit la blessure, puis ramena sur le haut du corps un drap blanc. Alors seulement, elle leva les yeux sur Ursbach en respirant profondément :

— C'était bien, très bien.

Déjà, il se lavait les mains dans le désinfectant qui remplissait la cuvette de tôle, puis s'essuyait :

— Toi aussi, tu as été très bien.

Sentant qu'elle rougissait, elle se tourna vers Sibirtzev toujours accroupi dans son coin :

— Elle vit ! Il l'a sauvée.

— Tu t'imagines que je suis aveugle ?

Il se leva, avança sur Ursbach, s'arrêta tout près de lui. L'Allemand le dépassait d'environ deux têtes :

— Je te laisse vivre. Mais j'espère que tu vas essayer de t'échapper pour que je puisse te tirer dessus.

— Que dit-il ?

— Que tu peux vivre.

— Très aimable de sa part !

— En effet. Tu sais bien que nous ne faisons jamais de prisonniers ! Exactement comme vous, qui nous livrez à vos SS parce que nous sommes des femmes !

Que répondre ? Dehors, il pleuvait toujours, et les trombes d'eau crépitaient contre la toile de la tente ; là où elle n'était pas assez tendue, l'eau s'accumulait dangereusement.

— Tu as raison. Il est vain d'évoquer les droits de l'homme au cours d'une guerre.

— Que dit-il ? demanda Sibirtzev.

— Il se félicite d'être en vie.

Sibirtzev hocha la tête, satisfait. Une fois de plus, il regarda méchamment Ursbach de ses petits yeux obliques. Puis, rapide comme l'éclair, il le frappa au visage et disparut de la tente en faisant claquer ses talons. Galina Rouslanovna avait saisi le bras d'Ursbach, craignant le pire. Puis respirant enfin, elle laissa retomber sa tête, comme épuisée, contre l'épaule de l'Allemand.

— *Isvinite...* dit-elle.

— Je comprends sans connaître le mot. Mais tu n'as pas besoin de t'excuser pour ce qu'il a fait...

Deux infirmières vinrent chercher Amalia Romanovna qui s'éveillait lentement. Elles la couchèrent sur une civière, la recouvrirent d'une toile de tente pour la protéger de la pluie, et coururent avec elle jusqu'à l'un des camions qui abritaient les blessés à évacuer. En les voyant sortir, Lida Ilianovna se précipita dans la salle d'opération. Son visage se durcit en voyant Galina se séparer d'Ursbach.

— Je constate que tout va bien, dit-elle d'une voix qui tremblait un peu.

Ursbach ne remarqua pas l'ironie :

— Oui. Elle vivra si on la transporte rapidement à l'arrière et qu'on évite toute inflammation de la plèvre.

— Et maintenant, que va-t-il se passer ?

Elle regardait Galina Rouslanovna qui lui tournait le dos, s'affairant sans raison, bouleversant les bandes de pansement pour les remettre en place. Ursbach jeta un coup d'œil autour de lui :

— Je n'en sais rien. Où donc le prisonnier gracié doit-il s'établir ?

— Partout, dit Lida.

Et elle ajouta en russe :

— Laisse-le en paix, Galina. Stella Antonovna a ordonné qu'à notre prochain repli, il resterait sur place.

La Opalinskaia s'était redressée ; elle n'avait attendu que l'intervention de Lida pour mieux contre-attaquer :

— D'abord, tu n'as pas acheté d'abonnement en ce qui le concerne. Quant à le laisser ici, c'est sans doute pour que Sibirtzev, qui assure l'arrière-garde, puisse le liquider. La vérité est que tu le voudrais pour toi, petite lapine en chaleur...

Elle se dirigea vers la sortie de la tente et fit signe à Ursbach de la suivre. Mais comme il la rejoignait en hésitant, Lida l'attrapa par l'épaule et le rejeta en arrière :

— Reste !

Brusquement, il comprit que ces deux femmes passionnées, sevrées d'hommes et virilisées par l'existence qu'elles menaient, étaient peut-être plus dangereuses pour lui que Sibirtzev. Galina était revenue sur ses pas. Fière, grande, mince, ses cheveux noirs coupés au ras des épaules, consciente d'une beauté étrange qui tenait à la fois de l'Europe et de l'Asie, elle affrontait Lida Ilianovna qui parut soudain mi-enfant et mi-femme. Mais l'impression était fausse. Elle était grande elle aussi, avec un corps souple aux muscles durs et un visage d'héroïne romantique comme on en voit sur les tableaux de la galerie d'Art de Moscou. Ursbach ressentit comme un choc. Les haines de femmes sont terribles : que ce soit dans la légende ou dans l'histoire, il n'y a qu'elles qui sachent vraiment haïr. Brunehilde et Kriemhilde, Elsa et Ortrude, Elisabeth d'Angleterre et Marie Stuart... Il demeura interdit, sans comprendre un mot de ce qu'elles disaient, tandis que leurs regards se croisaient comme des poignards.

— C'est moi qui l'ai amené ici. Il est ma prise de guerre.

— Je l'ai connu avant toi !

— Demain matin, je le connaîtrai beaucoup mieux que toi. Je vais t'apprendre ce qu'est Galina Rouslanovna.

Lida se mit à crier :

— Tout le monde le sait ici. La pute d'un médecin général, le matelas d'un chef d'état-major, le médicament occasionnel d'un général de division perclus de rhumatismes. La maîtresse de tous ceux qui peuvent servir à ta carrière !

— Et alors, où est le mal ?

Elle passa ses doigts dans ses longs cheveux noirs pour les rejeter en arrière.

— Qu'est-ce que tu veux en fin de compte ? Me prendre l'homme que je désire ? Aucune femme ne l'a pu jusqu'ici. L'épouse la plus fidèle, l'amie la plus tendre n'ont jamais pu retenir l'homme qu'elles aimaient quand j'ai eu envie de lui. Je n'ai qu'à faire un signe, et il se couche à mes pieds. Écoute, chacune de vous a son livret de tir où il n'y a que des morts qui ne vous servent à rien. Dans le mien, il n'y a que des vivants, et ils me sont utiles.

— Si tu l'emmènes, je hurlerai partout que tu couches avec lui !

— Dans ce cas, tu le condamnes à mort !

— Soit !

Lida Ilianovna avait rejeté la tête en arrière, les yeux étincelants :

— Plutôt cela que de te permettre de le posséder ! Oui, plutôt la mort.

Galina Rouslanovna se calma subitement :

— Nous en reparlerons.

Elle fit signe à Ursbach de sortir de la tente, mais s'adressa à Lida :

— Conduis-le au camion n° 2 et veille à ce qu'il mange quelque chose.

Et comme Ursbach passait devant elle, elle ajouta en allemand :

— Repose-toi. Tu as fait du bon travail. J'ai appris quelque chose en te voyant faire.

L'après-midi, vers 14 heures, les troupes soviétiques évacuèrent sur ordre le secteur de Novo Sloboda et se retirèrent sur une position en arc de cercle, deux kilomètres plus loin seulement. Malgré la pluie et les routes transformées en fondrières, les « Tigre » et les « Panther » durent avancer. L'infanterie intervint pour venir à bout des nids de résistance qui couvraient la retraite. L'artillerie et l'intendance ne purent suivre, et camions et canons s'immobilisèrent, cloués sur place dans la boue. Ce gain de terrain de deux kilomètres n'apporta aux Allemands que des efforts épuisants et de nouvelles pertes.

Les bataillons soviétiques avaient reculé en direction de Korotcha et, au sud, vers Niékioudovo et Korien. Un ordre du jour leur avait appris que la contre-offensive prévue par l'état-major commencerait dès le lendemain. Dans le saillant de Koursk, la situation allait changer du tout au tout. « Demain, vous avancerez, camarades ! Vous avez reculé aujourd'hùi comme un élastique qu'on bande, quelques verstes seulement. Bientôt, vous serez à Berlin ! »

Dans le camion n° 2, le médecin auxiliaire Ursbach, plié en deux, surveillait et soignait sept blessées du bataillon des femmes, qui allait prendre position à Niékioudovo. Et il se demandait s'il reverrait un jour ses camarades.

Six groupes d'armées soviétiques étaient à l'attente, sans cesse renforcés, sur un front d'environ cinq cents kilomètres, de Kirov à Kharkov. En face d'eux cinq armées allemandes déjà épuisées. Le 11 juillet 1943, les dernières réserves étaient parties pour l'Italie, et pourtant, avec ce qu'il leur restait de force, les Allemands avaient encore repoussé les Russes sur plusieurs kilomètres, atteint leur premier objectif Prokhorova, occupé le défilé de Psel à l'ouest d'Oboian. Même le maréchal von Manstein s'était repris à espérer : il était impossible que les Soviets puissent supporter impunément la perte de dix-sept mille morts, de vingt-quatre mille prisonniers, de mille huit cents chars, de deux cent soixante-sept canons et de mille quatre-vingts canons anti-chars.

Certes, dans le nord, une des branches de la tenaille allemande, la IXe Armée du général Model, avait été clouée sur place par l'idée à la fois géniale et désespérée de Khrouchtchev d'enterrer ses chars pour en faire un mur d'acier et de feu. Mais le groupe d'armées Sud continuait à progresser malgré les coups d'arrêt des Soviets et leurs positions défensives échelonnées en profondeur. Au quartier général du Führer, malgré quelques doutes, on croyait encore au succès. La concentration énorme des forces soviétiques demeurait un mythe pour l'entourage de Hitler. On refusait de constater qu'il s'agissait d'une hydre sur laquelle deux têtes repoussaient dès qu'on en coupait une et dont la puissance était sans cesse renforcée par un afflux inépuisable de matériel et de vivres venus des États-Unis.

Le 12 juillet 1943, à l'aube, plus de mille canons soviétiques ouvrirent un feu dévastateur sur la IXe Armée et la IIe Armée blindée. Suivant une tactique éprouvée, les blindés des Soviets s'élancèrent sous la protection de l'artillerie, formant quatre fers de lance étroits mais massifs. Leur objectif principal était Orel. Leur second but après Orel, le chemin de fer de Briansk, la seule ligne de ravitaillement des Allemands engagés dans ce secteur, leur artère vitale. Dès lors, il ne leur resterait plus qu'à capituler en rase campagne, sans ravitaillement, sans munitions. Orel serait le nouveau Stalingrad.

Simultanément, Koniev attaquait au sud sur le front de la Steppe. Alors que la IVe Armée blindée allemande avait enfin atteint Prokhorova, de tous les côtés les chars soviétiques s'étaient mis en branle et menaçaient d'anéantir dans une tenaille implacable les vainqueurs d'un jour.

Et il en était partout de même. La contre-offensive soviétique du 12 juillet mit une fin brutale aux illusions allemandes. Quelques bataillons s'enterrèrent pour soutenir le choc, d'autres, écrasés sous la masse des chars, mis en pièces par le feu de mille canons, reculèrent pour s'établir désespérément sur leurs positions de départ, là-même d'où ils s'étaient élancés le 5 juillet, pour l'opération « Citadelle ».

Ce qui allait suivre, c'était la retraite infiniment lente, courageuse mais inutile, des armées allemandes, la mort de centaines de milliers d'hommes qui refluaient vers l'Allemagne, poursuivis par le raz de marée de l'Armée Rouge.

La 4e compagnie du sous-lieutenant Bauer III avait enfin occupé le 11 juillet le village abandonné par le bataillon de femmes. Le 12, le feu de plus de mille canons transforma la steppe en un enfer d'explosions. Avec l'adjudant-chef Pflaume, Peter Hesslich, trois autres tireurs d'élite, ce qui restait de sa compagnie et du groupe du génie, Bauer III s'établit dans les ruines de Novo Sloboda pour y attendre les Soviétiques.

Ils avaient déjà vécu deux jours horribles. D'abord, ces femmes d'en face avaient simplement enlevé le médecin auxiliaire Ursbach. Les deux infirmiers étaient revenus hors d'haleine, sans brassard. Une femme-médecin soviétique avait ordonné de tuer l'aspirant von Stattstetten alors qu'il était protégé par le drapeau de la Croix-Rouge. C'était un assassinat pur et simple.

Au régiment, on ne prêta guère d'attention au rapport de Bauer III. On avait bien d'autres soucis que l'enlèvement d'un médecin dont la propagande hitlérienne, dans des circonstances différentes, eût fait grand cas. Bauer III maudit ces femmes, jurant qu'il ne penserait jamais plus à leur sexe mais qu'il ne verrait désormais en elles qu'un ramassis d'assassins. Hesslich, en l'entendant, pensa à Stella Antonovna et à leur situation réciproque, plus désespérée que jamais. Tout en souhaitant de ne jamais plus la revoir, il rêvait malgré lui à une nouvelle rencontre improbable.

Et la 4e compagnie dut évacuer Novo Sloboda sous le feu des blindés, le long du Korien, pour constituer autour de Bielgorod, avec d'autres unités, un « hérisson » qui défendrait la ville. Mais le général Koniev avait déjà fait connaître à ses troupes les deux objectifs qu'elles devaient atteindre : d'abord, Bielgorod, ensuite Kharkov.

Le médecin auxiliaire Ursbach avait continué à aider Galina Rouslanovna.

Il soignait les blessés, nettoyait leurs plaies. Il avait pris part à la dernière retraite soviétique et au bond en avant qui avait suivi comme s'il servait dans l'Armée Rouge. Il se déplaçait librement à l'intérieur de l'unité. Galina s'était arrangée pour que les femmes ne le considèrent pas comme une bête venue d'un autre monde : toutes savaient qu'il avait opéré Amalia Romanovna. Stella Antonovna était elle-même apparue pendant une brève pause pour lui dire d'un ton volontairement sec, dans son mauvais allemand :

— Tu es médecin. C'était ton devoir de la soigner. Mais tu restes un ennemi...

— Je le sais.

Elle s'était ensuite attardée, et il avait eu le temps de l'observer plus attentivement. Hesslich lui avait répété qu'elle était l'être le plus courageux et le plus maître de lui qu'il eût jamais connu. A elle seule, elle avait anéanti l'effectif complet d'une compagnie sur pied de guerre. La femme qu'il avait devant lui, avec ses cheveux blonds et ses yeux clairs, aurait pu passer, vêtue en paysanne, pour une Russe typique, capable de porter au marché des paniers d'oignons et de concombres ou de mener d'une main ferme l'attelage d'une carriole où s'entrechoquent des bidons de lait. Mais elle était belle, sans rien de provocant comme Galina Rouslanovna, sans rien d'héroïque d'ailleurs. Si Ursbach avait su qu'elle portait sous son soutien-gorge le bonnet tricoté de Hesslich, peut-être lui eût-elle paru différente.

— Raconte ! lui avait-elle dit en se glissant à son côté dans la tente adjacente au camion n° 2. Les blessés avaient mangé, et tous deux disposaient d'un moment de calme. La retraite avait été si inattendue, si rapide, que les Allemands, en avançant, avaient presque frappé dans le vide. Stella venait de recevoir un ordre du colonel Chémentchouk, le nouveau chef qui s'occupait spécialement des unités de femmes : on attaquerait demain. Au cours de la nuit, quarante chars viendraient en renfort. Et un véritable petit hôpital de campagne allait arriver avec cinq médecins et quatorze infirmières, un nombre suffisant de tentes et tout l'équipement nécessaire. Dès lors, Ursbach devenait inutile. Ailleurs, on l'aurait considéré comme un prisonnier à envoyer à l'arrière, mais ce ne pouvait être le cas dans l'unité Baïda...

— Que dois-je raconter ? avait demandé Ursbach.

— Ta vie.

— Il y a bien peu à dire. Comme toi, je n'ai vécu que la guerre. Peut-être commencerons-nous à vivre quand la paix sera revenue...

— Tu as des amis ?

Il la regarda d'un air pensif. Pendant quelques minutes, Peter Hesslich l'avait pris pour confesseur, mais seulement en parlant par allusions. Elle avait rencontré Hesslich, soit. Que s'était-il passé entre eux ? Il vivait encore, et elle aussi. Était-ce possible ? Hesslich avait changé, certes. Il était plus silencieux, plus réservé. Était-ce à cause de cette jeune femme, celle que Bauer III et tous les Allemands du secteur haïssaient le plus ?

— Mon meilleur ami s'appelle Peter Hesslich.

Le visage de Stella Antonovna demeura impassible. Quant à son cœur qui battait contre le bonnet tricoté, personne ne pouvait le voir ni l'entendre.

— C'est un être splendide...

Il avait pris un ton indifférent, comme s'il parlait de choses insignifiantes.

— Il aime les fleurs, les bêtes, ses semblables. Il maudit la guerre et toute violence, et il regrette ses forêts. Il était garde-forestier... celui qui veille sur les arbres, sur les bêtes, comprends-tu ?

— *Leznitchy,* dit-elle d'un ton songeur.

— Peut-être, je ne parle pas russe. Mais ce doit être cela : il est un *leznitchy.*

— Et maintenant, tueur.

— Toi aussi, et pourtant tu es une femme.

— Pour ma patrie.

— On lui a raconté, comme à nous tous, que les Soviets allaient attaquer l'Allemagne et que nous devions prendre les devants. Nous l'avons tous cru.

— Et la Pologne ?

— Oui, ça a commencé avec la Pologne. Hitler a dit qu'il s'agissait seulement de riposter. Les Polonais avaient tiré les premiers, assurait-il. Et nous l'avons cru.

— Et la France ?

— La France et l'Angleterre nous ont déclaré la guerre à cause de la Pologne. Que pouvions-nous faire ?

Elle eut un sourire amer :

— Tout est simple pour vous autres Allemands. Chez vous, on ne pense pas. On obéit...

— Comment aurions-nous pensé ? Pendant des années, on nous avait appris à chanter en chœur : « Notre drapeau flotte devant nous ». Nous l'avons suivi. Nous étions jeunes, faciles à enthousiasmer, Stella Antonovna. Mais n'avez-vous pas des chants identiques aux nôtres, des fêtes, le 1er mai et l'anniversaire de la révolution d'Octobre, où vous vous promenez avec des têtes de Lénine, d'Engels, de Staline ? Oh ! Stella, que la jeunesse est facile à tromper ! Et tu verras, si nous survivons à cette guerre, il y aura derrière nous une autre jeunesse, et nous aurons beau crier pour lui ouvrir les yeux, elle sera aussi enthousiaste, aussi facile à tromper que nous. Les mots auront changé, mais le rêve sera le même : établir un monde nouveau, tout de suite le paradis pour tous ! Comme si c'était possible ! Si l'on croit vraiment à cela, comment ne pas recourir à la violence ? Demain, les jeunes le feront comme nous...

Stella Antonovna prit dans sa poche un paquet tout écrasé de cigarettes et le lui tendit :

— Prends. Je ne fume pas. Tu dis beaucoup de mots, je comprends peu. Mais je sais ce que tu veux dire. Où est ton ami ?

— Hesslich ? Quelque part dans la steppe. S'il vit encore.

— Il ne peut pas fuir ?

— Peux-tu fuir, Stella ?

Alors, elle l'avait fixé longuement avec ses grands yeux bleu-vert, les lèvres soudain serrées. Sans un mot, elle avait haussé les épaules et, après avoir jeté sur sa tête et son dos une petite bâche, elle l'avait quitté pour s'éloigner en courant sous la pluie.

Galina Rouslanovna avait certainement attendu son départ, car elle surgit aussitôt, l'air inquiet, tandis que sa poitrine se soulevait à chaque respiration :

— Qu'est-ce qu'elle te voulait ?

— Rien.

— Mais elle est restée longtemps.

— Nous avons bavardé.

— A-t-elle parlé de ce que l'on doit faire de toi ?

— Non.

Il sentit son cœur se serrer. C'est la peur, pensa-t-il. Eh oui, Helge, tu as peur, tu voudrais vivre ! Tu serres tellement les fesses qu'on ne te fourrerait pas une aiguille dans le trou du cul...

— Je suis prisonnier de guerre, n'est-ce pas, et médecin. On va m'envoyer dans un camp.

— Ce n'est pas sûr...

Elle avait fermé un peu les yeux et, jaillissant de ces deux fentes, son regard le brûlait.

— Sibirtzev dira : pas de prisonnier ! Il prétendra t'avoir tué parce que tu voulais t'échapper.

— Évidemment...

Que dire de plus ? Pourquoi les Russes agiraient-ils autrement que les Allemands ? Il se rappela un incident de l'hiver 1942. Une patrouille avait ramené sept prisonniers russes. Le capitaine désigna deux soldats pour les accompagner à l'échelon du bataillon. Neuf kilomètres à pied à l'aller, puis neuf kilomètres au retour, par trente-cinq degrés au-dessous de zéro, à travers une steppe où le vent soufflait en rafales, puis à travers les broussailles d'une forêt. Tout cela pour mettre les prisonniers en sûreté. Les deux fantassins étaient partis, des gouttes de glace au nez, le bas du visage emmitouflé jusqu'aux yeux dans un cache-nez que leur haleine gelée avait immédiatement durci. Ils étaient revenus une demi-heure plus tard : « Les prisonniers ont voulu s'échapper. Nous avons dû tirer ! » Et on n'avait plus parlé d'eux. Pourquoi Sibirtzev se priverait-il de le tuer ?

Galina Rouslanovna leva la main pour lui caresser les cheveux :

— Je te cacherai. Tu resteras avec moi, là où je suis.

— Comment ? Quatre cents yeux nous observent continuellement.

Elle eut un sourire, lui prit la main et la posa sur son sein gauche, respirant soudain plus fort, les yeux fermés.

— Ces quatre cents yeux ne te verront pas, crois-moi.

Elle avait l'air très sûre d'elle en le quittant.

Dans la nuit du 12 au 13 juillet, Ursbach se réveilla en sursaut. Quelqu'un le secouait. Il était couché sur une couverture près de la porte du camion. Derrière lui, les sept blessées qu'il avait pansées dormaient sous l'action des analgésiques.

Le soir du 11 juillet, l'unité Baïda avait atteint le petit bourg de Niékioudovo, d'où elle ne bougerait que pour participer à la contre-offensive. Le 12, le ciel avait paru s'écrouler sous le fracas des canons soviétiques. Les femmes avaient vu passer devant elles des colonnes de chars, et les Allemands surpris avaient battu en retraite ; seuls quelques groupes se battaient encore sur place, encerclés de toutes parts et constituant des « hérissons » isolés.

L'unité de Baïda attendait l'ordre d'intervenir, mais cet ordre ne venait pas. Le nouveau colonel Chémentchouk était d'avis que ces femmes ne devaient participer qu'à une guerre de position, où elles excellaient. Quand le front se stabiliserait, on ferait appel à elles. Jusqu'alors, elles resteraient à l'arrière à faire leur lessive et à se faire baiser par les soldats des services auxiliaires. Il était clair que Chémentchouk n'était pas féministe et ne comptait guère sur des femmes pour porter à l'ennemi un coup décisif.

— Lève-toi ! chuchota une voix à l'oreille d'Ursbach. Viens vite.

Il se laissa glisser dehors par la porte ouverte et se trouva en présence de Lida Ilianovna qui l'entraîna aussitôt. Protégés par une nuit des plus sombres, ils coururent le long des maisons jusqu'à une petite grange qui s'élevait à la lisière du village. A l'intérieur, elle alluma un morceau de bougie. Haletante, les mains pressées contre sa poitrine, elle indiqua d'un signe de tête un tas de vêtements civils et une casquette à visière comme en portent les ouvriers et les paysans soviétiques.

— Habille-toi ! Vite ! Tu suivras la rivière direction sud-ouest. Elle se jette dans le Donetz. Tes camarades sont à Krinovno, ils battent en retraite jusqu'à Bielgorod. Tu peux encore les rattraper.

Il voulut la prendre dans ses bras, la serrer contre lui. Elle se dégagea :

— Pas le temps maintenant ! Habille-toi, vite ! Ce sont des vêtements de travailleur.

— Je t'aime, Lida. C'est toi que j'aime, et non Galina.

— Habille-toi !

Il vit dans ses yeux qu'elle avait peur, que chaque seconde comptait désormais. Sans hésiter, il se débarrassa de son uniforme et revêtit le pantalon et la veste qui lui allaient à peu près, puis se coiffa de la casquette. Lida ramassa l'uniforme et le dissimula sous un tas de débris.

— Va maintenant ! Va-t'en vite !

Il prit quand même le temps de la serrer contre lui et sentit qu'elle tremblait.

— Lida, j'ai envie de rester avec toi. J'ai l'air maintenant de l'un des vôtres. Si je me cachais pendant que vous continuerez à avancer ? J'irais alors vers l'est. J'en ai assez de la guerre. Je t'aime.

— Tu parles, tu parles ! Tu devrais déjà être loin !

Et elle le repoussa soudain durement, des deux poings fermés :

— Sauve-toi, espèce de chien de fasciste ! Cours !

Elle souffla le bout de bougie et sortit de la grange. Ursbach se précipita derrière elle, mais elle avait déjà disparu dans la nuit. Comme un fou, il remonta vers le village, espérant qu'elle reviendrait. Puis la raison lui revint. Contre le mur d'une maison, il aperçut une bicyclette. A une centaine de mètres de là, il entendait des bruits de moteurs, des commandements jetés à pleine gorge. Bientôt, il se trouva au milieu d'un chaos de voitures, de motos et d'hommes qui, en pleine nuit, se préparaient à poursuivre la grande offensive. Pédalant tranquillement, il passa parmi eux inaperçu, comme un simple travailleur soviétique qui se rendait à son travail en bicyclette.

Quand le jour commença à poindre, il se trouvait déjà dans le secteur de l'artillerie. Là, un civil n'avait vraiment rien à faire. Il se dissimula avec sa bicyclette dans un massif de buissons et attendit le lever du soleil.

Il était déjà loin du bataillon de femmes. Il lui vint à l'esprit que Lida avait choisi la meilleure date et la meilleure heure pour sa fuite. Tant que durerait la grande offensive des Soviets, qui donc parmi eux se soucierait d'un Allemand évadé ? En s'étendant pour mieux se reposer, il pensa à l'ironie du destin. Quelques heures plus tôt, il était prêt à déserter pour Lida. Et maintenant, à cause d'elle, il devenait ce qu'il n'avait jamais voulu être : un héros.

Galina Rouslanovna mit une bonne heure à comprendre que Helge Ursbach avait disparu de Niékioudovo.

Elle avait d'abord pensé qu'il se promenait dans le village, qu'emporté par la curiosité, il avait voulu assister à la marche en avant des troupes soviétiques. Mais c'était une idée insensée qui prouvait son désarroi : Ursbach aurait été immédiatement arrêté puisqu'il portait son uniforme allemand.

Stella Antonovna elle non plus ne savait rien. Elle se contenta de dire :

— Veille un peu mieux sur lui, Galina Rouslanovna ! Imagine qu'il se soit sauvé ?

— Mais où cela ?

Elle bégayait presque, la gorge soudain serrée. Il est à moi, pensait-elle, à moi...

— C'est impossible, Stella. Il ne peut s'être sauvé sans rien me dire. Et pourquoi ?

— Peut-être avait-il peur de toi... il y a des hommes qui fuient les femmes par trop exigeantes sur certaines choses.

Galina lui jeta un regard aigu, mais se tut. Elle évita Sibirtzev qui eût été dangereux pour elle. En courant d'abri en abri et après avoir traversé deux fois le village, elle aperçut Lida Ilianovna, assise seule le dos au mur de la dernière maison du village détruit, et qui regardait fixement la rivière. Tout était étrange dans son attitude. Galina demeura un instant interdite, puis elle vit Lida se lever brusquement et descendre à pas très lents vers l'eau, sans prendre garde à la boue qui lui montait déjà jusqu'aux chevilles.

— Lidotchka, où vas-tu ? cria-t-elle. Attends-moi, il faut que je te parle !

Lida Ilianovna demeura clouée sur place, comme une mécanique déréglée. La vase recouvrait maintenant ses chevilles. Son visage était pâle comme du marbre et l'on eût dit que ses yeux étaient deux billes de verre sans expression. Seul le bout de ses doigts tremblait à l'extrémité des mains qui pendaient, inertes, le long de son corps. Pour l'atteindre, Galina Rouslanovna dut s'engager dans la boue, comme elle.

— Connais-tu la nouvelle ?

— Quelle nouvelle ?

Elle avait répondu d'une voix calme, elle aussi sans expression, en continuant à regarder la rivière.

— Je ne trouve nulle part mon prisonnier.

— Tu ne le trouveras pas.

— Qu'est-ce que tu dis ?

Après être demeurée un instant à regarder Lida comme si elle était folle, la Opalinskaia la saisit des deux mains par sa blouse pour l'attirer à elle, folle de rage :

— Tu le caches, hein ? Tu le caches pour toi, espèce de petite putain ! Où est-il ? Tu as osé me prendre mon prisonnier ?

Elle secouait durement Lida, qui ne se défendait pas. Comme Galina s'arrêtait enfin, essoufflée, elle dit simplement :

— Je ne l'ai pas caché. Je peux te le jurer sur les yeux de ma mère. Cela suffit-il ?

— Alors, c'est que ta mère est déjà aveugle ! Tu sais où il est. Tu l'as caché ici, près de la rivière, n'est-ce pas ? Dans une hutte de pêcheurs, peut-être. Et vous avez baisé toute la nuit, il n'en peut plus, hein, et il dort. Sinon, pourquoi avancerais-tu ainsi vers la rivière, dans la boue ?

Elle avait saisi Lida par les épaules et lui criait en plein visage :

— Tu vas me conduire à lui, entends-tu ? Ou sinon, je te tue, espèce de charognarde !

De sa voix sans timbre, Lida Ilianovna répondit :

— Tu me tuerais vraiment ?

— Avec joie, en riant !

Elle avait pris Lida aux cheveux et lui secouait sauvagement la tête :

— Je vais t'arracher des épaules ta sale tête d'oiseau ! Je vais en faire sortir le peu de cervelle que tu as ! Je suis forte, sais-tu, très forte !

— Il est loin désormais, et il ne reviendra jamais...

Sa voix était encore rêveuse, mais comme Galina levait le poing, elle sortit soudain de sa torpeur. Son genou, avec la force d'une catapulte, s'enfonça entre les jambes de la doctoresse. Le coup était si inattendu, si douloureux, que Galina lâcha prise. Et elle n'eut pas le temps d'éviter ce qui suivit : un second coup porté non pas avec le poing, mais avec le tranchant de la main, contre la tempe, comme Lida l'avait appris à Vejniaki et pour lequel la colonelle Olga Petrovna Raboutina l'avait tant de fois félicitée. Un coup qui paralyse toutes les fonctions de l'adversaire comme on éteint une lumière.

La Opalinskaia s'effondra d'abord sur les genoux, puis son visage s'abattit dans une boue épaisse. Inconsciemment, elle voulut se retourner pour respirer, mais un coup de botte lui enfonça la tête encore plus profondément dans ce linceul de fange.

Les yeux fermés, le dos bandé comme un arc, les joues ruisselantes de larmes, Lida Ilianovna pesait de tout son poids sur le corps qui ne bougeait plus. Pour toi, mon amour, pensait-elle. Pour toi seulement. Cours, cours vite. Et que Dieu te protège !

Elle se releva quelque temps après. Le corps de Galina Rouslanovna était presque recouvert de boue. Sans lui accorder un regard, Lida reprit le chemin de Niékioudovo.

Avant d'entrer dans le village, elle lava longuement ses bottes dans une flaque d'eau propre, puis elle nettoya son uniforme de toutes les taches d'argile. Calmement, elle se dirigea vers la ruine qui lui servait d'abri. Personne n'avait remarqué son absence. Les filles de son groupe étaient en train de décharger un camion rempli de concombres frais, que Sibirtzev avait découvert, abandonné entre deux maisons. Lida se joignit à elles, transporta elle aussi, en ahanant comme les autres, son sac de concombres. Toutes auraient juré qu'elle était là depuis le début.

Le soir, on retrouva Galina Rouslanovna dans le marécage qui aboutissait à la rivière. Ses blessées avaient commencé à s'inquiéter de son absence, comme de celle du médecin allemand. Stella Antonovna envoya cinq patrouilles à leur recherche. Ce fut celle de Sibirtzev qui découvrit la doctoresse étouffée dans la boue. De l'Allemand, il n'y avait pas trace. Évidemment, il avait tué Galina Rouslanovna pour pouvoir s'échapper.

— Qu'avais-je dit ? demanda Sibirtzev, plus sournois que jamais, quand Stella Antonovna vint reconnaître le corps dont l'aspect était horrible. Il fallait le liquider, le liquider tout de suite. Mais vous avez toutes levé les yeux au ciel en disant : mais non, c'est un médecin. Et il a étouffé Galina comme on noie un petit chat, non pas dans l'eau, dans la boue. A vos yeux, c'est moi, le sauvage !

Stella Antonovna, très impressionnée par l'événement, se tourna vers lui :

— Que veux-tu faire, Bairam Vadimovitch ? Annoncer l'événement au colonel ?

— Galina Rouslanovna a été assassinée, n'est-ce pas ?

— Par qui ?

— Évidemment, on ne peut pas lui dire : par ce chien d'Allemand ! Ce serait pourtant un joli sujet de propagande : un médecin fasciste tue une doctoresse soviétique !

— Mais pourquoi l'aurait-il assassinée ? Il n'en avait pas besoin pour se sauver.

— Voilà pourquoi il faut nous taire. Nous sommes les complices du meurtre. Mais la camarade Opalinskaia perdait la raison dès qu'elle voyait la bosse d'un sexe dans un pantalon d'homme ! Faut-il interroger tous les officiers qui sont passés par Niékioudovo et qu'elle a entraînés, l'un après l'autre, derrière un buisson ? C'est peut-être ce qui s'est passé, là-bas, dans le marécage.

Galina Rouslanovna Opalinskaia fut enterrée le lendemain au cimetière de Niékioudovo. Douze soldates tirèrent sur sa tombe une salve d'honneur.

Lida Ilianovna était l'une d'elles, et sa main ne trembla pas.

Irrésistiblement, la contre-offensive soviétique se poursuivait, récupérant tous les territoires que les Allemands avait conquis les jours précédents. Les vagues de chars écrasaient tout sur leur passage, suivies par l'infanterie qui nettoyait le terrain en liquidant les derniers nids de résistance. Les pertes soviétiques étaient immenses, mais les Allemands eux aussi étaient saignés à mort.

La plus grande bataille de chars de l'histoire avait commencé, accompagnée de la plus forte concentration d'artillerie jamais vue. Rien que dans le secteur de Bielgorod, six mille canons soviétiques canonnaient sans interruption les bataillons allemands. Désormais, le général Koniev avait lancé dans la mêlée toutes les réserves accumulées dans la steppe.

D'abord, le ravitaillement des troupes allemandes s'effondra totalement. Kharkov, jusqu'alors ville de l'arrière avec son théâtre des armées, ses boîtes de nuit, son opéra et ses spectacles, ses trois sortes de bordels pour officiers, sous-officiers et hommes de troupe, ses foyers de convalescence pour blessés, ses armées d'infirmières, d'auxiliaires féminines, ce Kharkov dont rêvaient tous les soldats du front, où il y avait encore du champagne, des eaux-de-vie allemandes, russes, tchèques, yougoslaves, des porcelets rôtis à la broche, des mess d'officiers où des ordonnances habillés de blanc servaient des soupers à dix-sept plats avec, pour dessert, des filles faciles aux chevelures et aux peaux de toutes les nuances, de la Germaine blonde à la Tatare aux yeux en amande, Kharkov, cette oasis de corruption, de vice et d'ivresse, de putains et de filous, où les usines et les hôpitaux tournaient à plein temps, où s'accumulaient les stocks les plus divers, les munitions et les vivres, Kharkov, Babel vautrée au bord du confluent de l'Ouda, du Kazatchia Lopan et du Kharkov, se préparait pour la troisième fois à se métamorphoser en enfer.

Au milieu des colonnes soviétiques, Ursbach avançait continuellement vers l'ouest, espérant que leur progression allait enfin s'arrêter. Alors, il pourrait sans doute rejoindre les lignes allemandes.

Sa vie était celle d'un loup. Il se cachait le jour, marchait la nuit, volait de quoi se nourrir aux troupes en repos. Un jour, le 23 juillet, il se réveilla au milieu d'un combat de chars, tapi dans un trou d'obus. Derrière lui, les canons antichars des Soviétiques, appuyés par neuf T-34, repoussèrent finalement quatre « Tigre » allemands, cela en pleine nuit. Un des « Tigre » demeura sur place, incendié.

Et l'avance russe se poursuivait.

C'était la quatrième bicyclette que volait Ursbach, et il traversa avec elle Bielgorod en flammes, reconquise par les Russes. Il suivit ensuite la ve Armée de la Garde qui, avec la viie Armée de la Garde et l'avant-garde blindée de la lviie Armée allaient prendre Kharkov en tenaille. De trois côtés, les chars soviétiques attaqueraient la ville. Qui donc pouvait encore les arrêter ?

Le 5 août, dans un moment de découragement, il se rendit compte de l'absurdité de sa situation. Si cela continuait, il se retrouverait en Allemagne derrière les blindés soviétiques. Pour cela, il lui faudrait beaucoup de temps et beaucoup de chance ! Son ravitaillement ne lui posait plus de problèmes, il avait trouvé un sac rempli de pain, de saucisses, de vivres divers. Plusieurs fois, il avait croisé de longues colonnes de prisonniers allemands qui se traînaient vers l'est, épuisés, par rangées de quatre ou de six, sur les routes poussiéreuses de l'Ukraine. Quelques-uns levaient les yeux vers cet ouvrier russe aux vêtements déchirés et sales, à la casquette à visière cabossée, à la barbe blonde. Il y en eut même qui lui adressèrent la parole : « *Khleb ! Khleb !* » Ils avaient faim. Mais il ne leur donna pas de pain, détourna la tête et se hâta de s'éloigner, sentant qu'il n'allait plus pouvoir résister, qu'il allait se trahir.

Ce 5 août, alors qu'il dormait dans un petit bois, à côté de sa bicyclette qu'il avait attachée à son bras avec un ceinturon pour empêcher qu'on la lui vole pendant son sommeil. Il sentit soudain qu'on tirait son bras : deux soldats soviétiques étaient devant lui. Ils s'intéressaient beaucoup plus à la bicyclette qu'à lui-même, c'était évident. Mais puisque ce paysan était réveillé, ils devinrent aussitôt très officiels :

— Allez, debout, paysan ! C'est une vérification des papiers !

Et comme Ursbach demeurait assis :

— Debout ! Où as-tu pris ce vélo ? Qui a un vélo aujourd'hui ? Comment se fait-il qu'il n'ait pas été réquisitionné pour la Grande Guerre Patriotique ? Le vélo est confisqué, compris ?

— *Da, da,* dit Ursbach. Se méprenant, il indiqua son sac :

— *Kolbassa... Khleb... Miasso* (Saucisse... pain... viande).

— Il n'a plus sa tête à lui, dit un soldat. Il donna une gifle à Ursbach, détacha le ceinturon et remit la bicyclette sur ses roues. L'autre soldat se mit à rire :

— C'est un coup de chaleur !

Il souleva Ursbach du sol en criant :

— Tu viens avec nous, petit frère ! Tu vas expliquer au camarade lieutenant que ton vélo t'est absolument nécessaire pour gagner la guerre. Et que nous nous sommes montrés gentils avec toi ! Compris ? *Davaï, davaï !* (Vite, vite).

Quatre heures plus tard, une jeep américaine emmenait le médecin auxiliaire Helge Ursbach au colonel commandant le régiment d'infanterie. C'était un homme âgé qui le reçut poliment en le saluant militairement et qui parlait un bon allemand.

— Vous êtes médecin ? demanda-t-il en lui faisant signe de s'asseoir et en lui offrant une *papirossa...* Et vous êtes en fuite pour rejoindre votre troupe ? C'est bien cela ? Depuis combien de temps ?

— Trois semaines.

Ursbach aspira longuement la fumée, bien qu'elle lui brûlât les poumons.

— Exactement depuis le 13 juillet.

— Et personne n'a remarqué que vous étiez allemand.

— Personne. Ceux qui m'ont vu m'ont tous salué amicalement.

Le colonel le regarda longuement et dit d'une voix sourde :

— Il faudra que vous vous en souveniez, docteur. Là où vous allez vous trouver, la politesse n'a plus cours...

Comme une avalanche, les armées soviétiques repoussaient devant elles les Allemands exténués, désorganisés, manquant de vivres et de munitions. « Tigre » et « Panther », faute de carburant, jonchaient la steppe comme autant de monstres d'acier impuissants. L'infanterie reculait pourtant mètre par mètre, mais elle demeurait incapable de résister à la ruée des T-34. Le général Koniev avait percé le front allemand sur une largeur de cinquante-cinq kilomètres et, par cette brèche, ses armées avançaient droit sur Kharkov.

Mais les Soviets ne s'en contentaient pas. C'était maintenant sur toute la largeur du front qu'ils attaquaient pour empêcher les

Allemands de constituer des points d'appui. Une telle stratégie augmentait encore les pertes russes, mais le Kremlin se souciait peu du matériel humain, du moment que l'objectif était atteint. Pendant des siècles, les tsars n'avaient-ils pas inculqué à leurs serfs que leur vie ne comptait pas quand il s'agissait de la Sainte Russie ?

Le colonel Chémentchouk était mort, bêtement. Il avait voulu visiter l'intérieur d'un « Tigre » abandonné. Dès qu'il avait mis le pied dans la tourelle, une mine avait explosé, et l'on en avait retiré son corps débris par débris.

Stella Antonovna avait été promue sous-lieutenant. Staline allait bientôt signer sa nomination comme « héroïne de l'Union soviétique ». Cent vingt-neuf Allemands abattus figuraient maintenant sur son livret de tir. Avec la mort du colonel, elle assuma complètement le commandement de l'unité Baïda, comme on continuait à l'appeler. Assises sur les chars, les femmes pourchassaient elles aussi l'ennemi en fuite, nettoyaient sans pitié le terrain conquis, tirant les Allemands attardés comme des lapins.

Partout où ces filles apparaissaient, la lutte devenait impitoyable, atroce. Le mot d'ordre de cette troupe était resté le même : pas de prisonniers, pas de merci !

Les Allemands évacuèrent Kharkov. Théâtre des armées, orchestres et chanteurs d'opéra, artistes de music-hall, pensionnaires des bordels et malades des hôpitaux, tous et toutes prirent la direction de Poltava où, il y avait plus de deux siècles, en dépit de son génie de chef de guerre, un autre conquérant, Charles XII de Suède, avait lui aussi été écrasé sous le nombre. A travers Kharkov déserté, des colonnes de soldats du front, épuisés et sales, couverts de sang et de boue, battaient en retraite, regardant de leurs yeux stupéfaits les affiches qui s'étalaient encore sur les arbres et les murs des maisons :

« Aujourd'hui, *Le Baron tzigane,* de Johann Strauss. »

« Chaque jour, l'*Obus anti-char* vous offre son grand spectacle ! C'est votre cabaret, camarades ! »

« La Scène de Plein Air de Kharkov : l'ensemble des ballets de Berlin danse sur des airs d'opéra et d'opérette ! »

« Pourquoi notre Rhin est-il si beau ? Soirée rhénane... »

« Oui, les filles de notre patrie sont arrivées ! Grande soirée sur la Scène du Front... »

Et dans les appartements évacués, on avait abandonné les sofas et les fauteuils, les lits étaient faits, mais les bouteilles vides s'entassaient partout au milieu des vivres, des quantités invraisemblables de vivres qui pourrissaient lentement !

Une fois de plus, on avait organisé une ceinture de protection autour de la ville. Si l'on avait pu rassembler les unités de l'arrière, tous ces hommes gras et contents d'eux qui se trouvaient déjà dans l'ouest, en sûreté, on aurait constitué une nouvelle armée. Mais la plupart d'entre eux avaient aussitôt gagné les étapes lointaines de Tcherkassy et de Kiev. A l'avant, les fantassins avaient faim, comptaient leurs munitions, attendaient désespérément un bidon de carburant, et continuaient à creuser des trous individuels où ils se terraient pour soutenir le choc des blindés et les bombardements de l'artillerie.

Le sous-lieutenant Bauer III avait été blessé au ventre. Il avait eu la chance d'être évacué sur Kharkov, puis sur Poltava. Le lieutenant von Bellinghoven prit le commandement de la 4e compagnie. Il sortait de l'hôpital de Burgsteinfurt en Westphalie, et après quatre semaines de congé de convalescence, il avait été expédié au front. Dès le premier jour, il montra à ses nouveaux subordonnés comment on se débarrasse, seul, d'un T-34 : attendre le monstre dans l'angle mort, puis sauter dessus, coller à la tourelle une charge explosive pourvue d'un aimant, sauter et se cacher comme on le peut.

Le soir, sur cette partie du front, les Soviets cessèrent d'attaquer. Devant les trous d'hommes, cinq chars russes avaient rendu l'âme. La 4e compagnie n'avait que deux morts et neuf blessés. Mais chaque homme hors de combat comptait maintenant pour dix.

Profitant de l'obscurité, von Bellinghoven rassembla sa compagnie, salua les chefs de section, félicita les hommes se déclara heureux de voir l'adjudant-chef Pflaume tenir une mitrailleuse légère et ne pas se comporter en bureaucrate. Pour parler, il avait retiré son casque d'acier, et ce fut tête nue qu'il se rendit à l'avant où Peter Hesslich s'était installé dans un trou d'obus.

— Baissez vite la tête, mon lieutenant !

Bellinghoven le regarda d'un air étonné :

— Comment cela ? Leur première ligne est à quelque deux cents mètres.

— Cela suffit.

— Vous croyez aux fantômes. Sommes-nous au cirque pour assister à des démonstrations de tir ?

— On ne vous a donc pas prévenu au bataillon ? Ce que nous avons devant nous, cette infanterie qui a attaqué avec les chars, c'est un bataillon de femmes.

— Hesslich, c'est impossible ! C'est un truc de propagande. Alors, les morts qui sont là, ces fantassins sur lesquels nous avons tiré toute la journée, ce seraient des femmes... Depuis quand avez-vous affaire à elles ?

— Depuis mars. Elles nous suivent comme notre ombre. La plus grande partie des pertes que nous avons eues est à porter à leur compte. Le jour le plus terrible a été quand nous avons attaqué la tête de pont qu'elles tenaient à Melekhovo.

— Et nous nous fourrons dans un trou à cause de ces bonnes femmes...

— A deux cents mètres, elles vous coupent le bout de la queue d'un chat. Ne jouez pas au héros, mon lieutenant. Croyez-moi.

— Je n'ai pas l'intention de me fourrer la queue entre les jambes à cause d'une femme, dit von Bellinghoven d'un ton sec. Demain, je vais les remettre à leur place.

Il n'en eut pas l'occasion. Le lendemain matin, l'artillerie soviétique, qui avait occupé pendant la nuit des positions avancées, se remit à tirer, et de nouveaux chars, plus nombreux, se ruèrent à l'attaque. Le front allemand plia de nouveau, et la 4e compagnie dut reculer. Les femmes avaient disparu. Elles avaient pris place sur les blindés de la troisième vague d'assaut, enveloppées dans des nuages de poussière hauts comme des maisons de six étages.

Kharkov ! En avant ! A Kharkov.

Le 10 août, le lieutenant von Bellinghoven tomba près du village de Mulnov. Avec trois hommes, il avait atteint un petit bois de bouleaux rabougris quand deux filles, comme surgies du sol, se dressèrent devant lui, le fusil haut. Avant qu'il eût pu réagir, Lida Ilianovna et la petite Maia tirèrent. Avant de mourir, il vit qu'un de ses hommes tombait comme lui et que ces filles ne portaient pas de casque mais un simple bonnet de police sous lequel filtraient leurs cheveux.

Les deux autres Allemands levèrent les bras, sans comprendre que d'autres lois régissent sans doute les femmes en guerre. Deux autres coups de feu jaillirent des nouveaux Tokarev automatiques et les balles leur firent éclater le cerveau en pénétrant juste entre les deux yeux.

C'était le deux cent soixante et unième coup au but de Lida Ilianovna, et le cent vingt et unième de la petite Maia.

Le lendemain, le 11 août, Peter Hesslich fut enfin blessé par un éclat d'obus ; un morceau de fer rouge lui traversa la cuisse, déchirant le muscle et enlevant au passage beaucoup de chair, mais sans toucher l'os. Rien de très dangereux, mais il était presque incapable de bouger. L'obus avait explosé juste devant la voiture tous terrains qui l'emportait avec cinq hommes le long de la ligne de chemin de fer de Koursk à Kharkov. L'avance des Soviets les avait isolés, et cette voiture abandonnée, où se trouvaient encore plusieurs bidons de carburant, était leur seule planche de salut. C'était une course contre la mort. Des chars russes apparaissaient parfois à droite et à gauche, et il fallait les éviter.

L'explosion de l'obus souleva la voiture dont les débris retombèrent lourdement sur le sol. Quatre hommes furent tués sur le coup, le cinquième, une moitié de tête enlevée, mourut après deux heures d'agonie. Hesslich se retrouva rampant sur l'herbe, laissant derrière lui une large trace de sang. En se servant des paquets de pansements de tous ses camarades, il parvint à comprimer la plaie. Il se retrouvait entre l'auto complètement détruite et les corps dispersés de ses occupants. Seul dans la steppe, couché sur le dos, il attendit la fin, les yeux fixés sur un ciel bleu d'été d'une clarté indicible. Peut-être sera-ce une belle mort, pensa-t-il, un affaiblissement progressif, un glissement dans une absence totale de pesanteur; mourir en perdant lentement son sang, c'est presque agréable. Avec les dernières gouttes, on s'endort dans l'éternité.

Le hasard décide souvent de notre avenir : ce soir-là, Stella Antonovna s'en rendit compte.

L'unité Baïda, qui désormais portait officiellement ce nom, avait reçu l'ordre, après la percée des chars jusqu'à la ligne de chemin de fer, de nettoyer la région des unités allemandes qui s'y étaient dispersées. Trois autres compagnies d'un bataillon d'infanterie de réserve passaient au peigne fin tous les villages et les hangars isolés, les bois et les bosquets, pour débusquer les Allemands qui s'y cachaient. Une autre troupe rassemblait les cadavres, les jetait sur des camions pour les réunir dans d'immenses fosses communes où ils étaient couchés les uns sur les autres, puis brûlés. Comme à Stalingrad, après la libération de la ville, où des montagnes de corps avaient été incinérés dans la steppe. Cette méthode, au moins, ne laissait pas de traces...

Stella Antonovna aperçut de très loin la voiture tous terrains détruite. Elle traversait la steppe au volant d'une jeep. Elle était partie, laissant son unité dans un village où les femmes allaient dîner et passer la nuit pendant que les réserves de chars continuaient à rouler pour remplacer ou renforcer les blindés de tête. De loin, l'artillerie tirait au-dessus de ce cantonnement afin de s'opposer aux Allemands dont le plan était d'établir une position d'accueil le long de la ligne de chemin de fer. Stella avait jugé nécessaire de maintenir le contact avec l'officier qui commandait la compagnie d'infanterie voisine pour discuter avec lui des opérations suivantes, et elle s'y rendait en roulant lentement.

Elle freina net au sommet d'une des ondulations de la steppe, prit ses jumelles et examina longuement la carcasse de métal qui avait attiré son attention, s'attardant d'abord sur la voiture, puis sur chacun des morts, l'un après l'autre. Brusquement, elle revint à l'un d'eux qui lui semblait avoir bougé. Elle attendit quelque temps, les jumelles rivés aux yeux. Elle ne s'était pas trompée : en se soulevant sur ses mains, l'homme essayait de ramper.

Elle jeta calmement ses jumelles sur le siège, prit son fusil, remit la voiture en marche et se dirigea vers l'Allemand qui vivait encore. Elle freina brusquement près de lui dans un nuage de poussière et se précipita dehors, le fusil à la main. Elle vit distinctement son pantalon déchiré et les bandages ensanglantés avec lesquels il avait voulu ralentir la perte de son sang. Il était maintenant couché sur le côté, la tête entre les bras et respirait péniblement.

— *Stoï !* hurla-t-elle à pleine voix.

Stoï ! Le célèbre *stoï* qu'aucun prisonnier de guerre allemand, après l'avoir entendu, n'a jamais pu oublier. Elle leva le canon de son fusil. Celui-là, elle ne l'inscrirait pas sur son carnet de tir. Il ne s'agissait que d'un coup de grâce.

Le blessé leva la tête. Elle vit deux yeux las qui la regardaient dans un visage couvert de sang et de poussière, un visage défiguré, mais qu'elle reconnut immédiatement.

Elle rejeta son fusil et se précipita près de lui, le souleva contre elle pour mieux le serrer dans ses bras, comme pour le faire entrer en elle. Et elle s'entendit bégayer :

— Piotr... O Piotr, tu vis, tu vis ! Piotr, *moï droug, moï lioubimiy... moï niebo... moï bog...* Tu es ici...

Ses lèvres essuyaient le sang de son visage. Il dit faiblement :

— Stella... C'est un miracle. Ou alors c'est un songe... au dernier moment...

— Non, pas de dernier moment... Tu vis, tu vis !

— Trop tard.

— Pas trop tard.

Elle examina l'effroyable blessure de sa cuisse, sentit que, malgré elle, des larmes coulaient sur ses joues et que des sanglots la secouaient tout entière. Mais elle continuait à répéter en baisant sa bouche à demi-ouverte :

— Tu vis... Tu vis maintenant avec moi. *Voïna* finie ! Plus de *voïna ! Voïna kapout,* comprends-tu. Plus de guerre pour nous ! Nous sommes ensemble. Piotr, j'ai prié jour et nuit. Toi seulement. Toi toujours avec moi. Piotr, pas mourir !

Il respirait difficilement. Une douleur aiguë traversait soudain sa cuisse, remontait, lui semblait-il, jusqu'à sa tête comme pour exploser dans son crâne. Grinçant des dents, il parvint à se soulever, à s'accrocher à elle :

— Stella... Je me sens si mal...

Ses yeux se renversèrent. Il s'évanouit.

Stella demeura seule dans la steppe au milieu des cinq morts, tenant serrée contre elle la tête de l'homme qui respirait encore. Le crépuscule s'assombrissait, la grande plaine sombrait lentement dans la nuit.

Le tonnerre du front s'était rapproché. Les Allemands essayaient une fois de plus de contre-attaquer pour se dégager.

Demain, tout sera différent, pensa-t-elle. Demain, il n'y aura plus que nous deux. Rien d'autre. Ne crains rien, Piotr, mon amour.

QUATRIÈME PARTIE

Encore une fois, pendant une seule nuit, une poignée de soldats allemands parvint à bloquer l'offensive soviétique.

Avec quatre « Tigre », neuf « Panther » et un « Ferdinand » soutenus par de l'artillerie de campagne et surtout par plusieurs pièces quadruples de D.C.A., si redoutées des Russes, quelques unités de l'infanterie et du génie se précipitèrent désespérément sur la pointe des avant-gardes soviétiques.

Ce sursaut fut si soudain que les Russes, pendant une nuit, perdirent presque la tête. Jamais leur commandement n'avait pensé que ces soldats allemands, misérables et épuisés, trouveraient encore la force de se ruer en avant pour reconquérir une partie du terrain perdu et tenir la ligne de chemin de fer qui permettrait à une unité encerclée à Kazatchia Lopan de se dégager et de regagner Kharkov.

Brusquement, ces quelques hommes se jetèrent sur l'ennemi dans un élan furieux, vraiment inexplicable. Leur artillerie écrasa sous un feu précis les bataillons avancés des Soviétiques, les obus lourds du « Ferdinand » démolirent deux détachements d'artillerie. Puis vinrent les chars, tirant de toutes leurs pièces, suivis des canons quadruples de la D.C.A. qui se mirent en batterie devant les concentrations de troupes russes. Il ne restait à ces dernières qu'à battre en retraite dans la nuit pour attendre le matin et se rendre alors compte de ce que ces Allemands voulaient réellement.

Le premier choc, dans toute sa force, frappa le groupe Baïda et les troupes qui l'entouraient : T-34, troupes anti-chars et artillerie légère. Le groupe de mortiers lui aussi fut pris sous le feu allemand et presque complètement anéanti.

Après ce premier coup qui laissa aux femmes neuf mortes et douze blessées, Lida Ilianovna quitta son groupe pour courir au P.C. de Stella Antonovna. Elle y trouva Sibirtzev accroupi devant l'émetteur radio.

— Où est Stella ? s'écria-t-elle en s'abritant aussitôt, car un obus du « Ferdinand » explosait non loin d'eux, creusant un énorme entonnoir et faisant trembler la terre qui parut se soulever sous leurs pieds.

— Partie ! hurla Sibirtzev... A la compagnie voisine.

— Il faut qu'elle revienne tout de suite !

— Suis-je sorcier ? répondit Sibirtzev en donnant un grand coup de pied à l'appareil. Personne ne répond autour de nous ! Comment savoir ce qui se passe là où elle est ?

— Les chars allemands arrivent.

— Et alors ? Ce n'est pas en pissant que je peux les arrêter.

Il donna un nouveau coup de pied à la radio et prit sa mitraillette.

— Nous aussi, nous avons des chars, Lidotchka !

— Nous les voyons d'ici à l'aile droite. Ils se sont arrêtés pour déblayer le terrain à coups de canon.

Sibirtzev eut un sourire de biais :

— De toute façon, je prends le commandement pendant l'absence de Stella. Et même si elle voulait nous rejoindre, elle ne le pourrait pas. Elle est partie en jeep. Mais comment aurait-on pu imaginer que ces salauds de fascistes allaient de nouveau montrer les dents !

Il regarda sa montre et les trois filles dont Stella se servait comme agents de liaison et qui attendaient, pressées l'une contre l'autre, dans l'entonnoir. Sibirtzev s'adressa à elles :

— Nous décrochons ! Ordre à tous les groupes ; décrocher individuellement pour se rassembler à Lounovo. Laissons les blindés se démerder entre eux.

— Soia Valentinovna n'aurait jamais donné un ordre pareil, protesta Lida.

— C'est peut-être pour cela qu'elle est morte ! Comment vas-tu repousser les chars allemands ? En crachant dessus ?

— Et Stella ? Nous ne pouvons pas la laisser en arrière ?

— Sais-tu où elle est ? C'est moi qui ai pour l'instant la responsabilité de vous toutes, de vos vies, en vue de la victoire. Et j'ai donné l'ordre de battre en retraite ! Une fois rassemblés à Lounovo, nous repartirons demain en avant avec nos chars.

L'unité Baïda décrocha sous le feu de l'artillerie allemande, dépassa plusieurs T-34 incendiés, gagna la ligne des canons antichars, et ce fut là que Sibirtzev parvint enfin à se mettre en rapport avec le poste radio de la compagnie voisine. Un radiotélégraphiste, tapi au fond d'un trou, lui affirma que jamais le sous-lieutenant Korolenkaia n'était arrivé chez eux...

— Elle n'est pas là, déclara Sibirtzev à Lida et aux autres filles atterrées.

Les blindés allemands avaient un peu obliqué sur la droite pour écraser une colonne de camions dont le chef avait osé se porter vers l'avant, convaincu qu'on ne pouvait s'attendre à aucune réaction du côté allemand. En quelques secondes, neuf camions en flammes illuminaient la nuit remplie soudain d'une clarté vacillante. Dans un vacarme assourdissant, deux camions de munitions explosaient tandis que crépitaient les bidons et les tonneaux de carburant. De tous côtés, des nuages d'une fumée grasse se répandaient sur la steppe, des silhouettes d'hommes transformés en torches vivantes se roulaient en criant sur le sol.

Lida sentit que son visage tremblait. Elle pensait de plus en plus à Helge Ursbach : était-il en sûreté ? Elle se prit la tête entre ses deux mains sans pouvoir détacher ses yeux de cet enfer. Autour d'elle, les canons antichars se mirent soudain à tirer : deux « Panther » venaient d'apparaître. Derrière les deux chars, des soldats allemands couraient, pliés en deux pour mieux se protéger.

Ce fut le signal d'un nouveau carnage. Les deux blindés s'immobilisèrent sous le feu concentré de toutes les armes anti-chars soviétiques, et les fantassins demeurèrent cloués sur place, à plat ventre sur le sol de la steppe. Sibirtzev ne s'y trompa pas : le moment était venu. Il regarda Lida Ilianovna qui s'était ressaisie, fit un signe de tête puis, levant le poing, sortit le premier du trou où il s'était abrité.

Toutes le suivirent sans hésiter, comme on le leur avait appris. Ces combattantes s'étaient forgé chacune un cœur qui ne connaissait pas la crainte. Elles se précipitèrent en avant par petits groupes pendant que les canons anti-chars, puis les mitrailleuses lourdes qu'elles traînaient avec elles obligeaient les Allemands à rester là où ils se trouvaient. Ce fut ainsi qu'ils virent surgir soudain devant eux, d'abord par paquets isolés, mais très vite de toutes parts, des silhouettes porteuses d'uniforme couleur brun de terre, tandis que retentissait l'effrayant « hourrah » russe répercuté, semblait-il, par un nombre infini de gosiers féminins. Les « tireuses d'élite » qui revendiquaient si fièrement leur sexe sautaient comme des chats sauvages sur les Allemands interdits, à la baïonnette, au poignard, au couteau, les tirant au pistolet de près quand la distance leur manquait pour les liquider au fusil d'une balle dans la tête. « Hourrah ! Hourrah ! »

La 4e compagnie allait mourir sur place. Le sergent Pflanz, couché à côté de l'adjudant-chef Pflaume, avait eu juste le temps de crier : « Nom de Dieu, ce sont ces démons de femmes ! » Déjà, elles étaient au milieu d'eux, hurlant toujours et tuant.

Pflanz, serrant les dents, eut un instant d'hésitation avant de faire feu. La fille se présentait de profil et il voyait distinctement l'avancée de ses seins. Devait-il seulement la tirer aux jambes ? Ces soldats du front n'avaient pas été déshumanisés par une formation implacable, comme celle des SS de l'arrière. Pflanz, malgré la mort qui venait à lui, lui voyait encore des traits de femme. Chez tous ces hommes, il restait une certaine inhibition.

Les sergents Hellersen, Fritzke et Pinter étaient déjà morts à coups de baïonnette. L'effroi, l'hésitation causée par le fait qu'ils subissaient l'attaque d'une troupe composée uniquement de femmes, tout procurait à ces dernières un avantage décisif.

Avec Pflanz, l'adjudant-chef Pflaume occupait un petit nid de mitrailleuse. Ils balayaient tout ce qui s'étendait devant eux sur un vaste demi-cercle. En face d'eux, Sibirtzev avait installé une mitrailleuse lourde, mais Pflanz découvrit alors que Pflaume n'était pas seulement un « juteux » de bureau, qui ne savait que crier et emmerder les hommes. Il avait aussi appris à tirer : à côté de Sibirtzev, deux filles s'effondrèrent.

— Avec moi, ça ne va pas ! dit Pflaume en clignant de l'œil vers Pflanz. J'admets qu'une femme me prenne où elle veut, pourvu que ce soit au-dessous de la ceinture, quelque part entre les cuisses !

Il fit pivoter sa mitrailleuse et tira une bande sur un groupe de femmes qui couraient dans la steppe. L'une d'elles chancela, recueillie aussitôt par deux autres, et toutes trois disparurent comme englouties dans la nuit. Pourtant, l'immense plaine aux lentes ondulations était encore éclairée par les voitures et les chars qui continuaient de brûler, et cette succession rapide de lumière et d'ombre semblait parfois redonner de la vie aux morts qui gisaient çà et là, recroquevillés sur le sol dans des poses étranges.

— En voici un ! dit Pflanz en montrant du pouce une forme qui approchait en rampant. C'était un Allemand. Il se traînait à plat ventre dans l'herbe, et on le reconnaissait facilement à son casque. Un blessé sans doute. Mais on ne voyait pas encore où et dans quelle mesure. Pflanz lui fit signe :

— Attention, vieux ! En face, il y a une mitrailleuse ! Ne te relève pas ! Es-tu blessé ?

L'homme ne répondit pas. Il leva seulement la tête, poussa son fusil en avant et regarda le sergent Pflanz. La mitrailleuse lourde soviétique s'était tue soudain, alors qu'en soulevant la tête, le blessé lui offrait une cible des plus classiques. Il tenait les yeux fixés sur Pflanz, comme fasciné, le fusil toujours en avant ; on eût dit qu'il attendait quelque chose.

— Bougre de con ! cria Pflanz. Mais cache-toi donc ! Tu es devenu cinglé !

Il leva le bras pour lui faire signe de s'aplatir. Ce mouvement entraîna une partie du corps et la moitié de son visage apparut audessus du rebord de l'entonnoir. Mais il tire, pensa-t-il. Déjà, il sombrait dans le néant. Un choc aussi puissant qu'un coup de marteau le rejeta en arrière tandis qu'un trou s'ouvrait dans son front, et il tomba à la renverse sur Pflaume. Dans son regard, on aurait encore pu lire un étonnement infini.

L'adjudant Pflaume voulut se dégager, crier. Autour de lui, cinq filles surgissaient de la steppe tandis que le blessé allemand bondissait en avant, arrachait son casque d'acier, libérant des boucles blondes qui encadrèrent son visage de femme. De loin, Sibirtzev, accroupi derrière sa mitrailleuse, applaudit des deux mains :

— Bravo, Lida Ilianovna ! C'est dommage que Soia Valentinovna ne t'ait pas vue ! Ce coup-là l'aurait remplie de joie !

L'adjudant-chef Pflaume était demeuré figé sous l'effet de la surprise et de l'horreur. Il leva les bras le plus haut possible, verticalement, vers le ciel, debout dans son entonnoir, d'abord muet d'effroi. En trois pas, Lida s'était approchée de lui. Il la vit lever son fusil.

— Non, dit-il en bégayant. Je me rends ! Moi, prisonnier, prisonnier de guerre. *Voiennoplenni ! Voiennoplenni ! Plenni !* Non...

Avec un calme impitoyable, Lida leva encore son fusil pour viser la tête de Pflaume. Il arracha son casque, le jeta au loin, releva aussitôt les bras et soudain il se mit à pleurer. Ses yeux regardaient droit dans le canon de l'arme, qui était dirigé juste entre ses yeux, les larmes coulaient maintenant sur ses joues épaisses. L'angoisse lui étreignait le cœur, et il sentit que ses muscles ne lui obéissaient plus : l'urine coulait le long de ses jambes, le fond de son pantalon se remplissait d'une déjection ignoble, plus chaude que son corps. Il n'avait même plus honte et bégaya une fois de plus : « Moi... *Voiennoplenni... Voiennoplenni...* »

Il entendit encore le coup de feu. Un trou s'ouvrit entre ses yeux remplis de larmes, et il s'effondra contre le mur de l'entonnoir.

Il avait été l'un des derniers à résister. Partout, les femmes nettoyaient la steppe, achevaient les Allemands survivants, sans pitié, comme on leur avait appris à le faire, mécaniquement, sans penser à rien d'autre.

Quand l'aube vint, il n'y avait plus de 4e compagnie.

Mais Stella Antonovna avait disparu. On retrouva seulement sa jeep, transpercée de coups de feu. Et dix mètres plus loin, on découvrit dans un trou d'obus son livret de tir taché de sang. Les dernières entrées dataient du jour précédent : trois cent quarante-quatre à trois cent quarante-neuf.

Même Sibirtzev sentit des larmes emplir ses petits yeux obliques. Il prit le livret de tir et le pressa contre ses lèvres. Lida Ilianovna et plusieurs autres firent une véritable crise d'hystérie ; « Je ne le crois pas ! Elle est certainement vivante ! Je ne peux pas le croire ! Elle vit ! »

Sibirtzev voulut parler ; sa voix tremblait :

— Oui, elle vivra ! Elle sera toujours avec nous, vivante. Pour toujours, aussi longtemps qu'il y aura des Russes. On n'oubliera jamais cette héroïne. Stella Antonovna Korolenkaia est devenue immortelle !

Les recherches durèrent deux jours. Les unités de chars soviétiques avaient repris leur progression en direction de Kharkov, refoulant devant elles le troupeau des troupes allemandes, et les femmes prirent quelques jours de repos. Leur unité avait terriblement souffert pendant cet assaut : un tiers d'entre elles étaient tombées, mortes ou blessées. Koniev, le général en chef, félicita leur action dans un ordre du jour. Et même le maréchal Joukov, le chef des services opérationnels, envoya un télégramme où il était question du « caractère unique de cette héroïque prouesse ».

Au troisième jour des recherches, Sibirtzev fit le point :

— Nous ne retrouverons jamais son corps. Les fascistes ont dû le souiller de toutes les manières avant de l'enfouir sous un tas d'ordures. Moi, je vous le dis : n'essayez plus de m'imposer un Allemand vivant ! Tous méritent la mort !

Le lendemain, on retira l'unité Baïda du front, elle allait prendre un repos prolongé à Bielgorod qui était définitivement reconquise. Là, tout sentait presque la paix. La population avait immédiatement commencé à reconstruire, à dégager les rues, à faire sauter les immeubles en ruine. Par milliers, les habitants étaient sortis des caves pour revivre, malgré tout.

Neuf armées soviétiques, venant de trois côtés à la fois, se précipitaient sur Kharkov.

Sur le Donetz, le sol de la steppe était abreuvé de sang.

Pour Stella Antonovna, l'avance subite de l'armée allemande fut comme l'exaucement d'une prière. Depuis longtemps, elle se sentait prête à s'adresser à ce Dieu auquel ses parents avaient cru secrètement, bien que le marxisme-léninisme l'eût relégué au rang des vieilles lunes.

Elle était restée d'abord sans bouger, la tête de Piotr serrée contre elle, assise entre les débris de la voiture tous terrains et les corps des Allemands morts. Tout en caressant le visage du blessé, elle tirait les conclusions d'une situation dont elle était parfaitement consciente. Le ramener à l'unité Baïda était tout à fait impossible. Personne n'aurait accepté de laisser ce prisonnier en vie. Quant à se frayer un chemin avec lui jusqu'aux lignes allemandes, il ne fallait pas y penser. Elle serait immédiatement livrée aux SS, ce qui équivalait à être violée, torturée longuement avant d'être pendue. Le service soviétique des renseignements fonctionnait excellemment grâce à l'action des partisans derrière les lignes allemandes ; on n'ignorait rien de la cruauté avec laquelle les SS et les membres du Service de la Sécurité traitaient les tireuses d'élite. Les fusiller seulement était vraiment faire preuve d'humanité. Il y avait assez de photos de femmes en uniforme pendues.

Quand les premiers obus allemands commencèrent à tomber autour d'eux, Hesslich reprit connaissance. Il ne sut pas d'abord ce qui lui était arrivé, se débattit un instant, voulut se lever. Une douleur atroce dans la cuisse le rappela à la réalité.

Stella continuait à le maintenir contre elle :

— Pas bouger, Piotr... pas bouger. Tranquille, très tranquille !

Il laissa retomber sa tête contre les seins de ce qui n'était qu'une apparition, peut-être. Au-dessus d'eux, les obus allemands passaient maintenant très haut en sifflant pour retomber sur les positions des chars soviétiques. Profitant d'une pause, il lui dit :

— Il faut que tu t'en ailles, Stella ! Tu ne peux pas rester ici.

— Peux-tu marcher ?

— Non. Je mourrai ici.

— Jamais. Je suis avec toi. Tu ne peux pas mourir.

Elle déposa doucement sur l'herbe la tête de Hesslich pour se relever. Il la vit aller jusqu'à sa jeep et revenir avec son fusil.

Elle a raison, pensa-t-il en fermant les yeux. Il faut mettre un terme aux souffrances d'un être condamné à mort. Ce n'est plus un meurtre, c'est le coup de grâce. Je connais cela : j'ai été garde-chasse. C'est la seule solution...

— Je te remercie, Stella.

— Toi marcher avec fusil... comme une canne. Et moi te soutenir...

— Mais à quoi bon, Stella ? Où pouvons-nous aller ?

— Vers la paix. Toi et moi. Nous deux, vers la paix. Plus de *voïna*, plus de guerre pour nous. Pour nous deux, la guerre est finie.

Il la regardait presque sans comprendre, pétrifié :

— Mon Dieu, mais ce n'est pas possible, Stella. Tu parles de déserter. Avec moi ? De te cacher avec moi !

— Oui !

Il y avait une telle flamme dans ses yeux bleu-vert qu'une pensée étrange le traversa : quel peuple extraordinaire que ce peuple russe, capable d'élans si passionnés, si absolus...

— Toi ! Une héroïne, un modèle pour les tiens. Toi, tu déserterais ?

— Je t'aime. La guerre finie pour moi. Seulement toi ! Rien d'autre au monde !

Elle lui donna son fusil. Puis elle se dirigea vers la carcasse de la voiture, se pencha sur les morts, se releva avec deux fusils. Elle marcha vers sa jeep et, à quelques mètres d'elle, commença calmement à vider les deux chargeurs pour la transformer en passoire, mais sans toucher les organes essentiels. Dans le vacarme général des explosions des obus allemands et de la réaction des armes anti-chars des Soviétiques, ces détonations ne pouvaient que passer inaperçues. Entre-temps, Hesslich était parvenu à se lever en s'appuyant sur le fusil de Stella. Il tremblait de douleur et de faiblesse, se tenait debout sur une jambe, l'autre traînant inutilement, devenue un appendice sur lequel il n'avait aucun pouvoir.

Elle s'approcha de lui, le regarda longuement en avalant plusieurs fois sa salive :

— Viens, dit-elle enfin.

Elle était aussi déterminée qu'elle l'avait été pendant des années quand il s'agissait de tuer. Elle avait simplement tourné la page. Le passé n'existait plus pour elle. Elle avait retrouvé l'homme qu'elle aimait : et elle le sauverait envers et contre tous, absolue comme toujours.

Il avait passé un bras autour de son épaule, s'appuyait de l'autre côté sur le fusil à long canon de Stella, sautant sur un pied et gémissant chaque fois que l'autre touchait le sol. La douleur devint soudain si insupportable qu'il s'arrêta, désespéré, laissant retomber sa tête sur l'épaule de Stella. Elle entendit qu'il claquait des dents. Doucement, elle l'encouragea :

— Cinq mètres seulement... Piotr, je te porte.

Il secoua la tête. Soupirant à chaque effort, il recommença à sautiller sur une jambe. Cinq mètres : il n'aurait jamais cru que ce pût être une distance presque infranchissable quand il faut payer chaque centimètre d'une explosion de souffrance.

Enfin, enfin la jeep !

Il s'effondra sur le siège, prit avec ses deux mains tremblantes la jambe inutile et parvint à la caser à l'intérieur de la voiture. Et il demeura immobile, le front appuyé contre l'encadrement du tableau de bord. Elle s'était déjà installée au volant. Il pensa que s'ils survivaient, il en serait toujours ainsi : elle près de lui, et il aurait toujours confiance en elle, car elle était capable de le faire vivre comme de tuer, mais de tuer désormais pour lui...

— Où allons-nous ? dit-il d'une voix sans timbre. Stella, où penses-tu aller ?

— Tes camarades contre-attaquent.

— Il ne faut pas qu'ils te fassent prisonnière. Je ne pourrai pas te protéger, Stella. Sauve-toi, vite !

— Nous ensemble toujours.

— C'est de la folie.

— Amour, pas folie !

Alors, pour la première fois, il se rendit compte que, comme elle pour lui, il était prêt à déserter pour elle.

Elle avait remis la jeep en marche, roulait lentement dans la steppe vers un petit village abandonné. L'artillerie allemande avait allongé le tir et ses obus retombaient sur l'unité Baïda tandis que Sibirtzev tentait en vain d'atteindre par radio la compagnie voisine, croyant que Stella s'y trouvait.

Le village était vide. A la première salve des Allemands, les éléments avancés des Soviets et les observateurs s'étaient précipitamment retirés. En regardant autour d'elle, Stella aperçut dans le lointain faiblement éclairé les lueurs plus vives des canons. Les chars allemands approchaient.

Elle s'arrêta devant une maison détruite, descendit de la jeep et courut à l'intérieur pour y trouver un endroit où ils pourraient se cacher. Ce ne fut que dans la quatrième maison qu'elle découvrit une sorte de demi-cave, une fosse grossièrement maçonnée fermée par un couvercle de bois et qui avait servi d'entrepôt de pommes de terre. Celles qui étaient restées sur place étaient moisies, glissantes.

A coups de bottes, Stella repoussa dans un coin cette masse gluante. En ressortant, elle aperçut Hesslich qui était descendu de la jeep et se tenait debout, accroché au petit pare-brise.

— Sauve-toi, Stella, cria-t-il. Leurs chars arrivent !

Il s'aperçut qu'il avait dit « leurs » comme s'il n'avait plus au monde d'autre compatriote qu'elle. Et elle lui répondit en souriant :

— Toi jamais plus seul, Piotr. Toujours avec moi.

Elle le soutint une fois de plus et ce fut de nouveau pour lui la douleur insupportable que causait chaque sautillement en avant. Une fois à l'intérieur de la maison, il lui fallut entrer en rampant dans la demi-cave. La puanteur des pommes de terre pourries le prit à la gorge, mais là il put au moins s'allonger. Il glissa le fusil de Stella sous sa cuisse pour la surélever un peu. Puis, respirant profondément, il sentit que, peu à peu, la souffrance se calmait.

Stella était ressortie en courant. Pendant que les chars s'approchaient, faisant feu de toutes leurs pièces, elle conduisit la jeep hors du village, creva les pneus avec le fusil allemand qu'elle avait emporté, puis, courant de ruine en ruine, elle revint vers Hesslich. Elle accumula d'abord sur la trappe de bois un tas d'immondices, l'entrouvrit ensuite pour se glisser dans la cave. Une fois la trappe refermée sur elle, elle s'approcha à tâtons de Hesslich dans une obscurité impénétrable. Puis ses doigts rencontrèrent son corps, son visage, et elle comprit pour la première fois ce que veulent dire les aveugles quand ils prétendent voir avec le bout de leurs doigts. Elle savait que Piotr avait ouvert les yeux et qu'il la regardait, que ses lèvres tremblaient, que des frissons parcouraient son corps de temps à autre, mais qu'il reposait malgré tout sur ce sol visqueux, dans cette atmosphère empuantie par la décomposition des pommes de terre et l'alcool dégagé par leur fermentation. Et son fusil servait maintenant de soutien à la cuisse blessée. Tout était bien.

Soudain, ils sentirent que la terre tremblait sous eux. La grande bataille avait commencé. S'opposant à l'avance des chars allemands, les T-34 soviétiques et les canons anti-chars multipliaient les tirs de barrage, l'artillerie russe intervint aussitôt, et quelques obus tombèrent sur le village qui se trouvait exactement entre les lignes. Des ruines s'écroulèrent, quelques maisons recommencèrent à brûler, et celle où se trouvaient Stella et Hesslich s'effondra partiellement sur leur cave.

Pressés l'un contre l'autre, ils attendaient l'obus bien placé qui résoudrait tous leurs problèmes. Lorsque la terre tremblait sous eux et qu'une explosion faisait ébouler quelques ruines de plus sur leur cachette, Stella pressait son visage contre la poitrine de Piotr et resserrait son étreinte. Elle souhaitait vraiment mourir dans ses bras, ne faisant plus qu'un avec lui dans les derniers moments de sa vie comme dans la mort.

Le combat fit rage toute la nuit. Ils entendirent des chars — soviétiques ou allemands, qui l'eût pu dire ? — aller et venir dans le village en flammes. Le dernier s'arrêta presque au-dessus d'eux, défonçant un vestige de mur de la maison. Ils entendirent le cliquetis de ses chenilles comme s'il se trouvait dans leur cave. Puis il y eut une série d'explosions toutes proches auxquelles succéda un silence encore plus macabre tandis que le sol tremblait de nouveau, mais sous une canonnade de plus en plus lointaine. La guerre les avait dépassés. Ce qu'ils ignoraient, c'était s'ils se trouvaient chez les Allemands ou chez les Russes... leurs ennemis de toute façon.

Stella Antonovna avait eu l'idée de mettre son livret de tir en évidence alors que le village n'était plus dans la zone des combats. Elle s'était éloignée de Hesslich et avait entrouvert prudemment, difficilement aussi, la trappe recouverte d'une partie du toit qui s'était effondré.

— Ne sors pas, avait dit Hesslich à voix basse. La guerre n'est pas finie. Elle durera encore cent ans pour nous...

— Je dois créer de fausses traces.

— Plus tard, plus tard, Stella.

— Non, pas plus tard, tout de suite !

Une fois de plus, il s'étonna devant cette volonté et ce courage inébranlables, toujours tendus vers un seul but, quel qu'il fût. Elle souleva complètement la trappe et s'arrêta, le haut du corps appuyé sur le plancher de bois calciné et recouvert de débris. La maison n'avait pas brûlé, seul le reste du toit et une partie de mur, celui qui donnait sur le jardin, avaient disparu.

— Je vais jeter mon livret de tir. J'ai mis du sang dessus, ton sang. Il n'y a plus de Korolenkaia.

Il hésita un instant avant de répéter :

— Ton livret de tir... A quel chiffre s'arrête-t-il ?

Elle hésita à son tour, gagna du temps en faisant semblant de tendre l'oreille vers un bruit inexistant, et dit enfin la vérité :

— Trois cent quarante-neuf.

L'énormité du chiffre le fit frissonner. Cette femme absolue, intransigeante, serait désormais la sienne, s'ils parvenaient à survivre. Puis la curiosité l'emporta :

— Tous touchés à la tête ?

— Seulement ceux-là. Les autres ne comptent pas. Et toi ?

— Rien à côté de toi. Cent soixante-dix...

— C'était la guerre. La guerre finie pour nous.

Toujours cette faculté féminine, extraordinaire, de tourner la page...

Elle repoussait tous les décombres, ouvrait complètement la trappe, gagnait l'emplacement de la porte en rampant. Les chars allemands s'étaient retirés, sauf trois qui brûlaient encore. Dans l'aube grise qui se levait, des blindés soviétiques et de l'artillerie anti-chars roulaient au loin sur la steppe. De l'autre côté du village, un détachement de cavalerie passait au galop.

Elle feuilleta une dernière fois le livret de tir avec l'impres sion qu'il ne s'agissait pas du sien. Chaque entrée avait signifié la mort d'un Allemand, tout cela était daté, homologué par l'autorité supérieure. La femme russe qui avait ainsi défendu sa patrie envahie pouvait être fière d'elle, c'était la preuve de sa bravoure, de son adresse infaillible, de l'amour qu'elle avait porté à son pays...

Elle ferma les yeux pour déchirer les pages. Elle les jeta dans un trou d'obus qui s'ouvrait à quelques mètres seulement de la jeep qu'une mitrailleuse allemande avait achevé de transformer en écumoire. Ce dernier geste portait le coup de grâce à son univers antérieur, à ce monde auquel avait appartenu la grande patriote Korolenkaia.

Quelques minutes plus tard, elle retrouvait Hesslich dans la demicave. Elle se blottit contre lui comme une chatte effrayée, angoissée, et se mit à pleurer. Étonné, il la serra plus fort dans ses bras et sentit que son visage était mouillé de larmes :

— Que se passe-t-il ? Aurais-tu mal ?

— Non.

Elle aurait pu sourire de cette naïveté masculine. Elle avait laissé la trappe ouverte pour assainir un peu l'air et, à la lueur du jour qui pointait, elle regarda longuement ce visage d'homme couvert de sang et de poussière, aux traits déformés par la douleur, et elle le cacha de ses mains pour évoquer le Piotr qu'elle aimait plus que la terre et le ciel de son pays.

— Piotr, je viens de mourir...

Comme il caressait ses paupières humides, elle sentit qu'il allait dire quelque chose de très bête, dans le genre de « Mais tu respires encore... » et se hâta d'ajouter :

— Il n'y a plus de Korolenkaia... Ce nom n'est plus le mien.

Il comprit soudain ce que signifiait pour elle la destruction de son livret de tir. Elle avait cessé d'être la jeune fille qui, hier encore, était l'âme d'un des bataillons de femmes les plus redoutés de l'Armée Rouge. Il serra contre lui sa tête bouclée, la couvrit de baisers, mais il eut en même temps un mouvement si malheureux qu'une douleur brûlante comme un fer porté au rouge lui traversa la cuisse.

Elle s'aperçut que Piotr avait perdu connaissance lorsque le bras qui reposait sur son épaule se fit aussi lourd que du plomb.

Pendant cinq jours, ils végétèrent dans cette demi-cave puante qui avait servi de resserre aux pommes de terre, torturés par l'angoisse d'être découverts. Après le reflux de la contre-attaque allemande et l'avance des bataillons soviétiques, le village détruit fut occupé un jour entier par le train des équipages. Mais ses hommes s'installèrent un peu plus loin, à l'air libre, incapables de supporter l'odeur étouffante de ces ruines. Il y avait là une compagnie avec son atelier et ses stocks de pièces détachées, qui suivait une unité combattante comme son ombre. On avait adjoint à ces spécialistes un détachement de blessés légers dont la tâche était de nettoyer la steppe des cadavres qui y pourrissaient et d'ensevelir les morts soviétiques avec les honneurs militaires. Aucune femme de l'unité Baïda ne se trouvait parmi eux. Sibirtzev les avait toutes fait ramasser quand il avait reçu l'ordre de ramener en arrière les survivantes des derniers combats. Dans les camions où elles étaient entassées, elles avaient réussi à caser leurs anciennes camarades. Le commandant de la place de Stara Saltov, où elles devaient prendre quelques journées de repos, ouvrit de grands yeux quand il vit ces jeunes femmes sauter à terre, se charger de leurs mortes, puis traverser la ville en une formation impeccable, dans un pas de parade d'une lenteur impressionnante. Ce spectacle était si émouvant qu'il ne posa pas de question et demeura muet quand l'héroïque unité Baïda, sans même lui en demander l'autorisation, se mit à creuser à la lisière de la ville son propre cimetière militaire.

Stella Antonovna profita de la nuit pour voler une caisse de légumes en conserves et le nécessaire d'un médecin auxiliaire. Mais la découverte la plus importante fut celle, dans une maison voisine, d'une énorme armoire en bois qui avait survécu aux bombardements et aux allées et venues des troupes. Elle y trouva des vêtements de femme, des fichus de paysanne, du linge. Un pantalon d'homme était suspendu à un porte-manteau ainsi qu'une large blouse de travailleur et une ceinture composée de brins de chanvre tressés.

Stella transporta le tout dans la demi-cave et le montra à Hesslich :

— Nous beaucoup de chance. Maintenant, nous paysans, comprends-tu ? Les fascistes nous ont... Comment dire ?

Elle fit un mouvement de la main.

— Surpris.

— Oui, surpris. Toi, frappé, blessé par les fascistes. Toi, patriote ! *Dopros...* Qu'est-ce que *dopros ?* Demander beaucoup de choses, en frappant...

— Tu veux dire : interrogé ?

— Oui, interrogé ! Toi presque mort. Mais moi te trouver, te soigner, moi, ta femme. Nous n'avons plus de maison, nous partir pour grande ville. Sécurité et vie nouvelle. *Voïna kapout !* Finie la guerre...

— Tout cela paraît si simple, Stella. Peut-être vais-je rester un invalide.

— Invalide, qu'est-ce que c'est ?

— Plus de jambe, Stella.

— Avec une jambe, toi toujours Piotr, ou non ?

Entre-temps, elle avait ouvert la trousse qu'elle avait volée. Tout y était prévu pour un médecin du front, et elle contenait ce dont elle et Piotr avaient un besoin pressant : des bandages, des emplâtres adhérents, des analgésiques, des cachets fébrifuges, du baume antiseptique, de l'antiseptique en poudre pour les blessures, des ciseaux, des pinces, des épingles de sûreté, une attelle pliable, des pincettes, des compresses de gaze. Satisfaite, elle se retourna vers Piotr :

— Si moi plus de jambes, plus de Stella pour toi ?

— Je t'aimerai, même s'il ne te restait plus que tes yeux, ou un doigt, ou tes cheveux...

— Alors, pourquoi parler ? Quand Kharkov est libéré, nous allons à Kharkov. A Kharkov, personne demander quelque chose. Nous pauvres *tovaritchi.*

Ce fut une torture pour lui que ce nouveau pansement. Sa blessure avait un aspect vraiment effrayant. Toute sa vie, il resterait à cet endroit une énorme cicatrice, peut-être même un trou. Mais en y réfléchissant bien, Stella aurait pu poser ses lèvres sur cette plaie : elle signifiait pour Piotr la possibilité de vivre, la fin de la guerre, le fait que désormais il n'était plus qu'à elle puisqu'ils étaient quand même réunis.

Pendant cette longue opération, tandis qu'elle s'efforçait de nettoyer en profondeur la blessure avec des tampons d'ouate stérilisée en éliminant les morceaux de chair attenant encore à la peau et qui auraient pu s'infecter, Hesslich s'évanouit une fois de plus. Elle saisit l'occasion au vol pour trancher à coups de ciseaux, sans hésiter, ce qui lui paraissait encore suspect et susceptible de compromettre la guérison. Restait une question : peut-être fallait-il recoudre les lèvres de la plaie, les rapprocher, mais comment ? Pour cela, Piotr devait être soigné dans un hôpital, raison de plus pour gagner Kharkov dès que l'Armée Rouge en aurait chassé les Allemands.

Mais, trois fois de suite, Kharkov avait été perdue puis reconquise. Kharkov existait-elle encore ? Une ville pouvait-elle résister à six batailles successives ?

Le bandage, une fois terminé, était épais pour pouvoir tenir longtemps. Après avoir disposé la tête de Hesslich sur la trousse pour la surélever, elle se glissa hors de la cave pour se rendre compte de la situation.

Les services du train des équipages étaient repartis vers l'ouest.

Le quatrième jour, de longues colonnes d'autos et de camions passèrent devant elle, transportant des soldats, des munitions, du matériel. Les réserves soviétiques étaient vraiment inépuisables. Puis ce fut le tour d'unités de blindés, d'innombrables voitures du train hippomobile. Et brusquement, elle vit surgir dans la steppe une petite ville de tentes et de camions hérissés d'antennes de radio. La guerre était déjà si loin dans l'ouest qu'un état-major divisionnaire osait s'installer tranquillement à cet endroit.

Stella Antonovna prit la décision de se montrer. Depuis longtemps, elle avait enterré son uniforme. Elle portait maintenant de vieux vêtements de paysanne, un fichu décoloré autour de son crâne, des bottes presque hors d'usage aux semelles déchirées et elle s'était sali le visage pour paraître aussi insignifiante que possible. Malgré tout, son apparition subite provoqua presque une émeute parmi ces soldats de l'arrière. Elle entendit les offres de service les plus déplacées, dut se défendre contre les gestes les plus obscènes, mais ce tumulte cessa brusquement quand Stella Antonovna choisit un sous-lieutenant particulièrement insolent pour, d'un seul coup de pied dans le bas-ventre, le faire tomber à genoux, hurlant de douleur, devant tous ses hommes. Puis elle se précipita chez le colonel chargé des questions logistiques et, aussitôt reçue, se mit à crier à tue-tête :

— Camarade, nous avons vu les Allemands arriver dans notre maison. Les fascistes nous ont interrogés, maltraités, et mon pauvre Piotr est blessé, malade, invalide pour tout le reste de sa vie. Mais nous sommes restés. Nous avons pensé que c'était *notre* terre, notre terre à nous. Nous n'avons pas reculé d'un mètre. Et comment me remercie-t-on ? Dehors, vos hommes font déjà la queue pour me prendre de force ! Est-ce cela la libération ? Même les fascistes ne m'ont pas touchée !

Elle tempêta si longtemps que le colonel mit bas les armes, appela un officier d'ordonnance et ordonna de laisser cette paysanne en paix. Les contrevenants s'exposeraient aux peines les plus sévères. Il ne s'aperçut même pas qu'il n'avait pas eu le temps, pendant cet ouragan, de demander son nom.

Stella Antonovna avait franchi le premier obstacle. Elle pouvait désormais aller et venir librement pour se procurer des vivres, du pain et du beurre d'abord, mais aussi de la vaisselle et des couverts ainsi que des chaussures, sinon neuves, du moins utilisables, pour elle comme pour Piotr. Le fourrier de la division lui offrit quelques chemises et caleçons d'hiver et jusqu'à une veste de laine passablement coupée. Enfin, elle parvint à avoir de nouveaux pansements pour changer ceux de Piotr.

L'état-major de la division demeura quatre jours sur place. Le 20 août, le village de tentes et de camions disparut, toujours en direction de l'ouest. Stella courut rejoindre Hesslich qui se reposait au soleil. Depuis la veille, elle lui avait enveloppé également la tête dans un pansement épais qui recouvrait même le nez et la bouche sans toutefois l'empêcher de respirer.

— Il le faut, lui avait-elle expliqué. Si quelqu'un vient, tu ne peux pas parler, ni russe ni rien. Tu te tais, compris ? Ta bouche démolie, tu ne dis rien. Les fascistes t'ont torturé...

Cet énorme bandage, accompagné des récits véhéments de Stella, produisit un effet dramatique. Quelques officiers soviétiques s'approchèrent de ce témoin de la barbarie fasciste et lui prodiguèrent des encouragements auxquels il répondit en hochant la tête et en émettant des bruits étouffés. Les officiers, en le quittant, le saluèrent comme un héros, puis s'éloignèrent en emmenant Stella. Après trois heures d'une incertitude atroce, il la vit revenir avec une charrette à bras aux roues grinçantes, chargée de vivres et même de vin, de vodka, de cigarettes ainsi que de deux paires de chaussettes absolument neuves, sans une reprise, de la plus belle qualité.

Elle lui cria de loin en levant les deux bras, transportée de joie :

— Victoire devant Kharkov ! Attaque des chars soviétiques de tous les côtés ! L'armée allemande *kapout !* Piotr, Piotr, la semaine prochaine, nous partons pour Kharkov. Une nouvelle vie commence !

Hesslich était exceptionnellement sain. Ces six jours étaient passés sans crise. La blessure ne s'était pas aggravée, il n'y avait aucune inflammation, aucune trace de pus ni d'infection. La fièvre n'avait duré que quarante-huit heures, puis, apparemment, le mécanisme de son corps n'avait plus jugé nécessaire de recourir à ce moyen de défense. La blessure se recouvrait peu à peu d'une croûte qui s'épaississait, et si le trou dans la cuisse demeurait profond, l'os n'était pas atteint. Dès le quatrième jour, Hesslich avait pu sautiller çà et là. Il n'avait plus besoin du fusil de Stella et ils l'avaient dissimulé sous des éboulis. Désormais, il se servait d'un morceau de timon plus long que lui, découvert dans les décombres, si bien qu'un chrétien, en le voyant marcher, aurait pensé à saint Christophe-le-Barbu que l'on représente toujours appuyé sur un grand bâton. Pour tous ceux qui savaient avec quelle cruauté les Allemands avaient traité ce pauvre Piotr, c'était un spectacle inoubliable. Ils lui avaient démoli la jambe, écrasé la bouche ! Tout cela pour l'interroger ! Quand Stella Antonovna évoquait cette scène d'une voix accusatrice et avec force gestes, tous tenaient les yeux fixés sur lui et l'admiraient. C'était un patriote, un héros, que ce Piotr !

Et Hesslich, qui ne comprenait rien aux discours de Stella, hochait seulement la tête et se laissait serrer la main.

Cependant, jour et nuit, d'interminables colonnes de camions passaient devant eux. Et leurs occupants saluaient souvent ce couple de paysans assis sur les ruines de leur maison et qui, n'ayant pu sauver que leur vie de tout ce qu'ils possédaient, attendaient stoïquement des jours meilleurs, l'image même de l'éternelle Russie...

Tout en reculant sans cesse, les divisions allemandes luttaient désespérément pour se dégager. Les troupes russes fonçaient sur Kotelva et Kalki, et cette avance menaçait de désagréger l'ensemble du front sud. Cinq armées soviétiques pourchassaient la IVe Armée blindée. Au sud de la ligne de chemin de fer Kharkov-Poltava, les Ve et VIe Armées de la Garde, que voulaient contenir quelques divisions blindées des Waffen-SS, changeaient brusquement de direction et se précipitaient par l'ouest sur Kharkov. La VIIIe Armée allemande, à l'arrière de la LVIIe Armée russe qui avait déjà percé, avait occupé des positions préparées à l'avance pour défendre Kharkov. Mais, dans ce chaos, comment pouvait-elle résister aux assauts de Koniev ?

En vain, von Manstein avait-il supplié Hitler de lui envoyer des renforts. Il ne recevait qu'une seule réponse : un non catégorique. Mais où aurait-on pu les prélever ? Plus loin vers l'ouest, les territoriaux disponibles construisaient fiévreusement, sur les ordres du Führer, un « mur de l'Est » pompeusement baptisé la « Ligne Panther », une suite de fortifications bétonnées qui devait s'étendre de la mer Baltique au nord à la mer d'Azov au sud. Le maréchal von Manstein demandait en vain l'autorisation d'évacuer le bassin du Donetz pour éviter des pertes encore plus lourdes. Hitler ne répondait même plus : dans son esprit, il fallait tenir le bassin du Donetz jusqu'à ce que la « Ligne Panther » fût prête.

Évidemment, c'était une folie de sacrifier ainsi des centaines de milliers d'hommes pour bâtir plus à l'ouest de nouvelles fortifications et préparer de nouvelles positions d'accueil. Il n'y aurait jamais assez d'hommes pour les occuper ! Une fois de plus, Hitler se cramponnait au principe d'une résistance prolongée qui ne pouvait que se terminer par l'extermination totale des défenseurs, comme cela avait eu lieu à Stalingrad devant le monde stupéfait.

Le 22 août, Kharkov fut évacuée. Manstein n'avait plus d'autre possibilité de sauver ses armées. Enivrés de joie, les soldats de l'Armée Rouge de Koniev firent leur entrée dans la ville, salués par les acclamations d'une population civile qui sortait des caves et des abris souterrains, agitant des drapeaux, des guirlandes de papier peint, des fleurs, pour embrasser et féliciter les vainqueurs. La ligne de fortifications que les Allemands avaient aménagée en plein milieu de la ville fut occupée sans combat. Les hommes de l'Armée Rouge se mirent à fêter ce triomphe comme s'ils avaient déjà gagné la guerre.

Grâce à la radio d'une unité qui s'était installée provisoirement près du village, Stella apprit la grande nouvelle. Le maréchal Joukov et le général Koniev, dans leurs ordres du jour, célébrèrent les héros qui avaient brisé la résistance allemande.

Le soir, Stella prit sa décision :

— Kharkov est libre, Piotr ! C'est un grand jour pour nous. Viens ! il faut fêter avec nous cette libération. Tu es un pauvre patriote blessé par les Allemands, n'est-ce pas ?

Ce fut ainsi que Hesslich, enveloppé de bandages comme une momie, se retrouva assis au milieu de soldats russes qui buvaient avec excès et chantaient à tue-tête ? Un morceau de roseau planté dans un trou minuscule aménagé entre deux bandes et correspondant à sa bouche lui permit d'aspirer sa part de vin. Et il se mit même à marquer la mesure des chansons en balançant de tous les côtés le haut de son corps, seule façon pour un homme aussi cruellement atteint, incapable de parler et marchant avec difficulté, d'exprimer son enthousiasme.

Du coup, les hommes de l'Armée Rouge, pleins de compassion, le prièrent d'absorber quand même, comme il le pouvait, du lard, des oignons, des biscuits, et ils allèrent jusqu'à lui offrir un petit sac de haricots blancs. Mieux encore, ils proposèrent de le conduire en camion avec sa femme jusqu'à mi-chemin de Kharkov, quand ils voudraient s'y rendre.

— Il faut que nous allions à Kharkov, chers camarades, déclara Stella en les remerciant et en caressant la tête de Hesslich. C'est le seul endroit où l'on pourra guérir Piotr. Il a besoin d'être soigné par de bons médecins pour pouvoir parler de nouveau.

Le 25 août, un camion chargé de caisses de grenades à main partit pour Kharkov. En effet, après avoir évacué la ville, les armées allemandes, dans une nouvelle contre-attaque désespérée, avaient repoussé à Kotelva la XXVIIe Armée soviétique et tenaient bon depuis sur un large front. Von Manstein, menacé sur sa gauche par la XLe Armée qui s'était avancée jusqu'à Gadiatch sur le Psiol, s'acharnait à demander à Hitler l'autorisation de reculer en bon ordre pour établir une nouvelle ligne de défense sur le Dniepr. Sauvant ainsi ses armées, il aurait le temps de combler une partie de ses pertes par de jeunes recrues venues d'Allemagne et les blessés guéris qui revenaient se battre. L'immense bassin du Donetz n'avait plus aucune importance stratégique pour la poursuite de la guerre : il était perdu. Pourquoi subir des pertes plus lourdes en voulant tenir à tout prix un petit saillant ?

Mais Hitler demeurait inflexible. Le mot retraite agissait sur lui comme une provocation. Si l'on reculait par force, c'était pour se relancer à l'attaque à partir d'une nouvelle ligne d'accueil. Mais la « Ligne Panther » n'avait pas encore pris forme et il fallait donc continuer à lutter sur place dans ce qui restait du bassin du Donetz.

Stella et Piotr avaient pris place à bord de ce camion. Kharkov était devenu le grand centre de rassemblement des divisions soviétiques. Les hommes et le matériel affluaient de toutes parts dans des encombrements monstrueux : il s'agissait de reprendre l'offensive contre le flanc sud de von Manstein, pour l'écraser. Les colonnes de camions et d'interminables trains de marchandises roulaient à travers la ville, et la voie ferrée Bielgorod-Kharkov avait été immédiatement remise en état. Ces transports ne cessaient ni de nuit ni de jour, car la Luftwaffe allemande n'existait pratiquement plus. Jamais le Kremlin n'avait osé espérer un tel changement : l'aviation soviétique jusqu'alors dépourvue d'importance réelle avait la maîtrise du ciel dans tous les secteurs du centre et du sud. C'était la preuve de l'affaiblissement général de la puissance allemande.

Stella et Piotr arrivèrent à Kharkov le soir. Descendus du camion, ils se retrouvèrent debout à un coin de rue, sans que personne, civils et soldats, leur accordât un seul regard. C'était un spectacle familier que ces couples de paysans cherchant leur chemin, et quant à l'homme à la tête entourée de bandages et qui paraissait avoir perdu la moitié du crâne, le nombre des blessés était tel que nul ne s'occupait de lui. Les ambulances continuaient à affluer, venant du front avec leur chargement d'invalides, toutes les salles et écoles disponibles avaient été réquisitionnées.

Ce que Stella avait espéré se réalisait enfin : ils allaient disparaître dans cette foule, se dissoudre dans cette énorme ville du front qui recommençait à fonctionner dans un chaos propice. Huit jours plus tôt, les Allemands faisaient encore jouer des opérettes là où l'on entendait maintenant les chœurs de l'armée soviétique et les groupes folkloriques de la Volga et du Don. D'Alma Ata et du fond de la Sibérie, les troupes de danseurs accouraient pour porter à son comble l'enthousiasme des combattants. A voix basse, Stella s'adressa à Hesslich :

— Nous cherchons où coucher. Dans une cave ou dans les ruines. Et tu vas apprendre le russe. Jour et nuit.

— La nuit aussi ? demanda Hesslich.

Entre ses bandages, ses yeux riaient. Elle le regarda de travers :

— La nuit aussi. Pas d'amour. Quand tu diras en russe « Je t'aime », je ferai l'amour. Pas avant.

— Personne n'apprendra le russe aussi vite que moi, dit Hesslich d'une voix qu'étouffait sa carapace de bandes. Vite, Stella, comment dit-on « je t'aime » en russe ?

— Pas ici.

Elle le prit sous le bras, il était encore si fragile, et ils se mirent à marcher lentement, traversant un quartier dévasté. De temps à autre, Stella demandait sa route à quelques-unes des femmes qui enlevaient les décombres, vidaient les caves, déblayaient les escaliers à grands coups de pelle, nettoyaient les pièces habitables, clouaient des planches devant les fenêtres dont les vitres avaient été soufflées par les explosions, fixaient des tuyaux de caoutchouc aux points d'eau demeurés intacts, ce qui n'était pas le cas partout. Dans plusieurs quartiers, et surtout dans ceux où avaient séjourné les officiers allemands et les services surabondants des états-majors, de l'eau propre coulait des robinets, et il y avait même des salles de bains avec des poêles à charbon et des ventilateurs. Les Russes se succédaient pour regarder avec étonnement l'une d'elles dont les murs avaient été recouverts de carreaux de faïence représentant des scènes érotiques.

Stella et Hesslich dénichèrent en fin de compte un logement à demi-détruit près de la gare de marchandises. Le quartier n'était pas très agréable mais, en cas de danger, il se prêtait parfaitement à une disparition rapide dans l'énorme dédale des voies de garage et des wagons. De là, on pouvait aussi fuir Kharkov à bord d'un convoi quelconque. Ce logement n'avait qu'une seule fenêtre, mais l'eau coulait du robinet et il y avait un peu partout des bouts de bougie plantés dans des bouteilles. La femme qui habitait le logement voisin leur raconta que l'ensemble de l'immeuble avait été réquisitionné par un bataillon de transport allemand. Dans le logement de Stella avait vécu un couple russe qui, lors de la première occupation de Kharkov par une division SS, s'était retiré avec les troupes soviétiques. Nul ne savait où ils se trouvaient pour l'instant. Peut-être avaient-ils été, comme tant d'autres civils, victimes des Stukas allemands.

Dans la salle d'eau où se trouvaient aussi les W.C., Hesslich remarqua une inscription en allemand écrite à la craie rouge sur le mur badigeonné à la chaux :

« Merde et bonne chance pour celui qui me lira ! »

— Restons ! dit Hesslich en prenant Stella par l'épaule. Cela me semble un excellent présage.

— Ce qui est écrit sur le mur ?

Elle lut lentement l'inscription en remuant les lèvres à chaque mot.

— C'est un poème ?

— Si l'on peut dire. Pour un pauvre troufion qui se soulage, c'est agréable d'être bien reçu...

La main dans la main, ils firent une fois de plus le tour de leurs deux pièces, heureux d'avoir soudain à leur disposition trois chaises et une table, un placard et même quatre lits de bois que les soldats allemands avaient abandonnés. Au-dessus de la cuisinière de fonte, sur un rayon, ils trouvèrent quatre assiettes, quatre tasses, quatre couverts complets, quatre timbales et six verres. Enfin, les tiroirs aménagés sous les lits, comme souvent en Allemagne, contenaient chacun un matelas et des couvertures.

— C'est plus que nous ne pouvions espérer dit Hesslich. C'est un changement complet de vie. Stella, il faut maintenant que je me débarrasse de ces bandages pour pouvoir travailler. Ici, personne ne nous donnera un morceau de pain comme le faisaient les soldats dans la steppe.

— D'abord apprendre le russe. Ensuite travailler.

— Mais je ne parlerai jamais comme un Russe, Stella. On remarquera toujours que je suis un étranger.

— Tu diras que tu viens de très loin, de Sibérie, de la taïga, du Kazakhstan oui, du Kazakhstan : là, beaucoup d'Allemands de la Volga, depuis la guerre. Tous ces Allemands sont Russes.

— Et après, Stella ?

Elle s'était assise sur l'une des chaises, près de la fenêtre. La rue conduisait directement à la gare des marchandises. C'était un va-et-vient de camions qui se rendaient à la gare et en repartaient vers le centre de la ville. C'est un bon logement, pensa-t-elle. Je vais trouver à m'employer à la gare. Je travaillerai là où l'on aura besoin de moi. Mes papiers ont brûlé avec ma maison, et si l'on doute de moi, je leur amènerai Piotr. Avec ses bandages et sa blessure, ils seront convaincus. Et puis, j'ai ma bouche pour parler !

Il s'était approché d'elle et contemplait lui aussi le spectacle de la rue :

— Qu'y a-t-il, Stella ?

— Rien. La vie est belle.

Elle lui prit la main, la serra très fort, puis pencha la tête pour s'appuyer contre la hanche de l'homme qu'elle aimait. Il remarqua qu'elle avait les doigts très frais bien qu'ils aient eu très chaud en marchant. Et elle dit brusquement :

— Quand *voïna* finie, quand personne ne tuera, avec la paix partout, toi retourner chez toi ?

Il attendait cette question depuis le premier jour, et il la redoutait. C'était une décision à prendre, qui allait engager toute sa vie. Rester en Russie ? Devenir Russe ? Vivre quelque part dans ce pays immense et oublier celui d'où l'on est venu ? Était-ce possible ? Ou fallait-il attendre que la situation politique évoluât pour retourner en Allemagne ? Peut-être lui serait-il possible d'emmener Stella avec lui ? Comment pourrait-on le lui interdire ? Ce serait alors la paix, et les peuples auraient tiré les conséquences de cette guerre horrible. Ils auraient appris ce qu'est le respect mutuel, l'amitié, et ce que la fraternité et le travail en commun peuvent signifier pour le bien de l'humanité. Quand il parla, sa voix était rauque :

— Je resterai avec toi, Stella. Je te dois la vie.

— Seulement pour cela ?

— Non. Je t'aime.

— Plus que ton pays ?

— Oui.

— Tu ne mens pas ?

— Non, je ne mens pas. Mais je ne sais pas si je serai capable de devenir un vrai Russe.

— Tu seras mon mari. Cela suffit.

Elle lui baisa la main avant qu'il ait pu la retirer, puis se frotta le visage contre sa paume.

— Merci, Piotr. Merci.

Des quatre lits à leur disposition, ils ne firent usage que d'un seul. Pour la première fois, ils couchèrent nus l'un contre l'autre, et cette découverte eut pour eux quelque chose de paradisiaque.

— Tu dois apprendre le russe, chuchota-t-elle, les lèvres posées contre la poitrine de son amant. C'est la condition. Écoute-moi bien : « Je t'aime » se dit...

— *Ya lioublou tébia,* dit-il en la caressant. Et il ajouta aussitôt, profitant de son étonnement : *Ty preskanaya... Potsélui ménia.* (Tu es belle... Embrasse-moi.)

Elle lui mordit la poitrine et lui battit l'épaule du poing :

— Où as-tu appris cela ? Mais tu es un démon ! Tu parles russe !

Il se mit à rire, voulut la presser plus fort contre lui et dut réprimer un mouvement de douleur : sa cuisse était toujours fragile.

— C'est là toute ma science ! A Posen, dans notre cours de formation spéciale, nous avions un adjudant qui parlait parfaitement le russe. Et il nous a donné le conseil, au moment de partir pour la Russie, d'apprendre par cœur quelques phrases qui, d'après lui, étaient essentielles et avec lesquelles nous nous débrouillerions partout. Et ce que je viens de dire faisait partie du lot...

Il lui baisa doucement les yeux :

— Est-ce bien cela : *Ya lioubliou tébia...*

Elle ne répondit rien, se souleva prudemment pour ne pas toucher sa jambe malade, se retrouva sur lui et poussa seulement un profond soupir quand elle le sentit pénétrer en elle. Puis elle laissa retomber sa tête dans le creux du cou de Piotr, et le temps et l'espace perdirent pour eux toute réalité. De très loin, le tonnerre presque imperceptible du front arrivait cependant jusqu'à eux : le vent de la nuit leur apportait ainsi le tumulte de la guerre par leur unique fenêtre encore dépourvue de vitres. Puis leur respiration de plus en plus forte recouvrit tout, comme l'enivrement d'une musique.

Après trois semaines, ils purent considérer que la cuisse de Hesslich était pratiquement guérie ; il se déplaçait désormais rapidement sans canne ni autre soutien, et ses accès de faiblesse avaient totalement disparu. Sa santé florissante avait eu raison de tout. Certes, il porterait longtemps encore au haut de la cuisse un trou entouré de cicatrices épaisses et au-dessus duquel se tendait une peau nouvelle d'un rose rougeâtre. Mais on pouvait vivre avec cette carte de visite de la guerre.

La langue russe continuait à lui compliquer l'existence. Comme avant, il portait un bandage autour de la tête et jouait le muet, mais il avait déjà accompagné Stella à la gare des marchandises, service du fret, où on l'avait inscrite comme employée.

Elle avait eu une chance presque incroyable. Le directeur du service, un ancien commandant, avait perdu une jambe à la guerre, et son nerf sciatique restait atteint, ce qui, dès qu'il élevait la voix, se traduisait par un tremblement douloureux de son moignon. Il avait regardé avec sympathie l'énorme bandage de ce malheureux qui, de plus, boitait en accompagnant sa femme, et il avait aussitôt décidé d'engager Stella non pas dans un groupe d'ouvrières, mais dans son bureau : l'épouse d'un camarade torturé par les Allemands méritait un traitement préférentiel.

Trois semaines plus tard, Hesslich avait commencé à aider au déchargement des trains qui amenaient à Kharkov les blessés et les malades. Ils étaient remplis à craquer de malheureux qui, faute de soins immédiats, continuaient à perdre leur sang et qui parfois étaient morts pendant le trajet dans un concert de gémissements et de plaintes et une odeur atroce de pus et d'excréments.

C'est que la progression des armées soviétiques n'était plus aussi rapide que précédemment. Les réserves continuaient à affluer pour remplir les vides et poursuivre l'avance jusqu'au Dniepr avant que Hitler ait achevé d'édifier la « Ligne Panther », ce nouveau « rempart de l'Est ». Les renseignements communiqués par les partisans et par le bureau d'espionnage « Luzy », qui opérait à partir de la Suisse, étaient formels : tout était une question de temps, de jours.

Les armées de von Manstein, dont le génie militaire n'a jamais été discuté, battaient bien en retraite, mais lentement et en bon ordre. Il avait réussi à rétablir la situation malgré l'échec de l'opération « Citadelle » et le revers subi sur le Donetz. Mais le 27 août, cinq jours après l'évacuation de Kharkov, Hitler avait quitté son quartier général de Rastenburg pour rencontrer à Vinnitza le maréchal von Manstein qui, sans le ménager, lui avait exposé la situation. Avec stupeur, il avait entendu la réponse du Führer : « Vous devez tenir sur place dans tous les secteurs jusqu'à ce que l'ennemi comprenne la vanité de ses attaques ! »

La vanité ! Koniev avançait encore au-delà de Kharkov, Malinovski au sud-ouest et Tolboukhine au sud disposaient de forces formidables et se préparaient à mettre en pièces la Iʳᵉ Armée blindée et la VIᵉ Armée du groupe A que dirigeait le maréchal von Kleist. Et il en était de même partout, à l'ouest, plus au nord. Les Allemands luttaient à un contre quatre, avec un matériel et un ravitaillement insuffisants. Comment Hitler pouvait-il encore parler de la vanité des attaques soviétiques ?

Ce 27 août, cette réponse de Hitler aux objurgations de von Manstein fut le signal de la rupture définitive entre l'homme qui avait une fois de plus fait ses preuves et celui qui prétendait être le plus grand chef militaire de tous les temps. En vain, Hitler renouvela-t-il ses promesses de renforts qu'il prélèverait, affirma-t-il, sur le front du Centre. Manstein savait d'expérience qu'il n'en recevrait aucun. L'opération « Citadelle » avait été une catastrophe. Le groupe d'armées Sud, à lui seul, avait perdu cent trente mille hommes, et des milliers de prisonniers se traînaient vers l'est à travers la steppe.

Un jour plus tard, le 28 août, le maréchal von Kluge, chef du groupe d'armées du Centre, convoqué par Hitler, apprit qu'il devait livrer quelques divisions à von Manstein alors que sa propre situation était désespérée. A son tour, il dressa un tableau précis de l'état de ses deux armées. Briansk était menacé, tout comme Smolensk et Yelnia. Mais surtout, les Soviets disposaient sur son front de cent trente-huit divisions et de cent trente-sept brigades de chars qu'ils n'avaient pas engagées jusqu'alors ! Lorsque cette avalanche déferlerait, comment résisterait-il avec deux armées que l'on voulait encore affaiblir ?

Entre-temps, sur les arrières du front allemand, les bandes de partisans opéraient maintenant sans se gêner, et la force de plusieurs d'entre elles atteignait celle d'une division. Ils étaient onze mille dans le secteur Orcha-Smolensk, vingt-six mille dans les marais du Pripet, sept mille à Briansk, douze mille entre Vitebsk et Polotsk. Ils coupaient les lignes de ravitaillement, ralentissaient les mouvements des troupes allemandes, faisaient sauter les dépôts de carburant. Il aurait fallu plusieurs divisions pour poursuivre ces partisans dans les forêts et les anéantir. Huit mille quatre cent vingt-deux fois, ils avaient interrompu ou détruit des lignes de chemin de fer ! Mille quatre cent soixante-dix-huit convois, campements, magasins, dépôts de munitions, avaient été attaqués ! Ils ne respectaient même pas les hôpitaux. Et Hitler parlait d'envoyer des renforts à von Manstein !

Et en effet, après avoir repris leur souffle, les armées soviétiques se lançaient une fois de plus en avant, sans se soucier de leurs pertes. Taganrog et Stalino, comme Briansk, tombèrent entre leurs mains. Enfin, pour sauver l'ensemble de ses armées du sud, Hitler se résigna à évacuer la tête de pont du Kouban où l'ensemble de la XVIIᵉ Armée se trouvait déjà encerclée.

Sous le nom d'« opération Kriemhild » se déroula alors à partir du 9 septembre une retraite comme on en a rarement vu dans l'histoire du monde : l'évacuation d'une armée entière par-dessus le bras de mer qui sépare Kertch de la presqu'île de Crimée. Des ferry-boats conduits par des sapeurs, des dragueurs de mines et des vedettes rapides avec toutes les unités disponibles de flotte allemande de la mer Noire, transportèrent sous une pluie de bombes et malgré les attaques incessantes des six armées du général Petrov, 249 669 soldats, dont 50 138 Roumains et 28 186 « Hiwis », ou Russes auxiliaires qui, comme près d'un million de leurs compatriotes, servaient les Allemands pour se libérer du bolchevisme, 16 311 blessés, 27 456 civils surtout caucasiens qui fuyaient les Soviétiques, 49 971 véhicules de toutes sortes, 74 657 chevaux, 1 815 canons, 75 chars et 6 255 animaux : vaches, porcs, moutons, 115 477 tonnes de matériel, 1 153 800 tonnes d'équipement. Cet exode invraisemblable se déroula sans à-coups : un chef-d'œuvre de précision et de collaboration entre tant d'unités diverses.

Mais cette évacuation trop tardive, comme tous les mouvements de repli des troupes allemandes, avait provoqué des pertes immenses et inutiles. Pendant que les armées soviétiques attaquaient de jour, tentant de briser la résistance des arrière-gardes, une invraisemblable opération d'anéantissement se déroulait dans le Kouban, dès la tombée de la nuit, sur la péninsule de Taman, par où les Allemands étaient obligés de battre en retraite. Une unité de bombardements de nuit, le régiment de la Garde de Taman qui portait le numéro cinq cent quatre-vingt-huit, bombardait sans arrêt les positions allemandes. Dix fois, douze fois par nuit, ses bombardiers prenaient l'air, anéantissant dix-sept ponts, neuf trains de transports, vingt-six dépôts de munitions et de combustibles, cent soixante-seize camions et quatre-vingt-six blockhaus.

Ces bombardiers soviétiques intervinrent vingt trois mille six cent soixante-douze fois : tous leurs équipages étaient féminins !

Ces femmes furent toutes décorées de l'ordre de Souvorov, de l'ordre du Drapeau Rouge, et vingt-trois d'entre elles devinrent « héroïnes de l'Union soviétique ».

L'unité Baïda avait reçu un nouveau commandant, la capitaine Anaïd Gregorievna Vartanian, une petite Arménienne aux cheveux noirs et aux yeux de flamme, qui déclara immédiatement à Sibirtzev que les hommes ne l'intéressaient en rien, mais en rien, et qui cinq jours plus tard prit comme amant la puissante Rouzalka, ce que Sibirtzev trouva absolument dégoûtant. Après la libération de Kharkov, l'unité Baïda abandonna son cantonnement de Stara Saltov et repartit pour le front, où l'on avait de nouveau besoin d'elle.

A Valki puis à Novo Vodolaga, les Soviétiques piétinaient devant les Waffen-SS qui livraient des batailles d'arrière-garde. Malgré les ripostes des SS, les femmes de l'unité Baïda, avec un sang-froid terrifiant, se mirent à tuer leurs adversaires comme dans un stand de tir. Sibirtzev commenta tristement la situation :

— Si seulement Stellinka était avec nous. Ou même Soia Valentinovna ! Quelles seraient heureuses d'inscrire des SS sur leur livret de tir !

— Pensons à elles chaque fois que nous tirons, dit Lida Ilianovna d'une voix dure. Pensons à toutes nos camarades disparues.

Sibirtzev l'approuva, mais sans mot dire. De jour en jour, Lida l'inquiétait de plus en plus. Elle était devenue une sorte de robot, une divinité de la mort. Deux cent quatre-vingt-onze Allemands figuraient maintenant sur son livret, dûment homologués, tous abattus par coup direct. Et l'on ne comptait pas les victimes de sa mitrailleuse légère à chacune des contre-attaques de l'ennemi.

Anaïd Gregorievna Vartanian avait promu sa maîtresse Rouzalka au grade d'adjudant. Elle dédaignait Sibirtzev, le seul homme de l'unité, à tel point qu'elle l'ignorait en passant devant lui. Il se sentait de plus en plus inutile, et même les heures de formation politique, qui étaient de son ressort, étaient désertées par les femmes, sabotées par la Vartanian qui, pour la même heure, les convoquait à un appel quelconque qu'elle déclarait plus important.

Il dut s'en aller, mais ce fut contre sa volonté. Une balle allemande lui traversa le ventre. On le transporta à l'arrière sur une civière. Il y eut même deux ou trois filles pour verser quelques larmes en le voyant partir, mais la Vartanian, brutalement, mit les choses au point :

— Il n'en mourra pas ! Une balle dans le ventre ! Pour toucher vraiment un Sibirtzev, il faut viser je ne sais où. Mais on risque alors que la balle s'écrase sur lui.

Dans un hôpital du front, on le soigna et, sa blessure recousue, on l'expédia un peu plus loin, car il était si robuste que, quatre jours après avoir été opéré, il avait surpris une infirmière dans la buanderie, l'avait collée le long du mur en lui rabattant sa jupe sur le sommet du crâne, le tout en entonnant sa chanson sibérienne préférée : « Petit renard saute sur sa femelle... »

L'événement fit du bruit, quelques infirmières commencèrent même à se quereller au sujet du petit renard. La solution qui s'imposait était d'expédier Sibirtzev un peu plus loin, ce qu'on fit.

Les habitants de Kharkov étaient parfaitement informés de tout ce qui se passait non loin d'eux. Il y avait d'abord les émissions radiophoniques, les ordres du jour collés sur tous les murs, et surtout les récits des soldats et des blessés que ramenaient des trains de plus en plus nombreux. Les attaques soviétiques se succédaient. Kharkov était devenue la grande ville-hôpital du sud. Ce qui n'empêchait pas les théâtres d'ouvrir de nouveau leurs portes. Un premier orchestre symphonique avait donné un concert. Les chœurs de soldats se multipliaient. Mais l'ancienne ville d'étape des Allemands, où la bouffe et les filles avaient été les passe-temps préférés des embusqués de l'arrière, gardait sous le commandement militaire soviétique son aspect grave de poste d'aiguillage d'une offensive qu'il fallait poursuivre à tout prix.

Hesslich, respecté de tous à cause de ses blessures, aidait à décharger les blessés des trains et à les transporter dans les voitures qui les emmenaient dans des hôpitaux déjà combles. Il avait récupéré toutes ses forces, et l'on regrettait seulement l'effet persistant des coups qu'il avait reçus à la tête. Quand on s'adressait à lui, il ne pouvait répondre que par signes. C'était vraiment désolant, aussi était-il constamment l'objet de grandes démonstrations d'amitié à la russe : on l'embrassait, on lui offrait du chocolat découvert dans un wagon, ô miracle, à Kharkov même...

Un soir, alors que Hesslich déchargeait un nouveau transport de blessés, il demeura interdit devant un officier soviétique, un lieutenant dont les deux jambes avaient été arrachées par l'explosion d'un obus. Il avait survécu au voyage, mais on pouvait voir que rien ne pouvait le sauver. Dès lors, à quoi bon l'envoyer à l'hôpital où la place manquait déjà ? On l'abandonna donc sur son brancard, à même le quai, un de plus dans la longue file de ceux qui allaient ainsi mourir sans que personne eût le temps de leur accorder un regard.

Mais ce n'est pas cela qui stupéfia Peter Hesslich. L'homme qu'il transportait et qui était totalement inconscient aurait pu être son frère, à en juger par les traits de son visage. C'était la même forme du crâne, la même couleur de cheveux, le même menton. Le nez lui aussi évoquait indiscutablement le sien. Seule la bouche semblait un peu plus large, distendue qu'elle était par la souffrance.

Hesslich attendit le départ des autres brancardiers. Il se pencha sur le mourant, déboutonna sa veste d'uniforme, trouva dans la poche intérieure gauche une carte d'identité dont la photo le bouleversa : c'était lui-même, ou presque, qu'il voyait. Et quand il lut le nom, il demeura quelque temps immobile, saisi d'une sorte d'angoisse devant une nouvelle et extraordinaire coïncidence :

Piotr Hermannovitch Salnikov, né le 17 mars 1920, à...

Le lieu de naissance était presque illisible. Hesslich réfléchit un instant, mit la carte dans sa poche. Je n'ai qu'un an de plus que toi, mon frère... Oui, je suis né en 1919, mais cela personne ne pourra jamais le savoir...

Il n'eut plus longtemps à attendre, juste celui de voir sept autres brancards de condamnés à mort prendre la suite du sien. Il s'était accroupi près de l'agonisant, incapable de le quitter. Et il le vit mourir dans un long gémissement. Les yeux restèrent grands ouverts, étonnés. Peut-être au dernier moment avaient-ils distingué clairement l'étrange spectacle qui s'offrait à eux.

Hesslich, après avoir abaissé les paupières de Piotr Hermannovitch Salnikov, remonta la couverture pour lui cacher le visage. Puis il retourna décharger les wagons. Un camion apparut pour chercher les morts. Le pauvre Salnikov, qui n'avait eu sur lui que sa carte d'identité, serait enterré avec ceux qui resteraient à jamais inconnus. Dans cette guerre, il allait y avoir beaucoup de disparus, par centaines de milliers...

Avec une impatience grandissante, Hesslich attendit que Stella Antonovna eût terminé ses heures de service. Comme toujours, il alla la chercher, salua aimablement ses collègues, puis fit avec elle les quelques centaines de mètres qui conduisaient à leur logis. Il continuait à s'appuyer un peu sur elle comme s'il avait quelques difficultés à marcher.

Une fois chez eux, après avoir bien refermé la porte et jeté un coup d'œil dans la rue par la fenêtre ouverte, il alla rejoindre Stella dans la cuisine où elle faisait cuire une soupe aux choux, s'approcha d'elle par derrière et la prit dans ses bras.

— Allons, Piotr, lâche-moi, dit-elle tout en continuant à remuer la soupe. Pas maintenant ! Tu penses seulement à ça !

— C'est que j'en ai le droit...

Il se sentait ému en songeant à Salnikov, mais il s'efforçait de plaisanter et posa ses lèvres à l'endroit de la nuque où les cheveux ne sont plus qu'un duvet soyeux :

— Tu as un nouvel amant, Stella.

— Idiot !

— Peter Hesslich a disparu. Ou plutôt il n'a jamais existé, tu ne l'as jamais connu. C'est un autre homme qui est ici. Il n'est pas mal du tout physiquement, il est fort, et tu l'aimes. Il s'appelle Piotr Hermannovitch Salnikov. Et c'est dans ses bras que tu t'endors et que tu es heureuse.

— Tu as bu, dit-elle d'un ton réprobateur. Mais après avoir réfléchi un instant, elle ajouta :

— Comment as-tu fait avec le bandage ?

— Je suis Salnikov, Stella.

Il tira la carte d'identité de sa poche et la lui mit sous les yeux. Stella Antonovna poussa un petit cri, lui arracha le document et le tint longtemps sous ses yeux, de ses mains tremblantes, sans un mot, à la lueur des trois bougies qui brûlaient sur la table de la cuisine. Puis elle se retourna, renversant presque la marmite, et le regarda, stupéfaite :

— Où as-tu trouvé cela ? Piotr, qui t'a donné ce papier ?

Elle l'éleva encore une fois tout près des trois bougies.

— Mais ce papier est authentique !

— Naturellement, Stellinka.

— La photo, c'est toi !

— On le dirait du moins.

— Né le 17 mars 1920 à Minsk...

Comment Piotr pouvait-il s'être procuré une véritable carte d'identité, tout usée, sur laquelle figurait sa photo, une vieille photo elle aussi, où l'on distinguait le col d'un uniforme soviétique ?

— Qui a fait cela ? Où ?

— La photo a été vraisemblablement faite à Minsk. Piotr Hermannovitch est mort il y a environ quatre heures. C'est un pauvre paysan au visage couvert de bandages qui l'a déchargé, mourant, d'un train de blessés. Et il est mort sur le quai, et son corps est parti vers un lieu de rassemblement quelconque pour être enseveli au milieu de ses camarades avec tous les honneurs militaires.

— C'est impossible, dit Stella déconcertée.

— C'est exactement ce que j'ai pensé quand j'ai aperçu son visage. C'était comme celui d'un frère. J'ai reçu un choc dont je ne suis pas encore remis. Mais j'ai su immédiatement que le destin m'offrait une vie nouvelle.

Il reprit à Stella la carte d'identité et la remit dans sa poche.

— Tu vois devant toi Piotr Hermannovitch Salnikov. Enfin, j'ai un nom. Et sa femme s'appelle Stella Antonovna Salnikova. Personne ne pourra le mettre en doute. Personne ne pourra m'interroger à ce sujet et me regarder de travers. Nous voici entrés dans la légalité. Nous avons un document officiel qui nous permet de vivre, de vivre à découvert.

— Mais moi ?

— Avec cette carte d'identité, nous nous présenterons au service administratif compétent. Nous jurerons que les fascistes ont tout détruit, et tu auras toi aussi des papiers à ton nouveau nom.

— Et pour nous marier ? demanda-t-elle, hésitant encore.

— Mais nous sommes déjà mariés depuis trois ans, Stella !

Il la prit contre lui, lui baisa longtemps la bouche, puis il la souleva pour la porter jusqu'au lit. Elle riait et pleurait en même temps, le couvrait de baisers qui ne touchaient que son bandage en répétant sans cesse :

— Salnikov ! Salnikov ! Salnikov !

La soupe aux choux où cuisaient deux morceaux de viande brûla complètement. Ils s'en aperçurent quand une odeur âcre les prit à la gorge. Même la marmite fut totalement abîmée.

Fin septembre, par un dimanche ensoleillé, les armées soviétiques s'apprêtaient à donner l'assaut à Vitebsk, Gomel, Kiev, Dniepropetrovsk et Zaporojié. Kharkov s'était transformée une fois de plus en redevenant une ville de l'arrière. Elle était prise d'une frénésie de reconstruction et d'une volonté absolue de revivre. Stella Antonovna et Piotr Hermannovitch Salnikov, comme il s'appelait désormais, se promenaient dans la ville aux rues enfin déblayées. Partout, on construisait tout en enlevant les derniers décombres, en démolissant les dernières ruines, en dégageant les caves. Depuis une semaine, on jouait l'opéra *Le Prince Igor,* trois troupes nationales de ballets dansaient en même temps. Deux théâtres représentaient des pièces de Gogol et de Gorki. De l'arrière, la population civile des réfugiés revenait en masse pour s'installer dans la grande et belle ville de la Russie du Sud. Les canalisations d'eau avaient été réparées, le courant électrique était rétabli, et dix lignes de tramway assuraient une bonne circulation dans tous les sens. Un service du commandement suprême soviétique, le conseil de guerre du Front, avait pris Kharkov pour siège en même temps qu'une exposition militaire consacrée aux « héros de Kharkov » : on y voyait des photos des attaques de chars, des blindés allemands en flammes, des drapeaux ennemis conquis de haute lutte, ainsi que des armes et des uniformes fascistes. Les plus émouvantes représentaient des enfants pleurant dans les ruines fumantes de leurs maisons devant les corps de leurs parents assassinés. Mais on y montrait aussi, pour relever le moral des visiteurs, des listes de « héros de l'Union soviétique » avec la photo de chacun d'eux et l'évocation de leurs hauts faits, exemples immortels pour toutes les générations à venir.

— Cela, nous allons le voir, avait dit Piotr en entendant parler de cette exposition.

Leur voisine était revenue de cette sorte de musée pleine de fierté pour l'Armée Rouge, et elle avait fait à Stella, pendant presque une heure, un récit détaillé de sa visite.

— Non, avait répondu Stella.

Maintenant, ils se promenaient au soleil et traversaient la place du Théâtre. Elle portait une robe de coton légère achetée avec les premiers roubles de son salaire dans un magasin central qui venait d'ouvrir. Piotr lui aussi arborait un pantalon mieux ajusté sur une chemise bleu clair et avait abandonné ses vieux vêtements de paysan. Il avait allégé son pansement en deux parties : l'une autour du front, l'autre qui enserrait encore la bouche et le nez. Il faisait de gros progrès en russe : la prononciation ne lui posait pas de gros problèmes, pas plus que la grammaire. Et il lisait beaucoup. Stella était un professeur sévère. Elle ne parlait que russe avec lui, sauf dans certains cas bien définis, et il devait répondre dans la même langue, ce qui évitait à Stella d'utiliser son mauvais allemand à l'accent dur et aux phrases simplifiées.

— Pourquoi n'irions-nous pas à l'exposition ? avait demandé Piotr.

— La guerre est finie pour nous, mon chéri. Tu t'appelles Salnikov et tu es un paysan.

— Un paysan de Minsk ?

— Dans les environs de Minsk, il y a aussi des paysans.

Elle avait pris l'habitude de parler plus lentement pour qu'il saisisse chaque mot, et il répondait de même. Chaque fois, elle corrigeait un mot, une mauvaise prononciation. Ils se donnaient tous les deux beaucoup de mal, mais c'était le seul moyen d'apprendre vite et bien.

— Soit ! La Grande Guerre Patriotique intéresse le pauvre paysan Salnikov.

— Moi, je ne veux jamais plus entendre parler de la guerre.

— Mais nous sommes encore en guerre, Stella ! Et j'ai peur que cette guerre, d'une façon ou d'une autre, ne se prolonge pendant cent ans, qu'elle n'ait pas de fin véritable, que les hommes s'acharnent systématiquement à s'anéantir. Bref, qu'il n'y ait jamais plus de paix.

— Mais nous, nous connaîtrons la paix, Piotr.

Elle se pressa contre lui et voulut l'entraîner plus loin, car il s'était arrêté, comme hypnotisé, devant l'exposition. Drapeaux rouges, un énorme emblème doré, faucille et marteau... Il n'arrivait pas à détourner ses yeux de l'inscription, elle aussi en lettres d'or : « A nos héros — que les temps futurs n'oublieront pas. »

— Stella, je ressens comme une attirance magique...

D'un seul coup sa gorge était devenue sèche.

— Il faut que vous vous sentiez bien sûrs de la victoire, vous autres Russes, pour ouvrir à Kharkov une exposition qui deviendra un musée de la guerre, alors que vous vous battez encore à Smolensk.

— Il ne faut pas que tu entres, Piotr. Tu reverrais les tiens, vos morts...

— Chaque jour, je vois des convois de prisonniers qui traversent Kharkov. Leurs trains s'arrêtent à la gare des marchandises où on leur distribue du pain et de l'eau. Ils sont des milliers, des milliers de camarades. Mon cœur se serre quand je vois leurs yeux, quand ils rient bien qu'ils aient faim et soif, et j'ai honte devant tant de courage, de foi dans la vie. Ils se disent que la guerre est finie pour eux, qu'ils reviendront un jour dans leur pays. Où donc nous conduit-on ? se demandent-ils. Dans un camp quelconque... Que ce soit ici ou sur le Don ou sur la Volga ou dans l'Oural ou en Sibérie, on se débrouillera quand même, les gars. Du moment qu'on pourra s'asseoir tranquillement sur la « poutrelle à tonnerre » quelques minutes par jour... Et moi, je suis là devant eux, et je ne peux rien leur dire. Je leur distribue de l'eau, de la soupe parfois, et ils m'appellent : « Eh, Ivan, viens par ici, une louche de plus, mon vieux. As-tu des cigarettes ? » Et je m'en vais, sans un mot. Ne suis-je pas le paysan Salnikov ? Oui, tout cela m'est terriblement pénible, Stella.

— La poutrelle à tonnerre, qu'est-ce que c'est ?

Il avait dit le mot en allemand, naturellement.

— Mon Dieu, est-ce tout ce que tu as retenu de ce que je viens de dire ? La poutrelle à tonnerre, c'est de l'argot de soldats. En bon allemand, on dit les feuillées, mais cela non plus tu ne le comprends pas. C'est une poutre en bois horizontale soutenue par des pieux verticaux, sur laquelle les soldats viennent s'asseoir, les uns à côté des autres, le pantalon sur les chevilles et le cul nu ; derrière et au-dessous d'eux, il y a une grande fosse. C'est là qu'ils viennent se soulager quand ils en ont le temps, se soulager de toutes les façons, en chiant et en causant entre eux...

— Tu es un immonde cochon, Piotr, dit-elle, vraiment offensée.

— Tu as voulu une explication. Oui, ces prisonniers plaisantent encore. Ils veulent dire par là que tant qu'ils seront capables de faire cela, ils tiendront le coup, malgré tout. C'est cela, la poutrelle à tonnerre !

Après un moment d'hésitation, elle fit un signe d'assentiment et entra devant lui dans l'exposition. La statue en plâtre d'un soldat de l'Armée Rouge les accueillit, tenant haut au-dessus de lui la flamme éternelle. Il y avait écrit en dessous : « Nous sommes morts pour que vous viviez ! » Ce vestibule, à lui seul, était impressionnant. Suspendus aux murs couverts de drapeaux, les portraits de Lénine et de Staline regardaient les visiteurs, l'air presque menaçant.

La « salle des héros » était énorme, divisée d'après les grands thèmes de la guerre dans le sud : la bataille du Don, la conquête du Donetz, Bielgorod, l'offensive allemande dite « Citadelle », la victoire du 12 juillet, la libération de Kharkov. Puis c'étaient les drapeaux et les insignes conquis, l'uniforme d'un général de brigade allemand sur un mannequin de cire, des mitrailleuses et des fusils de la Wehrmacht, un canon anti-char, des tracts de propagande, des munitions allant d'une grenade à main jusqu'à une mine, un lance-flamme allemand, et des décorations de toutes sortes, même une croix de chevalier.

Dans toute la longueur de la salle, l'un des murs était réservé aux héros de l'Armée Rouge ; dans un décor de drapeaux et de couronnes illuminé par quatre projecteurs, chaque photographie était accompagnée d'une courte notice explicative.

Ce fut plus qu'un coup au cœur que reçut Stella. Sa respiration se bloqua, et elle crut vraiment mourir. Elle chancela un instant puis s'effondra contre Piotr, debout derrière elle, et il dut la soutenir de toutes ses forces pendant un long moment. Avec beaucoup de présence d'esprit, il abaissa sur le haut du visage de Stella le fichu qui recouvrait sa tête.

Lui aussi, au même instant, avait aperçu la grande photographie dans son cadre doré qu'entourait une couronne de lauriers au milieu des citations à l'ordre du jour et des lettres des généraux :

Stella Antonovna Korolenkaia

Héroïne de l'Union soviétique. Décorée de l'ordre de Souvorov et de l'ordre de Vorochilov. Héroïne de l'ordre du Drapeau Rouge.

De tous les tireurs d'élite du front Sud, elle fut la meilleure. Elle mit à mort trois cent quarante-neuf fascistes, toujours au premier rang dans de nombreux assauts. Elle prit une part considérable à la bataille héroïque de la tête de pont de Melekhovo. Le camarade généralissime Staline la nomma « héroïne de l'Union soviétique ». Elle ne put recevoir cette haute distinction. Les fascistes la tuèrent le 11 août 1943 lors de leur contre-attaque sur la ligne de chemin de fer de Stara Slatino.

Pour tous ceux qui lui succéderont, elle restera toujours un exemple.

Les héros du peuple ne seront jamais oubliés !

Ce texte constituait l'essentiel des citations, plus détaillées, des généraux. Toutefois, le général Koniev avait écrit : « Je l'aimais comme ma propre fille. »

— Viens, Stella, dit doucement Piotr. Viens...

Elle se laissa emmener comme une aveugle, sans comprendre comment elle pouvait arriver encore à marcher, comment ses jambes pouvaient la porter car il lui paraissait qu'elle n'avait plus d'os ni de muscles. Une fois dehors, après s'être arrêtée plusieurs fois sous la chaleur du soleil, dans les bruits et les pétarades des moteurs et les grincements des tramways, alors que de nombreuses personnes la regardaient curieusement, elle s'appuya enfin contre un mur et releva son fichu.

— Je suis morte, dit-elle d'une voix sans timbre. Je viens de me trouver devant mon tombeau...

— Tu es Stella Antonovna Salnikova, et rien d'autre. Tu n'as jamais été autre chose...

Il s'était placé devant elle, la touchant presque, saisi soudain par la crainte que tous ceux qui sortaient de l'exposition allaient la reconnaître. Mais cette peur était injustifiée ; même leur voisine, avec tout son enthousiasme, n'avait pas fait ce rapprochement. Comment l'idée lui en serait-elle venue ? L'héroïne de l'Union soviétique était morte, abattue par les Allemands, sa photographie ornait un musée. Comment quelqu'un eût-il pu penser qu'elle vivait encore, qu'elle se promenait tranquillement dans Kharkov, et que la femme Salnikova, épouse d'un paysan maltraité et torturé par les fascistes, était en réalité la Korolenkaia qui était morte ? C'eût été de la folie.

— Il me considérait comme sa propre fille, a écrit Koniev. Piotr, tu ne connais pas Koniev. Tu ne peux pas savoir ce que ces mots signifient quand c'est un Koniev qui les écrit...

— Stellinka, la Korolenkaia est morte le 11 août...

— Je le sais, mais on va donner son nom, mon nom, à des foyers de la jeunesse, à des écoles de Jeunesses Communistes. Les enfants l'apprendront dans leurs livres. Tous les 11 août, on me fêtera, les enfants chanteront, les drapeaux flotteront au vent. Héroïne de l'Union soviétique, ô Piotr...

Elle laissa retomber sa tête contre la poitrine de Piotr, elle pleurait, et il la serrait contre lui, impuissant, sans un mot, car il n'y avait rien à dire.

Il attendit qu'elle se fût un peu reprise. Quand elle eut enfin essuyé ses larmes du dos de sa main, il osa recommencer à parler :

— Nous ne sommes encore rien, Stella. Mais de ce rien nous pouvons faire quelque chose. Nous sommes les Salnikov. Nous avons des papiers, de vrais papiers, où figure ma photo. Que voulons-nous de plus ? Il existe des milliers et des milliers d'êtres qui ont beaucoup moins. Stella, notre nouvelle vie commence de façon merveilleuse, n'est-ce pas ?

Il la prit par les épaules et l'entraîna. Ils continuèrent à marcher sous le soleil de l'été qui finissait, par les rues débarrassées de leurs décombres, à travers des parcs pleins de promeneurs, dans cette ville détruite et renaissante, si belle ; ils s'assirent un instant sur un reste de mur pour boire une limonade que leur versa une femme d'un bidon qu'elle portait sur son dos.

Cette nuit, ils ne s'aimèrent point. Stella Antonovna pleura sans bruit jusqu'aux premières lueurs de l'aube. Enfin, une lueur paresseuse se répandit par la fenêtre pour laquelle ils n'avaient pas encore trouvé de vitres. Elle se retourna alors, chercha Piotr de la main, comprit qu'il n'avait pas fermé l'œil de la nuit lui non plus et qu'il avait voulu veiller sur elle. Alors, il l'entendit chuchoter d'une voix enfantine, émouvante :

— Pardonne-moi, Piotr, pardonne-moi. Qu'importe à une Salnikova que la Korolenkaia soit morte ? Pourquoi porterait-elle son deuil ? Nous avons tant d'autres choses à faire...

Tout en la caressant doucement, il se dit qu'on pouvait pleurer de bonheur et qu'il le savait maintenant.

En octobre, il plut presque toute une semaine, le froid vint, un froid inhabituel pour la saison. Ils clouèrent des planches à la fenêtre. Pour avoir des vitres, l'attente était longue ainsi que les démarches à effectuer, et comme partout ailleurs la distribution favorisait d'abord les autorités civiles et militaires, les immeubles du parti, les maisons de la Culture et les habitations des camarades de haut rang. Le commandant de la gare de marchandises, le commandant qui n'avait plus qu'une jambe, était parti plus près du front quand l'administration civile avait remplacé celle de l'armée. Son successeur, Ivan Sémionovitch Finoupkov, un gros et gras fonctionnaire parvenu au faîte de l'échelle des ronds-de-cuir, était accompagné d'une femme querelleuse et d'un fils qui avait perdu un œil devant Kirov. Stella Antonovna lui plut et il la promut immédiatement chef de groupe tout en l'approvisionnant d'autant de bons d'achat qu'il pouvait en avoir pour elle. Car, si l'on appartenait aux privilégiés de l'administration, on arrivait à se procurer de tout, depuis des sous-vêtements jusqu'à des vestes rembourrées et piquées.

Kharkov, à mesure que le front s'éloignait, était devenu un lieu de convalescence pour tous les blessés rapiécés tant bien que mal et qui venaient y passer quelques jours ou quelques semaines avant de repartir pour la mort.

Maintenant, il pleuvait. Les trains avec leur chargement de victimes engorgeaient les voies de la gare des marchandises, les camps étaient pleins, l'administration militaire envoyait des miliciens pour réquisitionner des logements destinés aux convalescents. C'était un désordre inouï, un concert de lamentations et de jurons. Les fonctionnaires s'arrachaient les cheveux et multipliaient les notes à leurs collègues des transports : « Pas seulement sur Kharkov, camarades ! Il y a aussi Vorochilovgrad et Rostov. Et Taganrog est aussi une belle ville, au bord même de la mer, une oasis florissante ! Pourquoi toujours Kharkov ! Ayez pitié de nous ! »

Stella Antonovna se vit confier la tâche d'aider le service de la santé publique en enregistrant les convalescents et en assurant la distribution des billets de logement. C'était une source continuelle de disputes, d'insultes et de grossièretés auxquelles Stella répondait sur le même ton, ce qui impressionna énormément tout le monde : « Vous êtes vraiment la femme qu'il faut ici, camarade », lui dit plein d'admiration un fonctionnaire ventripotent qui arborait un uniforme de lieutenant. « On devrait cracher au visage de tous ces embusqués ! Ce qui est extraordinaire, c'est qu'ils n'exigent pas que nous leur fournissions une putain de service parce qu'ils ont été blessés ! »

Un soir, après une journée particulièrement fatigante, Stella, abritée sous un auvent place de la Gare, attendait une accalmie de la pluie pour courir jusque chez elle en se protégeant de son fichu la tête et les épaules. Les gouttes d'eau crépitaient encore sur le pavé, le ciel demeurait gris et bas et Kharkov, malgré sa beauté, paraissait morne et misérable.

Lorsque quelqu'un derrière elle la toucha, elle n'y prit pas garde, pensant qu'il s'agissait d'une personne pressée qui voulait passer devant elle. Mais un bras glissa sur son épaule, une main descendit sur son sein gauche pour l'étreindre, tandis qu'une voix qu'elle reconnut immédiatement disait fort aimablement :

— Voyez donc ! Voici que le Ciel nous renvoie nos morts ! Vraiment, notre Russie n'est-elle pas la terre des miracles ? Sois la bienvenue parmi les vivants, Stella Antonovna Korolenkaia, héroïne de l'Union soviétique !

Sans se presser, lentement même, Stella fit demi-tour. Comme chaque fois qu'il s'agissait de garder son calme, elle était redevenue aussi froide qu'un morceau de glace, sans crainte, sans énervement, mais prête à bondir, et le regard qu'elle attacha sur le visage de l'homme était celui qui, inexorable, passait il y avait à peine quelques mois par sa lunette de visée.

Le sourire de Sibirtzev était atroce, et ses petits yeux clignotaient. Il avait grossi à la suite de sa blessure au ventre. Sans trahir aucune émotion dans le ton de sa voix, Stella Antonovna dit :

— Viens avec moi, Bairam Vadimovitch. Tout cela s'explique parfaitement. Suis-moi !

Si Sibirtzev avait espéré que Stella Antonovna allait être bouleversée par son apparition imprévue, il demeura fort déçu, mais se sentit en même temps confirmé dans l'idée qu'il s'était faite de cette femme extraordinaire. Il la savait capable de s'adapter à n'importe quelle situation avec la rapidité de l'éclair et de réagir alors comme si elle s'y était préparée depuis longtemps. Il était vraiment plein d'admiration pour elle, malgré l'amertume qu'il ressentait en pensant que cette héroïne de l'Union soviétique respectée de tous, l'une des femmes porteuses des plus hautes décorations russes, n'était nullement tombée sous une grêle de balles allemandes, mais continuait à vivre, totalement inconnue, à Kharkov.

Quand il l'avait aperçue dans le hall de la gare, au milieu de la cohue des passants et des voyageurs, il avait commencé par la suivre sans être encore sûr de lui. Évidemment, cette fille ressemblait à la Korolenkaia, elle avait les mêmes attitudes, la même démarche. De par tous les diables, quelle ressemblance ! Mais ce ne peut être que cela, avait-il pensé. Stella Antonovna est morte, morte ! On a retrouvé sa jeep criblée de balles ainsi que son livret de tir déchiré et taché de sang. Mais on ne l'a pas retrouvée, elle ! Son cadavre a disparu. On a eu beau le rechercher pendant trois jours. La seule explication était que les Allemands l'avaient emmenée avec eux et enterrée quelque part...

Pour tirer la chose au clair, il s'était glissé derrière Stella Antonovna et l'avait interpellée par son nom. Mais le fait qu'elle n'avait pas eu un moment d'hésitation et lui avait dit fort calmement : « Viens, Bairam Vadimovitch », l'avait complètement décontenancé. Pour l'instant, il ne pouvait guère exiger plus d'explications : elle courait devant lui sous la pluie, le fichu sur la tête et sur les épaules, et il la suivait à longues enjambées. Quand il lui arrivait d'être un instant à sa hauteur, il la regardait de côté, n'en croyant encore pas ses yeux.

Il se trouvait à Kharkov depuis deux jours, en convalescence. Il était logé dans une école évacuée et s'y sentait très à l'aise. C'en était fini de l'unité Baïda, du moins espérait-il n'avoir plus rien à faire avec ces horribles femmes. Dès sa première soirée à Kharkov, il s'était préoccupé de trouver une femme. Ce n'était guère difficile : il y avait assez de pauvres filles qui avaient faim dans cette grande ville parce qu'elles avaient tout perdu, sauf leur corps agréable. Et comme Sibirtzev avait pris avec lui du lard et un petit seau de marmelade, il s'était vite retrouvé couché sur un matelas dans une cave sale et humide avec une compagne prête à le soulager d'ardeurs trop longtemps contenues.

Et ce fut dans un paysage de ruines que l'on n'avait pas encore déblayées que Stella s'arrêta enfin pour s'appuyer contre un mur délabré. Une entrée de cave s'ouvrait à sa droite. Sibirtzev s'arrêta près d'elle, haletant, et jeta un coup d'œil intéressé autour de lui :

— C'est ici que tu habites.

— Dans la cave.

— Comme une femelle de rat !

— Je ne peux pas prétendre à d'autre logement.

— Évidemment ! Comment pourrais-tu vivre maintenant chez les humains !

Il avait éclaté d'un rire gras.

— On te reconnaîtrait. On voit partout ta photo. La photo de la Korolenkaia, la patriote modèle ! Et qu'est-elle véritablement ? Une fille qui a déserté, qui a renié son drapeau ! Une misérable lâche ! Oui, une femelle de rat, une teigneuse, une lépreuse, qui se cache sous terre !

Il avait joint les deux mains à force d'excitation, les tordait, sans sentir la pluie qui ruisselait sur son visage.

— Je vais t'emmener à la Kommandantura. Et je leur dirai : « La voici, votre héroïne ! Soyez donc fiers d'elle, camarades ! Un vrai jour de fête ! »

— Tu peux le faire, tu es dans ton droit ! dit-elle de plus en plus froidement.

Il abattit sur son épaule une lourde patte griffue et l'attira contre lui :

— C'est à hurler de rage et de honte ! Mais pourquoi as-tu fait cela, Stellinka ? Toute l'unité, et moi-même, nous étions pleins d'admiration pour toi. Nous étions fiers d'avoir parmi nous une héroïne de l'Union soviétique ! C'était un honneur pour nous tous. Et ensuite, quand nous avons eu des moments difficiles, quand nous avons dû combattre pour chaque mètre de notre sol, nous nous sommes souvent dit : Ah ! Si Stella était là ! Oui, c'était ainsi. Tu es restée parmi nous, comprends-tu ? Nous ne t'avons jamais oubliée, et cela aurait continué si je ne t'avais pas découverte ! Quelle honte pour nous tous. Tu as déserté, toi, notre modèle !

— Peut-être pas comme tu le crois, Bairam Vadimovitch.

— Il n'y a qu'une chose qui compte, la fidélité à notre patrie ! La libération de notre sol ! L'honneur ! C'est cela que tu as trahi ! Pourquoi ?

— C'est une longue histoire, et nous sommes en train de fondre sur place avec cette pluie. Elle t'intéressera, Bairam Vadimovitch, je te le promets. Ma cave est là. Descends avec moi. En bas, c'est quand même plus agréable qu'ici : il y a même un sofa recouvert de peluche rouge...

Sibirtzev la regarda un instant, intéressé par ce qu'elle allait lui dire, tenté aussi...

— Tu es seule ?

— Avec qui veux-tu que je vive, sinon avec des rats ? Cela fait partie de moi maintenant.

Comme il la tenait toujours serrée contre lui, elle l'entraîna jusqu'à l'entrée de la cave. L'escalier s'enfonçait en tournant dans le sol. Partout autour d'eux, il y avait les restes d'un mur, des tuiles, des blocs de béton, des poutres calcinées.

Il descendit deux marches devant elle. Son inconscience était presque bouleversante, pensa-t-elle. Ainsi, il croyait la tenir à sa merci. D'après lui, elle avait compris qu'il était impossible de lui échapper, de continuer à se cacher. Il s'arrêta, hésitant pourtant. Trop tard. A peine lui avait-il tourné le dos qu'elle avait saisi un bloc de béton informe juste à sa portée. De très haut, de toutes ses forces, elle le précipita sur le crâne de Sibirtzev. Il poussa un grand gémissement qui se confondit avec le fracas de sa chute. Maintenant, il gisait de travers, coincé dans la courbure de l'escalier, le sang ruisselant sur son visage.

Les dents serrées, les yeux vides, Stella Antonovna se pencha pour reprendre le bloc de béton et le laissa retomber sur la tête de Sibirtzev. Et elle recommença les mêmes gestes sans arrêt jusqu'à ce qu'elle n'eût plus sous les yeux qu'une bouillie d'os, de cervelle et de sang. Puis elle saisit le cadavre par les jambes et le fit descendre d'une marche pour le précipiter dans l'obscurité, jusqu'au bas de l'escalier. Quand on le retrouverait, il ne serait plus qu'un squelette rongé par les rats. En nivelant les terrains défoncés, on découvrait tant de morts qu'on ne prenait même plus la peine de recueillir leurs os et de les enterrer. On les broyait simplement avec le reste des décombres.

Piotr Hermannovitch était déjà rentré chez lui et lisait la *Pravda de Kharkov* qui venait de reparaître, ce qui constituait pour lui un excellent exercice quotidien. Il ne portait plus maintenant de pansement autour du crâne, mais seulement quelques bandes adhésives dans la région de la bouche, ce qui excusait sa mauvaise prononciation. Il comprenait fort bien le russe et parlait assez couramment. Mais en s'entretenant avec ses voisins ou ses camarades de travail, il se contentait d'articuler quelques mots accompagnés de force grognements. Personne ne s'en étonnait et plusieurs le félicitaient de ses progrès. La direction de la gare faisait grand cas de lui et lui avait même proposé de devenir cheminot : un garçon aussi intelligent et travailleur, une fois complètement rétabli, serait certainement promu chef d'équipe. Piotr Hermannovitch avait grogné : « On verra », puis avait laissé entendre qu'il était né paysan et non fonctionnaire.

— Mais c'est une belle vie que celle d'un fonctionnaire ! lui avait rétorqué le directeur du service en lui tendant une *papirossa* et un verre de vodka. Tu restes assis bien au chaud pendant que les autres sont dehors, tu reçois régulièrement ton salaire quoi que tu fasses, tu ne te salis jamais les mains, et quand tu prends ta retraite, tu es bien en forme pour en profiter ! Ça fait une drôle de différence avec une vie de paysan !

Les papiers de Stella n'avaient pas provoqué de grandes difficultés. L'état civil de Kharkov était habitué à ce genre de cas et, à grands coups de cachets, avait fait passer la demande de service en service. Évidemment, tous les papiers avaient disparu dans l'incendie de la maison ! Et la mairie avait brûlé avec le village ! Et puis, il y avait la carte d'identité de Piotr, avec sa photographie dont nul n'aurait songé à douter. Il n'y avait aucune raison de se montrer pointilleux dans ce grand remue-ménage causé par l'invasion allemande. Stella reçut donc de nouveaux papiers où elle s'appelait officiellement Salnikova, où figurait la date, trois ans plus tôt, de son mariage, sa profession : tisseuse, ce qui était d'ailleurs exact ; son domicile : pour l'instant Kharkov, rue de la Gare de marchandises. Comme les époux Salnikov avaient exprimé le désir de s'établir de nouveau à la campagne, une attestation en règle où s'étalaient deux gros cachets administratifs certifia que le ménage avait l'autorisation de se rendre dans une autre région.

— Maintenant, toute la Russie nous est ouverte, s'était exclamé Piotr. Il ne nous manque plus que la paix.

Il lisait encore ce soir-là quand Stella Antonovna entra. Elle referma très vite la porte pour s'y appuyer, pâle et respirant difficilement, tandis que l'eau de pluie se répandait en traînées sur le plancher. Le regard fixe, elle se décida enfin à passer devant Piotr comme si elle ne le voyait pas, pour s'arrêter un peu plus loin, immobile au-dessus de la flaque qui se forma autour de ses pieds.

Piotr se débarrassa de la *Pravda de Kharkov,* se leva d'un bond et alla chercher une serviette de toilette près de la cuisinière.

— Mon Dieu, mais de quoi as-tu l'air ? Pourquoi ne t'es-tu pas mise à couvert ? Retire vite ces vêtements mouillés, Stella. Tu vas attraper froid.

Elle le regarda, secoua la tête, et dit d'une voix sourde :

— Il faut nous en aller, tout de suite, Piotr. Aujourd'hui même.

Il demeura interdit, complètement décontenancé :

— Que s'est-il passé ?

— Ne me demande rien, Piotr. Nous devons partir, immédiatement.

— A-t-on découvert qui je suis ?

— Non, pas toi.

— Toi alors ?

— Ne me demande rien ! Je te raconterai plus tard.

Elle prit la serviette de toilette et la noua en turban autour de sa tête.

— Ne m'interroge pas encore ! Nous devons partir ! Je ne peux plus rester dans cette ville. Je t'en prie, Piotr, si tu m'aimes, partons aujourd'hui.

— Mais il fait nuit !

Il respira fortement, sans comprendre. Il avait soudain cent questions à lui poser, mais il se retint puisqu'elle faisait appel à son amour pour elle, à sa confiance.

— Partons tout de suite.

— Sans prévenir, sans démissionner de nos postes ?

— Sans rien. Nous partons comme cela, simplement. Je t'en prie, Piotr.

— Demain matin...

— Non ! Je ne pourrai pas fermer l'œil de la nuit. Ô Piotr, je t'expliquerai tout dès que nous serons hors d'ici. Mais pas maintenant, pas ici. Partons !

— Où cela ?

— Vers l'est, naturellement. Au-delà du Don, de la Volga, de l'Oural. Très loin d'ici...

Elle pressait la serviette contre ses cheveux mouillés, et son regard l'implorait :

— La Russie est immense, Piotr. Deux êtres comme nous y trouveront toujours de la place. Prenons le train pour Voronej. De là, nous irons à Stalinsk, à Koulbychev et à Oufa. Puis à Sverdlovsk. Et après Sverdlovsk, ce sera pour nous une vie nouvelle. La Sibérie s'étendra devant nous.

— La Sibérie est un mot qui me fait froid dans le dos !

— La Sibérie peut être merveilleuse.

— Peut-être. Mais la plupart des gens grincent des dents quand on leur parle de Sibérie.

— C'est un reste du passé, Piotr. La Sibérie est une terre vierge, immense, et elle nous appartient. Et là-bas, personne ne nous connaît.

Piotr se tut un instant, très grave :

— Ainsi, nous avons des problèmes, tu as peur.

— Oui, dit-elle.

Elle se sentit soudain très lasse, marcha jusqu'à une chaise et s'y assit :

— Nous devons vivre là où il n'y a plus de Korolenkaia.

— Est-ce possible ? Qui sait ce que l'on fera de toi après la guerre ?

— La Sibérie est tout autre chose, Piotr. Le passé n'y compte pas plus qu'un conte d'enfants. Seul l'avenir intéresse ceux qui y vivent. Personne ne nous demandera qui nous sommes. Ils regarderont nos mains et nous diront : « Soyez les bienvenus, chers amis ! Vous avez de bonnes mains, fortes, qui savent tout faire. Et de bons muscles ! Nous serons amis, de bons amis ! »

Ils empaquetèrent à la hâte ce qui leur semblait indispensable dans deux petits sacs de toile seulement. Ils quittèrent leur maison et se dirigèrent vers la gare sans se retourner, sans un regard en arrière. Le train pour Voronej partait à la première heure du matin. Ils se blottirent dans un coin du hall, entourés d'une foule immense de voyageurs, militaires et civils, assis, couchés, accroupis. Comme les autres, dès que le train arriva, ils le prirent d'assaut au milieu des jurons et des bousculades, des imprécations de toutes sortes, pour s'y caser tant bien que mal.

Ce ne fut que lorsque le train, après avoir quitté Kharkov, eut roulé en ahanant quelque temps à travers la steppe, que Piotr vit la couleur revenir au visage de Stella, comme si le sang recommençait à circuler sous la peau à mesure que s'accroissait la distance qui les éloignait de la ville. Piotr, assis près d'une fenêtre, contemplait cette plaine infinie sans mot dire, le cœur glacé. C'était la région où l'adjudant-chef Hesslich avait été porté manquant et où la 4e compagnie, sa dernière affectation, avait perdu jusqu'à son dernier homme. Il entendit soudain le murmure très bas de Stella :

— Nous nous rapprochons à chaque moment du paradis, de *notre* paradis, mon amour.

— Il n'existe pas de paradis terrestre, Stellinka.

— Si, il existe en Sibérie. Et c'est nous qui allons le construire.

— Nous avons encore beaucoup de chemin à faire avant d'y arriver.

Il parvint enfin à détourner son regard de la steppe. A gauche et à droite de la voie ferrée, il y avait pour lui trop de témoignages de la dernière offensive soviétique : des camions allemands incendiés, des carcasses de chars et de voitures du train. Tout cela resterait longtemps sur place, faute de main d'œuvre disponible : la seule chose qui comptait désormais pour tous les Russes, c'était cette course vers la frontière allemande que la folie d'un homme, entraînant derrière lui une Allemagne trompée mais déjà désespérée, essayait en vain d'arrêter en sacrifiant des centaines et des centaines de milliers d'hommes courageux et impuissants.

— La Sibérie est immense, Piotr, et nous avons beaucoup de temps. Le temps, c'est ce qui nous appartient, à nous seuls.

En mai 1946, après la grande fonte des neiges, alors que la taïga s'éveillait et que l'herbe verte naissante semblait se fondre à l'horizon avec le bleu du vaste ciel, une colonne de transports arriva à Novo Kalga, dans la dépression que traverse le fleuve Yayetta, pour y charger du bois. Le couple Salnikov descendit d'un camion.

L'homme et la femme, après avoir regardé autour d'eux, traversèrent le village, saluant poliment les habitants que la curiosité faisait sortir de chez eux, pour se présenter au soviet local que les gens du pays appelaient toujours *starozta* comme au temps des tsars. Le chef du soviet était encore Nikita Ilitch Kachlev, un homme grisonnant, endurant et malade de la prostate, grand et fort, qui n'avait connu toute sa vie que la lutte contre la forêt et ses troncs d'arbres durs comme du fer, un homme qui se soûlait avec les chasseurs yakoutes et les nomades quand ils venaient livrer au village leurs peaux de bêtes. Il avait élevé neuf enfants qui travaillaient comme lui dans la forêt.

Kachlev considéra d'abord Stella Antonovna et la trouva très jolie. Puis ses yeux se portèrent sur Piotr Hermannovitch, et il décida qu'en fin de compte, cet homme n'était pas forcément antipathique. Puis il étudia les papiers que le couple lui présentait. Ils avaient vécu une année à Yakoutsk, puis un mois à Joudioukar, le grand campement yakoute. Stella Antonovna avait travaillé dans une usine de tissage, et Piotr dans l'administration des Eaux et Forêts. Tout cela paraissait fort bien, mais que venaient-ils faire à Novo Kalga ? Le visage toujours fermé, il leva les yeux vers eux :

— Et alors ? Que voulez-vous ici ?

— On nous a recommandé de venir, répondit Salnikov.

— Celui qui vous a recommandé de venir à Novo Kalga sortait certainement d'un asile d'aliénés. Pour recommander un endroit comme celui-ci, il faut être fou !

— Nous voudrions nous établir ici.

— Ici ? Pour toujours ?

— Si c'était possible...

— Venir de Yakoutsk, ce paradis, et vouloir moisir ici à Novo Kalga ! Mais il y a quelque chose qui ne va pas chez vous ! N'auriez-vous pas une maladie contagieuse ? Ou seriez-vous une paire de gredins abandonnés même de Dieu ? On n'échoue pas de bon gré à Novo Kalga.

— Mais vous vivez ici vous aussi, Nikita Ilitch, dit Stella à voix haute.

— Je suis né ici ! Pourquoi ? Je dois ça à mon grand-père que le tsar a banni dans ce trou d'enfer, et je lui en veux ! Mais vous autres ? Le monde est grand !

— Nous nous plairons ici, camarade.

— Que ferez-vous ?

— Nous voudrions affermer un bout de terre.

— Vous pouvez vous mettre sur le dos toute la forêt vierge, le soviet d'ici ne fera pas d'objection. Mon Dieu...

Il fit un geste de la main comme pour se décharger de toute responsabilité.

— Il existe un plan d'occupation des sols, vous pourrez choisir celui qui vous plaît. Mais avant que je vous le montre, permettez-moi de vous poser une question : vous êtes bien sûrs d'être sains d'esprit ?

— Nous l'avons été jusqu'à présent, dit Stella Antonovna en souriant. On nous a dit : la taïga est irrésistible : elle vous absorbe pour la vie.

— C'est certainement un philosophe qui a trouvé ça ! gronda Kachlev.

Il ajouta aussitôt :

— Si l'on désire déjà être absorbé, rien ne vaut Novo Kalga...

— Non seulement c'était un philosophe, mais un idiot !

Piotr se redressa :

— Nous aimerions vivre ici, dit-il d'une voix ferme.

Sa résolution parut impressionner Kachlev.

— ... Dans quelques années, tout aura changé ici. Le progrès touchera aussi Novo Kalga.

— Aha ! Tu es un bon communiste ?

— Oui.

— Un de ceux qui ont la foi ? Et qui vivent suspendus aux lèvres de Lénine ?

— Naturellement !

— Eh bien, tu as eu une bonne idée de venir à Novo Kalga, dit Kachlev sans dissimuler son ton sarcastique. Choisis donc ton morceau de taïga, camarade, et cultive-le avec les préceptes de Lénine. Je suis curieux de voir le type de pommes de terre qui en résultera...

Le brave Kachlev devait vivre deux années encore sans que la famille Salnikov eût cessé de l'étonner. Et il éprouvait pour elle un grand respect le jour où il se coucha pour mourir, atteint d'un cancer incurable de la prostate. D'ailleurs, le chirurgien le plus proche se trouvait à l'hôpital de Yakoutsk, et qui donc lui aurait payé le voyage ? A Novo Kalga, on vivait du sol et surtout de troc, presque sans argent. Le Dr Semachko fit tout son possible pour adoucir les douleurs du mourant. Ce fut alors que Kachlev dit à Piotr :

— Voilà comment ça se passe ici, vois-tu. Tu n'as pas le droit d'être malade, tu deviens comme un arbre pourri, qui tombe un jour de toute sa hauteur. Je veux dire, gravement malade. Villiam Matvéiévitch peut très bien soigner une maladie normale, tout comme l'on peut très bien avoir des enfants ici. Mais quand c'est quelque chose d'étranger qui grandit dans ton corps et qui étouffe ce que tu as de vie, une maudite tumeur, alors tu es perdu. Malgré tout, j'ai vécu soixante-dix-neuf ans. Ce n'est pas mal, hein ?

Il avait regardé Salnikov en souriant :

— Je ne me suis jamais repenti de vous avoir donné de la terre. Ça a été une joie de vous voir faire. Maintenant, Stella est enceinte. Je ne me trompe pas, Piotr : c'est certainement un garçon !

Oui, tout avait changé depuis ce jour de mai 1946 où l'avenir n'avait pas paru aussi prometteur. Certes, la guerre était gagnée, l'Allemagne de Hitler totalement détruite, les troupes soviétiques défilaient à Berlin au pas de parade. Pour Piotr, cette période avait été atroce. Chaque jour, il s'asseyait avec Stella devant la radio pour entendre les dernières nouvelles et les commentaires du poste-émetteur de Yakoutsk, et il avait vu au cinéma tous les films sur la prise de Berlin, les colonnes gigantesques des prisonniers, les champs de ruines qui avaient remplacé les villes allemandes détruites, les queues interminables des citadins affamés. Et ce qui le désolait le plus, c'étaient les vues des camps de concentration, les montagnes de morts, les squelettes ambulants qu'étaient les rescapés, et les chambres à gaz, les fours d'où les cadavres partaient en fumée. Il demeurait effondré devant des chiffres inimaginables, les quantités de cheveux et de dents en or récupérées...

— Personne ne pourra croire que la masse du peuple n'en savait rien, dit-il un jour à Stella. Comment osera-t-on le soutenir après toutes ces images ? On ne pourra jamais plus croire un Allemand...

Elle avait répondu :

— Tu n'es pas un Allemand. Tu es Piotr Hermannovitch Salnikov, actuellement ouvrier forestier de la brigade agricole de Lena I.

Et dès lors, elle avait cherché de la musique à la radio, tournant sans pitié le bouton chaque fois que Piotr, assis devant le petit poste, écoutait les nouvelles.

— Pourquoi ? avait-il d'abord demandé. Je veux savoir ce qui se passe en Allemagne.

— Ce qui est important pour toi, c'est ce qui se passe en Sibérie. C'est ici que tu vis, et non pas à Berlin !

Et puis quelqu'un leur avait parlé de Novo Kalga, et après trois ans d'errance à travers l'immense Sibérie, ils s'y étaient installés pour cultiver la terre.

Nikita Ilitch Kachlev avait encore hésité après leur première entrevue. Mais alors Salnikov avait recouru à un moyen qui l'avait toujours aidé au cours de ses démarches auprès des autorités et dont l'effet dépassait celui de tous les mots et de tous les arguments. Sous le regard stupéfait de Kachlev, il avait abaissé son pantalon, relevé son caleçon et montré sa cuisse gauche.

Un trou énorme creusait encore sa chair, entouré de cicatrices si épaisses qu'elles suscitaient un mouvement d'horreur et de pitié. La vue de cette blessure était presque insoutenable. Ce que cet homme avait dû souffrir !

Et pendant que Piotr se tournait pour mettre sa cuisse en pleine lumière, Stella avait dit :

— Les fascistes ! Cela aussi, c'est à prendre en compte quand on parle avec Piotr Hermannovitch !

Kachlev, impressionné, avait sans un mot serré la main de l'ancien combattant et signé immédiatement le contrat d'affermage d'un des plus beaux coins de la taïga, où le couple Salnikov avait dès lors vécu.

A la mort de Nikita Ilitch, Piotr était déjà engagé comme chasseur par les autorités de la région. Il contrôlait la chasse aux castors et veillait à ce que les Yakoutes ne dépassent pas les bornes en massacrant exagérément les visons, les zibelines, les renards et les lièvres de neige. On épargnait également les ours, mais on était sans pitié pour les loups dont les bandes exterminaient les troupeaux de rennes, les animaux domestiques les plus importants de la taïga.

Le remplaçant de Kachlev fut Zinoviei Tofikovitch Ivinine, un homme décharné dont le Dr Semachko disait qu'il tirait profit de tout et aurait remangé ses excréments si on avait pu leur donner bon goût.

Il venait de Mirny, le chef-lieu d'arrondissement et siège de l'administration du territoire du Haut-Vilioui. Depuis longtemps, on y estimait que Novo Kalga, après cent années d'isolement et de consanguinité, devait enfin avoir un staroste étranger. La situation d'Ivinine était difficile, et on le considérait encore comme un intrus quand il s'attira la sympathie de Stella Antonovna au moyen d'une bonne action. Il s'arrangea pour faire venir de Yakoutsk un métier à tisser et pour lui permettre d'avoir un atelier de tissage. Les Salnikov avaient maintenant un fils, un garçon bien bâti, et immédiatement après sa naissance surveillée par le Dr Semachko, Piotr s'était rendu sur la tombe du vieux Kachlev pour lui annoncer la nouvelle : « Nikita Ilitch, c'est un garçon comme tu l'avais dit ! » Et il n'avait pas plu d'une semaine, et le soleil avait réchauffé la terre à tel point que des colonnes de vapeur montaient des marais très haut vers le ciel, si bien que Stella avait pu dire :

— Regarde donc, c'est Nikita qui se réjouit de là-haut !

C'est aussi Ivinine qui, en 1950, avait fait une apparition subite dans l'atelier de Stella pour lui dire :

— J'ai pour toi une belle commande. Par mes relations du Parti ! Eh oui, il faut avoir des relations dans le Parti si l'on ne veut pas courir en rond toute sa vie. Des commandes comme celle-là se perdent autrement dans la nature ! Est-ce que tu peux tisser des bretelles ?

— Des bandes, dont on peut faire des bretelles ? Oui.

— C'est ce que je voulais dire. Tu livres tes bandes, et ils en feront des bretelles pour les travailleurs manuels. Des bretelles de luxe ! Il y a déjà trois machines à coudre, et l'on en attend quatre de plus !

Étonnée, Stella l'avait regardé :

— Mais tout cela a l'air formidable, Zinoviei Tofikovitch ! De combien de mètres de bandes avez-vous besoin ?

— Mille ! Dix mille ! Que sais-je ?

— Alors, il me faudra engager des jeunes filles, il faudra

construire un atelier. Et j'aurai aussi besoin d'autres métiers à tisser. Et surtout de matières premières !

— On s'arrangera pour que tu aies tout cela, dit Ivinine d'un ton convaincu. Ils ont déjà neuf tailleurs chez eux, et j'ai eu l'idée qu'on pouvait les employer plus intelligemment que comme bûcherons et scieurs de long.

— Mais qui cela ?

Il prit un air de mystère et se pencha sur Stella, heureux de pouvoir jeter un coup d'œil dans les profondeurs de sa blouse et d'admirer ce qui la remplissait de la sorte. Depuis la naissance de Gamsat, elle avait un buste que tous les hommes du village enviaient à Piotr parce qu'il en était le seul bénéficiaire.

— Connais-tu Dhanouga ? chuchota-t-il comme s'il s'agissait d'un secret.

— Non.

— Évidemment ! Dhanouga ne figure sur aucune carte géographique. En fait, ce n'est rien qu'un nom, un numéro d'enregistrement. Dhanouga se compose de vingt-quatre baraques entourées d'une haute grille et de neuf tours de guet. Là, il n'y a rien que des prisonniers de guerre allemands, exclusivement des criminels fascistes. Tous, condamnés à vie ou à quinze ans. Ils ont construit leur propre scierie, et c'est là que vivent ces tailleurs dont je t'ai parlé. Et là, il y a aussi le commandant Météliev ! Un gaillard qui va de l'avant ! Et qu'a fait Météliev ? Il a eu l'idée des bretelles, a obtenu de l'administration centrale l'autorisation de mettre au point leur fabrication, et ces grands personnages lui ont dit : « C'est bien, tu peux y aller ! Mais veille sur l'endroit où l'on va mettre le matériel. » Dès lors, tout a passé par moi !

— Pourquoi par toi ? s'étonna Stella Antonovna.

Malgré elle, elle pensait à Piotr. Il y avait donc un camp de prisonniers allemands, près d'eux. Pourquoi le passé nous rejoint-il sans cesse ? La Sibérie elle-même n'est donc pas assez grande ?

— Le commandant Météliev a vu une de tes bandes. C'est moi qui la lui ai offerte pour décorer un de ses murs. Les petits cadeaux entretiennent l'amitié, n'est-ce pas, Stella ? Et sais-tu ce qu'a aussitôt crié Météliev ? « Mais c'est merveilleux ! Ce motif yakoute est splendide ! Quelle finesse ! Et c'est chez vous qu'on fait cela ? Mais nous pouvons en tirer parti ici ! Il ne faut pas que cela pourrisse au fond de vos forêts ! » Et alors, il m'a exposé son idée des bretelles qu'il veut revendre dans les grandes villes. Ses tailleurs allemands vont coudre tes bandes, Stella !

Stella Antonovna estima raisonnable de ne pas rapporter à Piotr cette conversation. Après tout, il ne s'agissait que d'un projet du commandant Météliev et de cet Ivinine que le village acceptait difficilement. Mais elle en parla au Dr Semachko et lui demanda s'il avait entendu parler du camp de prisonniers.

— Non, répliqua Viliam Matvéiévitch fort étonné. Un camp de prisonniers ? Mais les Yakoutes doivent savoir quelque chose à ce sujet. C'est une des choses dont ils doivent discuter entre eux. Et s'il s'agit d'une scierie, ce camp existe depuis quelques années. C'est intéressant !

Mais les nouveaux métiers à tisser arrivèrent dès l'hiver, et Ivinine fit surgir du sol une salle aux murs de rondins assez vaste pour contenir les métiers et un stock important de matières premières. Les gens du village assistèrent interdits à cette série de prodiges, et la cote d'estime d'Ivinine remonta d'autant. Puis la production commença. Les premières bandes s'accumulèrent jusqu'au printemps pour constituer un volant qui permettrait d'alimenter sans à-coups les tailleurs allemands.

Après la fonte des neiges, un camion vint les charger pour les transporter jusqu'à Mirny, où le commandant Météliev les attendait. Ivinine et Stella Antonovna avaient pris place parmi les balles de textiles, accompagnés de Piotr Hermannovitch qui venait seulement d'apprendre leur destination. Contrairement aux prévisions de Stella, il était demeuré très calme :

— Stella, tu m'as répété bien des fois : il faut que tu sois Salnikov. Je le suis ! As-tu encore peur ?

— Oui !

— Après bientôt huit ans ? Après la naissance de notre Gamsat ?

— Qui aime, craint toujours pour son amour, avait-elle répondu simplement.

Ils n'en avaient plus parlé. Mais Piotr, malgré lui, avait longtemps pensé à ce camp. Ainsi, la guerre était terminée depuis cinq ans, et il y avait toujours des prisonniers de guerre, des « criminels de guerre jugés et condamnés », disait-on. Mais alors, pourquoi se trouvaient-ils en Sibérie, dans un camp dont personne ne soupçonnait l'existence, et non dans des prisons où ils auraient purgé leur peine ?

Le commandant Météliev les accueillit très cordialement, félicita longuement Stella Antonovna pour son travail et leur fit la surprise de les inviter tous les trois à un repas de fête organisé dans son camp. Ce petit souverain paraissait très fier d'exercer un pouvoir absolu sur onze cents prisonniers allemands et les deux cents soldats de l'Armée Rouge qui servaient de gardiens.

Dans l'auto qui les emportait vers le camp, Ivinine chuchota à l'oreille de Piotr :

— C'est un soldat tout ce qu'il y a d'humain. Ces fascistes sont tous des criminels, mais il les traite très humainement. C'est un camp modèle ! Tu vas voir : on y est servi comme dans un grand hôtel : oui, les prisonniers font le service en veste blanche ! On est loin de la prison centrale de Sverdlovsk.

Salnikov hocha la tête en silence. Mais il lui sembla que son sang charriait désormais un fourmillement d'inquiétude qui devenait de plus en plus perceptible.

Ils ne virent le camp que du dehors. Une haute palissade de bois, des tours de guet où veillaient des soldats, une grande porte fermée. Pas un commando ne travaillait au-dehors. Mais on entendait de loin une musique incessante que des haut-parleurs énormes déversaient toute la journée sur les baraques.

La Kommandantura avait été bâtie devant ce camp. Ses murs reposaient sur un socle de pierre et étaient peints en brun clair. Un jeune sous-lieutenant à l'air décidé les accueillit en saluant, puis le commandant Mételiev, galamment, pria Stella d'entrer la première. Piotr les suivit de près ; il ressentait comme un besoin de ne pas s'éloigner de Stella pour pouvoir soutenir la tension de cette journée.

Dans une grande salle, la table toute blanche était mise, recouverte de vaisselle de porcelaine et de verres étincelants. Au centre, on avait même disposé des fleurs.

Une vraie table de gala !

Piotr n'osait lever les yeux. Collés au mur, il avait aperçu les prisonniers de service dans leur veste de toile blanche. Ils n'avaient l'air ni affamés ni malheureux, mais ne s'agissait-il pas de quelques élus, de ceux qui avaient eu la chance de plaire ? Quel était l'aspect des autres, des condamnés, derrière la haute palissade de bois ?

A leur entrée dans la salle, neuf officiers soviétiques attendaient au garde-à-vous, chacun d'eux très droit derrière sa chaise.

Mais il y avait aussi trois Allemands parmi les invités vêtus d'uniformes propres dépourvus d'insignes.

Piotr et Stella le virent à l'instant même où ils pénétraient dans la pièce, et ils surent immédiatement qu'il les avait reconnus lui aussi. Mais pas un muscle de son visage n'avait tressailli, et son regard était demeuré neutre, empreint seulement d'une curiosité normale. Il était placé presque au bout de la table, très mince, un peu plus peut-être qu'avant, et ses cheveux blonds étaient toujours les mêmes, un peu trop longs au gré d'un militaire rigoureux.

Le commandant Mételiev était un hôte accompli. Il présenta à Stella les autres invités. L'un après l'autre, ils vinrent s'incliner devant elle. A leur tour, les Allemands s'inclinèrent légèrement.

— Le médecin-chef Dr Schmude. Le médecin-chef Dr Heilkamp. Le médecin auxiliaire Ursbach... Les meilleurs médecins que j'ai jamais eus. Oui, je suis très fier de l'infirmerie de mon camp. Un véritable hôpital où rien ne manque ! Je vous en prie, prenez place.

Pendant tout le repas, Piotr eut devant lui Helge Ursbach, il n'avait qu'à regarder un peu sur sa droite pour mieux le voir. Deux ou trois fois, leurs regards se rencontrèrent, de longs regards où ils se disaient tout, puis ils recommençaient comme les autres à boire, à porter des toasts à Staline et à l'Armée Rouge. Un chœur composé de Russes et d'Allemands entonna des chansons sous la conduite d'un professeur de musique, un Allemand.

— Quelle journée merveilleuse, dit plus tard Stella au commandant Mételiev. Est-il possible de visiter votre camp ?

— Malheureusement non. Mais je peux vous montrer les cuisines, les magasins, le logis des soldats.

Piotr ne les suivit pas. Il se dirigea vers le wagon chargé de bandes de textile et aperçut Ursbach, qui avait eu la même idée. Ils s'arrêtèrent l'un devant l'autre, les bras ballants, alors qu'ils avaient tellement envie de s'embrasser.

— Peter, dit Ursbach, la gorge sèche. Mon Dieu, est-ce vraiment toi ?

— Oui, Helge, c'est bien moi.

— Tu as pu t'échapper et tu vis en Sibérie, illégalement.

— Non...

Il avait honte de dire la vérité, mais il le fallait.

— J'ai été gravement blessé. Les Russes m'ont dépassé dans leur avance, et Stella m'a soigné.

— Elle aussi, je l'ai tout de suite reconnue. Stella Antonovna ! La star du bataillon de femmes ! Tout cela est inconcevable !

— Et avec toi, que s'est-il passé ?

— Rien que de très normal, Peter ! dit-il en souriant tristement. Lida Ilianovna m'a permis de me sauver... tu sais, l'étudiante en chirurgie dentaire. Mais je n'ai pas réussi à rattraper nos troupes qui battaient en retraite trop vite pour moi. Alors, ils m'ont repris. En 1945, ça n'a pas été drôle. J'ai fait quatre camps de prisonniers comme médecin, puis j'ai échoué ici, il y a un an maintenant.

— Moi, je vis depuis quatre ans tout près d'ici. J'ai une maison, pas mal de terre, un fils qui s'appelle Gamsat. Je suis Piotr Hermannovitch Salnikov. Mon Dieu, nous nous revoyons donc. Sais-tu ce qu'est devenue Lida Ilianovna ?

— Elle a dû se transformer en furie après mon évasion. Quand elle a été tuée le 20 septembre 1943 près de Krasnograd, elle venait d'être nommée héroïne de l'Union soviétique et trois cent dix-sept tués figuraient sur son livret de tir. C'était dans tous les journaux. Je porte son portrait ici...

Il montra sa poche de poitrine.

— Tu l'as aimée, n'est-ce pas ?

— Oui.

— Alors, peux-tu comprendre que je sois devenu Salnikov et que je vive avec Stella ?

— Je n'aurais peut-être pas agi autrement, Peter, si Lidia Ilianovna me l'avait proposé. Mais elle m'a simplement offert de fuir...

Ursbach regarda autour d'eux. Personne ne les observait. Les invités visitaient les cuisines.

— Reviendras-tu un jour en Allemagne ?
— Non. Mais pourquoi es-tu encore prisonnier ?
— J'ai été condamné à quinze ans de détention. Parce qu'en tant que médecin, j'ai contribué à maintenir en bonne santé les envahisseurs fascistes ! Mot pour mot, Peter ! C'est ainsi qu'un médecin mobilisé peut devenir criminel. Mais le commandant Mételiev m'a promis de me renvoyer cet été à Moscou. Moscou, c'est le tremplin pour le retour. Si j'ai de la chance, je serai chez nous pour la Noël, avec notre sapin allemand, les bougies, les boules de couleur, les pains d'épices. Mon Dieu, ce qu'on peut rêver ici !
— Et quand tu seras de retour, raconteras-tu ce qui s'est passé vraiment, notre histoire... avec le bataillon de femmes ?
— Je ne sais pas.
— Tu penses que personne ne te croira, n'est-ce pas, Helge ? C'est que tout cela est si incroyable.
— J'essaierai pourtant.
Ursbach regarda du côté des cuisines. Stella Antonovna marchait à côté du commandant Mételiev qui l'entraînait du côté des ateliers. Elle portait une jupe courte que le vent enroulait autour de ses jambes, et ses jambes étaient si élancées. Ses cheveux blonds avaient un reflet roux au soleil. Elle était si belle, l'incarnation même de la femme, qu'Ursbach sentit sa gorge se nouer :
— Mais est-ce que cela intéressera quelqu'un, Peter ? Le temps passe. Quand j'arriverai chez moi, la guerre sera finie depuis longtemps pour eux, elle sera devenue de l'Histoire. Qui s'intéressera encore à ce qui a eu lieu dans la steppe de Kharkov, la ville trois fois conquise et trois fois reprise ! Les bataillons de femmes ? Quelle idée pourront-ils se faire d'elles ? Qui pourra comprendre qu'il a existé des créatures féminines, dont certaines étaient belles, qui nous ont appris à avoir peur à tel point qu'en les voyant nous sentions nos cheveux se dresser dans notre nuque ? Et comment les jugeront-ils, eux qui ne les ont pas connues ? Comme des héroïnes ? Comme une perversion de plus de leur sexe due à la guerre ? Ils ne se mettront jamais d'accord là-dessus. Et ils préféreront déguster en paix leur rôti de porc mariné au chou rouge et aux croquettes de pommes de terre ! Ce sera beaucoup plus important pour eux. Mais nous, nous...
Il regarda Hesslich d'un air pensif.
— Que leur dirais-tu, toi, Peter, qui vis avec l'une d'elles et dont tu as un enfant ?
— Que c'étaient des jeunes filles, des jeunes femmes, comme toutes les autres. Et qu'elles tuaient sur ordre pour défendre leur pays, comme nous pour le Führer et le Vaterland. C'est aussi simple que cela, Helge !
— Oui, c'est très simple en effet. Les voici qui reviennent, Peter, ne me donne pas la main. Adieu, Peter. Bonne vie à vous tous.
— A toi aussi, Helge...

Il pouvait à peine parler.

— Et quand tu seras de retour, dis à l'Allemagne que je pense à elle. Et laisse-moi reposer parmi les morts. Je suis maintenant Salnikov, le chasseur de la taïga. Que Dieu te protège !

— Ce que tu viens de dire est plus pour moi qu'une bénédiction, Peter. Sois heureux, toujours, avec Stella Antonovna.

Il tourna les talons et fit le tour du camion pour regagner la Kommandantura, tandis que Piotr s'éloignait du côté opposé. De loin, il leva la main en riant pour saluer Stella, mais en approchant, quand elle vit ses yeux, elle sut qu'il continuait à pleurer sans larmes, intérieurement.

Cette nuit-là, ils conçurent Nani, une fille, leur second enfant.

C'était le matin, et il faisait grand jour quand le Dr Semachko tourna la dernière feuille des notes de Salnikov.

Ses yeux brûlaient, son cœur battait trop fort depuis des heures, et il avait dû interrompre plusieurs fois sa lecture pour verser quelques gouttes dans un verre d'eau, les boire, et attendre d'être plus calme. Stella Antonovna était assise sur la banquette du poêle, comme si elle n'avait pas bougé depuis le soir précédent. En levant les yeux sur elle, il remarqua qu'elle avait retiré ses bottes. Elle avait ouvert sur sa poitrine sa veste de chasse en cuir pour mieux respirer, sans doute, au cours de cette longue nuit.

Le Dr Semachko abattit son poing sur le carton qui protégeait le manuscrit et se rejeta en arrière dans le vieux fauteuil d'osier.

— Qui sait cela ? demanda-t-il.

— Personne. Seulement toi, Viliam Matvéiévitch.

— Et pourquoi m'as-tu choisi, moi ?

— C'est toi qui as mis Gamsat au monde, puis Nani. C'est toi qui les as vus mourir l'un et l'autre. Tu as toujours été près de nous, dans toutes nos joies, dans toutes nos souffrances, non seulement comme médecin, mais comme ami, comme notre petit père, ainsi que nous t'appelions. Tu es resté près de moi quand ma famille, le petit paradis que je m'étais créé, m'a été ôtée, pièce par pièce. Mais pourquoi ? Une vengeance du destin ? Qui sait ? Je ne veux pas penser à cela. Mais dis-moi, toi qui as tout lu : ai-je vécu une bonne vie, une belle vie, ou une vie atroce ? J'ai été si heureuse avec Piotr. Est-ce un crime d'être heureux ? Si oui, j'ai été la criminelle la plus heureuse qui soit, et ce que cette criminelle a fait, jamais, jamais, elle ne s'en repentira ! Non, jamais ! Et je recommencerais à le faire une seconde fois, cent fois si j'avais cent vies à vivre.

— Qu'il en soit donc ainsi, ma petite fille !

Il se leva du fauteuil d'osier, se dirigea vers le poêle, souleva le couvercle et jeta le manuscrit au feu.

Les yeux grands ouverts, paralysée, elle l'avait regardé faire sans bouger :

— Qu'as-tu fait ? bégaya-t-elle.

— Personne ne doit savoir ce qui est arrivé.

— C'est Piotr que tu brûles !

— Non, Stella, je maintiens Salnikov en vie !

Lentement, il vint s'asseoir à côté d'elle, sur la banquette, et la serra contre lui :

— Il restera parmi nous comme une grande figure, et nous parlerons souvent de lui, nous les hommes de Novo Kalga et du Vilioui. Les Yakoutes des temps futurs le chanteront encore peut-être, oui, ils chanteront la geste de Salnikov, le chasseur de la taïga qui, après mille victoires, a succombé dans un combat loyal contre l'ours le plus formidable de toutes les forêts. Et aussi, dans les livres des écoliers, on continuera à célébrer l'héroïne Korolenkaia, et tous seront heureux qu'elle ait vécu et lutté. Pourquoi leur voler ce bonheur ? La vérité serait-elle si importante ?

La tête de Stella s'appuya contre la poitrine du vieil homme et elle dit d'une voix très douce, une vraie voix d'enfant :

— Tout est encore si proche. Petit père, j'ai de nouveau si peur...

Il lui caressa le front, déposa un baiser sur ses cheveux blonds mêlés de gris et la berça un instant contre lui comme un enfant qui doit enfin s'endormir.

— Aucune raison d'avoir peur, petite fille. Tu as encore devant toi un bout de chemin qu'il te faudra faire. Redresse-toi, Stella. Ce qui a été, une vie semblable à la tienne, tout cela ne regarde personne d'autre que toi. Et de plus, personne ne te croirait...

ŒUVRES DE KONSALIK

aux Éditions Albin Michel

ERIKA WERNER, CHIRURGIENNE
JE GUÉRIRAI LES INCURABLES
BEAUCOUP DE MÈRES S'APPELLENT ANITA
LE DESTIN PRÊTE AUX PAUVRES
LA PASSION DU DOCTEUR BERGH
MANŒUVRES D'AUTOMNE
NOCES DE SANG À PRAGUE
AMOURS SUR LE DON
BRÛLANT COMME LE VENT DES STEPPES
MOURIR SOUS LES PALMES
AIMER SOUS LES PALMES
DEUX HEURES POUR S'AIMER
L'OR DU « ZEPHYRUS »
LES DAMNÉS DE LA TAÏGA
L'HOMME QUI OUBLIA SON PASSÉ
L'AMOUR EST LE PLUS FORT
NATALIA
LE MYSTÈRE DES SEPT PALMIERS
L'HÉRITIÈRE
LA MALÉDICTION DES ÉMERAUDES
AMOUR EN CAMARGUE
IL NE RESTA QU'UNE VOILE ROUGE
BATAILLONS DE FEMMES

La composition de ce livre
a été effectuée par Bussière à Saint-Amand,
l'impression et le brochage ont été effectués
sur presse CAMERON
dans les ateliers de la S.E.P.C. à Saint-Amand-Montrond (Cher)
pour les éditions Albin Michel

AM

Achevé d'imprimer en mai 1983.
N° d'édition 7970. N° d'impression 061/054.
Dépôt légal juin 1983.

Imprimé en France